U0903016

窗外一轮明月天如水。
轻轻抚摸着这部书稿，
我想起贾平凹在读我的散文后说过的话：
什么是好文章？
放下还想拿起来再读的，
就是好文章。
这里给你的，
又是好文章！
——崔济哲

崔济哲

记者、作家、学者、教授，曾任新华通讯社副社长，中国报业协会副主席，中国海外交流协会常务理事。作品多次获奖，入选《中国新文学大系》，被译为多国文字。作品被中国国家图书馆和美国国会图书馆收藏。

主要作品：

《走进黑色的世界》《旧曲新歌》《中国煤矿的脊梁——石圪节人》《山西粮官志》《清唱》《风从天上来》《又到界桥　又到界桥》《风雨·夜话》。

崔济哲◎著

飘雪有韵
远行无声

Piao Xue You yun Yuanxing Wusheng

江西人民出版社

也同风雨也同行(序)

序在书前,却成于书后。古今未见成书之前先写序。序难写。

天下堪称经典的好文章浩如烟海,却未见有一篇好序。王羲之的《兰亭集序》写得好,被誉为天下奇宝,实因其字乃稀世珍宝,文从字美。1600多年,看过《兰亭集序》的人以千万计,但看过《兰亭集》的人却寥若晨星;而看过《兰亭集序》的人中真正研读序文的人又凤毛麟角。中国历史上著名的书法家、文学家黄庭坚曾数百次地观赏临摹该序,常常达到废寝忘食之境,他千百次地赞美王羲之的字,却未曾听到黄庭坚赞其文。2010年6月3日黄庭坚抄写魏征的《砥柱铭》拍得4.368亿元,平均每个字70多万元。

序难写。

有人请辜鸿铭先生写序。辜先生拖而未写,那位先生也是位贵人,就请人先把银子奉上,也是催序。辜先生看在推荐人的面子上。提笔写了4个字:此书无序。退回酬银。那位先生对这4个字好生纳闷,辜先生大手笔,许是银轻,又加倍奉上,辜先生也真绝,又题4个字:序在书中。

至此,传下辜先生不写序的故事。

著名戏剧家阳翰笙曾请茅盾先生为他的小说《地泉》写序,茅盾不肯写。阳翰笙当面求之,没想到茅盾说:“实在让写我绝无好话。你的书是用革命公式写的,要我写序,我只有毫不留情地去批判它。”阳先生真大度,说:“批判的序也是序”。茅盾也真不讲情面,在序言中竟写道:这是一部不成功的小说,是一部失败的小说,它太符号化。书的编辑建议弃之不用,阳翰生曰:序在前,是为序。未改一字。有人买了书来请阳翰生题字，阳先生必说，序在前，请先看序。弄得茅盾真是不好意思了，连声叹曰："雅量，真是雅量！"把序写成如此，茅盾堪称首位。

序之难写，一万名观众就有一万个哈姆雷特，如果要给《红楼梦》写序，正应了鲁迅先生的名言："经学家看见《易》，道学家看见淫，才子看见缠绵，革命家看见排满，流言家看见宫闱秘史……"

序之难写，还在为尊者所言，为亲者所述，为友者所赞，为学者所歌，为权者所善……

我为人作序亦如然。但为自序，在我看来当言书中之要津。吾在此书中，言之痛，言之喜，言之过，言之怨，言之高，言之混，言之恶，言之善，言之阴，言之刚，言之悔，言之惜，言之呆，言之实，言之败，言之举，言之顺，言之逆，言之情，言之爱，敢拍胸坦言，皆由衷之言，切肤之言，可能说的不全不准不对不深，但皆出自我笔下流自我心中。

我书中有数篇是写古人的，古人中有几篇是写皇帝的，中国的皇帝个个都是一本书，也是一本糊涂账；是一台大戏，也是一台褒贬不一的"烂戏"。我写皇帝是写皇帝的凶残、残忍、残酷，也写皇帝被杀得惨无人道、惨不目睹、惨绝人寰。

我为苻坚鸣冤，为徐继畬不平，为谤满天下的郭嵩焘翻案，冯唐难老，李广难封。我认为"龙种"的孵化是皇帝的传人，古老的中国有条龙，它的名字叫皇帝。"龙种"不如"跳蚤"。

我热爱生活，也愿意回忆那逝去的岁月，奇怪的是每次回忆，每次咀嚼，味道都不一样。

蛐蛐之名，鸽子之情，石头之意，说鬼之苦，孤狼的最后哀鸣，蚂蚁王国的神秘，乌鸦之智慧，毛驴之忠诚，金子之故事，和尚的残烛，高粱地里飘出的酸曲。遥远的地方，遥远的日子，有感悟，有困惑，有享受，有刺激，有苦难，有幸福，有迷惘，有挣扎，有欢笑，有沮丧……那就是岁月，那就是生活。听得见雪落有韵，看得见风过有形。

我想起宋末元初诗人蒋捷的《虞美人·听雨》：

“少年听雨歌楼上,红烛昏罗帐。壮年听雨客舟中,江阔云低断雁叫西风。而今听雨僧庐下,鬓已星星也。悲欢离合总无情,一任阶前点滴到天明。”

拿着我的书,斟上一杯清茶,再凝神望望窗外的明月,夜深人静时,雪住风停时,天如水月如人时,你会听见月亮上传来细细的乐鸣,你能听见月亮上有嘤嘤的泣声……

是为序。

目 录

第一辑 雪落无声 岁月有情

第二辑　历史无痕　花开有意

第三辑　心灵无间　时空有序

第一辑 · 雪落无声 岁月有情

刺青的疑惑

1

说起来惭愧,60 岁了才第一次这么近地看见人身上的刺青,第一次用手摸了摸那人膊上的刺青,原来那刺在人身上的花纹图案看上去像湘绣的绸面,花草人物仿佛都是凸绣在外,但摸一摸方知,那图案是在皮肤之下,皮肤上光滑滑的,是一种视觉的误导,刺青者很自豪地说:“懂了吗? 这就是艺术,文身的美和文身艺术的魅力!”那刺青小伙子高昂着头,像一只迎接挑战的小公鸡。再也没有刚才脱去外衣露出刺青后众人惊愕眼光下的忐忑和尴尬,倒有种世界名模刚刚从巴黎夜浮里名模桥上走下来的感觉了。

我不认识他,他是我朋友艺术沙龙中的“沙友”、酒友。秋老虎厉害,酒一上涌,脱去外衣长衫是常理,后来得知,小伙子是文身爱好者、倡导者。

我细细地看了看,像在显微镜下观看草履虫。别的图案比较抽象、前卫,有点像青铜器上的饕餮纹,看不太懂,但有一条又粗又大的蜈蚣却刺得栩栩如生,毛蓝色的运笔,加上小伙子肌肉一使劲,那只健壮肥大的蜈蚣仿佛立时变得狰狞可怕起来,好像在不安分地爬动,好像能听见它百足的蠕动声。我不由自主地往后抬了一下头。酒友们笑了起来,小伙子得意了,他让胳膊上的肌肉有力地上下隆起又滑下,那只毛蓝色的蜈蚣真得瑟瑟地爬动了,刺青的艺术! 我突然问他:“你知道蜈蚣长了多少对足吗?”这次轮上我骄傲了。蜈蚣也不再爬了,连蜈蚣头上那两根又长又毒的探须也不再左右上下摇摆了。他和大家都看着我,连那只蜈蚣也直勾勾地向我张望,我告诉他,蜈蚣长着105对足。我继续骄傲，说你右臂的同样位置上应该还趴着一只毛蓝色的大蝎子。刺青小伙子差点惊叫起来，他满饮了一大杯酒，向满桌人展示其右臂，果然有一只更狰狞更可怕更张牙舞爪的大蓝蝎子！“想知道我怎么知道的吗？先饮后听！”兄弟们心甘情愿，满饮一杯。我看大家都放下酒杯且按酒场规矩亮杯示干后才卖关子说：“刺青既然是门艺术就有讲究，我直言我对中国的刺青、外国的文身一概不懂。左蜈蚣右蝎子，仿佛左青龙右白虎，又好像门神上的哼哈二将，只画一位就是残缺！”

追溯刺青的历史，刺青的祖先还在中国，中国的刺青要上溯到五代十国时期，那个时期正值“五胡乱华”，彪悍凶煞之风横扫世风，用现代人的话说，谁横谁是爷。谁让周围的人不敢正视谁才霸道，才能横行，才能吃香的喝辣的，往自己身上刺青以显示与众不同，显示有武功在身，不同凡响。唐朝的笔记《酉阳杂俎》就多有记载：“上都街肆恶少，率髡而肤劄，备众物形状。持诸军，张拳强劫，至有以蛇集酒家，捉羊脾击人者。”唐时期的上都即现在的陕西长安县，在当时是个人稠密物繁华的城市，但见在街上闹市之中，常见剃了光头，刺了青的恶少，横行霸道，无事生非，胡作非为，大打出手，劫人财货。刺青几乎是恶少们的标志之一。这本书中还记载着当地有个恶少叫张干，就是一个当地恶霸、流氓，公然在左胳膊上刺上“生不怕京兆尹”，在右胳膊上刺上“死不畏阎罗王”。十足的地痞亡命之徒。这在当时似乎已成为一条潜规则，要想要横，吃黑道上的饭，身上必须要绣上图案，刺青绣得越花越离奇，他的“脸”越大，越横，越没人敢惹。

公元953年，五代的最后一个王朝后周的开国皇帝叫郭威，历史上曾留名叫“刺青天子”，可能是中国皇帝中唯一一位有刺青的皇帝。这位“刺青天子”还是一个地地道道的“泼皮”时就刺青刺了一身的绣，连脖子上也刺满了，右面刺着鸟雀，左边刺着五谷，不知郭威当年寓意的是什么。郭威自幼家贫，又缺少教育，其父早亡，其母改嫁郭氏。郭威自幼就闯荡江湖，史书上说他“负气用刚，好斗多力”，说有一次在长治市场闲逛，看见一屠夫伟岸健壮，行人、邻人都惧怕他。

郭威就来气了，和这个屠夫较起劲来，这个屠夫果然是个无赖，他“坦腹”对郭威说:“尔敢刺我否?”郭威眼皮都不眨，一刀就捅进屠夫的肚子里。

连皇帝都热衷于刺青，上有所好，下必甚之。宋元明游民市井之内，刺青之风更甚，想拔“份”立门户组织一把人横行乡里，身上没有一身刺青就出不了台，压不住阵。以至于有的家族，把家丁健儿数百人，全部刺青，都刺青刺的像《水浒传》中的“九纹龙”史进一样，几百人一起脱光了上衣，一起露出一身奇奇怪怪的刺青也着实威风，着实怕人。老百姓见之唯恐避之不及。连地方捕快、民团都让他们三分。久而久之，人们再看见有人身上刺着一身刺青，就仿佛是看见那人身上带着一身病毒，知道此人绝非善茬，绝非老实巴交的良民。避之绕道而行。刺青尤其在清末民国初年，社会动荡、帮会四起，会徒徒生，刺青已似乎成其标志。20 世纪二三十年代，上海滩青红帮三大巨头，张啸林手臂上刺着一柄出鞘的宝剑，杜月笙手臂上刺着一只锚，而黄金荣手臂上刺的是一把打开的折扇。据说三位“帮爷”身上都有一幅刺青，张啸林刺的是一只上山虎，杜月笙背上刺的是云中龙，而黄金荣胸前刺的是只独角兽。也有人不知哪根弦弹错了，脱光衣服一瞧，满身皆是刺青，刺的竟是白居易的诗，蝇头小楷，笔笔到位，一丝不苟。

2

我 10 岁的时候就知道人身上刺有花团锦簇的文身。1960 年我上小学三年级的时候就认真地“研究”过“刺青”，虽然那时候叫之为“刺绣”。这话并不大。

我上小学二、三年级时，班里所有男孩子一项特主要的课外活动就是看“小人书”，连环画也。那时候看一本 2 分钱，摆书摊的人把席子往校门口一铺，在上面摆满了各种各样的小人书，他像钓船上的渔翁，等着放学的小学生自动“上钩”。一放学，我们就猴急猴急地窜出校门，直奔书摊，2 分一本，没钱的同学就趴在看书同学的肩头看，虽然摆书摊的人手里像老师拿着教鞭一样拿着一根长长的竹竿，不停地点戳着，不让大家围看一本小人书，说那影响他的生意，但同学们像赶开的鸟，竹竿挥过去又回来了，为了看得“值”，经常偷偷地又翻回去，几遍几遍地看，还互相研究切磋。当时最爱看的就是《水浒传》。我们发现“水浒”里一百单八将有将近三分之一的好汉身上都有“刺绣”，刺得特别漂亮、特别威武、特别厉害。比如“九纹龙”史进，身上一条青龙从前胸盘到后背，从胳膊缠绕到两肋；又比如浪子燕青，那身“刺绣”也漂亮得不得了，在“燕青打擂”那本小人书中，燕青一身锦绣花团，真让人羡慕得不得了。至于看到花和尚鲁智深倒拔垂杨柳，虽然故事熟得都能熟背了，但一双双眼睛都瞪得牛铃铛似的，看的是“花和尚”一身的“锦绣”。那小人书画得也精彩，也传神，也活灵活现。记得当时我们还争论，花和尚鲁智深胸前的“刺绣”，怎么刺？因为他胸毛又黑又粗又长，这一点李逵也存在，而史进和燕青没有，因为人家身上白亮得像和田子玉一般，同学们讨论是先剃了胸毛再刺，当然也有的说是梳直了胸毛再刺，否则刺好了，胸毛一长出来就扎坏了。

最“热”的时候，同学们用钢笔在胳膊上画一条或者数条龙不龙、蛇不蛇、蚯蚓不蚯蚓的图案，相互展示，那时候虽然吃不饱肚子，但也实在爱美，也说明“刺青”在中国早有市场。

后来“研究”得就深一步了，同学们得出一条公认的规则，越是勇敢、威猛、有本领、武艺高强的人越有刺绣，文官小兵都没有。后来看《岳飞传》小人书时，看到岳母刺字一本时，都异口同声地补充道刺青的还有忠臣！

3

但现实是残酷的，反差是巨大的。我们接受的“主流”教育使我们少年的心里深深铭刻下在万恶的旧社会，身上有刺青的都是特务、土匪、汉奸、流氓、恶霸、地痞、青皮、反革命、坏蛋。

上小学一年级时，学校就组织我们看电影《国庆十点钟》，不知为什么，组织看了三遍，记得倍儿清楚，那个把定时炸弹放到马蹄表中，要在国庆十点钟爆炸天安门的美蒋特务，就因为左手小臂上有个刺青被发现被破获的。于是我们同学玩解放军抓美蒋特务游戏时，都先在手腕上用钢笔画一个手表，再在小臂上用纯蓝墨水自己涂一个刺青，两个特务接头时搞得挺神秘挺逼真。一个特务问另一个特务几点钟了？那个特务把袖子一捋，露出手腕上的手表说几点钟了。但有意将袖子捋得高些，露出小臂上的刺青。接头的特务装得挺像那么回事，说你的手表不对了，请看我的手表。也将左手画的手表露出来，同时也有意无意地露出手表上面小膊上的刺青，刺青对刺青，两特务会意地一笑，接上头一块搞破坏去了。

再大些就又是学校组织看于洋主演的《虎穴追踪》，于洋是解放军侦察科长，混进土匪窝里冒充土匪的副总司令。土匪怀疑他的身份，就派一土匪装成解放军俘虏抱着于洋装认识，这时周围的土匪全剑拔弩张，紧张得让人喘不上气来。于洋扮的土匪副司令心里也怦怦乱跳，他一把把那个装解放军的土匪拽起来，突然发现这家伙胸口有个刺青，还刺得是个裸体女人，这下于洋心中有底了，抄起旁边的条凳一下子就把那个土匪的头颅打碎了。

再后来就是听“话匣子”，评书《烈火金刚》说得轰轰烈烈，家喻户晓，里面有个铁杆汉奸刘魁胜，那书里说得明白，这个汉奸还是铁杆的胸口刺着一只白额吊眼吃人虎。好人哪有平白无故自己刺自己，自己扎自己的？

同学们在一块议论时思路比较开阔，一直讨论到黄世仁、南霸天、周扒皮，甚至说到蒋光头肯定都有刺青，刺青是坏蛋的重要标志。但有的同学提出一个问题，日本鬼子最王八蛋，日本鬼子有没有刺青？

再后来就是“文化大革命”，参加过一次红卫兵组织的批斗会，地、富、反、坏、右、走资派、反动学术权威、资产阶级的孝子贤孙、叛徒、汉奸、国民党宪兵、现行反革命，排了好几排，所有资产阶级反革命的标准都好定，似乎都有尺码，唯有坏分子好像没有严格的标准。

那天虽说批的都是反党、反社会主义、反毛泽东思想的反革命,都罪大恶极,但都还穿着衣服,挂着牌子,戴着纸糊的高帽子,唯有一老头竟然光着膀子,赤条条地撅在那儿。胸前的牌子上写着:坏分子,反革命会道门头子。那个时期尚未有黑社会一说。后来才弄明白,不让他穿衣服的原因是这个老头身上有一条青龙刺青,青龙从两腿一直藏头匿尾地盘绕在胸前背后,人太拥挤也看不清楚,只能看见那个老头身上有一团蓝乎乎的东西。但坏人的标准是有了。据说不少被扭送到红卫兵组织去的人都因为暴露了身上的刺青,挨了打,挨了批斗,关进了牛棚,都是刺青惹的祸。

4

再后来就去山西农村插队,那时候大概在 1969 年到 1972 年,北京城还在上中小学的"小孩"们流传着插队知青的三句话:内蒙土,山西洋,陕西尽流氓。意思是说去这三个地方的知青回北京过春节时,内蒙古插队的都风尘仆仆,一身的羊膻味,有的还特地穿着蒙古袍回来,故被称之"土"。山西离北京近,一年到头"扒火车"回来的就像拉抽屉,把爹妈的好衣服都穿戴出来往往"沾呢挂料",故称之"洋"。陕西陕北一带去插队的都是 68、69 届初中毕业生,说是初中毕业,其实就是小学毕业,初中"泡了"三年,往往都是愤青,"新兵蛋子",常常为争一座位,为挤公共汽车,为排队买东西,三五不论,四六不说,上手就打,还常常带着家伙,常常"邀架"打群架,一般人都惹不起。那时候说 68 届的敢玩命,69 届的不要命。

我们都是知青圈里的人,各种各样老插、老三届、69 届、70 届的知青都没少见却从来没有见过一个有刺青的,包括一些有些名气的"玩闹"。至于"三兵团"的兄弟也没听说谁刺青了,刺青的在当时好像大逆不道。受的教育根深蒂固。"三兵团"也是个历史名词,再不说就忘了。知青的俚语:"三兵团"指新疆、内蒙、东北生产建设兵团。新疆俗称一兵团,东北俗称二兵团,最后是内蒙生产兵团三兵团,也未听说"三兵团"的哥们姐们谁刺青的。

但我在晋西北农村见过一位用近乎残酷的方法抹去身上刺青的西北汉子,真汉子。

我们是在全县治理滹沱河工程中认识他的。他是他们村带队的副"连长",人精明能干,四五十岁还一身腱子肉。我们在干活中发现,无论天多热,出多大汗,这位"副连长"那件比公共食堂里的擦桌子布还旧还脏还破的褂子始终不脱,我们都是一水的汉子,早就赤膊上阵了。无意中聊天却把我们激火了。他们村里人说,千万别让他脱了衫子,脱了能吓坏你们。

我们是什么人?中国人连死都不怕,还怕那家伙脱褂子吗?经过我们的智慧和努力,那位"副连长"终于把那件汗渍渍的破褂子脱下来,一点不差,把哥们几个着着实实吓了一大跳。原来他的右上臂上是一片光板肉,胸前也有一块烧饼大小的伤疤,这家伙是从死亡线上挺过来的。我们了解到,这位"副连长"扛过枪,过过江,负过伤,五次战役一直打过三八线。但我们看的这些伤疤全部是抗美援朝留下的,他说是他自己动手伤的。他讲述了一段让人惊心动魄,又刻骨铭心的往事。

解放战争时期,他是晋绥军的一员,因为他曾经被解放军俘虏过,跑回老家定襄县后又被阎军搜捕队抓回来,因此在他右胳膊的上臂上刺青刺下"反共"两个字,又在他的右胸前刺青刺了个国民党的党徽。后来他随晋绥军在绥远起义,编入解放军第61军。他最大的心病就是那两个刺青,他也想过很多办法都除去不掉。最后有位老兵对他说只有一招,就是要命的一招,用烧红的烙铁烫。他那时候已经提了班长,正积极要求入党。一狠心,把自己绑在木柱上让弟兄们把烙铁烧红了往刺青上烙。烙铁也烧红了,他嘴里也咬上湿毛巾,但却没人敢下手,那烙铁刚刚靠近人肉就滋滋地冒蓝烟。最后,还是他自己动手给自己动刑,硬是用烙铁把那两个刺青生生烙掉了,中间昏死过去,弟兄们拿冷水泼醒,醒过来再自己烙,再昏死过去,再泼醒,真是条汉子。从此他受到弟兄的尊敬和拥戴,我们也格外尊重他。

2006年,我率团访问波兰,去参观奥斯维辛集中营,那里的管理人员告诉我们，纳粹不但割了犹太人的头发，拔了犹太人的金牙，当他们看到有些犹太人身上有漂亮的文身时，他们就把这些人的皮剥下来，经过处理之后做成台灯的灯罩和各种工艺品。奥斯维辛集中营至今还保存着纳粹的罪孽，甚至还有半成品的文身的人皮。我拒绝去参观，因为我觉得那太残忍，太瘆人，太野兽，太法西斯，我受不了那种刺激。

5

近10年，中国人见刺青见得多了，尤其是中央电视台直播许多国际体育节目，特别是转播NBA比赛以后，方知美国体育明星圈里几乎无星不刺。我还是受不了。当我第一次看美国NBA球星“篮板王”罗德曼秀他一身的刺青时，竟不禁起了一身鸡皮疙瘩，毫不夸张地说，那一身看上去似乎高低凸凹不平的彩色刺青，更像是大面积烧伤后尚未痊愈的皮肤症，简直就像中国民间传说中的麻皮虎、变色龙、花狸豹、混江虫。中国人称其为“花大虫”挺贴切。我曾经问过一位地道的美国人，问他为什么这些NBA明星都纷纷和自己爹妈给的皮肤过不去呢？他的回答是那是一种爱好、追求、显示、标榜。你觉得“惨不忍睹”，他觉得满身光彩。在美国绝对没有人会提出你这么偏执的问题。得，我成了一板筋的傻子。

我爱看美国重量级的拳击，尤其爱看泰森的比赛，虽然他急了咬下人家半个耳朵，但那就是泰森。急了抓蝎子，这是老北京的老话，人急了就讲不了那么多理，那么多规矩了。泰森右肩膀上有一刺青，竟然刺着穿中山装的毛泽东，真有意思。泰森争霸战时，全球有1亿多人观看，他们都看见毛泽东一会扬起一会落下，我想肯定有许多外国人会纳闷，泰森肩头的那个“图腾”是位什么样的神？否则泰森为什么叫他永生永世地陪伴着，在生命的搏斗中激励着他？后来泰森退休了，回他老家专心致志地饲养信鸽去了，据说每年全世界信鸽比赛他总能拿到一个半个的奖。他养着300多只优种信鸽，很多鸽子都是花十几万欧元从比利时买来的。反正泰森不缺绿票子。“将军归山不言兵”，泰森不再打拳，人极善良，极温和。我那年去美国，想拜访这位“拳爷”，顺便了解一下他把毛泽东刺青在右膀头的原因。我确实感到好奇。

但天公不作美，一联系，泰森去欧洲比利时参加信鸽洲际大赛去了。等我回中国时，他才回美国，但他的朋友也是他的同伙养鸽人，也是他的工作人员对我们说，你们是提出这个问题的第1001个人了。他挺幽默。泰森曾说过，有谁能让8亿人团结一致，奋不顾身，为了他和他的思想，可以赴汤蹈火在所不惜，有谁能？世界上只有一个人，毛泽东！他是最有力量的人。他把毛泽东刺青在臂膀上，就是要借毛泽东的力量征服世界。他没有让毛泽东失望，他做到了。

方知，刺青还有那么大的力量！

当然，我也没想到刺青还有那么大的摧毁力！

那天，我去看了一场精彩的文艺演出，非常偶然非常无意地一扭头，突然看见前排左侧有一位观众的脖子右侧竟然有个十分逼真、十分独特的刺青，是两只比着顺着脖子往上爬的金龟子类的大甲虫，我立时觉得毛骨悚然，汗毛孔仿佛都吓得张开了。只觉得那两只铁背大甲虫正沿着我的脖子往上爬，而且瑟瑟有声，立时觉得全身，先凉后麻。我不怕老虎狮子，最怕这类小昆虫，越不想看越要看。再一看那人脖子上的刺青，那两个爬着的甲虫竟然不见了，我更觉得身上奇痒奇麻，仿佛爬到我身上。再好的节目也不能看了，起身就走，像逃灾避难。

今年夏天和朋友去吃饭，也绝对是非常偶然，非常无意地看见临桌坐着的一位女士，因穿的是低档短裤，我分明看见她尾脊骨的最后一节处竟然趴着一只五彩刺青，而且也可能出自一位刺青大师的手，太逼真太形象了，是一只扇动着翠绿翅膀，有着四对舞动着的青色腿，瞪着红红大眼睛，圆睛球是金黄的琥珀色的东西，这东西我太熟悉了，是一种叫“绿豆蝇”的大苍蝇，我在农村的旱厕所、大酱缸、大醋缸边上见过，成群成群的这东西。不但食欲全无，而且心中阵阵发毛，觉得菜中仿佛就有它，得罪了朋友，匆忙告退。刺青厉害，真有摧毁力！

我的一位朋友，他的女儿二十大几了，还没有对象。有一次两家吃饭时，他和他夫人极隆重极正式又比较着急地拜托我，让我一定帮忙给他们的女儿找个男朋友，条件并不高，家庭无论穷富，无论远近，无论城市农村，挣钱多少甚至有房没房，都不是主要的，关键是人品人德，靠得住，过日子。受朋友之托，尽力而为，功夫不负有心人，到底找了一个，我看那小伙挺不错，还是个硕士研究生。孩子们接触了两次，好像也有些缘分。谁知有一天，朋友夫妇几乎是“打上门”来，原来是那位小伙子臂上有一刺青，老两口无论如何不能接受一个身上有刺青的女婿，言语十分激烈。他是1952年出生，比我小两岁，也是老三届的，受的教育一样，言之什么人有刺青？正经人、规矩人、过日子的人、事业上有追求有作为的人身上能有刺青吗？就差说出是黑社会的、信邪教的、二进宫的。媒人不好当。不是亲家就是冤家。我只好约那小伙子见面。开门见山，原来如此，他捋开袖子，果然在他右小臂的内侧有刺青，让我心中也咯噔一下，也不舒服起来，仔细一看竟然是一只肥肥胖胖的小猪，他一使劲一攥拳，肌肉一紧一松，小猪就好像撒开短腿在跑，慢看、细看、不带成见地看挺神挺有意思的。假装无意地问他为什么刺青？他说他一块毕业的同学是位刺青爱好者，而且是位刺青高手，就按我们的属相每人刺了一个，我虽然不是刺青爱好者，但也觉得它挺美。真的吗？刺青这东西真怪，有一千位观众，就有一千位哈姆雷特。这两年不提代沟了，但两代之间三代之间确实有沟。

两个小辈人也称得上男才女貌，可就这么个刺青，最终把他们搅黄了。刺青厉害……

雪落五台山

1

记得丙子年大暑时节上五台山，之所以记得那么多年前的“细事”，是因为“清佛”那时还健在，五台山显通寺的大和尚，五台山青庙、黄庙第一高僧，佛门弟子恭称他为“清佛”。老和尚修炼得一副佛陀像，只是一左一右两道长眉飘飘扬扬，平添几分仙人佛骨像。

坐定，仍一身大汗。忽记起一句旧诗：“欲觅清凉上五台”，五台山显然清爽。立掌请教“清佛”。“清佛”微笑，点头，却说，五台山何谓又称“清凉山”？不只避暑乘凉，佛的本意即有清凉、清醒、清楚，清凉之地自有佛在。当年佛陀在菩提树下成佛，有一股清凉之风吹过，清凉之气腾起，为佛陀去暑。佛教的西方极乐世界里就时时有清凉的风吹过。“欲觅清凉上五台”，是求佛、学佛、拜佛、念佛。方知，方知。真感到有一股清凉之气，竟悠悠然从丹田过胸而生，汗尽清凉来。“清佛”的传教从未刻意相记，但这么多年却字字句句不忘。又想起“清佛”的尊容，竟然情不自禁地合十念诵起来。

庚寅年大雪时节，去深圳弘法寺拜访本焕大和尚。那年，老和尚已然102岁矣。戴着老花镜，读书念经，额头闪光，体态如佛，提笔自如，只是耳沉如许。

谈的仍然是五台山。我说在山西30年，登五台山足有20多次。老和尚说，不多、不多！我又言，每次没感到有什么感悟。老和尚说，不少，不少！看过鸠摩罗什翻译的“金刚经”，禅宗六祖慧能大和尚就是因为听了有人诵此经才顿悟感化的。本焕大和尚依然两个字，多读、多读。

我告诉本焕大和尚，我在碧山寺看过用了12年时间，用血写成的60万字的“华严经字塔”。大和尚扬起眼，很认真地看着我，那眼神通过发黄的圆圆的眼镜片显得那么深邃沧桑。本焕大和尚曾在五台山碧山寺中修行，这可能是他一生佛教事业中对他最有影响的时期，他曾经刺舌血，剪指头，写下20卷20万字的血经；为超度在战争中的亡灵，他曾做过1000多场“焰口”，不止一次地累昏倒。他母亲去世后，他又把灯油绳缠在臂上，燃臂孝母。碧山寺的毗卢殿中供奉的那尊高约1.5米的玉佛和五台山唯一一座为新入佛门弟子受戒的佛坛都曾亲眼目睹过本焕大和尚的感人一幕。

本焕大和尚在五台山也受过极大委屈。抗日战争时期，曾经为应付来检查的日本人，被扣上“汉奸”的帽子；1958年，他又被打成右派，直接被关进监狱，苦难连连。我就人生之苦之难之冤请教本焕大和尚，大和尚沉默良久，仿佛在回忆几十年前五台山的往事。随后，念了一首偈语：“沿海不止问如何，真照无边说似他。离相离名人不禀，吹毛用了急须磨。”不懂、不懂。大和尚知道我常上五台山，说道：“上山、上山，还得上山，上五台山……”

2

五台山上佛法无边。

显通寺始建于东汉永丰十一年，是继洛阳白马寺之后，中国第二座寺院。显通寺的观音殿中供奉着一尊“不肯去观音”。

据史载，唐懿宗咸通四年(865)，日本僧人慧锷法师曾从显通寺请到一尊观世音像，准备东渡回国，传佛回国，但在普陀山附近洋面上，船先遇大风浪而受阻，待风平浪静再渡，但见海上皆是盛开的莲花，拥船不发。慧锷法师突然悟到观音不肯东渡。不再东渡，就在普陀山修寺建殿，建观世音菩萨的道场。但南国弟子寻根，必到五台山上香拜佛，拜“不肯去观音”。方知，五台山不仅是文殊菩萨之道场，也是观音菩萨之根本。是佛陀、佛法留住了观音。佛法无边，燃香，再拜。

其实,毛泽东深谙其理。1948 年冬东渡黄河穿山西走河北,途有数条,毛泽东却执意走五台,他要上五台山见佛。毛泽东一生只进过五台山的塔院寺,只上过五台山一座佛山。毛泽东曾在塔院寺说过,上五台山,又赶上飘飘大雪,皆在缘中。来到延寿宝殿,殿前大柱上有一副对联:敷演清凉,四时瑞雪常飘,幻出银装世界;恢宏极乐,六月莲花始放,翻成金色乾坤。毛泽东就在大雪中和寺院的大和尚先对山,又对天,再对雪,后对佛,只讲“缘”。塔院寺的大和尚确送毛泽东一偈,四句偈诗何意,已无人知晓,但 8341 只是这首偈中的插语数。最流行的说法是暗指毛的寿命是 83 岁,执政 41 年;另有一种说法是 1937 年至 1945 年 8 年抗战,随后的 3 年解放战争,“4”和“1”则分别指未来的新中国将会有 4 年的巩固时期和 1 年的正式建制时间。猜者云云。

乙酉年高秋,我上五台,拜访塔院寺的大和尚。他说他曾听师傅们传讲,毛泽东当年并未让“看前景”“观天下”,只兴致勃勃地谈佛家的“缘”“空”“戒”“律”,谈“三教”,谁为先,谁为后,谁为因,谁为果,谁为基,谁为础,“三教”如何能并举,和大和尚探讨中国佛教对中国哲学、中国伦理的贡献。最隐秘的是当时大和尚看出毛泽东和佛教有缘,希望他能“顺缘而行”,才赠其一偈。毛深信,诚服。何以为证?毛泽东取天下后曾捐一梁置于碧山寺大殿上,抬头可望,梁上有字,字迹清晰,梁为原木,无饰无雕,字为墨字,公正楷体。上书:公元一千九百五十二年,中央人民政府主席毛泽东委托山西省人民政府捐此梁。

我问这么大的事,为何佛家未扬?大和尚说,捐梁如捐草,捐金如捐土;心诚土如金,既至圣至尊,又一草一木;毛泽东和佛有缘,但缘未到,究其原因仅在此住两夜。天上飘雪是佛国多留毛在五台山,毛亦欣然;但权衡天下,难入空境,踏雪而去,至此佛不留他,他不能顾佛。

3

上台下台，先上五台。

一位耄耋前辈曾经在五台山告诫后辈：上五台是望佛、听佛、看佛、拜佛，之所以如此，皆因五台山上清凉，清凉佛国，使人清醒、清楚。既做官，是与官有缘，缘有多重、多深、多远、多真，俱在修行。上台上五台，意在人在三界之中，五行之内，须得志勿猖狂，得意勿忘形。苍天有眼，佛祖在上，无佛持定，焉有你今日？其言铮铮。不愧前辈。为官一生，讲一辈子官话，在佛山未讲一句官话。本焕大和尚有言，须上五台山。

一位军界元老张上将，一头飘雪的白发，五十年代授中将，八十年代授上将。然毕竟皓发苍老，准备退休归隐。下台亦要上五台。老将军携一家乡树苗上五台，陪同他上山的是当时的山西省林业厅长，后做了副省长，他再三提醒将军，此树喜南喜雨，在五台山上焉能种活？老将军种得很认真很仔细，其言：生死有命，成长在天。佛是南国之佛，焉能北国依然？信心十足。人算乎？天算乎？老将军下山后，竟然一道命令，披挂上阵，去军委工作。谁也想不到，那棵南树竟然郁郁葱葱，勃勃向上。每年老将军的后人都要亲自来培土，浇灌，剪枝，清理。我看时，那树已然足有两人高矣，枝繁叶茂，正像八九点钟的太阳。

山西籍的一位老领导曾慷慨感叹：半世为官，不堪回首，一生为人，不胜唏嘘。官做不了一辈子，不做官了，才会感到命是自己的。老领导每年必上两趟五台山，且在山上要住上十几天。用他的话，与佛同在，夜深人静，青灯照壁时，才真正能感到佛与人在。你才能感觉到什么叫超脱，什么叫万念皆清。他有一个理论：每上一次五台山，都为自己增寿减灾。

4

唐会昌五年（845），唐武宗灭佛是中国历史上“三武一宗”灭佛运动中最彻底，破坏性最大的一次。据梁思成、林徽因考证，五台山在唐武宗之前，有数十座规模宏大、气势磅礴的大寺庙群。仅从建筑学上讲，都是当时世界之最。但唐武宗会昌灭佛时全部被焚毁，荡然无存，以至于20世纪初有中国已经没有了唐以前的木构建筑的说法，要看唐以前的木构建筑，须去日本京都。有“唐屋不在中国，唐屋在日本”一说。经过千辛万苦，赶在“七·七”卢沟桥事变之前，梁思成、林徽因终于考证出，五台山佛光寺是“唐屋”，是会昌灭佛以后，唐大中十一年(857)，在原址重建的。

梁、林二位先生因为日本人铁蹄已近，他们离开五台山时已是6月下旬。但会昌灭佛佛仍在，不知因为什么，在五台山偏远的李家庄西侧，坐北朝南有一座寺院，不大，不气派，不辉煌，其名曰：南禅寺，寺内竟无和尚，更无香火。据考证，此乃中国乃至全世界现存最古老的木构建筑、古庙老屋神殿。据殿内横梁题记记载，其创建年代不详，但其重建是于唐德宗建中三年(782)。我于甲申年初夏拜访时，费了好大劲，从村里才找来了一位老汉，是此寺院的看管员，打开山门，推开大佛殿，仿佛走进了沉睡的历史，踏进了荒废的岁月。但释迦牟尼仍端坐在莲花宝座上，1200多年了，佛陀未变，只是肩上、头上、臂上、手上、脸上，都积了厚厚一层时光的尘土。佛坛上供着17尊唐代彩塑，都是世间珍宝。真让人沮丧，觉得无脸面立在那里，因为其中最有艺术价值的三尊彩塑，在1999年被盗。至今下落不明。问那管理员，盗贼为何未取佛像？答曰：想取走嘞，但爬了几次都跌摔下来，供坛上都留有摔下的痕迹，破案时公安局也都照了相，取了证。

呜呼哀哉，佛陀是凭借他自己的神、威、善，吓退盗贼，而那三尊彩塑金刚菩萨像会昌灭佛未动，1200余年未动，公元1999年4月竟被人据断腿，刨断根，不翼而飞，至今音信皆无。

5

我第一次上五台山是公元1970年前后，那时我在和五台山相邻的定襄县插队。当年插队苦是苦，难是难，但村中老百姓也可怜我们,倒也落得自由。有一天,闲着无聊,不知谁提议,去五台山瞅瞅。说声瞅瞅就走,就来到五台山。

坦率地说,那个时候,五台山的寺庙,还是现在这些寺庙,既没有“破四旧”,像会昌灭佛运动,也没有封门灭人。没有一个寺院贴着封条,开着门,随便进。不同的是那时的寺庙都显得灰暗,破旧,漆皮斑落,破砖烂瓦,殿堂尘土积厚,殿门都用古老的铁锁锁着,顺着窗棂往里瞅,灰暗之中还能看见佛陀两眼微闭,菩萨各念其经,偶尔有在殿中梁上作巢的燕子从破烂的窗户口飞进,倒实实在在吓人一跳。从菩萨顶到大白塔圆照寺,从碧山寺到黛螺顶,除了有佛,有菩萨,几乎空无一人。找到当地一村干部方知,批资本主义也正批,“破四旧”也在破,正运动着。五台土话比较难懂,十句能只听懂六七句。他说眼前的运动是正在动员僧尼还俗,叫“插队”,让他们自食其力。我们一听差点跳起来,和尚尼姑也和我们一样“插队”?有毛主席教导吗?那时候年轻火气旺。后来找见一个老和尚,老和尚正解开袍子捉虱子。我们送给他一块自带的干粮,聊起来。

老和尚在五台山出家已经40多年了。说还俗?曰:庙即家,家即庙,无俗可还。说佛是唯心的,假的,你被迷糊了。曰:心是真的,佛就是真的。又说,早回头也不失人生一回。你看我们不也从北京插队到山西?曰:何谓早?何谓晚?佛祖4万8千年论早论晚?不依然在寺里,在心中?佛祖的经历何止万万千?山在吗?在。云在吗?在。河在吗?在。心在吗?在。在,佛就不会灭。不懂“插队”,“插队”怎么能与山、与云、与天、与河相比?后来方知,此僧乃五台山当时的清凉大和尚,在寺院中的资历当不比本焕低。

6

五台山现在最“火”的是五爷庙。山上山下山里山外都说五爷庙最“灵”。

庚寅年十一长假,我去五爷庙,天尚未大亮,“睡佛”山边还是一片青黛,但去五爷庙的路早已被挤成“糊糊”。连带着“贵宾”的警车也深陷“泥潭”，一筹莫展。人们都要赶去五爷庙烧头灶香。

五爷庙是黄庙，在全五台山 26 处黄庙、78 所青庙中，五爷庙最小。仿佛北京一所四合院。五爷庙门外鞭炮声震耳欲聋，红红的炮屑足能没足，人头攒动，摩肩接踵。院内皆为烧香的信男善女，香烟不再是氤氲，不再是袅袅，不再是缭绕，而是呼呼然，腾腾乎，呛得人睁不开眼。突然，院中一巨大铁香炉，因香火太旺，歪倒、崩裂，火焰四起。俄尔，消防救火车呼啸而至，好在火未燃起。如此香火旺盛，全国重点寺院有 208 所，册上有名的寺院 1178 所，未闻未见有此“旺”者。五台山上一位人士对我悄而言之，五爷庙一年的香火钱大致在 2 亿元左右，匪夷所思。

五爷庙主持法名常青，70 多岁的人，多皱沧桑的脸上一层白胡茬，像久旱的黄土地上落了一层早霜。年年天天都是天未明而起床，常常未起床时，屋外已站满等他做法事的人。烧头灶香所许之愿必灵验，京城、太原等地来的达官贵人常常要保安、公安保驾方能挤进五爷庙正殿。与正殿相对是个戏台，上面演的戏从早唱到晚，年复一年，日复一日，皆还愿者捐的戏。因为据传正殿中供的五爷最爱听戏。有时候是好日子，捐戏送戏的太多了，排不上，无奈只好像拍卖行一样，拍卖时间段，多者为赢。

据说逢大节大年，烧头灶香者，必提“箱”而来，没有一个让人咋舌的数字是给五爷烧不上头灶香的。言有一年大年初一，排在前十位要烧头灶香者皆山西煤老板、焦老板，只得“岐山斗宝”，少者让“贤”。

我曾经做过调查，排队等待进五爷庙的人，无论是山西人还是北京人、天津人，根本说不清五爷庙正名叫什么，供的是哪方菩萨哪方佛，甚至连五爷庙是黄庙青庙都说不清，但虔诚的信徒皆言：我们崇信五爷，就因为五爷灵！

我曾和常清主持探讨官话、套话、大话、假话，不假但没用的话时，常清法师说，五爷面前无官话，未见有谁在五爷面前说套话。常清阅人无数，阅官无数。

五爷庙中几位僧人论法。眼前这熙熙攘攘的人群为何而来？一僧云:为名而来,为利而去;一僧云:为生而来,为死而去;一僧又云:为有而来,为无而去;一僧又云:为缘而来,为空而去。恰常清过而闻之,云:为有为而来,为无为而去。

7

五台山寺庙群之多,居全国佛山之首,但百寺院唯一洞,上五台,不去感悟佛母洞,终感有始未终。

佛母洞乃天生一个仙人洞,洞状酷似女生殖器,钻入其中,能清晰可见母腹中的一切,洞口狭小,多瘦的人爬进钻出也费劲,多胖的人也未曾听说被卡住"生"不出来。

我曾亲试过,钻出"母体洞"确有一股新鲜之感,似乎重生。据说无论何时钻出,都会冒一身大汗,有时会卡在洞口,欲出不得,欲回不能,这时需人帮忙方能脱苦口而生。喻佛母让人体会母生儿之苦、之难。

其实人的生死俱在眼前,俱为这一看似简单的过程。在佛母洞前听僧人论经,倍感深刻。

一僧曰:生是四大皆空,死为人生轮回。一僧曰:生为出洞,死为生烟;一僧又曰:生因苦难而生,死因脱灾而死;一僧又曰:死是为能再生而死,生时为脱生而生。

想起匈牙利诗人弗勒什·山多尔的一首诗:"为了诞生我诞生;为了死亡我死亡;为了死亡我诞生,为了诞生我死亡……"四僧人皆言:此必西域高僧。

第二天,五台山通山起大雾。据查,五台山数年不起雾,或风或雨或冰或雪。那雾如波如云,把菩萨顶、圆照寺、黛螺顶、碧山寺、都托在云雾之中,松林飘渺,群山隐匿,、时隐时现。但静谧之中,松涛之外,还能隐隐约约听见寺院中的钟磬之声、诵经之声,仿佛能听见有高僧在说:青山巍巍俯仰天地世态,晨钟暮鼓悟真谛;大河滔滔沉浮千古人物,黄叶秋风是天机……

中山靖王古墓之谜

墓中有没有黄金?

那是来自满城汉墓的困惑。

满城汉墓是指西汉中山国王刘胜夫妇的两座大墓。这两座大墓就在满城县城边上的陵山之上。陵山三山相连,主峰高居其中,左右两峰成屏封状护卫,民间称其为椅子山。用风水先生的行话讲,两边山如凤翅,近看两山又如双头龟,风水极壮。奇怪的是葬中山王的主陵上有一巨大的板状石覆盖,其名曰一亩石,也有称飞来石、仙置石的。最奇怪和令后人困惑的是,汉墓十墓九空,甚至十陵十空。刘胜夫妇之墓竟完好无损。西汉当年定满城县为北平县,站在北平县的城楼上就能清晰可见陵山。盗墓疯狂肆虐,西汉的皇陵到王莽新政时期就开始被盗,有起义农民盗的,有割据军阀带领军队大张旗鼓盗的,有前期遗老遗少组织人秘密盗的,有后世官员公开盗的,更有新建政权作为政府行为以奉旨名义大规模公开盗的,当然也有民间盗墓高手偷偷摸摸盗的。东西两汉的皇陵、王陵到东汉末期就已被盗得差不多了。影响最恶劣的就是董卓,他令吕布做现场总指挥,把洛阳的东汉十二皇陵和长安的西汉皇陵全部盗掘得底朝天,手下军阀随心所欲,盗墓已成公开"政府行为",连能找到的将军墓,甚至豪门富户的坟墓一律盗挖,都想凭空发横财。到三国时期,孙权、曹操都带头盗挖王陵,能幸存的"大墓"寥若晨星。有的王陵竟被翻来覆去地盗挖过多次。而满城的中山王陵竟然万劫余生,纹丝未动,刘胜夫妇"睡"得依然安详。真是不可思议的奇迹。

我去徐州,专程去察看西汉楚王刘戊的陵墓。楚王刘戊是汉高祖刘邦兄弟刘交的孙子，是刘邦封的同姓王的第三代楚王。楚王刘戊的陵墓和中山王刘胜的墓都是被凿山而入，刘戊陵墓几乎把狮子山掏空，中山王刘胜也几乎把陵山掏空。所不同的是刘戊参加了汉初“七国之乱”，后畏罪自杀的，死时应在35到37岁之间，在楚王位上执政21年。而刘胜是自然死亡，享受了当时人间的一切物质的精神的奢华。这个中山王在位42年，是西汉王朝231年诸侯王在位时间最长、最有福气、最能享受，结局也是最好的封王。巧合的是当刘戊自杀后匆匆被葬进狮子山时，中山王的陵墓刚刚开始勘测。西汉时的王陵多葬于平地，有黄肠题凑，用像现代铁路上枕木一样的黄心柏木为棺椁建成外椁，然后填数以吨计的木炭，铺以几尺厚的石膏泥，最后才是王的主棺，上面还要加以封土，封土越大越高，说明葬之王的身份越高，地位越显赫。当然西汉也有规定，刘邦就曾制定下“陵制”，规定皇陵“高十二丈，方百二十步”。而楚王和中山王都不约而同地选择了凿山为陵。那时候的凿石工具仅仅是铁制的锤头、凿子，就是依靠这些简陋原始的工具生生地把一座石山掏空。这两座诸侯王陵的不同点就是楚王陵早在楚王死后一百多年，大约应在西汉末年即被盗，而中山王陵墓安然无恙。徐州狮子山的楚王陵打造的真有水平，它是在整个石山中打通一条宽窄只能通过棺椁的石头隧道，然后再把石山凿空。盗墓的水平也真高，我站在墓道抬头远望，大约有三四层楼高的地方，正对着主墓道，45度斜坡直直地打进墓道，如果左右偏差2米，这条盗洞就打在了坚硬的石头上，但真准，就像盗墓贼手中拿着定位器，几乎不差一丝一毫，据说盗墓者有可能是楚王手下的大臣或家人，也可能是监督造墓的官员和工匠。但有一点似乎可以肯定，盗墓者手中肯定有一张详细的墓道图，这张神奇的藏宝图深藏了一百多年。否则靠撞大运是撞不上那条窄窄的墓道的。

满城汉墓却躲过了这一难。

据说满城陵山上也有过盗墓洞，且不止一个，但没有一条能挖在墓道上。数条盗墓洞都直撞在巨石上，无功而返。陵山有墓无处寻似乎已成千古定论，中山王刘胜是造墓高手。

刘胜作为西汉的诸侯王，是最幸运的，一生吃喝玩乐，奢侈无度，纵情享受。《史记·五宗世家》中记载："刘胜为人乐酒好内"，刘胜也直言不讳："王者当日听音乐声色。"其兄赵王彭祖曾讥讽他"徒日淫""诸侯妻妾，或至数百人"。生有子女达"百二十余人"。刘胜是西汉皇室中生育能力很强的一位，三国时期曾为蜀国昭烈皇帝的刘备就是他的后裔。可是到东汉末年，刘胜的王子王孙已然多不可数，随着中山侯国的消灭，其后代像刘备已变成荷履小贩，其实即使是中山国仍在，刘胜的后代也会有一批讨吃要饭，沦为彻底的底层庶人。以史为鉴，明朝的开国皇帝朱元璋生育了26个皇子、164个公主，他怕像汉代一样亏待了他的龙子龙孙，所以制定了一条规定：凡是他的血脉，男要封王，女要封君，全都从国库拨皇粮供给。结果仅仅过了一百多年，朱元璋的"龙"的队伍已然超过八千人，国家已经养不起，逼得明王朝不得不修改祖制，让他们其中的一大部分自谋出路。被朱元璋封为"开国第一功臣"的徐达，其后代就无法为生，竟然沦落到替人在大堂挨板子以换点小钱糊口，史称：金盆狗屎。刘胜的中山国才仅仅管辖着十四个县，刘备当小商小贩，自产自销草履是必然的。但刘胜活得自在活得神仙。

陵山刘胜墓中还出土了33个大酒缸，足能装盛一万多斤醇酿好酒，仅出土的饮酒器皿就有19种之多，这在中国出土的所有皇、王陵中绝无仅有。而且还在刘胜陵中出土了"宫中行乐钱"和装饰豪华的铜骰。刘胜为王的42年，就是在声色犬马中悠然渡过。这位中山靖王有他做诸侯王的底线，不作威只作福。这条原则使他受用终生，寿终正寝。

困惑跟着油然而生，陵山中山王陵没有被盗过，为什么刘胜陵中没有一块黄金饼，没有万金、千斤甚至百斤的金子？以刘胜被封为诸侯王在王位上坐了整整42年，其收敛的财产何止千万？其宫中有黄金逾万斤都不足为奇，为什么没有带一些到地下？几乎和刘胜同朝为王的梁孝王刘武，墓中都有黄金数万斤。刘胜也是一方诸侯，虽然他的封国,他的财富,他的封赏,远不及梁孝王,但他的陵墓中竟然没有一斤黄金,实让人不可思议。刘胜事死如生,他连厕所,洗澡用的搓脚石,玩的骰子,喝的美酒,穿的丽衣,出乘的车,骑的马,佩的剑,射的弓、弩统统都带到地下,在地下造成一个地下宫殿,有各种金器,包括他的金缕玉衣,鎏金银蟠龙纹铜壶,鎏金朱雀衔环杯,错金银铜豹,就是没有金块、金条、金饼,据《史记》上记载:刘邦在夺取天下之前就一次拿出 4 万斤黄金交给陈平,让陈平去离间项羽的部属。汉武帝为奖励卫青击败匈奴,动辄就赏黄金数万斤,前后仅奖励卫青及其下属的黄金就达 20 万斤。吴楚七国之乱带头反了的吴王刘濞就公开悬赏:两军之前斩敌大将者奖黄金 5000 斤,斩将军者赏黄金 3000 斤,足见其富,也足见其拥有黄金何止数万斤!如果刘胜家有黄金数万斤或数千斤,他决不会不把金子带到他的“地下宫殿”中。他还要在阴间花天酒地,还要在阴间大肆挥霍享受,岂能无金?西汉王朝前后共封 20 多位诸侯王,刘胜是第一位中山国封王。据汉平帝元始二年统计,中山国辖 14 个县,人口 66.8 万人,是诸侯国中人口第二大国,土地第三大国。刘胜绝不会家无藏金,42 年的积累,恐怕不止数万,但为何墓中无金?

我在参观徐州狮子山楚王陵时也注意到,盗墓贼是直趋主墓室,把通道两旁被塞石填堵的最靠外面的两个耳室忽略了,免去一劫。那两个耳室中有许多陶器、玉器、漆器,但没有黄金,即使是在主墓室的专门用作储钱用的耳室内,有景帝时期使用的半株钱多达 16.7 万枚,仍未有西汉流行的金饼。盗墓贼们把楚王拖出棺材,剥去他的金缕玉衣,把连接近 4000 块玉片的金丝抽去。据专家估计,这些金丝重 2000 至 3000 克左右,按西汉的重量计算这些黄金的重量应在 10 斤左右。从金缕玉衣上拆下这些金丝,如果是两个人一起干,在那样的环境下也需要比较长的时间。如果刘戊陵墓中真有成百上千甚至上万斤的黄金,盗墓者还顾得上费老劲一根一根去拆串在玉片上的细如发丝的金丝吗?盗墓者除了拿走从金缕玉衣上拆下来的金丝,还从陵墓中盗走黄金了没有?盗走了多少黄金?我在狮子山楚王陵博物馆请教几位专家,他们几乎异口同声地回答,从种种迹象看,楚王陵中即使有黄金,也绝不会有几百上千斤。

满城陵山中山靖王刘胜的陵墓和他夫人窦绾的墓都没有被盗过,但两座大墓中确实没有出现成斤的、十几斤、几十斤的黄金,更不用说几百斤几千斤的金子。难道梁孝王刘武陵墓中真有4万斤黄金?或许刘武墓中根本就没有那么多黄金?那难道是《史记》中有误?《水经注》上有误?《汉书》中有误,《三国志》也是以讹传讹?

中山靖王遗体为何不见了?

满城汉墓中出土文物最引起世人震惊的是,出土了一男一女两套完整的金缕玉衣,说其完整是因为它当年被穿在中山靖王刘胜和其夫人窦绾尸体上以后,又被放置在棺椁中,2100多年从未被任何触动过。而徐州狮子山上的楚王陵也发现了一套金缕玉衣,那是穿套在楚王刘戊尸体上的,但当年楚王陵被盗时,楚王被盗墓者拉出棺木,拽出金缕玉衣,把金缕玉衣拿到墓道的天井,放在堵墓道的塞石上,为的是拆下金缕玉衣上的金丝,而楚王刘戊的尸体就随便扔在主墓室外。令人吃惊的是,当1995年3月31日楚王陵被发掘开时,被盗墓者野蛮扔在一边的刘戊的骸骨竟然是完整的,甚至连最细的肋骨也根根未朽。而几乎和他同时代的中山靖王刘胜,陵墓未被盗挖,一切都原封未动,而令人疑惑的是,穿戴整齐,被金缕玉衣从头到脚捂得严严实实的刘胜,在1968年5月被发现时金缕玉衣是完完整整的,而裹在里面刘胜的尸体却"不翼而飞",连一缕头发、一根遗骨、一颗牙齿都荡然无存,以至于当年进到刘胜墓中考察的专家一开始还以为这套金缕玉衣是陪葬品。因为衣内无人。而和他同陵不同穴的夫人窦绾的金缕玉衣中,经专家检验,也只发现6颗牙齿的外壳。

楚王和中山靖王的两具尸体,前后相隔不过半个多世纪,一个完全暴露在"光天化日"之下,一个被严密地包裹在金缕玉衣中,为什么结果的反差竟然如此之大,这究竟是因为什么?中国历来奉行玉乃养肤之宝,人死为了能保存他的身体,不但要金缕玉衣严密地包裹,而且还要把人的七窍都用玉塞堵上，嘴里还要含着玉蝉。为什么这么“全玉武装”的刘胜腐朽得几乎一无所有，根本无法去推测他死时的年龄，他的长相，仅仅能根据金缕玉衣的长度来判断，刘胜的身高可能在1 80cm左右。而赤裸裸扔在墓室之中，身上没有一片玉的刘戊却几乎完整地保留了2000多年。正因为如此，医学科学家才根据他的头骨和骸骨把墓主人第三代楚王刘戊复原成像，并且测出他死时的年龄应在35至37岁。有比较才有鉴别，这其中究竟是因为什么？

墓道门为什么非要炸开？

王陵的墓道如何封闭，是防止盗墓的关键之一。中国自古就有厚葬之风，事死如生，惹得各朝各代盗墓蜂起。魔高还是道高？矛尖还是盾坚？从有墓葬那天起双方就在较劲比高。

古来封闭墓道的办法有碎石、灌砂、垒土、飞来石、倒插石、暗器等等，也确有成效。在盗墓的现场就发现有被碎石压身致死，有被流沙活埋，被暗器杀伤，被飞来石挡住。但魔高一尺，道高一丈。

我在徐州看到楚王墓被盗现场，当年楚王陵的墓道是被16块塞石堵住的，按4块巨石一组成田字状顺墓道排列的，每块塞石是几乎成正方体的大石块，重达5至6吨。现在我们都难以想象2000多年前，那些造陵的工匠是怎样把这些巨石严丝合缝地排列在墓道上的。

盗墓者打洞打到有巨石挡道的墓道前肯定苦费心机，要么知难而退，要么破难而入，没有什么能挡住盗墓者做贼的脚步。他们愣是在大方巨石上凿出牛鼻栓，像牛鼻子一样的扣，然后串上大绳把巨石拉出来。我仔细打量了一下盗洞，虽然盗墓者把打进墓道前的天井扩大了一些，也不过八九平米大小，这么重达5至6吨重的大石头，没有七八个年轻力壮的“壮劳力”是丝毫撼不动的，即使从直径近1米的盗洞中下去那么多“壮劳力”，下面也没有那么大的活动空间，因为墓道门前全部是堆满的大小碎石块，一不小心就会引起“石崩”，把盗墓者全部埋葬。我请教几位专家，他们也说不明白当年在地下盗墓者是怎么把这些巨大的、巨重的塞石拉出来的，但有一点他们好像都一致肯定，光靠力气恐怕不行。不信，可以试试，那些塞石还排列在那儿。但那是凭着一种什么“技术手段”？什么“机械力量”？盗墓贼中确有高手。

满城中山靖王的陵墓也是极偶然被发现的，似乎好像也是天意。

1968 年 5 月一支工程兵在陵山打洞做战备工程时，当工程兵的战备隧道打进陵山 28 米深时，正巧打在刘胜陵墓的耳室上方，中山靖王的陵墓被发现了。他们派战士坠绳而下，工程兵战士借着手电筒的电柱发现那竟是一座规模宏大，修造考究，陈设华丽，器物丰富的地下宫殿。发现大型墓葬的报告直接送到周恩来的办公桌上，那时候正是 1968 年，文革闹得正红火，周恩来直接批示让科学院院长郭沫若负责勘察，让工程兵负责配合。

我去满城汉墓发掘现场参观时，格外注意造墓高手刘胜用 40 多年时间造的墓，因为两汉所封诸侯王，都是在封王的第二年就拿出封国收入的三分之一造陵起墓，一直到死，刘胜在位 42 年是动了脑筋下了功夫的。

果然，刘胜有高招，可能在中国古代墓葬封门技术上独树一帜，别出心裁。

他堵封墓道的办法是在墓道大门处造两个大石板门，把“拉陵道”死死封住，然后熔化铁水，把熔化的铁水倒在两石门之间，其实石门也非门，即不能开亦不能闭，只是在“拉陵道”的入口处的石框前竖起两块巨大的石板，然后再在中间浇上铁水。这墓没被盗过，如果被盗不知盗墓者是否会有“破门而入”的高招？问题是当初我们在开掘刘胜陵墓的时候也遇上这个难题，真没想到，办法竟然如此现代，使用的是黄色炸药，工程兵负责炸开。我也请教了专家，专家也说不明白当初为什么非要用炸药炸开？但有一点是明确的，用其他办法打不开。他幽默地说，你总不能让 68 岁的郭老也从耳室上方的小洞洞里爬进去吧？我问如果此墓被盗，盗墓贼怎么办？他说，盗墓贼个个都是土行孙，他们肯定不会望门止步，肯定会生出邪招鬼法，会打破这道铁壁石墙。

我看见那一块被炸成一大块废铁的残块。为什么我们当时就想不出比用炸药炸得更好的办法?

满城刘胜的陵墓中为什么没有殉葬的陶俑呢,没有兵马俑?没有殉葬的车马坑?

按照西汉的墓葬制,即使是皇帝的陵墓中也不允许用活人殉葬,从文景二帝开始,都开始用陶俑陪葬,也都配有兵马俑、车马坑。给秦始皇陪葬的兵马俑大小比真人略高大,而汉时的兵马俑只有秦时的三分之一高大。在徐州狮子山的楚王陵边就发现了兵马俑布阵的六个坑,在其主墓道中还发现有一男子和一女子的活人殉葬者,而刘戊仅仅在位 21 年,而中山靖王在位 42 年,为什么在刘胜陵墓中未发现一个殉葬的陶俑,也未发现在他的陵墓附近有大型的兵马俑坑?刘戊作为一名“反王”,自杀身死,其葬尚能如此,刘胜作为中山王第一代封王,在位 42 年,几乎是中国历史上诸侯王在位时间最长的了,为什么没有呢?

走出满城汉墓,出了陵山,有一片让人眼前一亮的柿子沟,满山坡满沟里的柿子树,正是柿子结果的时候,一树树硕大的金灿灿的大柿子挂满一树,连树叶都少得快看不见了。看着那些当地人称之为“磨盘柿子”的柿子树、柿子林、柿子沟、柿子坡,仿佛一下子就忘记了脚下还有一座 2000 多年前的诸侯王陵。

鸽 缘

1

鸽子,我小时候恭恭敬敬称之和平鸽,因为那个时候“抗美援朝”刚结束,人民对和平的祈望特别强烈。

幼儿园迎门的墙上挂着一张彩色的画,我们天天见,画的是一男一女两个戴着红领巾的少先队员,男孩子正迎着朝阳放飞和平鸽,女孩满怀幸福在看着幸福飞翔的和平鸽,手里还托着一只展翅欲飞的和平鸽。

小时候的事印象特别深。半个世纪后我在安东市鸭绿江边的路边公园竟然看见了一座和当年那幅宣传画一模一样的雕塑,激动得我赶忙让司机把车停下来。我快步走向那座雕塑,敬穆地仰望着雕塑里的人,一动不动地静静地凝视着他们,他们要是真人,应该 70 多岁了,但他们永远年轻,他们手中的和平鸽永远眺望天空,展翅欲飞。

这是时代的定格,历史永存的一瞬。

他们手中的和平鸽和毕加索笔下的和平鸽在我们这代人心中该是永生的。

后来不知从什么时候开始,人们不再称赞鸽子为和平鸽了,可能战争走得太远了,只有刚刚经历过战争残酷的人才会那么渴望和平的到来。自从搬到北京后,我对鸽子的印象也“坏”起来了。起因是我们隔壁家喂着 4 只鸽子。因为他家没有平台,因此就把鸽子窝搭在窗户外面。我们住的房子是四层楼(1950 年代末北京没有高楼,最高的是老北京饭店,我一层一层地爬过,也不过 6 层),我的家住二层,鸽子动不动就飞到我们家平台上,落在平台的栏杆上,像刚从水里钻出来的鱼鹰蹲在船帮上。一开始我们并没反感。那四只鸽子看上去长得像乌鸦,黑黑的一身闪光的羽毛,圆圆的小脑袋瓜上有一簇高耸的头冠毛。邻家都不称其为鸽子,叫“墨羽”,邻家孩子建平喊它们叫“黑子”。“黑子”两眼有神,圆圆的小头动来动去,没有一分安静,不是梳理羽毛,就是互相扑闹,尤其是在我们家午睡时,这些“黑子”就在平台上、家窗户根下“咕咕咕咕”地叫个不停。最让我受不了的是他们家的鸽子站在我们家平台的栏杆上拉了那么多屎,我妈妈给我的任务是必须由我负责清理干净。不干不知道,一干我才知道鸽子屎那么黏稠,一点不比人吐在地板上的口香糖好清理。我终于想出一个办法,彻底根治的办法就是找了一根竹竿,只要“黑子”一落,我就挥竿击之,绝不留情。但那些“黑子”也鬼得很,家中无人时就放肆地飞来自由地停留,随地大小便,把我们家的平台、窗台当成他们的“厕所”了。

气愤之余,我把建平叫到我们家平台上,让他参观“黑子”的斑斑劣迹。我说,如果你们家“黑子”再往我们家平台上落,又拉又叫的,我准备去我同学家借一把气枪,一枪一个,坚决消灭“黑老鸽”。那年我们击落了一架美制蒋帮的U－2高空侦察机,在军事博物馆展览,那架头被打烂的U－2高空侦察机被称为“黑老鸽”,一不留神就给建平他家的“黑子”起了一个高雅的绰号。

建平和我同级不同班,是好朋友,他一看“战场”果然形势严峻,放在谁家谁也必欲除之而后快。我说,你们家那些“黑老鸽”,对于我们家来说犹如“周处”也!那时我们都上语文课,正学一篇课文叫“周处”。于是我们都哈哈大笑。建平说,鸽子是他爸养的,但他有辙了,去找几块闪光的琉璃瓦铺在他们家窗棂上,鸽子识标志,就不往你们家平台上落了。

养鸽子的人懂得鸽子的秉性。

没想到却闹出一件大事来。

有一天,家属委员会的领着两个警察来我们家取证来,搞得我们一家人都特别紧张,不知道捅了什么篓子?后来才弄明白了,原来建平和他哥兄弟俩跑到长安街上偷琉璃瓦被抓住，已经被“圈”了两天了。估计“堂”也过了好几回了，现在就要取证，他们哥俩偷长安街上的琉璃瓦想干什么？我们家人都瞠目结舌，只有我能说清楚，我就领着他们参观我家的平台，几乎“惨不忍睹”，我一边说，那警察一边记，完了还从包里拿出一个印盒让我摁手印。我觉得挺新鲜，那不成了杨白劳卖喜儿了？大家一片欢笑。

建平哥俩从分局出来了，他们家的“黑子”也送人了。后来倒是我的家人有时候聊天时常常说起隔壁的鸽子。特别是有一回，有两只雪白雪白的鸽子落在我们家平台栏杆上，连我父亲都隔着窗户站在那儿看了半天，不知道为什么，大家都挺想念那几只“墨羽”。

2

我去农村插队住的房东的小儿子叫喜林也喜欢养鸽子，而且是位养鸽高手，村里村外都颇有名气。

农村地方大，他们家院也大，鸽子就养在北屋屋顶的“鸽子楼”里，我没数清楚过，大概有20多只。开始我没在意，每天学大寨土里刨食儿，累得贼死，那儿还顾得上天上飞的？日子久了，才注意到院里有群鸽子，时飞时落，时叫时闹，在院里摇着摆着晃着，像南极企鹅似的挺神气的，看那些鸽子长得精神，个个凰头凤尾，眼睛亮得漆光闪闪。他的鸽子也分好几种。我是外行，也从不养鸽子，不过因为有前因，所以看起鸽子来也就格外多瞧两眼。喜林好像是根据颜色给鸽子来起名的，有的叫“黑子”，有的叫“紫尾”，有的叫“花脖”，有的叫“凤头”，有的叫“雪团”，等等，好像那些鸽子也都知道他叫什么，喜林一召唤它们，就像沙场点兵似的，一个个扭扭摆摆地走过来。喜林喂鸽子拿个斗，一把一把地把高粱粒撒到院中天井中，鸽子就蜂拥而上。有时候，公鸡也带着一群母鸡冲上来，鸽子和鸡还有一番较量，啄咬得那么认真、较劲，扑打着翅膀昂着头、挺着喙，有进有退，我看得挺过瘾，像小时候在北京天桥看“拉洋片”。

晋西北的农村的房子都是平顶的，屋顶的作用大了，能晒粮食晒枣，夏天夜里还能上房铺上席子睡觉，晒了一天的屋顶一点不冰人，睡在上面夜风一刮，一只蚊子都没有，数着满天的星星就睡着了，真美！喜林的鸽子飞累了就蹲在屋顶上，悠哉乐哉地享受着阳光，那时候我们都觉得它们比人活得滋润，自由自在，无忧无虑。

有一天我一进院，喜林正站在院中看着房上的鸽子“闹腾”呢。我调侃他：“看着鸽子婚配，你想闹洞房啊？”他冲我一摆手，好像很严肃很有事似地对我说：“帮个忙！有只野鸽子被咱家的鸽子裹进来了，扣住它。”

我看着房顶上的那群鸽子说，不是做梦要媳妇吧？凭什么捉？喜林像个老猎手，他告诉我那只远远站在屋顶后沿上的白鸽子就是野的，你盯准它，我唤咱家的鸽子下房，它肯定不敢下来，只站在屋檐处，到时候你告诉我它站的位置就行了。

喜林回到屋里，端出了那个盛高粱粒的粮食斗，抓了一把往屋前的空地上一丢，嘴里咕咕地叫着；丢了一把，又丢一把，我站在院中看着。果然，房上的鸽子顿时高兴得撒欢似地纷纷从屋顶上争先恐后地飞下来争食高粱。只有那只个头显得很粗壮的白鸽子没飞下来了，它从房顶的后沿，慢慢走到屋顶的前沿，不时侧着头，细心地观察着院里的情况，看着院中鸽子们的争食样，但它却没着急下来，警惕性还挺高的。

喜林一窜上了窗台，一手扶着屋檐下的房檩子，一手拿着一张圆网，轻声问我：“它在哪根檩子上？”我两眼盯着那只蹲在房檐上正侧过头来打量我的鸽子，一边示意他往左，再往左，再往左一根檩子。喜林用左手扶着那根檩子，示意是这根吗？我看得清清楚楚，那只飞来的野鸽子就和他相隔一个屋檐顶，只是他俩谁也看不见谁。在得到我肯定后，喜林身手果然了得，右手一翻，圆网嗖地一声由屋檐下面一下子翻到上面，不偏不歪，正罩住了那只鸽子，任凭那只鸽子怎么拍打，已是落网之鱼矣。看着也挺惊险，挺过瘾。

我那年回北京，临行，喜林把包好的两对鸽子交给我，像托付什么重大事项似地说，这是他两对最好的鸽子，极可能是村里最棒的鸽子,请我到县城时把花手巾包的一对鸽子放飞了;到太原转车时再把包在格子手巾中的一对信鸽放飞。发放飞的目的是测测它们能不能飞回家。走的时候,村里爱养鸽子的几个老乡都跑来送行,有点像送子参军上前线的味道。喜林跟我说过,远途的鸽子十只往往飞不回两只来,不是被鹞子吃了,就是出别的事了,所以特别悲壮。

我按着喜林的吩咐,到定襄火车站时,解开花手巾,把那两只鸽子高高地扔到天上,看着它们在我头顶上转了一圈,就双双往我们村的方向飞去了。我一直看着,看着,心中全是祈盼,一直看着它们飞成小点点,直到消逝在白云蓝天之中。

到太原中转换车时,正赶上晚上,天已经擦黑了,这下我可犹豫了,该不该把怀里的这两只鸽子放飞了呢?我抬头望望天空,又望望太原,迎泽大街上的路灯已亮起来了。犹豫再三,最后还是解开了格子手巾……

只听见两只鸽子扇动翅膀的声音,在朦朦胧胧的夜色中,不知朝什么方向飞走了,说实在的,夜幕中的太原我都不辨东西南北,太难为那两只鸽子了。

回到北京,我就给喜林写了一封信,心中挂念我放飞的鸽子,但信去如泥牛入海,我的心也凉凉的。

3个月以后,我从北京探亲回来,见到喜林第一句话就骂他,“你小子孙子不孙子?怎么不给我回信呢?”喜林冤得差点以头跄地,他说肯定让大队的人撕了当卷烟纸卷烟抽了,日他娘的!他告诉我,县里放的两只鸽子一只也没飞回来,太原放的两只飞回来一只。我心里咯噔一下,难受了好几天。

3

1974年我从农村选调到定襄县色织厂当工人。定襄县色织厂是从天津搬迁过来的工厂,工厂里很多老师傅都是两地分居,几十个人住在单身宿舍,也挺热闹。但时间一长我就发现,天津老师傅们心事都得特别重,时时刻刻都在牵挂着天津家中的老婆孩子。住我隔壁的谢师傅大概有45岁了,我们屋的田师傅告诉我,谢师傅家中挺苦,两女一儿,儿子还得过小儿麻痹症,走路一跛一拐的,老母亲半瘫卧在床上。但谢师傅人挺开朗,而田师傅则整天坐在床沿上唉声叹气的。

后来我才发现谢师傅养着两只白鸽,这倒挺新鲜的。

谢师傅养鸽子完全是饲养鸡的办法——笼养。但喂的时候就打开圈门把鸽子放出来了,他喂的鸽食挺讲究,不但有高粱,还有玉米、大米、晒得焦黄焦黄的谷子。两只白鸽特别惹人喜欢,围着他膝前,仰着脖子一昂头一昂头地叫着,又低下头一点头一点头地吃着,不时地扇动着翅膀。这个时候是谢师傅最高兴的时候,他会笑得满脸都是深深浅浅的皱纹,像相声演员李文华似的。他背着双手,挺胸昂头,迈着京剧舞台上的台步,摇晃着身子在屋前得意洋洋地走绺儿,这时候那两只雪白的鸽子就跟在他背后,仿佛也在学着他一摆一晃地亦步亦趋,久而久之,成了我们光棍宿舍的一道风景线。

那时候因为我们色织厂三班倒。谢师傅照顾他的两只鸽子无微不至,早班六点上班天未大亮,他走时要先跑到鸽子窝前看看,下午两点一下班回宿舍的第一项任务就是喂鸽子、溜鸽子。上中班是下午两点上班,谢师傅一上午把时间都花在鸽子上。轮到上夜班,谢师傅宁可自己少睡,也要在正午太阳好的时候喂鸽子,带着鸽子走绺转圈。鸽子窝收拾得比他的宿舍还干净呢。

我也喜欢鸽子,慢慢就和谢师傅特熟特别好了。谢师傅告诉我,这鸽子是他儿子专门从鸽市上买来送给他的,让他生活快乐些,别天天瞪着灯泡发呆发愁。但两只鸽子不成群,不敢放飞,怕被人招走。再加上咱上的是三班倒也不规律,怕鸽子不认时不认地方飞丢了,只好可怜地像喂鸡一样喂它们。说话时,谢师傅两眼流露出深深的歉意,只好用爱来补救鸽子。

有天夜里,半夜时分,谢师傅突然翻身而起,一跃下地,箭一样冲出房门,连衣服都顾不上穿,连鞋都来不及提。原来,他听见鸽子在惊慌地尖叫,在拼命地扇动着翅膀,老谢一个箭步窜到鸽子窝前,他说他看见了鸽子窝上有一条黑影，月下没看太清楚，不是只狐狸就是只大野猫，把鸽子吓坏了。谢师傅索性穿好衣服拿个板凳就坐在鸽子窝前，让那两只鸽子看见他。果然鸽子不慌了，不惊叫了，渐渐地安静了。

谢师傅不愧是老师傅，经过反复琢磨、试验，他终于试验制作成功一种平板感应器，放在鸽子窝上，只要有个风吹草动，感应器就会通过一条导线传给蜂鸣器，蜂鸣器便会有节奏地响起来，这时候谢师傅会抄起在门边拇指粗的铁棍冲出去的。即使谢师傅上夜班，他也把这个“伟大”而艰巨的任务交给他屋里小孙。谢师傅也很“狡猾”，他怕小孙年轻贪睡听不见蜂鸣器，就把蜂鸣器调到最大。也真奇怪，自从谢师傅安装了现代化的报警器以后，好像黄鼠狼、狐狸、野猫都得到了信息似的，再也没有来骚扰过。

谢师傅为了让鸽子能吃点荤腥，改善改善生活，有时候像只老啄木鸟似的爬在树上，从树洞里往外掏又肥大胖的白虫虫；有时候又拿着铁锹到庄稼地里翻“地老虎”，看着那两只鸽子吃得那么得意，那么解馋，谢师傅多皱的脸上高兴得似乎像涂了一层油彩。

忘记过了多久，有几天总看见谢师傅像丢了魂似的，格外没精神，显得腰都弯了，常常一个人蹲在鸽子窝前呆呆地发怔，长时间一动也不动。我走过去一看，大吃一惊，鸽子窝里空荡荡的，一丁点欢腾劲都没有，窝中只有一只鸽子。我忙问：“怎么只有一只了？那一只呢？被黄鼠狼叼走了？”谢师傅极度悲伤地说：“死了，可能是病死的。”“啊？”我怔住了。谢师傅沙哑着嗓子说：“我已经把它埋了。”谢师傅对我说，他考虑了好几天了，这么圈着它，就它一只，孤苦伶仃的，恐怕早晚也得病死。鸽子是个活物，是飞禽，不能像养鸡似地养着，得叫它飞，给它自由。

星期天休息时，谢师傅叫上我，带上那只鸽子去放飞。我们一直走，走出很远，一直走到滹沱河畔。谢师傅把那只鸽子捧在手上，望着它深情地说：“你飞吧，自由自在地飞吧，你要有福气就顺着这条河回到天津卫，就能找到我儿子，他有一窝鸽子，那你就找到家了。要是飞不到天津，你就好自为之，自己找生路吧……”谢师傅把双手高高地托过头顶，他没有往高空抛鸽子，我知道他怕摔着鸽子。那只白鸽先向四周望望，又扑打着翅膀，突然向上一跃，冲向天空，在我们头顶上盘旋了两周，依依不舍似的，然后真的顺着滹沱河飞走了……

我扭头看见谢师傅两眼饱含着的热泪终于滚出了眼角，顺着额颊骨慢慢地流下来……

蛐蛐的日子

北京蛐蛐斗不过山东蛐蛐

20世纪50年代,我们家是从山东济南郊区黄台全福庄搬到北京朝阳区来的。刚来我就感到大院的孩子们都用陌生和藐视的眼光瞟着我,一个个子还不如我高的小男孩就敢当我的面说:“土鳖!”

我们黄台没人说土鳖,我不懂土鳖是什么意思,后来很诚挚地问和我一个班的又是同桌的一个女同学,人家才半是嘲笑半是吃惊地说:“连土鳖都不懂?就是土帽!”看我似乎仍在朦胧之中,只好循循善诱地点拨我:“就说你是农村来的土孩子,你看你的头型真够土包子的!”我当时留的是分头,往右边分的头发垂下来正好半遮住右眼,然后用力一甩头,把头发甩到额上,我们全福庄小孩都留的是这种头发,一垂一甩透着男孩子的帅气。没想到到北京成“土鳖”了。四十多年后看电影《咱爸咱妈》中那位男老师留的分头特亲切,当初我们都留这种偏分头。

大院中的孩子真心认识“土鳖”的厉害,还有赖于蛐蛐。

我们全福庄小学,不论年龄大小,一致的爱好是斗蛐蛐,甚至连大人们也几乎家家户户都有几个蛐蛐罐,养着几只蛐蛐,闲暇之余就互相斗,分出胜负,那乐趣大了。人随蛐蛐走,蛐蛐胜了,人像得胜回朝的将军,蛐蛐要是被咬败了,人也像斗败了的公鸡。秋风一凉到处都是逮蛐蛐的人。

我们从济南搬到北京,小孩子家没什么行李,就在书包里装了两罐蛐蛐,一个是金背黑头大将军,一个是粗腿红牙大元帅,都是身经百战的常胜将军,还多次赢过大人们的呢。

到了北京我才知道，大院的孩子也都爱玩蛐蛐，瘾头都挺大。放学以后都搬兵请将拿出罐来斗蛐蛐。噢，首都娃也爱蛐蛐。我偷偷地凑上去趴在人头缝里看，坦坦乎心中傲然，北京虽大虽洋，但虫儿却不大不凶不猛不狠。“土包子”也要让这些自恃“洋包子”的“洋鳖”败败火了。我那黑头金背大将军虎虎有威，捋着两根长须，时时呲呲牙，露出两颗又宽又大又厚还带着锯齿的板牙，那牙在灯光下显红色。它个头明显比北京蛐蛐大，身材也壮。尤其是那黑头油黑闪亮。相交不到三个回合，就把院里孩子的蛐蛐王甩到一边，但北京蛐蛐也凶，虽然被甩到罐沿上，仍不认输，趴在罐沿上仍然嘟嘟嘟地扇动着翅膀狂叫，这虽败犹叫的战法激怒了“大将军”，它大步流星赶上去，低头一拱，双牙一错，把那只北京小虫直摔出罐外，这才稳稳地，低低地，极敦厚沙哑地叫起来。那声音铿锵有力，我听了真过瘾、真解气。

“大将军”果然厉害，果然凶悍，果然不同凡响，果然霸气凌人，也不愧是俺山东的“大虫”，一连咬翻了他们四五只北京蛐蛐。大院里的孩子一看纷纷回家搬救兵。我一看，想用车轮战法累倒拖垮我的“大将军”啊！我们“土”，但我们不傻，我马上盖上罐子，抱着“大将军”得胜回朝。当时那种风发意气，得意洋洋，哪是语言能表达的?!

北京斗蛐蛐残酷，斗败的蛐蛐真如落架的凤凰。斗前刚刚进罐时的八面威风全无，看它那狼狈样，真是想寻个地缝钻进去。胜者王侯败者贼，此语应在蛐蛐身上，一点不假。

败下阵来的蛐蛐被主人托在手掌中，主人用另一只手拍打这只手的手腕子，把蛐蛐高高地颠起来，一次又一次地颠，颠完以后，再把败“将军”送回“角斗场”。据玩蛐蛐的人说，这么反复颠就把败“将军”颠晕了，可以使它去除怯懦，重整雄风。但一般这种败“将军”再无斗志，只能丢魂失魄地逃跑。败家主人就把蛐蛐罩出罐，毫不心疼，甚至恶狠狠地把它扔在地上，成了几只大公鸡口中的美味。若干年后在意大利罗马参观古罗马大角斗场时，曾猛地想起过斗蛐蛐的场面，那战败的蛐蛐和角斗至死的斗角士一样的悲壮。

山东的蛐蛐为我争了脸正了名，从此以后大院中的孩子再也没人喊我“土鳖”“土帽”了。

逮蛐蛐逮到大使馆

我们大院所在的白家庄，20 世纪 50 年代是一个纯粹正景的农村。你听那名字起的：三里屯、六里屯、水堆子、八里庄、红庙、定福庄、官家营、老虎洞、三岔沟、坡梁子，还不如我出生的全福庄叫得好听“洋气”呢！

那时候一入秋，朝阳门往外走不了二十里，就是一片庄稼地，地地道道的青纱帐。团结湖、朝阳公园、红领巾公园，都是后修后起的“秀名”，那时候就是一泡清水，周围是一片一望无际的芦苇。其实农展馆后湖的水面面积比它们加起来还大，但以后盖大楼被填了，那么多的水，也不知弄到哪儿去了。我父亲 30 年代在北京大学读书，他说过那时候的报纸就登过，白家庄、六里屯一带有豹子、土狼、黑熊，让人们注意。那些地方除了野地、庄稼地、大窑坑、芦苇荡以外，就是野坟地、废破窑、烂石岗，那正是我们逮蛐蛐的好地方。

不知谁传下来的，玩蛐蛐的人都信坟地里棺材板里逮的蛐蛐牙板最硬、最毒、最厉害，一口就能掰倒对手。我们半大小子最爱提着手电钻坟地。

朝阳医院后面以前是一大片“鬼子坟地”，据说是当年战死的日本鬼子埋的坟地。那儿是出蛐蛐的地方，一到晚上，不光是我们大院的，附近纺织部大院的，煤炭部大院的，还有东大桥一带爱玩蛐蛐的，都到“鬼子坟地”逮蛐蛐，偶尔有人经过，看见坟地里不时有“鬼火”似的光在闪，还有一个个游过来窜过去的“鬼影”，吓得一身汗。一度从关东店、东大桥到朝北医院的小路，夜里断行，行人怕遇见鬼，半夜不敢在那儿走夜路。有时候我们在坟地里的断石碑后面猛然看见两个黑黑的“鬼影”，也吓一大跳，细看方知是同道中人，都是趁夜逮蛐蛐的。

那天夜里，我们到农业展览馆一带逮蛐蛐，循着蛐蛐的叫声，我们摸黑悄然走到一所大院子的围墙处。逮蛐蛐我们都很有经验了，听那蛐蛐的鸣叫，叫得刚毅、果敢、老道，又有些苍劲厚实，毫无疑问，这是一只“老斗虫儿”！但这样的蛐蛐一般都挺有经验，稍稍有点“风吹草动”，它就中止叫声，很长很长一段时间不发出声音，和逮蛐蛐的人比意志，比经验，要过很久，直到它认为彻底安全了，它才又唱起歌来。

所以我和小弟踮着脚尖，仿佛脚下有地雷似的那么小心翼翼，生怕惊动了它。有几次它似乎察觉到有危险逼近，突然中止鸣叫。四周变得异常安静，我们蹑手蹑脚地也止住脚步，悄悄地蹲在草丛中，一动不敢动，任凭草丛中的大蚊子肆无忌惮在我们脸上身上横行霸道，疯狂地吸吮我们的鲜血。最终它没有熬过我们，它又开始欢快畅达地鸣叫开了。我们终于循着它的叫声找到了它的老窝，原来是墙角上的一道石缝里，趴在地上用手电一照，高兴得我们差点蹦起来，果然是一只大蛐蛐，“虎背熊腰”的正凶神恶煞般地趴在石缝里和我们对视。这时候需要经验和耐心，二者缺一不可，一旦“炸”了，大蛐蛐就可能顺着石缝跑得无影无踪，那就是孙悟空来了也找不见了。我曾经听父亲讲过老家老狼偷猪的故事。一头极有经验的老狼想办法撞开猪圈后，它必须把二百斤重的大肥猪拖到狼窝里，因为它还有一窝半大的狼崽子等着它喂养。它对付这头二百斤重的大肥猪的办法就是用嘴不紧不松地咬住大肥猪的嘴，让它只能嗯嗯，不能尖叫。然后用自己又粗又硬的尾巴用力抽打肥猪的屁股。就这样前面拖着，后面抽着，就把大肥猪一步步赶出猪舍，赶出村，赶进山。我们把拴着细毛毛的蛐蛐探子悄悄地伸到“大虫儿”侧后，一点点逗它，轻轻地引它出洞，就像老狼智取大肥猪一样。眼看成功就在眼前，马上就要欢呼胜利，高唱“打靶归来”了，正在这个节骨眼上，突然有几道又粗又亮的手电筒光照住我们，一声粗哑低沉的声音就在我们脑上门炸响：“干什么的？站起来，别乱动！”“大虫儿”眨眼溜逃得无影无踪。

还没等我们骂“哪个孙子这么孙子”便被人卡着脖领子揪起来，原来是几个大人，如临大敌似的，其中一个人问：“干什么的？半夜三更的？在这儿挖什么呢？"小弟比我高二年级，个头也比我大，胆子更比我壮，又是一口京片子。没好话，他事后说，当时恨不得照那孙子发亮的脑门就是一板砖，这么好的一个大蛐蛐愣让这些孙子给搅和黄了。小弟仰着头，脸对脸地问他："你干什么的，你管得着吗？""喝！这小子还挺愣，问你们趴在这挖什么？""你说挖什么？挖高家庄的地道！"刚看完《地道战》。我们被带到一个岗楼里被认真搜查了一遍，连破凉鞋都脱了检查。吓唬我们说："你们知道吗？这是大使馆，你们知道你们干什么吗？在挖大使馆的围墙，定你个什么罪都不过分。"他们还以为我们是周围红星人民公社的孩子，一吓唬就让我们"筛糠"。我们多少经过点风雨见过点世面的。"得，想吓住我们，没门！我们还真就不走了，你们判我们个罪吧，要不就把我们抓进局子里？"那帮人也真没辙，吓不行就哄，最后把他们手电筒里的两节新蓄电池给了我们，我们才走。

过了一段时间，大院家庭委员会给我们开会，不许我们再去使馆区捉蛐蛐，听说为此还发了文件，使馆墙外面又加了铁丝网。逮蛐蛐逮到大使馆，真是玩大发了。

"蛐蛐事件"差点引起武斗

"文化大革命"开始了。

"破四旧"没破到蛐蛐头上。"红八月"时蛐蛐还没出洞。再往以后，大院的大小孩子都纷纷上街闹革命，大院的小小孩依然玩自己的那一套。夏天招蜻蜓，抓"季马"，拍"三角"，崩杏仁，到大窑坑游泳。秋风一疾，蛐蛐一叫，逮蛐蛐斗蛐蛐又悄悄地上时了。红卫兵小将与人斗，更乐意斗蛐蛐，玩虫斗犹如抽烟，人之嗜好也。一旦上瘾，不玩手痒痒，一听见蛐蛐叫，身上就扎刺得坐不稳。

10 月末的一天，当时北京 119 中的红卫兵数十人乘两辆卡车，在我们大院机关造反派的指导下来到我们宿舍大院抄家，声势浩荡地抄了三楼大军他们家。虽然那年代抄家见得多了，但大军、二军皆我们大院的铁哥们，"核心"骨干。过去他们也是抄家人家的红卫兵，现在他们的老爹成了“黑帮分子”，而且是“三反分子”，双料的，家抄得更彻底，翻箱倒柜。突然在他们家储藏室里翻出好几个大瓷罐，盖得还挺严。红卫兵问他家的保姆，这是什么？藏的是什么黑货？保姆说是孩子们装蛐蛐的罐，里面藏的不是什么“黑货”。他们家保姆是东北人，保姆理解红卫兵说的“黑货”是指大烟土。她说：“罐里没藏黑货，是蛐蛐！”领头的红卫兵大怒，说“黑帮”家里净资本主义封建主义的残渣余孽，闹革命玩什么蛐蛐？只有封建遗老遗少才玩那一套！说着端起蛐蛐罐在水泥地上摔得粉碎。于是眨眼工夫，七八个蛐蛐罐都被摔得粉碎。大军，二军养的蛐蛐特厉害，都是将军元帅一级的，看着那些健壮威猛的蛐蛐要跑，大院里小孩一窝蜂地冲上去逮。把抄家摔罐的红卫兵冲得歪七倒八。那个红卫兵头头果然凶悍，抡起手中的皮带就抽，抬脚把一个差点撞倒他的一个小男孩踹得捂着肚子嗷嗷叫着在地上滚。这个小男孩可不是好惹的。他哥是首都红卫兵朝阳区纠察队的头，他姐姐是北京朝阳区女四中红卫兵的头，这下可捅了马蜂窝了。有人赶快跑到大院传达室打电话去了。

功夫不大“朝纠”的红卫兵黄黄的一片呼啸而至，紧跟着女四中的红卫兵打着战旗也冲过来了，还有附近的八十中、北京工业学校井冈山红卫兵也杀气腾腾地围上来。抄家的119中红卫兵势单力薄慌神了，我们大院的孩子跟着一起“起哄架秧子”。

“朝纠”红卫兵的头头指着引领来抄家一个干部模样的人问：“你什么出身?”那人是位南方人，又加上有些紧张，两边剑拔弩张的，谁不心跳？忙说是“工人”。但我们一起起哄，说他出身是“工贼”！这么一喊一乱，后面围着的也真听不明白，不过也无需听明白，一阵拳脚皮带把那主打倒在地，血流满面惨不忍睹。然后让他们把抄家的东西全部搬下来。在几路红卫兵一片“滚他妈的蛋”的口号声中，结束了“蛐蛐事件”。

再玩蛐蛐，那我已经插队到了山西。但晋西北的蛐蛐不“掐”，不狠、不凶、不猛，像山西人说话一样柔声嫩语的。看着个头不小，但不厉害，不死“掐”、死斗。往往只咬一口就再不斗了，弄得我们都特扫兴，久而久之就不逮蛐蛐了，也不玩不斗了。再回北京时，北京到处都是高楼大厦了，即使是深秋，再也听不见“嘟嘟嘟嘟”的蛐蛐叫了，不论白天黑夜“嘟嘟嘟嘟”的都是挤满大街小巷的汽车了。

乌鸦的智慧

北京东长安街上怎么会有那么多乌鸦啊？我也是无意中发现的，天近暮色，行路匆匆，猛一抬头，看见长安街两面的枯树枝上仿佛挂满了“东西”，细看竟然是一树又一树的大鸟，直勾勾地盯着你，让人惊心。后来不知道什么原因，蹲在树枝上的大鸟们突然惊起，扇动着翅膀腾空而起，几十只，几百只，可能是上千只，几千只，满天空仿佛都是，盘旋着飞来飞去。然后鸣叫起来，那声音粗犷高亢，浑厚震荡，是乌鸦，怎么会有那么多乌鸦呢？一问更让我吃惊，方知西长安街上也有成群成群的乌鸦，成百上千的。据说有闲人数过，一棵树上最多能落99只。是99只硕大的乌鸦，不是99朵玫瑰。人们都讨厌乌鸦，憎恶乌鸦，避之不及。因为似乎自古乌鸦是凶鸟不吉利。

早晨一出门，就有两只喜鹊飞到头顶上一唱一和地喳喳喳叫着，叫得人满面春风，满心欢喜。喜鹊叫，好事到，也有的说喜鹊叫，贵客到。当年《红灯记》中李玉和的一句唱词曾经传遍大江南北，几乎家喻户晓，“烦闷时等候喜鹊唱枝头。”

遇上喜鹊迎头叫，喜庆，好兆头，起码不烦。

遇上乌鸦就倒霉了，乌鸦嘴几乎在全世界臭名昭著。乌鸦不知从何年何代开始就成了凶鸟，它的喙和喜鹊的几乎一模一样，叫声也都一样，专家说声音上没有区别，如果说叫声上更多样更细腻更精彩，当数乌鸦，而不是喜鹊，乌鸦是鸟类里“唱”得最美，“唱”得最丰富，“唱”得最婉转的“歌手”。专家测定，乌鸦能发出250多种声音，绝非其他鸟类能比拟的，而且这250多种声音是分两部分，一部分是“内部交流”用的“专用语”，另一部分才是对外喧哗的声音。会听的要听乌鸦叫,懂得鸟语的要听乌鸦歌唱。它,在鸟类中只有它才有那么多声调,那么多起伏,那么多语音。但不知从何时开始,乌鸦叫出来的声音竟被人类形容为哇哇,或呀呀,只会直着嗓子像在野地里嚎丧,听见了就让人感到背运倒霉。就连鲁迅先生也在他著名的短篇小说《药》的结尾也写道:“他们走不上二三十步远,忽听得背后‘哑……’的一声大叫,两个人都悚然的回过头,只见那乌鸦张开两翅,一挫身直向着远处的天空,箭也似的飞过去了。”身历其境地想,瘆不瘆得慌? 仿佛乌鸦只在这样的阴宅凶地上报丧。显然,鲁迅先生也对乌鸦没有好感,否则把它的叫声写得那么瘆人。乌鸦是不是“哑”地大叫? 恐怕也不见得,至少不都是。大先生带着偏见去听坟头上的乌鸦叫,恐怕就听不出鸟类中“歌唱”冠军的风采了。

乌鸦身上黑锅似乎背定了,“乌鸦嘴”的冤案似乎也是铁定的了。记得有位酒友曾对我讲,说他的一位同事就是因为一泡乌鸦屎大病一场。

那年他们单位组织春游,公园里人山人海。正在人挨人的往前走时,突然有一老鸹直冲冲地飞到他们头顶上。他是皖北人,把乌鸦称为老鸹。谁都没想到那老鸹真像鬼使神差地飞过他们头顶时,哇哇地大叫,其声听起来挺瘆人。大家不约而同地抬头看,谁知道那老鸹拉了一泡屎,不偏不歪正落在我酒友那位同事的脑门上,你看晦气不晦气? 他同事平时就迷信,两眼直勾勾地看着老鸹远逝的方向,久久不语。后来大病一场。幸亏她评职称没耽误,顺顺当当地评下来了,但人瘦了一圈。现在搞得连我这样自称是彻底的唯物论者都害怕老鸹,更害怕让老鸹当众在脑门上拉一泡屎。

乌鸦简直就是凶神恶煞。

乌鸦确实凶,在争夺食物中,乌鸦敢主动向狼、老虎、狐狸进攻。一群勇往直前、以命相拼的乌鸦,能把正在进食的老狼啄走。据说,乌鸦拼命时,两只眼睛充血,血红血红的眼睛会发光,叫出的声音具有极大挑衅性。数十只乌鸦齐鸣光那叫声就能吓跑老虎。乌鸦还具有自我牺牲精神。当领头的大乌鸦不顾生死地冲上去,其余乌鸦也会舍命相搏。乌鸦的喙又尖又利，狼、狐狸要躲闪不及就会被一口啄瞎眼睛。

从小学就学过伊索寓言，说乌鸦又傻又爱虚荣。乌鸦口衔着一块肉蹲在枝头上正得意，此时树下路过一只狐狸。狡猾的狐狸就费尽心思和口舌奉承乌鸦，终于把乌鸦骗得张开它的乌鸦嘴，准备表演它那世界上最优美的歌唱，谁知刚一张嘴，衔在嘴里的肉就掉下去了，狐狸正好接在嘴里，它再也没什么心思听乌鸦歌唱了，把那个傻乌鸦晾在树枝上。

其实乌鸦是所有鸟中最聪明的，它能骗狐狸，狐狸可骗不了它。

聪明的猎人一枪打死一只狐狸以后，并不走，而是静静地等着，肯定会有另一只狐狸来，它是来看看究竟是因为什么那只狐狸被杀死了，避免以后重蹈覆辙。狐狸是聪明反被聪明误，这就为什么有"再狡猾的狐狸也斗不过好猎手"的谚语。而乌鸦不会那么笨。

听我父亲讲过，他在老家的时候，一落霜一飘雪，野地里就飞来漫天的乌鸦。有人生出邪念，捕杀乌鸦，然后就像杀鸡一样，褪毛开膛做成"烧鸡"卖，拿鲜荷叶一包，跑到汽车站、火车站上卖，简直就是无本的生意。但也真奇怪，只要有人在一个地方捕杀过乌鸦，这个地方就再也不会飞来乌鸦了，即使是撒上乌鸦爱吃的粮食，乌鸦也不会来了，一只也不来，不但今年不来，明年后年都不会再来。吃一堑，长一智，乌鸦真聪明。

经科学家的考察发现，乌鸦是鸟类中的"天才"，是制造和利用工具的天才。乌鸦会把飘落到地下的枯树叶叨起，把枯树叶啄尽，用喙衔住叶子柄的一端，用叶柄的那一端把肥胖的幼虫从树洞中牵引出来，然后是一顿大餐。乌鸦聪明绝顶，在鸟类中无与伦比。

想起曹孟德的"对酒当歌"中唱的："月明星稀，乌鹊南飞。绕树三匝，无枝可依。"曹孟德没反感，更未让弓箭手以射之。乌鸦在东汉时期可能还是吉祥鸟。

不管何时的乌鸦，这些成群结队的乌鸦何处是归程？我只在树上看见过喜鹊窝，看见喜鹊成双成对地飞进飞出，也看见喜鹊成双成对地衔树枝搭窝，也看见过孩子们淘气地爬上树枝掏喜鹊窝，从窝里掏出青白的有褐色斑点的喜鹊蛋，却从来没有见过乌鸦窝。我在农村时，平时似乎看不见成群的乌鸦，每年一到霜降前后，就有成群结队的乌鸦落到田野里，但却从来没有看见它们忙着搭窝。它们成百上千，那得多大的一片林子才够它们做巢繁衍后代啊？但我们几乎没有成片的树林，即使有树林中，也没见过乌鸦巢在哪？

站在长安街上望着那些在暮色中悄然蹲在树上的乌鸦，我问一位胡同里的老北京，这么多乌鸦夜里住在哪里？没有窝它们怎么繁殖后代呢？那位老同志认真地看了我一遍，又认真地说："乌鸦是个神物，你没看见它们都蹲在树枝上等吗？等什么？等到夜深人静了它们才回家。乌鸦的窝一般人都不知道、也不打听。大象死在哪儿世界上就没人知道，到快死的时候大象就到那片神秘的墓场，卧在那儿等死。乌鸦也一样，老人们说，它们的窝都建在坟圈子里。这年头没有那么多坟地了，八成是建在八宝山一带吧。"

真的？那乌鸦确实够神的了。

闲说蚂蚁

1

过去黑道上有句狠话:“弄死你就像碾死一只蚂蚁一样容易。”真是如此吗？我看不尽然,有时候甚至会令人震惊和恐怖的。

二战期间就有一个典型的例子。有“沙漠之狐”称谓的德军统帅隆美尔,为了把英国在北非的部队包围消灭,就打算出奇兵,从英国军队背后穿过原始森林,在英国人想不到的侧后方突然杀出,出其不意地把蒙哥马利击倒。隆美尔派出的是他的悍将希姆,带领一支精锐部队。但隆美尔盼星星盼月亮,这支奇兵始终没出现。

据战后调查,隆美尔的这支奇兵,是在非洲的原始森林中被蚂蚁吃掉了！找到这支精锐部队时,只剩下士兵和指挥官希姆将军的白骨。他们携带的枪械子弹,完好无损。吃掉希姆率领的这支全副武装的德国部队的,竟然是非洲森林的黑刺大腭蚁。

这种非洲森林黑刺大腭蚁凶残无比,它像不长翅膀的大型蟑螂,但它的额骨和牙齿的咬合力、撕破力要比和它大小相同的昆虫大数十倍乃至数百倍。专家打过这样一个比方,一只中国产的小蚂蚁它能搬动比它身体重 100 -400 倍重的物体,能够拉动比它身体重 1700 倍的东西。而这种非洲森林大蚂蚁的咬合力,按身体的比重算,是非洲雄狮的 400 -800 倍。这种非洲森林大蚂蚁一旦出动,长途迁徙,将会聚集起成千万只、上亿只的大阵容,这种庞大的大蚂蚁军团所到之处,除了白骨几乎不会留下任何东西。它们遇见的任何动物、昆虫,即使是藏于地下的鼹鼠、毒蛇、蜘蛛、蜈蚣、蝎子、蟒蛇,深藏树洞中的幼鸟、甲虫、变色龙,巨蜥,甚至猴子、狒狒,误入森林中的野牛、大象等等，顷刻间便化成一堆堆白骨，就像洪水泛滥淹过的土地一样，惨不忍睹。

有位外国记者是这样描写的：当这些大蚂蚁在森林中遇见豹子时，即使豹子飞快地爬上树，这种比男人大拇指还粗还长的大红蚂蚁也会成群结队地飞速地跟上，毫不犹豫地向豹子发起一波又一波地进攻，直到豹子从树上摔下来，只一眨眼工夫，豹子就变成了一只蠕动的大蚁球。再一眨眼，大红蚂蚁又四处散开继续前进，留在他们身后的是一具完整的豹子骨骼。即使是遇见火堆，它们也绝不后退，甚至不绕开，而是前仆后继，义无反顾，直到把火堆扑灭。当它们从停在火堆旁边的汽车爬过时，汽车就只剩下钢铁，连胶皮、塑料、皮垫、轮胎全部被吃光，甚至连步枪的枪托也全部啃光。遇见河流时，它们会自动相拥一个大球，然后从河上飘过去，当这个巨大的蚂蚁球滚过河，滚上岸时，被水淹死的蚂蚁会铺满整个河滩，而在最里层没有被淹死的大红蚂蚁，又会毫不犹豫地继续前进。这阵式，可怕之极。

幸亏这位欧洲记者在营地为防毒蛇在周围挖了环水渠，并放满了水，走吊桥进去，即使这样，依然挡不住大红蚂蚁的集团冲锋，其速度之快，动作之狠，进攻之凶，让人喘不过气来。大红蚂蚁不分波次，一股劲往里面冲，大蚂蚁居然踏着同伴一层又一层的尸体，爬上吊桥咬断绳索。情势万分危急，眼看营地就要面临一场毁灭性的杀戮。幸好，他们急中生智，把汽油全部倒进环水渠中，然后点燃，熊熊大火，使蚂蚁溃不成军。才使得他们逃过一劫。可怕的劫后余生，他们都瘫软在地，好长时间依然是丢魂落魄。他们说，世界最可怕的动物就是这种非洲森林大红蚂蚁，那是一场魔鬼的噩梦！

2

中国人曾用蚂蚁之战来占卜战争的胜负，这在世界上恐怕也是空前绝后的。鬼使神差，这种占卜有时候竟然很灵验。

中国历史上魏晋之后曾出现南北朝时期，北朝经过五代十国的混乱和军阀割据，终于在公元386年由鲜卑族拓跋氏拓跋珪统一了北方，建立了北魏王朝。148 年后到 534 年，北魏分列为东西两魏，东魏出现了一个权臣叫高欢，把持朝政权。东西两魏水火不容，连年战争，高欢是在北魏内战和东西魏战争中成长起来的一代枭雄，南征北战嗜血成性，杀人无数。不知道为什么，高欢竟喜欢观看蚂蚁之战，且能看懂门道。他可能感觉到蚂蚁的战争很像人类的战争。每临大战，他常常把黑蚂蚁看作他自己的军队。他把蚂蚁之战看成是神和上天安排的战争预言，当黑蚂蚁大胜时，他就信心百倍，仿佛胜利在握，否则他就会疑神疑鬼，心神不定，或者干脆班师回朝。

546 年，高欢率领东魏十万大军，去进攻西魏位于汾河下游的重镇玉璧，玉璧之战爆发。据说在进军路上，忽然有军士报在行军途中发现有两大窝蚂蚁正在打仗，且打得难解难分。高欢立即拍马前往观看，黑、黄两窝蚂蚁果然鏖战正酣，异常激烈，虽然黑蚂蚁凶猛，强悍，众多黑蚂蚁主动进攻黄蚂蚁，但远离黑蚂蚁的窝，黑蚂蚁渐渐不支，被不断涌来的黄蚂蚁围歼，死伤遍地，黑蚂蚁几乎全部战死，其余的狼狈逃窜。

看完以后，高欢坐在地上，仰望苍天，总感觉有一种不祥之兆。他叫众将前来，就在蚂蚁战场旁召开前敌指挥会议，中心的议题是进是退？众将异口同声，十万大军已经临敌，而玉璧守城不过数千人，可以一鼓而下，怎么能因为什么蚂蚁之战就偃旗息鼓？当时高欢的部队士气正高，斗志正猛。统一思想以后，高欢也认为胜利在握，就把玉璧团团包围起来，准备歼之。但西魏的军队还有能人。守玉璧的西魏守将韦孝宽，是一个忠勇谋三者俱全的悍将。十万大军一连围困玉璧长达 50 多天，拿韦孝宽无可奈何，可谓玉璧城众志成城、岿然不动。坚城之下，久攻不克，加之传染病又起，十万大军战死、病死竟达七万多人。这时西魏守军又四处传言，高欢已被韦孝宽劲弩一箭射死，军心不稳，人心惶惶。无奈之中，高欢强挣扎，在露天大营召集部将宴饮，以示自己还在。令其大将斛律金饮酒击缶高唱敕勒歌。“敕勒川，阴山下，天似穹庐，笼盖四野，天苍苍，野茫茫，风吹草地见牛羊。”后世的人们忘记了高欢，亦不再记得斛律金，更没有人知道高欢心中的纠结，谁也不会想那黑黄两窝蚂蚁之战的“预言”，但这首“敕勒歌”却一传就流传了1500多年。当时歌毕，高欢热泪盈眶。他似乎预感到他即将像一只黑蚂蚁一样不久于世了。

高欢从蚂蚁之战看出名堂来了。古之军队未动，粮草先行。高欢带兵乃军队先行，粮草随后。古之谓穷寇莫追，高欢的部队奉行的是蚂蚁战，穷寇必追，斩尽杀绝。

蚂蚁之战堪比人类战争。

蚂蚁之战，皆倾巢出动，俱形成波次，“两军”交锋，逐个厮杀，绝不后退，绝不畏缩，战至死亡；一波战死，一波涌上；前阵阵亡，后续继续。蚂蚁的勇气、毅力、决心和意志让人类汗颜。蚂蚁之战绝无投降、哗变、起义、反戈一击，皆宁死不屈。观蚁战之后的战场，成千上万蚂蚁的尸体“横尸遍野”，没有一具全尸，皆四肢不全也！每只蚂蚁为了战斗都尽了最后一份力量，洒尽了最后“一滴鲜血”。那一大片尸体狼藉，让人看了心寒。

而得胜的一方绝不手软，直捣“黄龙”。把战败一方的蚂蚁无论老幼，无论职责，无论蚁后蚁卵，一律咬死，然后把蚂蚁洞中所有的一切，凡是能搬走的全部搬走，除了双方的尸体弃之不管，其余的打扫得无一遗物。

蚂蚁的可贵之处还在于人人拼死，“保家卫国”。我曾经无意中观看到一群大蚂蚁，个头足有2公分多，凶头凶脑的，蚂蚁头好像长有一层闪光的硬壳，不知为什么去进攻一群只有不到1公分大小的小蚂蚁窝，但那群小蚂蚁勇敢地冲上去，义无反顾地迎战那群“兵临城下”的大蚂蚁，常常是一片小蚂蚁刚倒下来，后面的小蚂蚁又冲上去，而且是踩着同伴肢体不全的尸体往上爬，往前冲，三四个小蚂蚁一起围攻一个大蚂蚁，但见大蚂蚁在小蚂蚁群中横冲直撞，“斩杀无数”，也是踏着同伴和对手的尸体疯狂前进。战争进入到了胶着状态，杀得难分难解，大蚂蚁虽然凶残，但数量少；小蚂蚁虽然小弱，但集体冲锋，数量远远多于大蚂蚁。但战线在不断向小蚂蚁窝推进，顺着大蚂蚁的队列看，大蚂蚁的援军也正在源源不断，气势汹汹地赶到，下面的战争恐怕就是一场屠杀和劫掠，必将惨不忍睹。人类都有同情弱者的心理，我不忍看到小蚂蚁末日的悲惨，就拿起一根树枝把大蚂蚁打散，没想到那些大蚂蚁个个都是“战神”，竟然顺着树枝快速地爬上来，要和人类开战。蚂蚁无畏，在蚂蚁心目中天下无敌。

全世界大概有12000种到15000种蚂蚁，蚂蚁王国遍布世界，除了南北极两大洲外。中国有600多种，其中大蚂蚁有近200种。没有人看得起蚂蚁，现在住在大城市高层建筑中的孩子都没见过蚂蚁。中国有句俗语叫低头不见抬头见，可以反其意而用之，叫抬头不见低头见。注意蚂蚁的人不多，喜欢蚂蚁的人更少。毛泽东主席就不喜欢蚂蚁，常用蚂蚁比喻修正主义，暗指赫鲁晓夫，有毛泽东的《满江红》为证。

3

1963年毛泽东写下《满江红·和郭沫若同志》，其中有两句都是说蚂蚁的：“蚂蚁缘槐夸大国，蚍蜉撼树谈何易。”通读毛泽东的诗词，毛泽东最恨最讨厌的昆虫除了苍蝇就是蚂蚁。

唐朝的韩愈对蚂蚁也持非议，他在《调张籍》诗中说：“李杜文章在，光焰万丈长。不知群儿愚，那用故谤伤。蚍蜉撼大树，可笑不自量。”

虽说“蚍蜉”令人生厌，但有“蚍蜉”时还没有人呢。大约在1亿多年前，还是恐龙世纪，“蚍蜉”就和恐龙俱存。它比恐龙可能晚生1亿年，但在恐龙时代活得有滋有味，以至于恐龙要低下头，仔细认真地看自己的脚趾缝，才能看见大蚂蚁。恐龙可比大蚂蚁，即“蚍蜉”大得多。当恐龙横行霸道于世时，蚂蚁的家族不过几百种；当6500年前最后一只恐龙消失的时候，“蚍蜉”已经发展繁衍到10000多种。那个时候，就是神灵也没有预见，还会有人类会出现。

蚂蚁终于进入到和人类共同生活的时代。

人类不敢小看蚂蚁。先人就曾千百遍地教导我们：千里之堤，毁于蚁穴。蚂蚁虽小，不敢小视。

当人类还群居住在天然山洞之中时，蚂蚁早已为自己营造十几层楼高的“蚂蚁城”。蚂蚁的巢穴，即使用今天现代科学的角度来分析，它的建筑结构和建筑设计都堪称完美。现在人们也分析不出来蚂蚁是怎样设计出那符合科学原理的庞大建筑物的？难道蚂蚁除了蚁王蚁后还有一位神鬼莫测的设计大师？“蚂蚁城”中的管理也有条有理，科学分工，科学管理。

“蚂蚁城”中分若干层，十几甚至上百个蚂蚁洞，什么职责的蚁住哪一个洞，那一个洞是做什么用的，都分得清清楚楚，令人难解的是，这些洞的作用和蚂蚁自己的位置、作用、食宿、工作，每一只蚂蚁，数千乃至数万只蚂蚁中的每一只蚂蚁都知道，而且绝不会错。令人惊讶的是，至少在数千万年以前，蚂蚁就实行了有效管理和有效监督。在“蚂蚁城”中，蚂蚁社会有专职的管理和执法蚂蚁，“蚂蚁城”中的所有蚂蚁都毫无条件地服从和认可它们的管理和执法，真令人难以置信。在重要的地方、区域、洞穴，包括蚁王蚁后的“皇宫”、幼虫的育幼洞、待育的成卵室、储存事物的仓库，等等，都有管理者、执法者把门巡逻，一旦发现异常或入侵，瞬间兵蚁就会蜂拥而至。“蚂蚁城”中有专职的“损管部队”，一旦“蚂蚁城”发生突发事件，“城”被外力强力破坏，担任“损管”职责的蚂蚁会用自己的唾液拌上泥土去堵住漏洞，如果漏洞塌损严重，就会有更多的蚂蚁冲上来，那么多蚂蚁在补损的狭小空间运动，也是有条不紊，一只紧跟着一只，一波紧挨着一波。有的时候，在蚂蚁洞陷入最危机的时候，蚂蚁甚至用自己的身体去堵漏，义无反顾，绝不犹豫。没有任何一只蚂蚁选择自我逃生和退缩。这种数百万、数千万年改造和完善的蚂蚁自身的功能，是人类望尘莫及的。在那么复杂、繁忙、拥挤、生死存亡的现场，并无“蚁王”指挥，但仿佛又有“蚁神”在统一调度，井井有条，一切都忙而不乱，一切都像飞速运转的大机器。

唐朝的李公佐肯定非常认真、非常仔细、非常深入地观察过蚁巢，否则他写不出《南柯太守传》，他把蚂蚁王国比作是人世的王朝，比喻得恰到好处。至少对蚁巢的描写让公元 7 世纪的人就开始了解蚂蚁。

蚂蚁有一套独特的、独有的、极其有效的信息传播手段。似乎是与生俱有的，包括它们的识别系统。

当外敌入侵，尤其是强大的外敌入侵时，“蚂蚁城”中所有能战斗的蚂蚁都要勇敢地冲上去保卫自己的城池，真正做到了“前仆后继”“视死如归”，直到战死。“蚂蚁城”“城破”之时，绝无一只活蚂蚁偷生，凡能爬动的蚂蚁，无论老弱病残，全部冲上前线，直到被肢解杀死。让人类感到惭愧的是，这种保卫战，几千只几万只蚂蚁战死，竟然没有一只逃兵，没有一只投降，没有一只当俘虏，更没有一只当汉奸。

蚂蚁比人类高明的地方还在于它们有一套独特的“预知系统”，在下暴雨之前、洪水泛滥之前，蚂蚁会扶老携幼地“逃难”，它们会“举家”迁往高处，如果雨水太大，它们会选老树、高树搬迁，集体向树上转移。当人看到一条“蚁练”“蚁流”在有序地向大树上爬行时，有经验的人会断言，大雨将降，大水将至。令人惊奇的是，搬迁后“蚂蚁城”中空空如也，居然干干净净，搬得几乎不剩下任何对蚂蚁来说有价值的东西。

千万莫小瞧了蚂蚁。

西楚霸王，中国历史上的悲剧大英雄项羽，就死于蚂蚁。

司马迁在《史记·项羽本纪》中是这样描写项羽之死的：“项王身亦被十余创。顾见汉骑司马吕马童，曰：‘若非吾故人乎？’马童面之，指王翳曰：‘此项王也。’项王乃曰：‘吾闻汉购我头千金，邑万户，吾为若德。’乃自刎而死。”

其实司马迁写的只是一个版本。项王之死的另一个说法，其传播得远远要大于司马迁版本。民间的传本是当项羽中十面埋伏，江东八千子弟兵尽失，只马只人跑到乌江边，正欲寻船渡江，发现江滩上有六个大字，竟然是“霸王自刎乌江”。低头再看，组成那六个大字的竟然是成千上万只蚂蚁。项王仰天长叹：“此天之亡我，非战之罪也！”说完拔剑自刎。项羽太真壮士，竟不知是出自张子房的手笔。

张良预测项羽经过十面埋伏之后，必将突围至此。项羽的根据地在江南，如若项王回到江南，振臂一呼，将应者云集，楚汉之战可能又要进入第二阶段，再厮杀数年也未可知。因此他心生一计，用糖浆在乌江边上写下“霸王自刎乌江”六个大字。还是张良了解蚂蚁，他知道蚂蚁喜甜。张良好生了得！杀人不用手，不用刀枪，不用兵马，借用蚂蚁，借蚂蚁杀项王！呜呼哀哉！可怜亦可悲的项羽，没有死在万军之中，没有死在两军阵前，没有和虞姬双双殉情，而是死在小小的蚂蚁手里，岂不让人悲哉！这也说明，项王虽然强大，但他肯定没有注意过、观察过、研究过蚂蚁，在他眼中小小的蚂蚁何足一看，何足研究？他不屑去观察，不屑去注意，正像当年巨大的恐龙不屑去搭理小小的蚂蚁一样，但曾经叱咤风云，改写历史的西楚霸王终于被蚂蚁“斩”于乌江之畔。

我更相信民间的版本。南宋绝代词人李清照在国破家亡之际，曾吟《乌江》一诗：“生当作人杰，死亦为鬼雄。至今思项羽，不肯过江东。”

蚂蚁“错斩”霸王。

相信这正符合项王的个性，霸王自刎乌江，霸王被杀于蚂蚁，霸王因不识蚂蚁而中计自杀。悲哉，痛哉，惜哉，“至今思项羽，不肯过江东”……

舞　马

朋友让我看件稀罕物件，是件西汉王陵出土的石刻拓片，那是匹不奔不走，不急不躁，不嘶不鸣的马，仿佛正静静地凝神远眺。虽然在地下经过2000多年的岁月沉积，又经过不知多少次的拓印，但那石马仍然静中有动，有一股此马非凡马，透出一种勃勃昂然的神韵。

我问，难道是九方皋相中的骏马？抑或是伯乐看上的千里马？朋友是此行的专家，笑而答道，恕我直言：列子尚未有福气见到这样的天马、神马、千里马。

我静静地听，细细地看，啊，原来这就是历史上著名的大宛马，汗血马。历史上汗血马引发了两场战争。汉武帝为汗血马死亡的将士竟达十万之众，才把汗血马引到了长安。

汗血马何在？

公元前138年，张骞奉汉武帝之命出使西域。他历尽艰辛，几乎走遍了西域36国，出使前130人的使团，13年后回到长安时仅剩下张骞和甘父两人。张骞向汉武帝报告了一条重要的信息，西域有天马，产于大宛国，那是天下的神马，独一无二，中原的千里马、骏马几乎无法与之相比。它奔跑起来疾如风、快如闪，强健有力，以至于这种神马在奔跑时，身上渗出来的汗滴，竟然像殷红的血珠子，故大宛马的真名叫“汗血马”。

汉武帝不愧是西汉历史上最有作为的政治家、军事家，他立刻就明白了引进西域的“汗血马”的战略价值。

早在张骞从匈奴逃回来之前，西域的乌孙国就按着和张骞的约定，向西汉王国交送西域良马一千多匹。汉武帝非常高兴，亲自查看了这些异域良驹。汉武帝喜形于色,按捺不住,立即把这些西域良马命名为“天马”。

张骞报来的信息让他兴奋,让他激动。张骞说“汗血马”为“奇马”,世上无双。大宛国荒凉,野狼凶悍,横行肆意,但从未有咬死“汗血马”一说。原因很简单野狼追不上“汗血马”,野狼也打不过“汗血马”。“汗血马”太凶悍了,两匹“汗血马”相殴,如人之武士相斗,两腿直立,两足相扑,头颈相交,撕咬如虎,鬃毛直立,其鸣震天,群兽皆散。中原之马,听到大宛马的嘶鸣,心惊胆战。

汉武帝不愧是大手笔,为了换回他称之为“天马”的“汗血马”,他组织了一个庞大的使团,携千两的黄金,特别是礼品中竟然有一匹黄金铸成的“黄金马”,是按张骞说的“汗血马”用黄金打造的。汉武帝不惜重金,以等身的黄金换良马,中国历史上堪称第一。

但大宛国也深知黄金有价,“汗血马”无价。虽然这些黄金在当时西域国堪称是个天价,大宛国全国也拿不出那么多黄金。但大宛国君臣却不为黄金所动。

买卖不成,相视如仇。西汉使团在大宛国朝廷当庭砸碎黄金做的宝马,怒骂大宛国王,裹上那些黄金碎块愤愤离去。大宛国王更绝,一不做二不休,干脆在边境上派军队把西汉王朝的使团杀得一个不留。

为“汗血马”的战争就这样爆发了。战争的结果大宛国在西汉远征军的血战下几乎灭国,大宛国王被杀。不得不把国内最优良的“汗血马”让西汉的饲马专家挑选。西汉军队共征走数十匹上等良马,当为“汗血马”中最优良的“精品”,又挑选了中等良马和母马共3000多匹。从此作为一个良马的种群,“汗血马”便在中原安家落户。从西汉到盛唐,近800多年时间里“汗血马”为朝朝代代的兴起繁荣都立下过赫赫战功,“汗马功劳”说的就是汗血马。

唐太宗的“六骏”,就是“汗血马”。

汉武帝、唐太宗都是榜上有名的有雄才大略的皇帝,视良马为“命”,是因为把良马看作是国威、军威的底色。优种的军马是需要建立一支强大的征服四疆的骑马军队的基础。从引进良种的角度看，汉武帝刘彻当记大功。刘彻也是不惜黄金，不远万里，不惜发动战争改良牲畜品种的中国第一人。他们“玩”的都是“硬功夫”“硬实力”。到唐玄宗时，就把良驹良马“玩”飘了，“玩”成宫廷生活了，搞成“软实力”了，阉割了“汗血马”的精髓。

唐玄宗“玩”的是艺术，爱马如爱人，是爱它们的艺术盛开，爱它们的温柔做作，爱它们的舞蹈动作，让它们欣心悦目。唐玄宗可见不得“汗血马”的野性、凶悍、彪猛、狂暴，见不得“汗血马”嘶鸣疆场，冲锋陷阵、血溅四方。

唐玄宗要让那些“汗血马”像他后宫的美人，在音乐声中翩翩起舞。

谈何容易？这比把战场上的勇士调训成舞场上的美人还难。

一位资深的驯马师说，把一匹新儿马训练成熟悉口令和听候号令的驯马，至少要两年，但这两年驯马听不懂复杂多变的音乐，绝不会随着音乐鼓点起舞，更不要说是集体舞。唐玄宗手下的驯马师是怎样把这些挑选出来的400匹“汗血马”训练成千古独有的舞马，史书无记载，只是在一些诗中、文中可见，这些舞马是根据音乐鼓点起舞的，训练的办法是体罚奖励相结合。体罚，包括不让舞马睡觉休息，用钉有铁钉的大板子打，用长针扎，熬去“汗血马”的野性，饿垮“汗血马”的悍性。每次奖励，每次休息，每次让马饱食时都要吹奏舞曲。每匹入选的马都要配置至少8人的小乐队，在训马期间，几乎每时每刻都要在马的耳边吹奏，昼夜不息。然后还要一队一列地合练，一排一伍地合操。

唐玄宗“玩”得匡世无有。他“玩”得太出圈了，要400多匹“汗血马”跳集体舞，很多舞姿舞步至今都闻所未闻。

唐玄宗想像自己排练大型乐舞《霓裳羽衣曲》一样，排练一场别开生面的，最能代表歌舞升平的大型舞马乐舞。

史书记载，唐玄宗本人精晓音律，且犹善于敲击羯鼓，仅他敲击羯鼓用坏的鼓槌就足足放满了三大筐。我认为其中就有在舞马合练期间李隆基敲击羯鼓时用坏的鼓槌。可以想象，那400多匹舞马彩排时需要多大的场面，多大的乐队，多大的阵容，多豪华的气派，有些动作的整齐规范，即使是人去排练亦非易事。

1970年10月5日，在西安南郊何家村的一次意外考古发现了何家村宝藏，见证了盛世唐朝的辉煌，也验证了舞马的舞姿。

何家村一共出土了1000多件各类文物，金银器皿271件，其中经专家鉴定，有6件为国家一级文物，而堪称国宝的就是那件鎏金舞马衔杯银壶。

在陕西西安博物馆，我曾瞪大眼睛认真仔细地反复欣赏了这件国宝。

这件舞马衔杯银壶做成西域胡人马上皮囊状的酒壶，通体高14.8厘米，壶上方一端开有竖筒形小口，酒壶的提梁和壶嘴上的盖都是鎏金的，关键是压在壶两面的，是匹几乎相同的舞马，极其罕见，极有可能是当年唐玄宗过寿时那种舞马，姿态惟妙惟肖。后两腿跪立，前两腿直立，尾巴不是竖起来的，而是自由分散，甩在半空中。舞马的鬃毛被梳编成有规律的漂亮的波浪状，扎着两段迎风飘扬的大彩带，彩带上结着个大大的花结，舞马肌肉发达，体态健美，神采奕奕。最让人难忘的是，马口中衔一银酒碗，两眼含情关注，正在为谁敬酒祝寿。这大概就是唐鼎盛时期经过精心调养训练的舞马。无法想象400匹盛装的舞马在悦耳的音乐旋律中一起起舞，是多么壮观的场面?!

这种场景有唐诗为证。唐代3200名诗人留下3万多首唐诗，当然有诗人亲眼观看舞马的。著名诗人张说曾是李隆基的宰相，他亲眼目睹过舞马为唐玄宗祝寿的宏大场面和舞马绝妙的舞姿。他有一首诗《舞马千秋万岁乐府词》：

圣皇至德与天齐，天马来仪自海西。
腕足齐行拜两膝，繁骄不进蹈千蹄。
髤髵奋鬣时蹲踏，鼓怒骧身忽上跻。

更有衔杯终宴曲，垂头掉尾醉如泥。

张说不愧是大诗人，他把舞马的风采描述得淋漓尽致。“奋首鼓尾，纵横应节”，马要懂得节拍，要按照节奏起步踏蹄，听着音乐的变化来变化动作，如神助一般。

唐玄宗极尽享乐之能事。他又出一难题，在当时人和后人看来简直匪夷所思。在为他祝寿的马舞表演会上，李隆基竟然命人抬来三层高橙，一层一层加高互叠，令舞马飞身跃上，在高空的木板上旋转如飞，做出各种各样的高难动作。随着鼓乐的节奏变得越来越急促，在高空木板上的舞马，犹如在原地跳得疯狂的舞女，摇头摆尾，昂胸顿足，跳得天旋地转，跳得地动山摇，连那些观赏的人也禁不住热血沸腾。

最后，当身披锦绣马衣，鬃毛系着贵重珠宝的舞马，随着音乐旋律进入高潮，400 匹舞马一同口衔酒杯，半跪于地，集体挺胸昂头，口衔酒杯给李隆基祝寿。此情此景，何人不受感染？何人不被感动？何人不拍案称绝？连这些敬酒祝寿的舞马，似乎也沉醉其中了。

然而，这批神奇的舞马，被异化的“汗血马”，终于走到了历史的尽头，生命的尽头。“安史之乱”敲响了大唐王朝衰亡的丧钟，也敲响了这批训练得几乎“绝版”的舞马的丧钟。这是历史的悲剧，也是唐盛时舞马的悲剧。

唐天宝十五年(756)，“安史之乱”烽火连天，唐玄宗惊慌失措，六神无主，带着杨贵妃、杨国忠、太子、宰相，仓皇逃入蜀中，顾不上大唐的臣民百姓，更顾不上花费了他那么多心血的四百匹舞马，他把整个长安城拱手让给了叛军。

安史叛军对盛唐的长安城极尽掠夺、摧残、蹂躏、破坏、毁灭，大唐高度的文明，无与伦比的文化在铁骑和刀枪的杀戮和火烧中变成一片瓦砾和废墟，变成一片无人收尸的白骨和冒着余烟的灰烬。400 匹舞马，在战乱中绝大部分被叛军所获，被充作战马编在战斗队列中，其中俘获舞马最多的是安禄山的主将田承嗣，这家伙本来就是安禄山手下的骄兵悍将,加之叛乱有功,打仗勇猛,杀人如麻,更助长了他桀骜不驯,凶残暴恶。

有一天,田承嗣得胜回营,在营地大宴将士,犒劳三军,为了把气氛搞得浓烈些,叛军找来从前的皇家乐队奏乐助兴,没想到拴在一旁的被掳来的舞马一听到那些熟悉的音乐声,立即随着鼓点节奏翩翩起舞,在一旁的安史叛军皆大惊失色,奔走大呼,以为马中邪,着了魔。于是用马鞭、藤条、木棍、木棒乱打,没想到这些舞马不但没有被打怕、打乱、打停下,反而跳的更猛烈、更欢快、更有节奏、更加疯狂了。他们不知道当初这些舞马在受训时,为了去其野性、血性,让其听节拍、听旋律、听音乐,训练的手段之一就是打,小错小打,打错大打,不听暴打。于是,打得越凶,他们跳得越整齐划一,把叛军将士皆吓得“大惧”,赶快去报告叛军首领田承嗣,田承嗣此时也正处在得志疯狂阶段,不知天高地厚,听说掠来的马中邪中魔,皆疯了,立即下令,把那些中邪中魔的疯马用大棒捶死!可怜这些珍贵的舞马,死得冤枉,死得悲壮。随着这批舞马被残暴地屠杀,这种在公元9世纪已经达到世界艺术巅峰的马舞艺术,从此销声匿迹。1000多年后,马舞艺术才重新在欧洲兴起,但再也没有400匹舞马一齐狂舞的大型马舞团体操。

落日余晖。鼎盛的东方大唐王朝江山不再,辉煌不再,盛世不再。盛衰兴亡,悲欢离合,躁鸦声中,是一曲悲歌。只有古松老石,青山碧水或许还能记起那悲怆的嘶鸣。

中唐诗人王建曾想起唐玄宗李隆基“千秋会”上那盛大无比的马舞壮景,那激动人心的场面,写下这样的诗句:

天宝年前勤政楼,
每年三日作“千秋”。
飞龙老马曾教舞,
闻著音声总举头。
……

鼠之杂记

1

壬辰秋上，去河北满城看西汉中山靖王刘胜的陵墓。走进靖王陵，一切都是“原模原样”“原汁原味”，是2000多年前西汉王朝诸侯王的生活。我惊讶地发现，在刘胜仓廪库房中，存放着一条条肉脯，竟然是鼠肉做成的肉脯、肉干，不禁使我大吃一惊。难道2000多年前，人们就把鼠肉送上了餐桌？西汉的王已经在宫中有滋有味地吃鼠肉了？中国西汉的风俗是事死如生，刘胜把他生前在宫中的一切生活享受都带到地下了，是不是可以这样推论，西汉时期，至少在中山国，鼠肉已经是人们食品中的美味佳肴，不然它不会进入到王的食品库中。

我去西安参观西汉景帝的阳陵，见其仓廪库房中有大量景帝当年作为食品的陶俑，有牛、羊、猪，还有大量的狗。汉景帝刘启吃狗已十分讲究，他仓廪中的狗已有明确分类，有狼狗和家犬，这从排列成行的犬陶俑的尾巴分得很清楚。一队犬俑的尾巴都是高高扬起的，一队犬俑的尾巴都是低垂的。西汉初年，食狗已成风俗，当年刘邦就喜好这一口，他手下的樊哙是专门屠狗的屠夫。从西汉开始，中国食狗的传统就一直沿袭到今天，传到全国。前几年去桂林，没想到桂林吃狗亦著名，它脚下有一小县叫临川，有“好狗不过临川”之名。一打听方知，临川食狗始自汉朝。

但西汉时期中山国吃鼠肉的传统，为什么没有继承和传播下来呢？就在原中山国的封地中，即现在的满城、保定一带，那里的人他们从来没有吃过老鼠肉。问这个问题时，他们都会怀疑你的用意，认为是有辱其祖上。满城倒是有几间吃驴肉吃狗肉的餐馆，都绝无一家吃鼠肉的饭店。

据考证，西汉中山靖王刘胜吃的鼠肉当为田鼠肉，而不是我们说的仓鼠肉俗称耗子肉。

什么年代中国人就不吃鼠肉，厌恶鼠类了？没有查到史料文字的记载。有文字记载吃鼠的，似乎起于西汉时期的苏武。苏武在被匈奴放逐到北海边上，即现在俄罗斯西伯利亚贝加尔湖边放羊不按时供给他粮食，说等公羊生了小羊才送他回汉朝，打消忠汉归汉的信念。苏武不为其所动，志坚如铁，他就依靠挖野菜和逮田鼠为食，为了生存，他甚至生啖活鼠。苏武了不起，但他吃鼠是被迫不得已。但他毕竟吃过老鼠，且是常年吃。

唐代柳宗元有"永某氏之鼠"为证，别说吃鼠肉，见到老鼠都恶心，称之为"阴类恶物也"。于是"假五六猫，阖门撤瓦灌穴，购僮罗捕之。杀鼠如丘，弃之隐处，臭数月乃已。"如唐人食鼠，如丘之鼠，恐怕剥其皮可做鼠皮大衣，食之肉，恐怕也有数百斤之多，"弃之隐处"，岂不惜哉？

到了明王朝时，蒲松龄写过一只大耗子，民间老话说即快成精的耗子。蒲松龄在此篇中并非"神聊"，更不是编什么"狐狸精""耗子精"的故事。蒲松龄是用写实的手法在记述他听说的一件事，因为此事发生在明万历年间的皇宫内，蒲松龄不可能亲眼见，但他能亲耳听。万历年间皇宫中的这只大耗子真凶，个儿长得跟猫差不多，比猫凶得多，把宫中的猫都当猎物咬死。没办法，因为这只大耗子太闹腾，"为害甚剧"，又无"克星"，闹腾为害得日甚一日。恰巧有外国进贡的狮猫来了，于是演出了一场精彩的猫鼠大战。其结果也让人惊心动魄。"猫即疾下，爪掬顶毛，口龁首领，辗转争持，猫声呜呜，鼠声啾啾。启扉急视，见鼠首已嚼碎矣。"要不是引进一只外国"狮猫"，这只宫中的大老鼠还不得把万历皇上的五脏六腑全吃了？

2

鼠是高智商的动物。

明末崇祯年间，北方屡闹大旱，赤地千里颗粒无收。老百姓为活命，常常举家去地里挖鼠洞，“抢”田鼠的口粮为生，谁知道田鼠洞几乎洞洞皆空。更让人难解的是，赤地千里，竟然千里不见一鼠。原来老鼠早已“举族”逃难，搬迁远循。

20世纪40年代，豫中大旱、大饥，灾民扶老携幼上山下地，把能谋生的手段都用上了，树叶、树皮、草根、野菜全吃光后，把能找到的昆虫、野兽、动物都吃进了肚子。为活命，他们抓光了几乎所有能吃动物，但没有人抓到过一只老鼠，不是人类无能，而是老鼠有先知之明，在大灾发生时，还没等到吃它们的时候，它们已跑得无影无踪了。据说黄河发大水之前，村里连一只耗子都看不见，仿佛它们已经得到了凶讯。

有年半夜，摆渡撑船的老船工半夜醒来，听见河中仿佛有千军万马正渡河，慌忙到船头，借着月光往河里一看，吓得他差点一头栽进河里。原来河上正有数不尽的老鼠在渡河，一排排、一列列、一片片、一阵阵，数也数不尽，哪儿来的这么多老鼠？为什么有那么多老鼠要过河？他一个船工不知道，只好对着月亮合十祷告，求老天保佑。三天以后，河那边发生了震惊世界的地震，那就是邢台大地震。

行船中，船舱中有老鼠，据说有的连头带尾长达一尺有余，在船舱中常常大摇大摆，不慌不忙的“招摇过市”，别说船员，连船长对耗子都毕恭毕敬。因为船舱里的老鼠对他们来说是福星，如果老鼠们在船舱中过得悠然自得、幸福美满，这就说明该船无碍。如果船舱之中的老鼠皆如热锅上的蚂蚁，四处尖叫逃窜，甚至以头撞舱板，说明这船危在旦夕，即将大难临头。世世代代的船老大口口相传，百试不爽。老鼠有特异功能。

老鼠也真了不得，它曾造就了中国历史上的一位伟大的人物，李斯。《史记·李斯列传》中说：“李斯者，楚上蔡人氏也。年少时，为郡小吏，见吏舍厕中鼠食不洁，近人犬，数惊恐之。斯入仓，观仓中鼠，食积粟，居大庑之下，不见人犬之忧。”于是李斯乃叹曰：“人之贤不肖譬如鼠矣，在所自处耳！”

老鼠是李斯从政的启蒙先生。

我在新华通讯社山西分社当记者时，经常下煤矿，常在煤矿的井下工作面上看见贼眼闪耀的大老鼠，有的还三五成群。矿工们对它们也是不烦不厌，尤其在井下班中餐时，井下的老鼠会围上来，有的甚至会跳到矿工腿上讨吃的，矿工尤其是老矿工都高高兴兴和颜悦色地喂它们，通常是老鼠和矿工一块进行班中餐，老鼠吃饱以后会自觉地蹲在矿工跟前，友好亲切地看着矿工们吃饭、喝汤、说笑。矿工们说，有老鼠在，咱就安全，如果有一天井下无鼠，矿工们会一溜烟一窝蜂地上井，井下已有安全隐患，很可能瓦斯、大水、冒顶、塌方就在眼前。据说也是百试不爽。许多老矿工不敢把老鼠称耗子，都恭恭敬敬地称“爷”“老爷”或“大爷”，不但在煤矿上不敢开罪老鼠，就是在家里也不敢灭鼠，怕得罪了老鼠井下遭报应。据说有位矿工家里来了位亲戚，带着一只花猫，那只花猫果然厉害，果然好手段，一连几天，几乎把那位矿工家的老鼠抓完了。有一次，矿工下班回家，正赶上花猫在捉一只老鼠，矿工连忙撵猫护住老鼠，没想到那只花猫身手矫健，一个“鹞子翻身”，咬住老鼠就跑。矿工蹲在地上半天没起来。后来井下发生塌方，只死了一个人，就是他。当然这是传说，可煤矿井上井下的矿工都愿意相信这是真的。

其实，老鼠还有一项极其了不得的特异功能。科学家做过一个实验，老鼠繁殖极快，最多可以达到“几十代同堂”。科学家把老鼠放在一个固定的空间中，老鼠可以自由的繁殖，很快这个空间中的老鼠成几何增长，当它们增长到几乎没有生存空间时，老鼠竟然停止繁殖，母鼠停止受孕。如果还生存不下去，老鼠不会全部饿死，这时候它们就主动咬死一些年老、体弱、幼小的老鼠。老鼠真乃太聪明了，千百万年的生存考验锻炼了它们，也完善了它们的生存之道。老鼠有灵。

3

都说广东人吃鼠，说得须眉毕见、信誓旦旦，但问了不少广东人，都说听说、好像、可能、也许、估计，实际上广东人吃过老鼠的也不多。

文化大革命中，我们大院里的一位兄弟去广东串联，回来后和我们“显摆”，说他在广州就曾经吃过老鼠肉，还故意把老鼠肉学人家广东人说成是“老许肉”，说也奇怪自那以后，其口臭无比，和我们说话，大家都侧面，或避而逃之。后来他不得不去看医生吃了几幅中药喝了几碗黑褐色的苦药汤，嘴中就不臭了。原来是腹中有积食，胃中火大，和他在广东吃了什么“老许肉”毫不相干。但他从此再也不说吃过“老许肉”了。

其实老鼠肉香。也有人为证，此人就是20世纪四五十年代中国最著名的教授、大学问家潘光旦。潘先生吃过老鼠肉，不仅仅是他吃，他还招待当时在昆明联大的数位教授去家中享受此美味。

原来潘光旦先生所在的清华大学，抗战以后和北京大学、南开大学组成西南联大搬迁到云南昆明。当时正值抗日战争艰苦阶段，供应极差，三月不知肉味。有一天，潘光旦先生下帖子请几位同事到家中小酌，开开胃。众人早就馋得口腔清苦，梦之最美无非就是一顿席，且潘光旦留美博士平时就非常讲究吃喝。众教授皆大喜，真可谓喜从天来。

在潘光旦家吃得极幸福，真有久旱得雨之觉，真有解民于倒悬之感，此言非吾言，俱清华之著名教授在潘光旦家边吃边喝时的感言。吃完收箸上茶潘先生才露底，说你们问我凭什么弄到的腊肉？是不是从美国寄来的？皆不是！他说咱们今天吃的是一顿鼠肉餐。说罢，领众人去厨房，果然，厨房灶上还吊着十数条腊好的大老鼠。众教授皆大惊，皆相视无言。

潘先生的小女说：“老鼠肉很好吃，又香又脆”。有位教授因为在潘先生家吃了老鼠肉，其夫人威胁要和他离婚，闹得教授悔得肠子老青了。从此素食，荤腥不沾。可见吃鼠之恶也，即使是受过高等教育的教授和其夫人亦不能脱俗。

潘光旦有一番高论，不愧为中国的大学问家。他说老鼠的肉俱精瘦，无赘肉，高蛋白，肉类中的上佳之品也，且昆明的老鼠体壮个大，食之正好。老鼠偷吃粮食、啃咬衣物，且繁殖很快，生长不苛求外部条件，我们现在很多人吃不饱，没营养，没肉吃，为什么不吃老鼠？把老鼠送上餐桌是一举多得的好事，何乐不为？况且吃鼠只是人们的习惯问题，有人说鼠身上有疫，吃不好要吃出病来。其实河豚身上有剧毒，吃不好会吃出人命来，但现在不是依然在拼死吃河豚吗？

4

1958 年到了，毛泽东发出号召，灭“四害”。“四害”之首，就是老鼠。

那年连我们小学生都全心全意投入到消灭“四害”的群众运动中，我记得“送喜报”时，小推车上推着一车又一车的死老鼠，小推车四周都插满红旗。那时候除“四害”真是把人民群众真正发动起来了，捉老鼠连猫都不用，因为猫抓住老鼠叨到一边三口两口吞到肚里，让除“四害”的人拿不到成绩。记得每个工厂、单位、街道、学校、食堂、仓库凡是有可能有老鼠的地方都成立了“灭鼠专业队”，用鼠夹子、鼠笼子、下鼠药、掏鼠洞、灌水、堵白灰。后来看到一绝招，把一只活捉的老鼠的“屁眼”用细线缝住，然后放“生”。这只被缝住肛门的老鼠因不能排便，憋急了，就凶悍无比，它会咬死它遇到的一切老鼠，直到它最后被憋死。这招不知是哪位高人发明的？真绝！

杀伤力最大的要数下毒药。据说当时用的毒药都是剧毒，用香油和拌料拌炒时，都有警察现场值勤，因为稍一不注意，人沾上一点立马翻眼。据说连部队的防化兵、卫生兵都出动了，军民共同打一场灭鼠的人民战争。杀死的老鼠用担挑、筐抬、车拉，那年可算是老鼠的灭顶之灾。即使那样，灭鼠的战场也不可能打扫得那么彻底，于是第二年老鼠的天敌黄鼠狼、猫头鹰、蛇、狐狸、野猫，大量死亡。到六十年代，老鼠繁殖得更快了，一窝一窝，一窝都是十几只，且都能茁壮成长,因为灭鼠运动像台风一样刮过去了。老鼠的天敌没有一个像老鼠能生能活,老鼠又横行于城镇,遍布于乡下,终成燎原之势。

现在养猫的人多了,但吃鼠的猫却越来越少了。

5

刚到晋西北农村插队时,因为老鼠闹过“鬼”。

睡到半夜时分,仿佛被噩梦惊醒,但觉得脑门上似乎有窸窸窣窣的响动,又仿佛是忽忽喇喇的响声,又好像咕咚咕咚有小鬼在举着铁锤敲脑门,一下子惊出一身汗,咕噜一声从炕上爬起来,一个打挺站在炕上,细听四周一片寂静,只有风吹着屋外的枣树叶哗哗地响。赶快跳下炕,摸黑点着了油灯,小屋子是亮了,一片暗黄色的沉光,照到墙上、窗户纸上,灯苗一动一摇,四周墙上的投影一会儿变得狰狞可恶起来,一会儿变得像妖,像鬼起来,这些我们倒不害怕,我们嘴里念叨着彻底的唯物主义者是无所畏惧的。耳朵却像兔爷似的伸长了听,难道刚才真是做梦梦见鬼啦?什么事没有,虚惊一场,自个吓自个,又吹灭灯躺倒重睡。这回还没睡着就听见了,清清楚楚,真真切切,就在脑门子上确实有动静,渐渐地由远而近,由小而大,由整齐到嘈杂,到乱麻似的。真有鬼啊,真像聊斋中讲的房梁上有吊死鬼啊,因为我听明白了,那声音来自头顶上。跳下炕点着灯,端着灯照房顶,一片白惨惨的回光返照,什么都没有,没照见鬼影。一夜闹了七八回。第二天才闹明白,是房上顶棚里的老鼠吃饱了喝足了再互相追逐着婚配呢,我问房东有多少老鼠在上面折腾,他说没准,多了会有十几只、少了也有七八只,那为什么不把它们聚而歼之?房东说:它们又不碍事,你又逮不住它,只好由它们闹去吧,这才叫咱过咱们的日子,它们过它们的家家。

说梁上君子,果然有生活。

有一次,我跟着生产队长去库房出粮食,保管把库房门打开里面阴暗暗的,为防贼防盗库房的窗户都被用砖石砌死了,外面阳光灿烂里面黑咕隆咚。等眼睛适应后,我一眼看见蹲在粮食囤子上面,竟然齐刷刷的有七八只老鼠,老鼠们并不慌张,并不急着藏躲,反而鼓起贼亮贼亮的小老鼠眼,一动不动的在审视着我们。

我大惊,仓库里有耗子那还了得,疾呼队长有老鼠,队长不经意地说是有老鼠,我说那还不捉老鼠?队长不屑地说,那东西比你都精,你能拿住?队长真够孙子的,说我是狗拿耗子多管闲事。

事后,我问过保管,他说库房腾空时都要用白灰补老鼠洞,库房的地也是用砖砌的,砖缝都是用石灰灌封的,墙根是用石头砌的,窗户都是用砖石封的,谁知道那老鼠是怎么钻进去的?进了粮食囤的老鼠老天爷拿它都没办法,放猫进去不行,猫一进去就把粮食堆上打的印版全踩乱了,放毒饵就更不行了,这库的粮食都是人吃的,放夹子笼子更白瞎忙,粮食囤里的老鼠个个精,有的是粮食吃谁肯上套?老保管说,粮库里有句真理,不怕鼠吃就怕人盗。

原来除了投鼠忌器外,还有投鼠忌粮。想起唐朝诗人曹邺的一首诗:“官仓老鼠大如斗,见人开仓亦不走。健儿无粮百姓饥,请谴朝朝入君口。”

生产队饲养棚中,常常演出耗子和骡子争食的一出。

我们生产队有一头驾辕的老骡子,是我们生产队的功臣,饲养员每次喂料都要多加一把粮食。这形成了一条规矩,老骡子是单拴单住有一个石槽,免得别的牲口争食,但住在饲养棚中的老鼠却不守这个规矩,极偶然的一次机会,我看见了老鼠和骡子争食的场景。饲养员加了料刚一转身,不知从何处窜出五六只全灰色的大老鼠,大老鼠个个身手矫健,三尺多高的石槽顺着槽柱爬上食槽如履平地。为了抢食槽中的高粱,老鼠们就像蹲在船帮上的鱼鹰,一个猛子扎到水里衔上一条鱼又钻上来。这些老鼠好生了得,个个比着“手疾眼快”,纷纷跳进食槽吃高粱,然后又一个跳跃跳到老骡子的鼻梁上耀武扬威。把老骡子折腾得只能摇头,急了就用蹄子踢地,老鼠一点都不怕它,常常是老骡子仰起头,避开老鼠的进攻。等老鼠吃完它再进餐;有时候被老鼠欺负急了,老骡子就会剧烈地摇头,把颈下的铜铃铛摇得山响。

这时候饲养员就会走过来，老鼠真贼，立时烟消云散，老骡子才开始安详地吃料。如果饲养员有事，一转身，那群老鼠立马像鬼魂一样又出现在食槽的帮上。

我来农村以前，在北京上见过老鼠，京片子叫耗子，但从没见过田鼠，到农村广阔天地才发现田鼠才是庄稼地的主人。

田鼠那年头多，几乎每畦每垄都有田鼠洞，早晨出工时远远地能看到田鼠们一群群，一家家，胖乎乎地挤在地沿上抬着前爪立直了身子正迎着朝霞在检阅我们这些上工去的学大寨大军。田鼠也极聪明，他们都牢牢掌握着安全系数，远远地他们决不理你，近到一定程度时，他们才呼地一下消失得无影无踪了。

田鼠比家里的耗子长得喜人，胖乎乎的，圆滚滚的，脑袋也是圆溜溜的，嘴能咧得很大，不像家耗子似的尖嘴，嘴大吃四方。老百姓说，天底下能饿死庄稼人饿不死田老鼠。

干活休息时，大家都往地头上一坐，抽烟闲聊没事干，但年轻人精力充沛坐不住，他们就带着我随便找个大田鼠洞，仔细看看洞口细土上的田鼠鼠爪印，判断此洞是否死洞，发现有一大家子田鼠住在里面。然后就用铁锹在鼠洞的下边方方正正的直上直下的挖一个规规矩矩的立方体，挖一尺多深，告诉我明天来干活时，这个洞子下面至少有两只金黄色的大田鼠。我问为什么？他们说：等到下半夜，夜深人静了，田鼠会觉得危险已经过去，地里确实没有人了，之后就会出洞散步散心，这时就会一脚踏空，掉到这个深洞中，想爬就再也爬不上去了。这时候它就会发出求救的呼唤，洞中的另一只大田鼠就会急急忙忙跑出来，结果也是一脚踏空，掉进去。我将信将疑，老鼠是鬼贼精，怎么会自己掉进陷阱？怎么会让另一只也掉下去寻死？

第二天，上地干活我急急忙忙地跑到地头上一看，真神了！果不其然，立方体的土洞底下是两只抓耳挠腮的大田鼠，一见有人，吓得一个劲地往上蹿、往上爬、往上跳，但一切都是徒劳的。老乡告诉我，田鼠这东西最讲感情，如果一只公田鼠先掉进去，那只母田鼠明知是死也要心甘情愿的跳下去，一是为了救它，二是有难共赴。看着那两个惊慌失措的小东西，我心里竟然产生出一些怜悯来。老乡们抓田鼠也不仅仅是为了玩，如果他们抓住一对白毛的田鼠，纯白的，像十二月的雪花那么白，拿到城里能卖三块钱，那岁月的三块钱顶住老乡一年的现金收入。老鼠再狡猾也斗不过人。

6

明朝的宋濂写了一个老鼠斗不过人的小故事，说得有声有色的。说“鼠好夜窃粟，越人置粟于盎，恣鼠啮于不顾。”老鼠高兴之极，呼朋引伴，结队成行钻到盎中大快朵颐，不亦乐乎。过些日子越人悄悄地把盎中，即一种腰大口小的罐子中的粮食倒出来，灌进去水，然后再用一层糠皮漂浮在上面。“而鼠不知也。逮夜，复呼群次第入，咸溺死。”

老鼠再贼也贼不过人。它不知道三十六计中有一计，叫“欲擒故纵”。

聊　鬼

1

在中国最有资格说鬼的是蒲松龄，他的《聊斋》从头至尾都在说鬼，讲的大多是些狐仙女鬼，都是些有心有肺的鬼，《聊斋》实际上是《聊鬼》。但鬼的名声并不好。“凶神恶煞”是给鬼的定义。蒲松龄的《聊斋》是想为鬼翻案，至少是让世人换个角度看鬼事。他说：“才非干宝，雅爱搜神；情类黄州，喜人谈鬼。”蒲留仙谈鬼心态颇好。

听一位老先生讲过一个鬼的故事，民间说魂，其实鬼魂是相连的，无鬼何处觅魂？有人或许会说，这世界难道有鬼？老先生说正像有人问何处有菩萨？那不过是尊泥胎，真正跪倒在佛前谁敢说？遭报应！凡世间之人谁不怕？正像有人问上帝何在？答曰：无处不在。千万别挺着腰杆说壮话。信有信无在己，但千万别说过头话，别让鬼跟上，恶鬼难缠。在中国是先有鬼后有神。老先生不紧不慢念出一位老诗人符号曾的七绝《夜读聊斋》：

少读聊斋听说书，
长经世故渐生疏。
老来尝尽风霜味，
始信人间有鬼狐。

老先生讲他小时候，老爹早去，寡母抚养，清贫惨淡，母亲只望儿能金榜题名，也不枉一家人的企盼。老先生那时虽小，但看出家道败落，母望甚重，每每挑灯夜读，至三更半夜不息。但一深夜突然荧头菜油灯被一阵风吹灭，老先生赶忙点上，可又是一阵无名风，反反复复，几次点灯几次风吹灭。环顾门窗，门窗皆严，窗外也无风雨。他不觉暗暗惊奇。复又挑灯再读，突然黑暗之中有男人重重的咳嗽声。他初以为听错了，再细听，静谧之中果然有几声虽轻但十分低沉的咳嗽声。

第二天，老先生从实告母。当天夜里挑灯读书时至深夜时，灯又被风吹灭，咳嗽声再起。此时，其母推门进来说，此乃你父来也，说完泪如泉涌。对他说，你父亲看你每日每夜苦读夜读，于心不忍，故吹灭油灯，让你早息。母亲对着黑暗处说，世上焉有母不疼儿之理，然家境如此，儿不苦读何有明天？望你理解，助儿读成学业。母亲言罢，黑暗之中竟有长长叹息声，咳嗽声渐渐远去，不复再来。也怪，也怪，老先生言，过去读十遍方能暗诵，至此三遍足矣。言此事时，老先生已过古稀之年，于世已无求，会瞎编吗？不得而知。

又听得一位西北的朋友说。他们村有一瘫子、弱智，天热就在街头树下趴着、躺着，家人到时送一口吃的喝的给他，天冷就被放在羊圈里和羊为邻为伍。时间长了，也没人注意他，转眼十七八岁了，成大小伙子了，但病得似乎也更重了。此地十年九旱，村里只有一口苦水井，吃水都要跑出十里地驮山泉水。那年天大旱，用现在的话说至少五十年未遇，连山泉水都有快干涸了。村里组织一台戏，唱给龙王听，祈雨、求水。他们那地方唱给龙王的戏讲究唱夜场，正唱到二更浅三更深的时候，谁也没想到那个又瘫又傻的小伙子不知何时已一步步走到戏台前，拔下供在龙王后面的水旗就走。人们发现了，连戏都不看了，都说这瘫子鬼魂附体了，否则，怎么和正常人一样呢？更没人敢拦住他，就都跟着他走，他摇摇晃晃地举着水旗，一步步走到村里那口苦井边，把龙王爷的水旗一插，一头扎进苦水井里，人们拦都来不及。

后来不知道谁，渴得实在挺不住了，就打了桶苦水喝，说总比干死渴死人强。谁知道，一喝发现竟然是甜水。全村人愕然了，都跪在井口磕头，中国人撞见鬼，外国人也撞见鬼；凡人百姓看见鬼，伟人领袖也能看见鬼。二战期间，英国首相丘吉尔访美，受到美国总统罗斯福的隆重欢迎。罗斯福拿出美国待客的最高礼遇，让丘吉尔住在白宫，住在美国前总统林肯的大套房中。可谁都没想到，丘吉尔竟然在套房中看见了它的主人，美国第16届总统亚伯利罕·林肯！要知道，林肯总统早在1865年就遇刺身亡了。用丘吉尔的话说他亲眼看见，真真切切、清清楚楚地看见林肯总统的鬼魂了，用中国话说，生生撞见鬼了。

丘吉尔不是位胆小的人，在历史上也是位顶天立地的纯爷们，敢置个人生死于不顾，在当时是世界上第一位敢鄙视希特勒的人，也是位说话掷地有声的人。丘吉尔说当他刚刚洗沐完，一身爽气地从沐浴间走出来，还一手夹着雪茄烟，一手端着纯苏格兰美酒，一口雪茄一口美酒，正兴高采烈、精神抖擞时，他突然脸都僵硬了，分明看见林肯总统正站立在卧室的壁炉旁边。一脸严肃，一丝一毫的笑容都没有，脸色极阴沉，极难看。两个人就那么直直地互相注视了好几秒钟，接着林肯就在他面前从容地消失了。丘吉尔明白林肯鬼魂现身的意思，他坚决要搬出林肯的套房，无论什么人怎么劝，丘吉尔是铁了心了，他只说一句话，你们看见林肯的鬼魂了吗？我看见了。

信不信由你，那夜一钩残月天如水。

2

听家父讲过一个关于淮海战役后的鬼魂故事。

家父参加过淮海战役，他是当年北大的毕业生，淮海战役打得残酷，死人也见得多了。按说他不相信鬼魂，我看他讲时却极认真，不像诓人。他说当年有位做小买卖的老乡，担着一担五香花生米去镇上卖，要赶早集就摸着黑出来了，走了一气，累了，就在一个避风的土窖里歇歇脚。谁知道满窖内外都坐满了解放军，都热情地和他打招呼，都向他买五香花生米。他忙着一边收钱一边秤花生米，忙得不亦乐乎。等都卖完以后，他也乏了也困了，就靠着窑壁睡着了。后来被过路的人叫醒了，天已大亮。他看见土窑的上上下下，犄角旮旯，这儿一小堆，那儿一小摊，都是他秤给解放军的花生，让他惊出一身冷汗的是，他手里捏着的钞票，竟然是一叠当年解放区渤海银行出的票子！原来这里是当年淮海大战时，从前线抬下来的解放军烈士停放的土窑；满满地摆放了一土窑。当然父亲也是听家乡人说的，十里八乡的人都信，没想到的是，解放军烈士的亡灵都不忘军民雨水的情怀！所以当地的老百姓都特地在土窑门口摆上案子，祭奠这些英雄的灵魂。

清华大学法学院教授许章润先生讲过他家乡的一段辛酸的“鬼”的故事。说他六七岁时常去菜园，内有一孤老太太，小脚，无论阴晴雨雪，总是不停地从屋内走到屋外，又从屋外走回屋内，口中喃喃：“怎么好哟！救救人哟！”惶惶不可终日。临家都以为她跟上鬼疯了，原来，后面有段悲惨的故事。

许教授讲，老人当年原系乡绅家的碧玉，16 岁嫁到小镇，也命苦，夫君病逝，留下一遗腹子。后孩子渐成，寡母持家教子，供读用心，盼其继父志。约 20 年后，果然出息，大学毕业，在一家“民国”银行中谋事，奉养寡母。谁料世事多变，一两年后政权更迭，其子自觉“伪职”有罪，潜回老家。寡母对外称其病死治丧出殡。实则于墓中挖一大坑，置棺其上，并不加盖，墓坑上搭一硬木板，板上复土，唯留一小孔透气。每日深夜，寡母送吃。然有吃便有排，日久天长，坟墓周围便留下堆堆粪便，一老农发现，甚觉蹊跷，终于发现夜鬼出没。急回，报告，干部群众激愤，立时赶到，将这个潜伏的敌人立时打成肉饼。寡母闻之，昏死，待醒后，终生只会说那两句话。

真是寡母遗腹子，最终成新鬼，够心酸的！

韩羽先生讲过一个日本鬼的故事。他说他小时候听大人们讲鬼的故事，越听越害怕，越怕越想听，小肚子憋得一鼓一鼓的，打死也不敢出屋撒尿。他说，后来年岁大了，光是“害怕”就觉得不过瘾了，想从鬼里看到人。他讲，在日本一家医院的太平间里，那地方是个出鬼的鬼域。从病房推来一尸体，男医护一看，尸体是个孩子。接着又冲进来一个妇女，扑向孩子，哭喊着说："孩子跟妈回家去。"男医护告诉她孩子已经死了。那妇女说："我不信，他没死。"仍扑上去痛哭不止。她一回头，男医护看见她流的不是眼泪，两眼流出的是鲜血！他正在惊愕间，又推进一具尸体来，他掀开一看竟然是那位哭孩子的母亲。再回头看，刚才那位两眼流血的母亲不见了。原来是母子二人同时出了车祸，都不治身亡，这位母亲在弥留之际，仍牵挂儿子，一缕灵魂出窍，追到太平间来了！

有没有鬼并不是问题的关键，关键是它让世界多了神秘主义的一缕折光。

人类走向文明的一个标志是开始有精神追求，开始解释那些人类不能解释的自然和社会现象，这里就有神鬼的问题，并一直萦绕在人的心中，挥之不去。它可能远远早于人类的宗教的形成，是这些宗教的萌芽。随着人类文明的发展，人类对鬼神的人格化也在不断发展，它影响人类的精神生活的程序也在不断增强。

对于鬼魂的传说都是口口相传，辈辈相传。甲骨文上都有明确的记载。占卜和告知鬼神，向天神和鬼魂祈祷是人类最初有别于其他高级动物的精神追求之一。鬼魂没有任何人见过，但经过几千年传而不灭，而且不断丰富，提炼、传承繁生出许许多多美丽的、动心的、扬善惩恶的传说和故事，也流传下邪恶的、孬毒的、阴暗的说法和解释，关于鬼魂的、地狱的、狐仙的，甚至为中华文明的灿烂留下了多少鬼戏、鬼神、鬼话、鬼魂、鬼事、鬼节、鬼活、鬼祭、鬼城、鬼文、鬼诗、鬼才等鬼文化。有些鬼文化几乎让家喻户晓、老幼皆知，如钟馗、十八地狱的阎罗小鬼、牛头马面、变身百态的狐妖大仙，等等。真让我们敬佩我们的先人。

3

鬼也分恶鬼、善鬼、大鬼、小鬼。把鬼魂人格化，就是我们祖先对鬼的基本认识。

恶鬼让人心悸。水中的恶鬼拖住活人叫水鬼，梁上的鬼拉住活人就叫吊死鬼，无食无粮封口而死叫饿死鬼，屈打成招冤人致死为冤死鬼，手提锁链勒索财物的叫索命鬼，还有负心鬼、亡命鬼，但恶鬼害人也有治，有钟馗打鬼，一物降一物也！

当然也有善鬼、良心鬼，解人于倒悬，帮人救命，与人方便，避邪驱恶。但中国人怕鬼，别瞧他大言不惭地说，他什么都不信，世上根本没有什么鬼魂，但他绝对不敢祈祷让鬼魂缠身，让索命鬼跟上，做了歹事，丧了良心，晚上他一定会突然从梦中惊醒，吓出一身白毛汗，俗话讲：头顶三尺有神灵。人在做，天在看。

鲁迅先生“骨头是最硬的”，鲁迅先生对鬼的世界有自己的一番感受。你不能忽视鬼的世界，更不能藐视小看鬼的魔力。

朱自清先生有一文《话中有鬼》。他是这么写的：“不管我们相信有鬼或无鬼，我们话里免不了有鬼。我们话里不但有鬼，并且铸造了鬼的性格，描绘了鬼的形态，赋予了鬼的才智。凭我们的话，鬼是有的，并且是活的。这个来历很多，也很古老，我们有的是鬼传说、鬼艺术、鬼文学。但是一句话，我们照自己的样子造出了鬼，正如宗教的上帝照自己的样子造出人一般。鬼是人的化身，人的影子。人们讨厌这影子，有时也喜欢这影子。正因为是自己的化身，才能说得活灵活现的。才会老挂在嘴边。”

周作人有两句话说得挺实在：“街头终日听谈鬼，窗下通年学画蛇。”

我在农村时，曾扎到一口大井中把溺水的一位农民救上来，但因为他落水时间太长溺水死了。今年阴历七月十一日我回我们村，乡亲们还说起这件事，至今他们还饶有兴趣地问我，怕不怕水鬼？怎么就不怕死鬼？这么一说我倒想起“叫魂”来，想起当时的情景还真觉得挺瘆人的。

那天夜里，全村议论的只有一个主题，婆媳都不再争吵了。就是说我下井救喜康的事，那个年轻农民叫张喜康，也是越说越离谱，越说越神乎，添枝加叶地仿佛全村人都看见我在大井下看见了水鬼，而且还和水鬼有过一番搏斗，被水鬼抓伤（拙作《蜕变》中有纪实）。半夜了，我躺在凉炕上睡不着，突然听见有人尖着嗓子在呼喊，又像在祈求救援，一骨碌爬起来，顺着梯子三窜两爬上了房顶，看见不远处有一盏似明似暗的灯笼，后面跟着有男有女，有老有少，尖着嗓子，捏着喉咙地叫喊着，哭嚎着，声音飘来飘去，四周漆黑不见丁点灯亮，那灯笼的白光把后面的人照得走了样，变了形，他(她)都穿着白袍子，白褂子，戴着孝帽子，真像传说中想象中的鬼。看得人后脊梁直发凉，冷汗顺着前胸流到肚脐。

原来那是给张喜康的亡灵喊灵的，那声音越远了，灯笼人影也变得像鬼火一样……

周作人有首诗《鬼夜哭》，或许可以更贴切地反映人们对鬼的神秘感和欲说还休的感受：

鬼意欲何为，
诡秘殊难度。
或恐凿混沌，
不能保淳朴。
或恐窥幽奥，
或燃通犀角。

何处蛙声一片

那似乎已是遥远的历史了。

辛弃疾曾有一句名诗:“稻花香里说丰年,听取蛙声一片。”辛弃疾的诗是从现实中来,只听那些稻田中此起彼落的一片蛙声,如听欢庆丰收的大戏。用现代科学来解释,一只青蛙一年要吃掉稻田中的蚊、蛾等农作物的害虫5万多只。辛弃疾不但“醉里挑灯看剑,梦回吹角连营”,而且还走稻田,闻稻香,听蛙鸣,见惊鹊。辛弃疾有福气,他把自己融于自然之中,怡然自得。司马光也有诗为证:“黄梅时节家家雨,青草池塘处处蛙。有约不来过夜半,闲敲棋子落灯花。”那时一到夏日,雨后,夜晚,放喉高歌的当数青蛙。现在说起来,其喧哗群歌之声,犹在耳边。我们现在城市里幸福的80后、90后真正听取过蛙声一片的寥寥无几。即使在农村“稻花香里说丰年”,也绝无一片蛙声在耳。

毛泽东1910年正值16岁时就曾做过一首《青蛙》诗,诗竟然是写青蛙的。毛泽东就是有奇特的目光:“独坐池塘如虎踞,绿荫树下养精神。春来我不先开口,哪个虫儿敢作声。”我小时候没少见青蛙,却从不见也从不知道那青蛙还有这般“虎威”。

现在,在大城市要听取“蛙声一片”绝对是奢望,即使在公园池塘边偶有蛙声,也是如流星闪过,有前声难听后声,绝无“一片”,更无“处处”。

青蛙来到这个星球上有3亿多年了,现在这种自然界的“灵物”已然退出城镇,要想听取一片的蛙声,听听青蛙跳入水中的“扑通”声已近乎享受,那是自然之声。听那一片片的蛙鸣,绝对比坐在几百个人当中、呼吸着渐混渐浊的空气、听那些歌手扭扭捏捏伸长脖子的“献歌”强。

享受自然之美，享受自然之声，那是幸福，都已不是人人都能享受到的幸福。

去听蛙鸣，听青蛙在大自然中自由自在地歌唱，那才叫真正的音乐歌唱，那才能体会到回归自然的幸福。

芒种那天正巧是端午节。江南大雨，下得滂沱淋漓。入夜雨小了，渐渐停了。似有似无的凉风起了，燥热的雨后清凉无限，令人心爽。

这是太湖大堤，堤上有片片浅浅的积雨，远望太湖，一片苍茫墨色，仿佛与上天相连。无论天上湖中无一点星光，无一点亮处，极目放眼竟然是一片无边无际的墨色，无一点点杂色，无一点点掺假，多少年了我从未看见过这么一片满眼满天地的纯青墨色。不是那种漆黑一片，伸手不见五指，而是像泼在宣纸上的水墨，浓淡相宜。若不是站在太湖边上，不是赶上这无星无月的雨后深夜，谁能知道这水青墨色还那么美，那么迷人——原来墨色也能醉人。

仿佛这时候才听见那片蛙声。那该是一片什么样的蛙声？天地之间什么声音没有，没有车鸣，没有机隆，没有人声，没有工地施工刺耳的噪音；只有蛙声，一片纯粹的青蛙大合唱。不知有多少只青蛙蹲在太湖大堤外的芦苇丛中，自由自在地、无拘无束地、尽其所能地冲天而歌，那么圆润，那么激情，那么宽泛，那么冲颤。

我们说起蛙鸣，统之为呱呱声，错也，谬也。站在太湖大堤上，徜徉在芦苇前，唤起你耳膜心律共鸣的蛙叫，原来是那么精彩、那么繁多、那么自在、那么有个性。呱呱、哇哇、嘎嘎、哗哗，至少有千万只青蛙，没有统一指挥，各唱各的，想怎么叫就怎么叫，怎么叫过瘾就怎么叫。也真奇怪，那万千条喉咙里发出的歌唱，自然而然地汇成了一片和谐悦耳的青蛙大合唱。我们都自豪得有些失态，这个世界上有多少人能这么近这么亲地聆听千千万万只青蛙放开喉咙向天高歌呢？你真有一种回归自然，被大自然敞然接受的亲切感，有一种你也想变成一只青蛙,宠辱皆忘,无忧无虑地放声高歌的冲动。

20世纪50年代初,我住在北京朝阳区白家庄,就在团结湖边上。那年代白家庄,农展馆,三里屯一带都是一个套一个的大窑坑。老北京人称之为苇子坑,因为它周围是一片无边无际的芦苇荡。一到夏天,尤其是雨过之后,那芦苇荡就是青蛙的世界,蛙声阵阵,阵阵蛙声,铺天盖地,喧天动地。那时候没人去欣赏青蛙叫,人们都烦它无休无止的鼓噪。晚上再热也不敢开窗户,一开窗一阵阵高亢急促的蛙声就会扑面而来。热就热点吧。我看那时候大人们几乎没有人不讨厌蛙声,而我们小孩子高兴,正值放暑假,那时候小学生几乎没有作业,放暑假就等于不上学撒开欢地玩。从没上过什么"英语班、奥数班",跟着六里屯农村的孩子,很快就学会了钓青蛙。

钓青蛙特好玩,也特上瘾。找根竹竿,系根细线,不用钓钩,只在线上绑一只蜢蚱或几只小蚯蚓,然后就站在苇子坑前把竹竿伸到芦苇中,用手一上一下地抖动竹竿,用不多久,你就能感到突然有坠物吊在线上,就像大鱼咬钩一样,那就是青蛙。青蛙真够傻的,一点心机都没有,老老实实地就被人"骗"上来了。我们都是新手,钓上青蛙也往往捉不住,青蛙随着竹竿的甩动被拎到半空,但往往在半空中就被甩脱了。钓上来的都是特别贪吃的,把饵食一口吞到肚子里,被线牵着钓到岸上。即便如此,也不见得能捉住它,它一落地,就会奋力一跳,把饵食吐出来,然后扑通跳进芦苇荡中,无影无踪了。青蛙真漂亮,绿油光滑,矫健无比,鼓出来的大眼睛闪光发亮。我们曾经把一只钓上来的大绿青蛙放在地上,那家伙真威猛,两腿一跃,跳出1米开外,追都追不上。青蛙有黄的、有绿的,也有黄绿色的;有条纹的、有花背的;雪白的肚皮,两腮一鼓一鼓的,冒出一个大大的透明的圆泡。我们把钓来的青蛙挑最雄健的拿在手里,在地上划条线,把手放在线上,一声号令,一齐松手,看谁手里的青蛙蹦得最远,蹦得最高,蹦得最快。少年的乐趣真是不复有啊!

后来看到农村的大孩子比我们玩得"油",他们肩扛着一个用铁丝圈成圆口的布袋,钓起青蛙连看都不看,信手一甩,青蛙在半空中划出一个弧形的线条,准确无误地落在张开口的布袋里。我们看见有的大人一钓就钓几口袋,青蛙在布袋里蠕动,拱得口袋一起一伏的,发出的叫声竟然是那么低沉嘶哑,断断续续,像临刑前的哀鸣。

我们问那些大人,干吗抓那么多青蛙?为什么把它们都装在布口袋里?这样会闷死它们的。大人们恶狠狠地训斥着我们,“快滚!”我们悄悄地摸过去,趁他们不注意,快速地解开系布口袋的绳子,打开布口袋,青蛙们像越狱似地一下子冲出了死牢,胜利大逃亡,纷纷四处跳跃,我们也撒腿就跑。

后来我们终于知道这些被捉青蛙的悲惨下场了。

我们楼下来了卖青蛙的。他们提着那种肮脏的粗布口袋,里面装的就是活蹦乱跳的青蛙,那场面我终生难忘。当时1块钱25只活蹦乱跳的青蛙,由卖蛙人把青蛙从口袋中掏出来,用一把极锋利的小刀在青蛙的下巴上一割,把青蛙斩头去皮,被剥光皮的青蛙放到买青蛙人端的白瓷盆里,青蛙的肌肉还在抽搐,大腿还在一伸一屈地蹬着像是在做无用的反抗,被斩割下来的青蛙头也还在一张一合地蠕动,那两只美丽的大眼睛都没有闭上。那人简直就是一个杀青蛙机器,一刀一个,一撕一剥皮,工夫不大,就活杀活剥了25只青蛙,当他用沾满着青蛙鲜血的手接过一张张纸币时,眼睛眯起,脸上笑开花。那家伙是刽子手。他却咬着槽牙边屠杀边和我们讲歪理,他说,这不是青蛙,是田鸡,一离开水塘就是田鸡了,和下蛋的母鸡打鸣的公鸡一样都是鸡了,都是人饭桌上的一道菜。买青蛙的叔叔阿姨们也点头称是,说肥啊瘦啊的要卖青蛙的再添两只。

青蛙可以换钱,所以这种屠杀就疯狂起来。渐渐地,那天际边的蛙鸣,在十里芦苇荡中渐渐稀疏了,渐渐远去了,渐渐稀罕了。就是在仲夏的雨后,那听取蛙声一片的歌唱,再也不宏伟雄壮高亢了。

后来,我去晋西北农村了,接着父母去江西五七干校了,然后跳出农村上工厂了,恢复高考后我考上大学了,再后来又重回北京,再后来,又回白家庄三里屯了,和那些发小们说起当年事,总难免说到那芦苇荡、那窑坑、那岁月、那些儿时的趣事。自然会说起青蛙,现在那里哪儿还会有青蛙啊？过去那一片片芦苇、窑坑，青蛙的王国，如今到处是高楼大厦，车水马龙。那过去青蛙一只挨一只趴着的芦苇丛，现在是一辆挤着一辆的汽车停车场。

消失的蛙声，使我想起美国华裔女设计师林璎。她21岁就设计了美国越战纪念碑，2010年获得美国总统奥巴马授予的2009年国家艺术奖章。她设计的一件伟大的环保作品，叫“聆听大地的声音”，看看还有哪些动植物正在悄悄地死亡，有多少濒危动植物正消逝在大地之声中。人们再也听不见它们的歌唱、怒吼、长啸、短吟……可惜，林璎的设计作品没能在中国的国家博物馆展出。“小蝌蚪找妈妈”可能有无数儿童看过，但真正看过在荒野的天然小河里游着小蝌蚪的儿童可能不多。

好在太湖还有，还有青蛙的一方水土一片王国。雨又淅淅沥沥地下起来了，太湖中刚刚在淡墨中隐隐现出的西山岛又隐隐约约地隐在青墨之中；星星点点的渔船灯火，那是下太湖抓蟹的捕蟹船。芦苇丛中的青蛙叫得更豪放了，千百万只青蛙一起高唱，一起尽全力而鸣，向着黑夜，向着太湖，向着雨点……

最后的狼

1

20 世纪 60 年代，晋西北的农村还很自然，很“原始”。我们是在立冬以后进村的，初冬的庄稼地一片空旷，接近村时才看见一簇簇光秃秃的枣树枝。村庄外面围着高高的菊黄色的干打垒土墙。斜阳余晖之下，一眼就能看见那土黄色的土墙上画着一排十分醒目的大白圈是用白灰粉刷上去的，一个圈紧挨一个圈，大到能套进一个人去。白惨惨的看着瘆人。

我们都是自小在北京长大的十几岁的中学生，没见过这么古怪的白圈图腾，像看天际星座。给我们拉行李的车把式哈哈大笑，他说，那些白圈什么都不是，什么都不代表，画在那儿为的是吓唬狼的！狼？他这么一说，我们都感到毛骨悚然。难道这儿真的有狼？车把式说他也没近处看见过狼，只见过村里被狼咬死的猪娃子、羊羔子，被剥开膛把五脏六腑掏吃得干干净净。没吃过村里的小孩吗？我们那时都学过鲁迅的文章，都知道鲁迅笔下祥林嫂的儿子就是被狼叼了去吃了的。车把式又哈哈大笑，呲出他一口黑的黑、黄的黄、凹凸不齐的板牙说，鲁迅那是骗你们小娃娃呢。再凶的狼，再狠的狼，再饿红了眼的狼也绝不会吃人家的娃娃，十里八村、山前山后、沟里坡上从没听说狼吃了谁家的娃娃。鲁迅骗人？我们都有些愤怒了，你知道鲁迅是谁吗？车把式坐在车辕上抽着烟自在又十分自信地说：俺不认识他，但俺知道他！你知道鲁迅？大车把式真不可貌相，别看他不认识几个字，但他知道鲁迅。你知道鲁迅？我知道鲁迅，他是城里人，他在骗你们，狼不吃小孩，送到嘴边上都不吃，它不敢吃。你敢说鲁迅骗人？肯定骗你们！你真够毒辣的，鲁迅是毛主席肯定的，高度赞扬的，你敢怀疑鲁迅？毛主席说他好了？说他不骗人了？那他就好哩！大车把式摔着响鞭不说话了。

快临进村了，暮色中突然看见离白圈不远处竟然蹲着两只大灰狼，耸着肩，立着毛，昂着头，竖着耳，狼？有狼！我们情不自禁地发出几声怪叫，确实把大车把式也吓着了，把车辕下挂着的铁锹掂出来了。我们都趁机往他身后藏。狼太凶了，特别是冬天的狼，群狼、饿狼。车把式顺着我们的手指一看，又哈哈大笑起来，那是狗，咱村的狗，哪儿来的狼？吓唬人哩！自己吓唬自己也罢了，着实把俺都吓了一大跳。记住狼那东西惹不得！

在晋西北农村赶大车的都是两个车把式，一前一后，后面跟着的是二车把式。二车把式讲了一个狼的故事吓得我们出了一身冷汗。

二车把式说我们村后山上有个孤零零的小庙，庙里只有一个老和尚。一年冬天，天气奇冷，老和尚出屋抱柴火烧炕，就在这功夫，一只老狼一头钻进屋里，趴在灯影里。老和尚抱着柴火进屋后，把门插好就烧炕准备睡觉，那只老狼从后边扑上来咬死了老和尚，把老和尚吃了，一天，两天，三天。老狼再也出不去了，就在屋里嗥叫。谁知道这只老狼是只头狼，它一叫，招来了一群狼，都蹲在半山腰小庙周围狂叫，吓得村里的狗都不敢叫，吓得大骡子大马都不敢吃夜草。后来呢？我们问。后来那只老狼最终饿死了，群狼最后过了很久才散了，全村人那时一到夜里连屋都不敢出，狼惨嗥时能嗥得人汗毛倒立......

没想到，到农村插队接受贫下中农再教育上的第一课，竟然是防狼的课。

2

我们到农村那年，正赶上“农业学大寨”掀起新高潮。每天战天斗地的，毛主席说叫“背负青天朝下看”，用村里老乡的话说叫“面朝黄土背朝天”，忙着“土里刨食”。早把狼不狼的忘到爪哇国去了，连土墙上防狼用的大白圈里，也让我们填写上了“农业学大寨”的标语。

日子过得寡淡无味，想折腾点事来都不可能。只有在那个时代的农村，你才能真心体会出“日出而作，日落而息”的生活是多么恬淡。

有一天，在兴修大寨田的工地上，老乡们都神秘兮兮地交头接耳，好像发生了什么重要的大事情。一打问方知，昨天夜里，很多老乡都听见村北头废窑址上有狼嗥的声音，叫得凄凄惨惨、悲悲壮壮。有的老乡说，狼嗥是二更天开始的，一直直着嗓子嗥到三更天。那几天可有话题了，围说着狼嗥说到狼吃羊吃牛吃人，说到狼心狗肺、狼子野心、白眼狼。我们知青没有一个人听见过狼嗥的，都后悔地抡圆了铁镐刨冻土。看得出那么多老乡，没有一个人说狼的好话的。讨论起狼坏来，我们“北京娃”绝不比他们山西老乡话题少。

狼不知道从什么时候得罪了人，而且得罪得那么深。其实，现在所有家畜，狼是第一个被人类驯化成犬的。专家考证，这事大约是发生在9000 年前，而马被人类驯服则是在5000 年前，牛是在5500 年前了，但形容牛、马、羊、犬几乎都是好词，就连鸡，也是“金鸡报喜”，羊也是“三阳开泰”，狗成了人类最忠实的朋。可怜的狼，却让人那么仇恨。

也难怪，我牙牙学语时，就被灌输大灰狼是个坏东西的教育。那时候有个儿歌，还带表演的，现在还会唱：“小兔子乖乖，把门儿开开，妈妈回来了，妈妈来喂奶。”“不开、不开、我不开，原来是只大灰狼！”大灰狼倒霉，从小就成了学龄前儿童的反面教材。

再大一点就读《伊索寓言》，伊索老先生比中国的老子还老很多，课文中选的他的寓言故事是“狼和小羊”，狼不仅是野蛮，简直就是恶霸。伊索也仇视狼。

后来在课文中跟着老师一字一句地念，一字一句地背，“东郭先生和狼”，狼的形象被彻底丑化了，又加上一条恶名，变成了“忘恩负义”的“白眼狼”了。

以后大了，上中学了，读到蒲松龄先生写的“狼”，方知狼除了上述的“恶迹”外,还有狡猾。看来蒲松龄先生研究过狼。但蒲先生对狐狸心爱有佳,对狼憎恶不已。好在其文不长。我对蒲先生的恶狼感有异议,我认为那是蒲先生在编故事。“一屠晚归,担中肉尽,止有剩骨。途中两狼,缀行甚远。屠惧,投以骨。一狼得骨止,一狼仍从。复投之,后狼止而前狼又至。骨已尽矣。而两狼之并驱如故。屠大窘,恐前后受其敌。顾野有麦场,场主积薪其中,苫蔽成丘。屠乃奔倚其下,弛担待刀。狼不敢前,眈眈相向。少时,一狼径去,其一犬坐于前,久之,目以瞑,意暇甚。屠暴起,以刀劈狼首,又数刀毙之。方欲行,转视积薪后,一狼洞其中,意将隧入以攻其后也。身已半入,止露尻尾。屠自后断其股,亦毙之。乃悟前狼假寐,盖以诱敌。狼亦黠矣,而顷刻两毙,禽兽之变诈几何哉?止增笑耳!”

蒲先生把狼的智慧人格化,那就不是狼了,当为人之狡猾的自我揭露。

但狼的凶残狡猾已成为定论,板上钉钉,铁案难翻。

小时候就曾听一位前辈讲过一个关于狼的故事,吓得我们不敢出门走夜路,尤其害怕听见身后有脚步声,还老跟在后头,又万万不敢回头看,好不容易到家门,一头撞进院门,吓得浑身上下被冷汗泡透,一屁股瘫软在地上。

狼吓的。

那位前辈讲,他曾在西北工作过。三十年代初,西北多狼,走夜路往往让狼跟上。狼悄悄跟在人后边,走到没有人的地方,它会直立起身子把前爪从后面搭在人的肩膀上,这时候人是万万不能回头的,人一回头,狼顺势就咬住人的脖子,咬断人的喉管。所以西北人走夜路,遇上有人在后面拍肩膀一般绝不回头看,只是用手摸摸搭在肩上的“东西”,如果是毛茸茸的爪子,就大步流星走,而且要尽可能地把脖子缩到两肩中。真够瘆人的!感觉比“敌后武工队”中的“夜袭队”汉奸还让人胆寒。

西北狼多,常窜进村庄咬死家畜,于是就有人想办法,怎么能制服头狼?据说一群狼中有一统领,头狼也。此狼是狼群的主心骨,抓住头狼,狼群就散了,形不成破坏力了,但一般情况下头狼都极狡猾,拿猎枪打不着它。

于是有大胆人便在村外野地里挖一个坑,上面铺上门板,四周压上土,门板上挖一小洞,仅能容一只狼爪子伸进来。然后人蹲在坑里,怀里抱一只羊羔。半夜狼群从山里下来,羊羔就能感觉到,在人怀里瑟瑟发抖。“猎人”就故意让羊羔凄惨而悲哀地叫唤,把狼招来。这时隔着门板的狼靠嗅觉知道下面有“猎物”,但可嗅而不可得,它们会在门板上用爪子抓挠,找扒开坑的地方。这时候“猎人”会沉住气,一直等着,一直让羊羔惨叫,直到会有一只又粗又壮又大的狼爪子从门板上的小洞洞里伸进来时,他才双手抓住狼的爪子,死死拉住不放,狼和人开始“拔河”,地上的狼群开始嗥叫,是一种集体绝望的嗥叫。据说那些叫声不同于平时的狼嗥,叫得村庄里的大骡子大马都腿股战战,站立不住。直到天亮,村里的人拿着锄头、铁锨出来,把伏在门板上动弹不得的领头狼活活打死。

人也够残酷的。

当时,我们和村里的老乡一样,白天干活,晚上躺在床上都神聊狼的故事,反而我们都不睡,想都听听狼嗥,我们真没听过真正的野狼在野外的狼嗥。

3

等着狼嗥,狼却不来了,也不嗥了。让人等得焦躁不安。

那天,在地头上聊大天,我们这些北京知青愣没有一个真见过狼的。我们从小学就去动物园春游,过队日,游玩,但一进动物园都急着去看老虎、狮子、大象、河马、猴子、狗熊、长颈鹿、熊猫,谁去看狼呢?

世界上怕就怕认真二字,我们那时就爱一根筋,就爱较真。哥几个一致认为,狼虽然不来了,但人过留名,雁过留声,咱不妨去那废砖窑实地勘察踏访一下,就是我捡到一撮狼毛也可以显摆显摆。闲着也是闲着,踏访狼的踪迹去。

那废弃的砖窑有个年头了，挺背挺荫的，连窑里都长出碗口粗的野枣树来了。要是半夜来也还真得“揣两胆儿”。

细细地侦察了几遍也没发现狼的蛛丝马迹。有些丧气，深感勘察考古都不容易。突然，我们一哥们终于有了重大发现，绝不亚于在古墓勘察中发现了古铜印和墓志铭。凑近一看，原来是一摊屎，但这屎里有文章，首先它不是人的大便，更不是羊的、马的、牛的，极有可能的是狗的或者就是狼的！

我们不愧是知识青年，首先采用的是辨别法，看那摊屎的颜色，因为根据我们从书本上得到的知识，狼粪的颜色是白色的。我们几个把头扎到一块认真看，又拿木棍拨拉着反复看，粪不全白，但也绝不是黄色。一时还确定不了是狗粪还是狼屎？最后的排除法就是燃烧法。根据我们从书本上得到的知识，狼粪燃起的烟是直直的，古代烽火台上都堆积着狼粪，一旦有外族入侵，则燃起狼烟报警，狼烟是直上青天的。我们就把那干粪点燃起来，还真是有一股怪味的青烟。但那袅袅升起的青烟和我们抽的香烟冒的烟几乎是相同的，似直非直，似转非转，也左右飘悠，忽忽悠悠，谁也不能断定这是狼烟。

那一阵，总有老乡说半夜听见狼嗥了，我们又很认真地熬着夜，但谁都没听见狼嗥。可村里的气氛是有些紧张了，入夜街上人烟稀少，串门的也不串了，早早插牢院门，一遍一遍检查猪圈羊圈，半夜里偶尔有野狗从村子里穿过，引来家家户户看门狗的狂吠，第二天就有人说是狼进村了，我们觉得有点像鬼子进村了似的。

后来，乡亲们告诉我们村最北头有个孤老汉，他和狼对峙过，是村里唯一一个打死过狼的人，想问狼的事得找他。

闲着无事，溜达着就来到村最北头，原来是个独院，圈在一片高台上，像个土围子，让人奇怪的是院墙不是黄土打起来的，是用片石垒起来的。来之前我们都调查好了，这孤老汉家里养着几条凶狗，所以我们就站在院门外大声呼喊。一声高过一声，院里却死气沉沉，不像有狗的人家。当我们快要失望地走回去时，屋里有人搭腔了。老汉有派头，像皇上起驾似的，半天才来开门。老汉姓李，是个有些驼背的半老汉，又干又小，让我们大失所望，就他这样别说是打狼了，喂了狼恐怕狼都嫌他的肉柴。但一进他的院把我们都吓一跳。谁都没想到李老汉院中趴着三条牛犊般大的大狗，狗见生人立即冲上来，两眼圆瞪，毛都直立起来。这几条大狗一声不叫，从三面包围上来，从嗓子深处发出瘆人的呼呼呼的低沉的喘息声，我们都情不自禁地往李老汉近处挤。别看李老汉干瘪，这时候把一直含在嘴上的烟袋拿在手上十分自信地说，我不说什么，它们不敢动你们一根毛，我要说句话，它们能撕碎你们。我们赶快递上一支纸烟，连声说，您千万别说话，什么也别说。

到他屋里又吓一跳，屋不大，熏得挺黑，大土炕占去三分之二，窗户小得像牢房一样，吓人的是迎面土墙上挂着一张大狼皮，像老虎皮似的，屋里白天都得点油灯，像座山雕的威虎山。

李老汉果然厉害，最让人提心吊胆的那三只大狗齐齐地卧在门口，虽然屋门大开着，但没有一只敢进来。

和李老汉聊什么？聊狼呗。我们得先把他侃昏了才行，递给他一支北京出的香山牌香烟，告诉他，这是北京城住在香山的伟大领袖抽的烟。老汉果然激动了，很郑重地把香烟放到相框上。再递给他一支，依然舍不得抽，立在相框框边上敬着。他开始重视起我们来，三问两问，他就开始说起狼来了。李老汉果然有高论，不同凡响。他从狼嗥说起，他说狼嗥好听，那是狼在唱歌，唱情歌，唱酸曲曲，也是唱哥哥妹妹的，和人一样。有时候几只狼一块叫，是互相说家常话哩。我们说，狼嗥得全村人都害怕，谁还有心听它们唱歌哩？他说，听他们胡说胡害怕哩，他们见过狼？谁见过狼？小干巴老汉长着一脸络腮黄胡子，拍着胸脯说全村只有我脸看脸地和狼两眼对两眼。狼从来不吃人，我手里什么家伙都没有，狼看看我，悄悄地绕过去走了。

李老汉从怀里掏出一个小羊皮包，我们以为一定和狼有关。打开一看原来是一副火镰，拿起两片铁灰色的石片一打把火绒打着，用嘴小心地吹着了，吹着以后放在烟袋锅子上。我们送他一个打火机，一次性的，那时候买一个也就五毛钱。他说什么也不要，说太贵重了，非要用老祖宗的原始玩意。

接着聊狼。我们说狼的眼睛为什么是绿的？像两颗没熟透的大蚕豆？够瘆得慌的。半夜里，荒野上突然闪出好几对幽灵似的绿眼睛紧紧盯着你，间或还能听见上下牙齿相错的磨牙声。李老汉慢悠悠地问：谁说的？书上呗！那全是骗你们这些城里的学生娃哩。他们看见啦？他们看见狼眼是吓得拉了绿屎，所以才把狼眼看成绿松石。李老汉可能见过世面，说起话来挺逗，挺幽默。现在想起来，他长得有点像相声演员李文华，就是不像入山进沟打狼的猎手。李老汉不慌不忙地有滋有味地吸着烟，能清晰地听见烟油子在他的烟袋杆里像山泉跳涧似地发出哗哗啦啦地流动声。他说，俺和狼四眼对视着，看过来看过去，我连狼眼上的眼睫毛都快数清了，但没看见狼眼是贼绿贼绿的。贼绿这个词是京片子，是李老汉借我们的话说的。

我们面面相觑。李老汉又说，人一吓得没魂，他会把人说成鬼。来，他一叫唤，有只大狗一窜就前爪搭在大炕上，吓得我们都纷纷往炕里挤。李老汉说，好好看看，看看咱这狗的眼睛是不是绿的？李老汉屋子又暗又阴，我们细细一瞅，那狗眼离我们也就二尺远。啊，那双狗眼真的是绿色的，绿玻璃球似的，闪着幽幽的灵光，瞳子里透出的寒光都是绿的。

又过了若干天，村里的人又似乎都听见狼嗥了，仿佛只有我们睡得死，又错过一次欣赏狼唱歌的机会，谁知道这竟是最后一次机会，最后的狼留下的最后的嗥。

那天我们又转悠到李老汉家，他正就着老咸菜喝红薯酒，一种极容易上头导致人脑神经麻醉的土酒。小眼红红的，他说那是只孤狼，唱的不是情歌，唱的是挽歌，它也走了，去大山里了，这儿再没狼嗥了。那是最后的狼。

我们盘腿坐在热炕上，用手摸着挂在山墙上的大狼皮，互相用眼神说，这东西拿到北京去，说不定还能卖出个好价钱来呢。谁知道，这个世界上真没多少真东西。万万没想到李老汉又悠悠地说，这不是狼皮,是狗皮!狗皮?是,狼皮毛如针,狗皮毛是毛。你们摸摸这皮子是针还是毛?都说俺老汉打死过狼,狼都不吃不咬俺,敬着俺,俺干甚要打死它?告诉你们一个秘密,俺从来没打过狼,他们说俺打死过狼,是怕俺,不再叫俺上山修大寨田,让俺负责保护村里生产队的羊,白挣生产队的大寨工,俺是沾了狼的光哩!

李老汉好像喝得有点高了,那薯干酒比医用酒精都"毒"。他凄惨地说,再也没有狼了,狼都吓跑了。这他娘的!天天不是开山,就是炸石,现在又在无畏庄修建飞机场,白天黑夜闹腾得像群鬼叫魂似的,莫说狼,连狐子、兔子、野猫都逃得无影无踪了。狼胆大,是最后走的,呦……

李老汉说得真对,打那以后,我在农村10年,再也没听说有狼嗥,连村外土墙上的大白圈圈,也都斑落的没有什么痕迹了……

“大烟”异事

1

何以烟中称大？究其原因，“大烟”在烟类，无论旱烟、水烟、纸烟、鼻烟、土烟，直到西北的莫合烟、东北的关东烟、川陕的黄烟、晋西北的小叶子烟、冀豫的大叶烟，和它比起来，都甘拜下风。“大烟”即鸦片烟，名之为“大烟”名副其实，大烟厉害。

林则徐深知其厉害。他在其奏折中有著名的两句话，言“大烟”之害绝无其他可比拟：“若犹泄泄视之，是使数十年后，中原几无可以御敌之兵，且无可以充饷之银。”顺着林则徐的思路看，“大烟”可以亡国，就是“大烟”这东西，竟然差点亡我五千年的泱泱大国。就是因为“大烟”这东西，竟然爆发了两场战争。中国两次战败，割地赔款，辱权侮国，万国之园的圆明园被烧成了残墙断壁，一片废墟。

没齿不忘，鸦片之恨！

鸦片刚一进中国，也袅袅，也依依，像蒲松龄《聊斋》中“画皮”中的美人。别说我们50后的一辈人，即便是40后的那茬人，真正见过罂粟花的人也寥寥。一位研究药物学的前辈曾对我说过，你在农村插过队，一定见过棉花开花，罂粟花开得像棉花花似的，但比棉花花更漂亮、更美丽、更妩媚、更妖艳，红、黄、白三色花一起开，娇艳无比。

20世纪30年代，有一首谜语，打一植物：

外国走进一女流，三色鲜花戴满头。
摘去鲜花露粉面，一把刀具来割头。
头儿虽然未割去，不言不语泪自流。

谜底就是“大烟”。

我曾插队的晋西北八九十岁的老人,有的就曾给罂粟“割过头”。我就听一位“老爷子”坐在地头上“侃”过。他说,那个时候(指日伪时期),号召种“洋烟”,就是种“大烟”。“大烟”开花的时候,老天爷不下雨,不刮风,不扬尘,不打雷,是让“大烟”花的美惊呆了。人往地头上一站,真是如在雾中,有腾云驾雾的感觉。不仅仅因为“大烟”花长得妖艳,还因为你站在地头上,“大烟”花会蒸蒸地发出一股妖气的鬼香,那不是一般的花香,而是一种麻醉人的妖香,一缕缕一阵阵,人闻久了就飘飘然了。不光是“大烟”厉害,“大烟”花也厉害。那么漂亮的花,竟然没有蜜蜂飞来采蜜,仔细看才知道,钻进花蕊里的蜜蜂都被“大烟”花香麻倒了。所以在“大烟”花地里采蜜的只有像枣那么大的牛蜂,那家伙还能抗住“大烟”花的香气。

“大烟”一开花,人就不下地了,不用去照看“大烟”了,无虫、无病、无灾,等到花落了,青绿色的花骨朵挺起来了,圆圆的,像睁开的牡牛眼。那牡牛眼会变色,由青绿变碧翠,变草绿,再变成一种青瓷绿,上面长的嫩茸毛也由绿变白,阳光下泛出光泽来,“大烟”熟了。

熟了就得割,不割就老了,一分钱不值了。割“大烟”是个辛苦活,像摘棉花一样,但比摘棉花活细,熬人,要小心翼翼,既要割破“大烟”骨朵的皮,又不能割断了“大烟”骨朵的头。

把一个铁皮罐子挂在手上,一只手拿着一把小刀,像剃头刀片似的在“大烟”骨朵上轻轻一割,青皮一破,就会有奶子一样的白白的浓汁流出来,这时候用手轻轻地一抹,把那层溢出“大烟”骨朵的白汁抹在手指上,然后再抹到小罐里。他说这就是割“大烟”的全过程,回想起那首猜谜语来,还真挺贴切的。

他说,罐里的白汁满了就倒在盆里,太阳一晒就慢慢变色了,乳白色渐渐变成淡褐色,又待一会儿就变成深灰色。拿回去再用大锅熬熬,晒干后就变成黑色的块块了,切成一块一块像豆腐块,包上油纸。这样叫“养着”,“大烟”长时间不干不躁。那位“老爷子”说,咱村那个时候种过“大烟”的人多了，是让汉奸、鬼子逼着种的，你不种就让你交大洋。但那东西确实神乎，有个头疼脑热肚子疼得满炕滚，偷偷放嘴里嚼上一小块，半袋烟的功夫，好人一般，该干什么干什么，怎么走进来的怎么走出去。就是现在，有的人家还有那东西，偷偷留着治病，吃五谷杂粮，谁没个病没个灾的？村里又没个大夫？

也别说，以后，我还真看见了“大烟”，平生第一次，也是唯一一次。

2

民国初年，天津卫杨柳青有位殷实大户，复姓欧阳，家中有田有地有房有铺，天津卫里有几处买卖。有了钱就琢磨着如何享福。一家六七口都抽上了“大烟”，老爷、太太、几位姨太太、少爷、少奶奶、人手一杆烟枪，天天、顿顿、白天、黑夜都要点灯烧烟泡过瘾，烟榻上一躺，吞云吐雾。后来，烟瘾越抽越大，索性吃睡不离烟榻，睁眼伸手就拿烟枪。短短几十年，愣把偌大一个家产全部抽光，卖了房子卖了地，卖了生意卖了铺子，最后竟然扒了祖坟，卖砌坟地的砖石，刨开祖宗的坟头，拉出祖宗的尸骨找块破席头卷卷埋了，把先人下葬用的红木大棺材解成板子卖了，换成烟泡抽了，最后衣衫褴褛，沿街乞讨，当了饿殍。“大烟”比恶鬼还厉害！

这家欧阳的掌门人，并非是发了横财的土财主，而是曾经上过“洋学堂”的有知识有学问的人物。但一旦误入“大烟”的“熏陶”，便失足难拔。别说他一个“资本家兼地主”，就是三军之帅张学良当年戒烟毒时，也是叫人把自己捆在屋里，不论死活决不能心软施救。另一方面中西医齐下，张学良戒毒才保住一命。我也纳闷，张学良烟毒甚深，为何还能长命百岁？一朋友戏言，偌张少帅当年未沾那一口，恐怕阳寿未见得能那么长。当然是调侃。张学良戒烟后就一边在北京办公，一边在协和医院继续治疗，而且就在住协和医院期间，“九一八”事变爆发了！

北洋政府时期，中国的各路军阀中抽“大烟”的不少，真正能戒掉的不多,或者说没有。张学良他爹张作霖,就抽了一辈子"大烟",但张学良戒了,这一点就无人能比。抽"大烟"张学良戒掉了,以后他再也没提起过,但他直到晚年也坦白:"平生无憾事,惟一爱女人"。

"九一八"以后,马君武曾经在上海《时事新报》上登其《哀沈阳》七绝两首:

其一

赵四风流朱五狂,翩翩胡蝶最当行。
温柔乡是英雄冢,哪管东师入沈阳。

其二

告急军书夜半来,开场弦管又相催。
沈阳已陷休回顾,更抱阿娇舞几回。

此诗风传,老幼皆知。马君武何许人也,敢虎口拔须?马老爷子确非凡人,胡适曾经对他的弟子罗尔纲说:"马先生是孙中山同盟会的秘书长,地位很高,只是脾气不好,一言不合,就用鞋底打宋教仁的巴掌。"马先生真是名符其实的"老爷子"!

当时任"国民革命军第12军军长"的孙殿英,以盗挖清东陵而臭名昭著,这家伙还有一恶名就是"大烟将军"。最后也是因为在解放战争期间被俘没有"大烟"抽,不得不戒烟,后被烟毒索命而去,据说死得十分痛苦,罪有应得。

抗战时期,孙殿英已然是冀察战区国民党第24集团军副总司令兼新编第五军军长。这家伙一贯是武装走私"大烟",贩卖"大烟",号称自己除云南产的"福寿膏",一律不上口。那时候,一两上好的"福寿膏"要卖到50块大洋。而当时任教育部长的蔡元培一个月的工资是600大洋,鲁迅一个月"关饷"350块大洋,毛泽东在北大图书馆当管理员一个月的工资是8块现大洋。孙殿英有一套象牙烟具,烟枪上刻的是八仙过海,据说当年有人愿意出一万现大洋。可见,这位

“大烟将军”是如何挥金如土,搜刮民脂民膏的。

1941 年孙殿英率部在山西晋南中条山抗战,日本人出动两个师团围攻中条山,当时正值天下大雨,部队边打边撤,形势十分危急。谁知道这功夫,孙殿英的“大烟”瘾上来了,一时一刻也熬不过去了,什么军情如火,什么追兵在后,“大烟”比鬼子还要命。没办法,只好找一树林中,现挂上油布、雨衣、架起行军床,点上“大烟”灯,烧好“大烟”泡,让孙将军过瘾。等孙殿英抽足了“大烟”站起身来时,几乎被身后的日本鬼子包围,不得不冒死突围,数万部队几近无头的乱蝇,溃败无影。

1943 年 4 月,日本人集中 4 万多兵力突袭当时驻扎在太行山第 24 集团军,孙殿英所属新五军首当其冲。结果仗又打成了“烂仗”,几成溃军。又是在这关键时刻,孙军长的“大烟”瘾又犯了。当时天下大雨,路上泥泞不堪,敌情不明,军情甚累。孙殿英的部属都劝他咬咬牙,绝不能停下来抽“大烟”,否则后果不堪设想。孙殿英躺在担架上,又吼又闹。正在此时,这家伙一眼看见雨雾中有一破旧小庙,立即下令,进庙休息,无论如何得抽“大烟”。这家伙咬着牙说:“宁当汉奸,也得抽烟!”后来成了孙殿英的名言。于是,他弃部队于不顾,弃军情于不顾,一心一意躺在地上抽他的“大烟”。结果就在这小庙里他手上还端着烟枪,就被冲进来的日军生俘了。果然叛变投敌当了汉奸。

王揖唐曾任伪华北政务委员会委员长,这个铁杆汉奸无耻之极。当双手沾满中国军民鲜血,罪恶累累,罄竹难书的日寇头子田俊六调任回日本时,王揖唐代表伪组织为日酋送行,这家伙除了歌颂日寇侵华战争的“丰功伟绩”外,竟然在大庭广众之下,极动感情地说,田俊六离华回国,令人有离别慈父之感。这就是认贼作父。

这个大汉奸在 1943 年曾率所谓代表团访问日本,受到天皇裕仁的召见,奴才相、汉奸相毕现,他曾摇头摆尾地做过一首汉奸诗,以后也成为他的罪证之一:

八纮一宇浴仁风，旭日荣辉递藐躬。
春殿从容温语慰，外臣感激此心同。

1948 年春，经冀高级法院判决，判处死刑，在姚家井第一监狱执行。临执行前问他还有什么要求没有？这个让中国人唾弃的无耻汉奸竟然提出，临刑前请让他抽一口“大烟”，让“大烟”送他上路，真是死有余辜。

3

梨园早起的头牌、“老板”“角儿”们，很多人都有抽“大烟”的习惯。请教几位老前辈，前辈说，那时候这些“角儿”们都是半夜才登台唱戏。过去北京听戏，从天黑一直要唱到过子夜，一更以后，“大牌”们才上。那时候剧场没有任何音响设备，场子里也嘈杂，一场戏，唱、念、做、打下来，中衣都湿透，有时候像水洗过一样。那时候唱戏，行头以内光着膀子只穿一件衬衣。常常是上场戏刚卸装，又要扮上下场戏，疲惫不堪，这时候，为提精神，头牌、老板们抓紧功夫抽一口“大烟”。当然下了台，卸了装，回了府，第一件事也是抽“大烟”。

京剧最著名的谭派创始人，赫赫有名的谭鑫培，当年经常奉宫廷之命进宫给慈禧太后唱戏，“老佛爷”极欣赏他的戏。梨园当时恭称他为“谭大王”，“伶界大王”也！谭老板的玩意太好了，最爱看他的玩意。他就离不开“大烟”。据说因为抽“大烟”，鼻子底下经常是黄黄的，进戏园子上装前先要洗净脸。现在很多人没有听过谭鑫培的戏，但可能听过“谭家菜”，那也是“谭老板”的专利。谭老板名震梨园不是虚名，他唱全套的《伍子胥》中出现的现改戏词，曾被侯宝林、郭保全改说成相声，一直说到中南海，让领导人笑得前仰后合。

谭老板有个徒弟叫余叔岩，是给谭鑫培磕过头的弟子，他孝敬老师就是买点云烟给谭鑫培。据说谭老板教弟子不正式拉开把式教，因为他没空，徒弟见到他时不是在戏台子上，就是躺在烟榻上，他教弟子，点到为止，通不通，明不明全在自己，叫修行在个人。谭老爷子派真够大的，谱真够大的，教像余叔岩这样的大师，就在“大烟”馆里，教给他一出半出戏，还不是谭门看家戏。谭老板横卧在烟榻上，手持“大烟”枪那么指划两下、点拨两下、点到为止。梨园有个说法，谭老板烟抽得越足，精神头越大，唱得越漂亮。有位“爷”也不信那“邪”，赌谭鑫培的“烟”。有一回，谭老板过足了“大烟”瘾，上台唱《斩马谡》。谭老板唱的是诸葛亮，唱到把马谡推下斩首，刀斧手上来，把马谡双手倒剪，押下斩首。他就为给谭鑫培出难题，赌他烟瘾过后有没有超常的表现，这位“挎刀”的马谡在被押下台前突然对着满场的观众，“哈哈哈”大笑三声，而且左一声、右一声、中间一声，让满堂观众皆傻眼，这到底唱的哪一出？马谡大笑三声后被两兵押下，下面该“谭大王”接着唱，但“谭大王”一看就明白这是有人在暗地里要“通”他（“通”梨园术语就是让他出丑出漏），接着唱下去别人可以，但“谭大王”算栽了。谭老板一扬水袖，朗声喝道：“与我押了回来！”两厢士兵岂敢不听号令？又把已经下场“当死”没有戏了的马谡又绑了上来。全场鸦雀无声，观众全都呆了、傻了、愣了，戏文中没有这一段。看马谡被押上来后，谭老板“念白”，一字一顿，声声贯场，说：“我说马谡，你既知错，本帅也已开恩，一定替你把那80岁的老母亲予以养老。你放心离去，本是正理，可你偏偏不然，却要大笑三声，你笑为何来？”马谡回答不上来，嘴上只能说“这个，这个……”谭老板大怒：“推了下去，重责四十军杖，再开刀问斩！”谭老板烟后的威风，台后赌的双方都击掌叫好！谭老板晚年身体不好，未能长寿，可能和抽“大烟”有关。“大烟”害了一代“伶界大王”！

谭富英是谭鑫培的孙子，一度唱红了整个北京戏园子。梨园四大须生之一，他爹谭小培曾有句名言：“你爸爸不如我爸爸，你儿子不如我儿子！”

再说余叔岩就那么让谭鑫培点化点化，果然深得谭门之风，唱出“余腔”来。许多人都想拜师学艺，余老板因身体不好一概不收，他的徒弟少，最重要的有一男一女，已足见余老板的“厉害”。男的为李少春，女徒弟是孟小冬。单说孟小冬，跟余叔岩学的是老生，是梨园中坤老生中一时的翘楚，堪称“天下第一老生”。唱《李陵碑》中的杨继业，满场喝彩。和梅兰芳同台唱《四郎探母》《游龙戏凤》，可谓“阴阳颠倒”，一时成为戏台上的奇观。但孟小冬终于没能和梅兰芳白头到老，先嫁后离，喜剧开幕，悲剧谢场，最后去香港，嫁给杜月笙做姨太太，晚年虽然孤独，却没有苦难。余老板一般都是后半夜练吊嗓，因为余老板按唱戏的规律，昼夜颠倒，白天睡觉，晚上起床。不知余老板是不是受老师影响，也好抽一口，每天半夜起床抽“大烟”，抽完“大烟”精神头提起来了，就在后院练吊嗓，那些戏迷、票友就纷纷爬他家的墙头偷听、偷学“余腔”。余老板的身体也不好，登台唱戏的时间也不长，唱过的戏本也不多，可惜一代人才。命短估计也是和他长期抽“大烟”有关。

中国京剧一些大艺术家，成也“大烟”，败也“大烟”。兴也“大烟”，亡也“大烟”。

20 世纪 60 年代初，北京的中小学时兴请老红军老八路讲革命传统，我们班级请来一位老红军讲长征的故事。老红军讲当年他们飞兵绞车渡，夺取大渡河渡口，一天一夜要急行军 240 里。说那贵州山区的路是什么路？盘山路、石头路、荆棘路，甚至根本没路。贵州山区的天气一天三变都不止，一会瓢泼大雨，一会儿冷风嗖嗖，红军战士身上背着步枪、120 发子弹、四颗手榴弹、大砍刀，几十斤重，一路小跑加快跑，马不停蹄，连口热饭都吃不上，汗水、雨水，让冷风一吹浑身打战。最要命的是领路的向导，受不了了，“大烟”瘾上来了，两名战士架着都寸步难行，背着走也不行，因为他浑身抽搐，口吐白沫，两眼翻白，人眼看着就不行了。没有向导，肯定不行，茫茫大山，一山石头，拐错个弯，就南辕北辙，前功尽弃，甚至可能会走石达开的老路、死路。这时候作为连长的江西老兵赶上来一看，掏出“大烟”来，掰成小块塞进向导的嘴里，让他嚼，嚼嚼咽下去，再掰一小块放在他嘴里。那时候红军战士缺衣少药，有病有灾有难有伤靠什么顶着？就靠打土豪打来的“大烟”让班长、排长、连长揣着，实在顶不住受不了时，为救人就掰块“大烟”放到嘴里嚼嚼，顶过去，说实在的，“大烟”

的确救过很多红军战士的命。

老红军讲,那“大烟”真厉害,一会儿工夫就真见效了,向导睁开眼了,身上也不再颤抖了,脸上也有了阳气了,人也渐渐有了精神,什么话也顾不上说,赶紧赶路。那时候,我才知道,原来“大烟”不仅仅是抽的,还能吃,像嚼糖块似的。但我们几个同学都半信半疑,决定到但利军家问他老爸去,他爸是红四方面的老红军。

那天放学做完作业玩够了就去“鸡蛋”家,因为他姓但,自然而然地带来一个天生的雅号“鸡蛋”。那天“鸡蛋”他爹挺高兴,讲起来滔滔不绝,唾沫星四溅,“鸡蛋”悄悄说他老爸刚喝完茅台酒,果然闻是一阵阵难闻的酒气。

他爹说,他就吃过“大烟”,但没抽过“大烟”,天天行军打仗谁有功夫躺在烟榻上抽“大烟”?“大烟”就装在上衣兜里。他说有一回,他拉肚子拉得连裤子都提不上,后来索性不穿裤子,反正是钻深山老林子,人拉得受不住,班长就让他吃“大烟”,那时候肯定没有药,全连就一个卫生兵,那么多伤病员,顾也顾不上,找也找不见。他那箱里背的,除了点绷带、云南白药,就是“大烟”,“鸡蛋”他爹就是靠嚼“大烟”挺过来的。要不哪有这个小“鸡蛋”呢?他爹哈哈大笑,酒气飘扬。我们问,哪里弄那么多“大烟土”呢?他爹很严肃地说,打土豪,打土围子,打县城,缴获的呗。那时候围住一个土寨子就提出条件,叫“缴大洋一万,大烟土一罐”。不缴?攻进去就打倒土豪劣绅!“鸡蛋”他爹喝了酒,我们也将信将疑。若干年后,我在山西晋南采访1936年红军东征,考证毛泽东的《沁园春·雪》是不是在山西吕梁一带写的,采访一些老红军时,他们有意无意地说,当时东征红军在交口、石楼、隰县、罗村镇一带筹粮筹款的口号就是“缴大洋一万,缴大烟土一罐”,这口号竟然和“鸡蛋”他爹当年说得一模一样。

1968年,我去晋西北农村插队。那时候晋西北农村农民生活苦,尤其是缺医少药,农民得了病只能硬挺着。

一次我匆匆忙忙被叫到村里一家农民家中。原来,他家的大儿子,一位二十多岁极壮实的大小伙子,不知什么原因肚子疼得像被割碎了肠子一般,抱着肚子在炕上抽搐翻腾,满脸冷汗,脸色蜡黄。农村的办法都用了,趴热炕头,把一块土坯在灶膛里烧热了用布包放在肚子上,都不管用。把我叫去,是知道我从北京带着一些应急的药。我二话没说,撒腿如飞,把药盒都端来了,救人如救火。但也无非是些胃舒平、黄连素、十滴水之类,无济于事。一会儿村里的“赤脚医生”也来了,还拿出七八根银针,用针灸治了半天,看那小伙子挣扎得已经快没劲了,热汗出完出冷汗,渐渐冷汗也没了,开始剧烈地抽筋,着实挺怕人的。有人说,实在不行就摘门板,铺被子,找上几个大后生,抬上送公社医院。生产队的老会计说,等等,再试试。钻出人群,一会儿又钻进人群,手里拿着一个小小的黄油纸包,一层层打开以后,是一块犹如象棋子大小的黝黑黝黑的东西,这就是我从未亲眼见过的“大烟”。老会计把掰碎的“大烟”慢慢地喂到小伙子的嘴里,让他嚼烂然,后用水冲下,扶小伙子躺好,用棉被盖严。炕下站着八九个人,都眼巴巴地看着他。同时做好准备,摘门板,找扛绳。

真的奇迹产生了,一袋烟的功夫过去了,他不闹腾了,不喊不叫不出“贼汗”了;又一袋烟过去了,他竟然好像睡着了。老会计说,这东西(他晃着手中的黄油纸包),只能抵一阵子,明天不疼了,找个平车拉到公社医院让大夫看看吧。我知道,他手里拿的是“大烟”,就非要看看。以前只耳闻,未目睹,眼前的机会,岂能放过?他们都拦着挡着想瞒着我,以为我不知道那黄油纸包里是何物。我看央求缠着磨着都不行,就说,你们以为我不知道吗?那是“大烟土”,让我看一眼,我保证保密,不让我看,保住密保不住密我不负责!得,没办法,老会计极不情愿地把油纸包送到我面前,说只看一眼。“大烟土”原来如此,深黑色,黑中泛黄,看着挺滋润,不干不硬不脆,凑近了有一股淡淡的像炒焦了的芝麻的香气。老会计再三叮嘱保密,再三说是为了治病。后来我才知道,村里确实有人种罂粟,在一块一眼看不到边的棉花地中间种一点罂粟,“自产自用”,熬好了,包上油纸,放在炕洞里或吊在背阴杂房的房梁上。也有的是在一大片高粱中间种一二分地的罂粟,在四面是墙的房基地里种罂粟,种上之后再把墙洞垒死,等收时再凿开门进去。这似乎是当地农民都知道的公开秘密,熬好的"大烟"留着应急用。我在农村10年,从未听说过有人抽"大烟"的。老乡们说得实在,吃块"大烟"能救人命,抽上"大烟"能要人命。

那是我唯一一次见到过"大烟土"。

1995年,我曾陪同新华社社长穆青同志到晋西北考察。在雁门关下,穆青的一段艰难的回忆,至今不忘。他讲的不是"大烟",是和"大烟"相关,是"大烟"籽的故事。

穆青讲,1946年冬天,他们奉命去关外东北工作,属于10万干部出关外。命令来得急,走得也仓促,从陕北延安走到晋西北就找不见大部队了,他们报社的十几个人一脚深一脚浅地走着,又赶上雁北一带连日大雪,飞雪不停,他们断粮有几天了。穆青说,那才叫天苍苍,野茫茫,一片风雪。没想到这一带这么荒凉,别说人家,连一声乌鸦叫都听不见,一片死气沉沉。穆青他们几近绝望,饥寒交迫,大家想,如果再找不到人家,就可能集体饿死冻死在这荒野雪地里了。

就在这个时刻,远远竟看见似乎有人家。人求生的本能力量无穷。走近一看真是一家人家,抗战8年,晋西北的老百姓苦不堪言,可谓家徒四壁,家中虽无粮,好歹有热炕。光喝水也熬不过去。这时候老乡说,家中只有几颗粮食,是全家的保命粮,拿出一半来让八路军吃,但远远不够,柴房中还有"大烟籽",炒炒让大家吃吃,抵抵饿。日本占领时期,强迫农民种"大烟",家家户户都有"大烟籽"。穆青说,真亏了那两把"大烟籽",救了我们的命,让我们有劲翻过了雁门关,找到了人家。穆青带着我们在那地方转了几圈也没找见当年的人家,想报报人家的"大烟籽"之恩也无缘。老人家指着一片庄稼地说,就该在这里,就该在这里啊……看得出老人家又回忆起当年的艰苦岁月了。

从此,也再也没听说过"大烟",和与"大烟"相关的故事了。

蜻蜓·知了·王八

招蜻蜓

蜻蜓什么样子?我曾经问过现在十二三岁的孩子,没有几个人能答上来,许多孩子连见也没见过,更不用说抓了。我们那时按蜻蜓的外形、颜色、习性、大小给蜻蜓取名,当然也有一些是小伙伴们跟着乱叫的,名字起得莫名其妙。

一种是大蜻蜓。两对四翼,翼有一寸多长,全身草绿,两个大眼睛,牙很厉害,三对爪脚拖着一条长长的尾巴。尾巴后面有一个褐色的类似蝎子的利勾,但他不会蜇人。我们分别公母的办法是,公的通身为浅草绿色,尾巴从上面看是褐黑色,从下面看有两块浅蓝色;母的通身呈浅红色,或棕橘色,尾巴从上面看呈深褐色,带有红棕色;从下面看是黄褐色。从空中也能分辨出公母来,公的飞得轻盈快捷,翅膀近乎透明,扇动双翼时几乎看不见双翅;母的不同,母的飞得稳重缓慢,翅膀扇动得慢,双翅是红橘色、不透明,故很远就能看出来。当然蜻蜓的眼睛更尖,更敏锐,只要母蜻蜓一出现,公的就直飞去示好,我们就是利用这一特征去招蜻蜓而不捉蜻蜓的。这在后来我遇到的人中几乎没人见过,更没人相信,以为是天方夜谭。我们这些小伙伴,叫公的为“杆儿”,母的为“籽儿”。

还有一种蜻蜓和“杆儿”“籽儿”是一样大小,但通体都是黄色的,而且从头到尾都像非洲草原上的斑马一样,绘满一道道黑色的环纹,十分美丽。其公母的区分主要是在尾巴的末梢,母的有两片半圆的尾翼,而公的却没有,小伙伴们叫它“花子”。

再有比它小的,双翼展开寸许的、颜色更加绚丽多彩的,我们多以其颜色命名。但我们都很少捉它们,因为它们不听“招”。有一种全身通红通红,红得像八月晚霞中的落日,但八个爪却是全黑的,眼眶是黑色的,我们叫它“红红”;还有一种长得和“红红”几乎一模一样,就是颜色是橘黄的,我们就称之为“小黄”,另一种蜻蜓是黑的,浑身上下墨黑墨黑,连同翅膀都是墨染的,飞起来像一朵盛开的黑牡丹,我们就叫它“黑牡丹”。还有一种蜻蜓,从头到尾连两翅都是淡绿的,我们都喊它“青果”。这种青果特喜欢扎堆,几十只纠缠在一起,飞上飞下,忽前忽后,很像一片片纷飞的绿叶在阳光和微风中起舞弄清影。

芦苇丛中、苇坑上再有特色的是蚊子。成群的蚊子,尤其在阴天的黄昏傍晚,在水面上,苇子丛中的空地上,蚊子会越聚越多,很快就形成一个硕大的黑灰色蠕动的大圆球,忽儿慢慢地向上,忽儿又慢慢向下,一会儿拉成长条状,一会儿又聚成椭圆形。我曾经看见过,一亩地大小的苇坑上,有半亩多被蚊子群密密麻麻地覆盖着,像一张细细的网,密密严严地罩在苇子坑上。人稍一不注意就扑你一脸,连耳朵里都钻满那种深灰色的蚊子。那么多的蜻蜓,也没有一只敢飞进蚊子阵营中去,都远远地在四面捕捉飞散的蚊虫。

招蜻蜓原是北京郊区农村孩子玩的。以后三十多年间我从未见过,其中我曾在江西农村呆过 1 年,在山西农村呆过近 6 年,都不曾见过孩子们招过蜻蜓。

蜻蜓一到夏天就进入交配繁殖期,公母捉对求爱。公的在前,用尾巴勾住母的脑后,形成“车子”,到有水的洼地落在露出水面的芦根或杂草浮萍上,公蜻蜓伏在上面,母蜻蜓尾巴伸进水中产卵。这个时候我们就脱下裤子,用自己编的小线网,或者干脆掰一大把树枝,拔一大把芦苇,慢慢地蹚着水,轻轻地高提腿,一步一步地向前蹭。有时候还没到跟前,蜻蜓就摇动着翅膀飞走了。但它们不会飞远,还会找一个水草茂盛的地方落下来。如果三番五次地被入侵者骚扰,“车儿”会突然昂起头,蹿入空中,在人们的头上打个忽儿,兜个圈,掠过苇子梢不见了。但你不用着急,经验告诉我们,静静地呆在水中不动，用不了多大功夫，“车儿”还会像飞走一样飞回来。这时候就更需要小心翼翼了，脚抬得更高，入水更轻，水纹越小越好，响动越轻越好，像一个高超的老猎手，手持着长矛猎刀，在一步步地向眼前的猎物接近。这时候即使是那种苇子坑特有的花头长脚大蚊子叮在你脸上，你也不能去拍一下；就是脚一下不走运，在水里踩到尖尖的苇子茬，你也要挺住。“车儿”就近在咫尺，估计手中的物件能够得着时，刚要下手扑下去，“车儿”蓦地从水中腾空而起，飞走了。长长地出一口气后，脑袋跟着“车儿”转，看它们落到哪儿，再重新开始悄悄地接近。一切都进行得那么有耐心，那么有意志，那么有章法。多少年后，我曾经在电视中看到非洲土著人手持标枪，也是那么小心翼翼地接近猎物，那神态，那动作，那心情，恐怕和我三十多年前抓蜻蜓别无二致。

当“车儿”就在眼前了，就一抡树枝或苇子拍下去，然后几乎同时人也扑上去，“车儿”被扑在水中，被我们从树枝或苇子杆里找出来，一次狩猎成功了，那心情真有一种说不出来的快意。

当然也有倒霉的时候，眼看就要扑过去了，谁知道下一步水中竟是一个不深不浅的坑。一脚踏空，全身扑在水里，裤衩湿了不说，全身上下像个淋透了的落汤鸡，还很可能要呛几口水，把那一对情侣“车儿”惊得像箭一样腾起、直穿云天，眨眼间无影无踪。赶忙蹚着水跑上岸，脱下裤衩，拧干水，晒在苇子梢上，光着屁股藏在芦苇中，抱着扎得鲜血淋淋的双脚，疼得歪着头咧着嘴乱嚷嚷，那狼狈相，至今记忆犹新。

蜻蜓最活跃的时候在中午，这时候招蜻蜓最灵，因此，招蜻蜓的孩子没有一个不是晒得乌黑乌黑的。

现在想起来，孩提时代捉蜻蜓神就神在“招”上。

捉住“籽儿”以后，拔一根长长的芦苇，劈去叶留下顶部长长的苇子梢苗，用苇子的梢苗挽一个扣，斜套在“籽儿”的两翅之间，这样把芦苇在手中一晃一摇，轻轻地在头上转个圈，“籽儿”张开双翅飞啊飞，神奇的事情发生了，正在苇子坑水面上飞翔的“杆儿”见状立即疾飞而来，虽然它有着一对又大又绿的眼睛，似乎一点也没有看见一个大活人站在那儿。也没看见“籽儿”是被拴住作被迫飞行，跟着你转动的苇子杆上的“籽儿”飞行两三圈后，猛扑上去，像平常那样，以为能“架起车”来带走“籽儿”。两蜻蜓相交，发出很悦耳的扑啦声，这时候我们便把苇子杆收回放在地上，跨一步用手捂住两只蜻蜓，“杆儿”便被活捉了，就这么神奇。奇妙得让人不敢相信。孩提时的伙伴常常是结伴而行，三个孩子一群，一个人一中午能招十几只绿绿的身子、蓝蓝的尾巴、水灵灵的大蜻蜓。我们常常把它们夹在手指缝中，或干脆把苇子折短，拴在苇子梢上。也有时用铁纱窗做一个圈筒，一捉一筒子。回到家中一放开，蜻蜓都往亮的地方扑，都一只挨一只地趴到纱窗上，煞是好看。

但蜻蜓是过不了夜的。第二天早晨，早早地往纱窗上看，十只中有七八只已经掉在了窗台上，所剩下的一二只也已气息奄奄的，死去的只好喂鸡，现在想起来实在心疼。有时候挑出一两只特别漂亮的，身上的彩色花纹不一样的，也学着像书上说的，用妈妈缝衣服的大针扎到墙上做标本。

孩提时代招蜻蜓的本事真够大的，几十年后我也再没看见过孩子们会那么捉蜻蜓，当我三十多年后再回到我少年时的乐园时，那些记忆中无边无际的芦苇早已没有了。代之而起的是一片又一片的高楼大厦。在这里见到一只蜻蜓，一只“杆儿”，一只“籽儿”，一只“红红”，一对“车儿”真比见到什么都难。唉，当时我想，在这个现代化社会中，孩子们生活到底是丰富多彩了，还是单调无味了？

真的，站在那曾是我少年时乐园的大楼下，我不禁仰天自问，那些诱人的景色都哪儿去了？

捉“季马”

那时候，一放暑假，我们真像一群没挂笼头的小马驹，变着法撒欢儿尥蹶子，野疯得没影。好像那个时候父母也没一天到晚地跟在屁股后面催学习、催功课。那时和父母真像是收支两条线，各干各的，除了吃饭时围在桌子边着着急急地胡乱扒上几口，然后撒丫子似地就颠出去了，不到天黑不着家。那个时代孩子们的乐趣，恐怕是现在孩子连想都不敢想的。

暑假还有一项乐事就是捉知了。

知了也分很多种，我们一般按它们的个头颜色和叫声分别给它们起名字。个头最大的，脊背乌黑发亮，叫声最亮最高又最没有节奏感的，叫"季马"。当然，"大季马"也分两种，公的会叫，母的不会叫。"大季马"特别喜欢柳树，大晌午趴在柳树上放声鸣叫，一个腔地高唱不停。常常一棵树上七八只一起叫，那声音此起彼伏，高低相间，粗细不同，错落有序，真是一场水平不低的交响乐。那时候团结湖畔是方圆足有几十亩大的小树林，一水的垂杨柳。多的时候小树林里几百棵柳树上千只"大季马"一齐叫，那声音高震云天，会让人由衷感到一种无形的力量。

那也正是我们的乐园。

知了也叫蝉，种类多。除了"大季马"以外，还有一种通身发暗绿，个头像半个拇指那么大，叫的声是"伏天""伏天"，节奏感很强，声音也十分婉转动听，两个翅翼是淡绿色的，我们就给它起名字叫"伏天"。"伏天"一般中午不叫，在下午近黄昏的时候才开始"伏天""伏天"地叫起来。还有一种叫"知了"，是一种深灰色的小家伙，傻傻的，经常趴落在很低的树枝树干上，悄悄走过去，拿手一捂就捉住了。但我们一般却不很注意捉后两种蝉，主要是抓"大季马"。

我们捉"大季马"一般是从夏麦熟了以后，那时候"大季马"纷纷亮相，成批地爬到树上唱歌，这时正是我们下手捉的好季节，又赶上麦子熟了。我们粘"大季马"的手法之一，就是从地里捋几把刚熟又没熟透的麦子放在手里一搓，吹去麦皮，放到嘴里使劲地嚼，嚼成了黏胶状。然后，找来两根接在一起的长竹竿，上面的那根要细一些，像钓鱼竿一样，把嘴里的麦粘抠出来绕在竹竿尽头的细梢上，轻轻吹几口气，风干一下，用手指一点，粘粘的，恰到好处。一般我们都是两三个人一块去，有时两根竿，有时一根，但必有一个人拿着一个铁窗纱做成的笼子，大小像现在送饭的保温提筒一样。每个人嘴里还不停地嚼着麦子，像现在电视里演的公牛队的迈克尔·乔丹那样无休止地嚼着口香糖。

柳树的树枝发青褐色，"大季马"的脊背乌黑发亮，双翼透明，透过斑驳的阳光照射，闪闪发光，所以顺着柳树的树枝搜索很容易发现它。"大季马"特傻，无须你蹑手蹑脚。我们有时连说带笑地从这棵树走到那棵树，一点隐蔽都不做，有的"大季马"根本不在乎树下怎样，它唱它的曲，你办你的事，好像两不相干。有的稍稍"贼"点儿，似乎听见或看见树下的动静，不唱不鸣了，但它们根本沉不住气，停不了二三分钟，就又和着那震耳欲聋的大合唱放声高歌了。

瞅准"大季马"趴的地方，小心翼翼地把粘竿竖起，对准"大季马"的双翼，轻轻一粘，"大季马"便被粘住了，然后轻轻一提，"大季马"就离了树枝。这时如果是公的就又挣扎，又惨叫，其鸣叫之声尖而厉，短而急，一种垂死挣扎的绝望呼喊。如果是母的，不会叫，就光拼命地晃动身子，企图从麦粘中挣扎出去。我们急倒两把，就把竿梢倒在手中，把"季马"从麦粘上揪下来，投到铁纱笼里。

"大季马"分公母，那时我们对它们的辨别就是公的会叫，腹下有两个琴箱，叫时两片琴箱微微竖起。母的没有，尾部比公的圆。

粘"大季马"是个很轻巧又很有意思的"玩儿"。一个中午，我们能足足粘多半笼子"大季马"，拎在手里，叫得人翻肠倒胃的，我们就揪几片大蓖麻叶，一是顶在头上当凉帽，二是搓成小卷塞住耳朵。有一回，我们提着装满"季马"的铁纱笼子去找小伙伴，进了他住的楼道，"大季马"挣扎鸣叫的声音突然大了十几倍，楼道的回声击来荡去，仿佛要把整个楼层都揭翻。几乎全楼道的人都拉开门出来要和我们玩儿命，吓得我们落荒而逃。"大季马"捉回来并无大用，也没什么玩劲儿，都用来喂鸡了。那时候供应紧张，买鸡蛋一要本二要票，大院里几乎家家养鸡，我们家喂着 4 只母鸡，1 只公鸡，都喂得它们最后见我们扔过去"大季马"都不理不睬了。鸡肥，又吃的是活肉食，下蛋下得又大又勤，我们既过了粘"季马"的瘾，又受到爹妈的表扬，心里乐滋滋的。只是后来为粘“季马”，找来铁罐头盒，破塑料鞋，支在楼道口点火熬粘胶，弄得满楼道一股“烧死人味”，被家属委员会的大妈大爷找到家里，老爸黑下脸来，着着实实地骂了我一顿，才被迫转移战场，到楼后的野树丛中熬去。

几十年过去了，现在想起来，捉“季马”的技巧就在手边，真想再试一试。遗憾的是，女儿有一句话打消了我的念头，“还捉哪，过两年连‘季马’都变成世界绿色组织保护的珍稀动物了。”也是，这几年夏天，能听“大季马”叫的地方真不多了，更别说成百上千季马一齐放歌高鸣了。

那气势，那声威，真是只可梦见意会难以实见言传了……

逮王八

那时候苇子坑是鱼鳖生活的好天地，1960 年北京发大水，把红星人民公社的王八坑给淹了，王八顺水都跑到苇子坑里，从此苇子坑里多了一种圆圆的盖，软软的壳，圆头尖尾四肢小爪的可爱的小动物。我们那时不称其为什么甲鱼、水鱼、鳖，而叫它王八。

在苇子坑，我们经常看见一闪一道亮光的黑鱼，拳头粗，半尺多长，圆头大嘴，游急了会像兔子被撵急了在草地上跳一样，是在水面上一掠一跃像打水漂似地飞。我们试着捉了几回，又是摸又是堵，也用土造的钩钩钓过，用自织的破网片罩过，都是望鱼兴叹。但在捉黑鱼的过程中，虽然没捉住黑鱼，我们却学会了捉王八。

王八笨，常常在中午，天最热的时候爬到苇子坑边上晒太阳，但它们的感觉又特灵，没等我们抓到它们，它们抡起笨拙的四肢，上下拼命爬划着栽进水中，挺着细长的脖子，昂着头，灵巧地划着水，钻到苇子坑深处，眨眼之间就无影无踪了。没过多久，我们就把它们的行动规律摸得一清二楚。王八入水一般不会游很远，只是找个隐蔽的水草堆往下一潜，缩在水草下一动不动地静呆着，十分像潜水艇躲避驱逐舰的进攻。我们抓住这一点，顺水下去，水又不深，不过没及大腿，两脚并排慢慢地踩下去，往往能踩到那又圆又软又滑的王八盖，弯腰伸手往脚下泥里一抠,碗口大小的王八就到手了。都说王八咬人不松口,我们都十分小心,那么多小伙伴从未让王八咬过。一开始抓住王八只是弄着玩,翻过去,让它四肢朝天,看它能不能自己翻过来。后来有的大孩子说,这东西能吃,像鱼儿一样,乃盘中之菜也。于是我们就找来一根粗铁丝,在马路牙子上磨得尖尖的,把捉到的王八用铁丝在它的软背上一串,一根粗铁丝往往能串三四个。我曾满心喜欢地把逮住的几只王八拿回家,谁知道竟是满兴而归,败兴而出,被老爸一通臭骂,我们家根本不吃那东西,看着就让人别扭,又不能喂鸡,只好都扔到垃圾箱里。以后大家就再也没有捉王八的兴趣了,只是偶尔逮住一只大的,拿根苇子杆逗它咬着玩,末了,往苇塘里一扔了事。但后来我们发现苇塘边上有小王八,大的不过茶杯口大,小的像棋子大小,伙伴们立时找到了乐趣。我们把它们逮住,用蓖麻叶兜着拿回家,找个盒罐放点水养着玩,还经常把苇子根切碎喂它们。那时候我们都认为王八既然自由自在地生活在苇子坑里,它们肯定是吃苇子根的,其实直到现在我也不清楚王八到底吃什么。

1971 年我曾随父母去过他们所在的江西分宜县五七干校,在那儿见过江西老表们抓王八,也是绝活。中午时分一个晒得如同印度人的江西老表只穿一条早已分辨不出颜色的短裤,右手持一类似标枪的东西,木杆,前面有一钢筋,磨得尖尖的,站在池塘边,左手拼命地拍打自己的大腿,发出清脆的啪啪声,像是自己和自己过不去,直拍得大腿处红得像涂了一层猪血。说也真奇怪,真的有王八缓缓地从水塘里慢慢地露出头来,向塘边游去,待其游近塘边,多半个身子都暴露出时,那老表也真有一手好生了得的功夫,弓起腰,扬起臂,右手一使劲,用“标枪”直扎王八,几乎百发百中,把扎起的王八拔出来,得意洋洋地放在脚下的竹篓中,是猎物更是胜利品。那神态,那表情,那举止,像钓鱼的提钩拉鱼,像打猎的打着山鸡野兔。那种抓王八的办法我在北京东郊,在我少年玩的一套玩艺里从未见过,那是江西老表,大人们操作的绝活了。为了捉只王八,让我们把大腿拍红了拍肿了,我们可不干。

听　雪

壬辰年十一月初一，京城大雪，纷纷扬扬的大雪直下了一夜，第二天早上还下着。好雪，久盼的大雪。撩开飞雪，披一身雪花，我出去踏雪，只有那会儿才觉出什么叫享受自然。雪在脚下发出的那种奇妙的声音，焉是用语言能表述的？记起李长之先生曾亲手给梁实秋先生之女梁文蔷女士题的字："最好听的音乐是鸟叫。"李长之先生的学问了不得，李长之先生的"耳朵"也好生了得。毕加索先生也曾有高论，有人对毕加索先生说，您画的画我们看不懂。毕加索先生说看着好看吗？答曰：好看。毕加索先生说那就够了，爱听鸟叫吧？听得懂鸟叫吗？但它好听，好听就好。

我在北京地质博物馆看过林璎的大作，林是梁思成夫人林徽因的侄女，是美国越南战争纪念碑的设计者，美国《生活》杂志将林璎评为"20 世纪最重要的 100 位美国人"，是过去 10 年美国最有影响的亚裔人士，美国总统奥巴马在华盛顿白宫亲自为她颁发了国家艺术奖章，这是美国官方给艺术家的最高荣誉。她的作品是一个硕大的喇叭，你能听见各种各样全世界濒于死亡的动物发出的最后的声音，我听了以后，心灵的撞击使我这个 60 多岁的人潸然泪下。

雪大，几乎没脚，踩上去真舒服，要说享福可能没有一个标准，依我看，望一天飞雪，踩一路新雪，呼几口随雪花飘来的空气也是一种享受。真美，真甜，真是幸福。站在雪地之中，望着大雪纷飞，诗兴勃然而出：

漫天飞絮地披纱，
万物银装洁无涯。
仰天俏看花如雪，
低头方知雪胜花。
久旱干冷冬遭罪，
一夜梨花争相夸。
年终始得此风景，
煮酒烹茶听琵琶。

雪后，有友人来访，甚喜甚乐，唯一遗憾的是他从不饮酒，但却是喝茶的高手。他是研究“毛泽东思想”的，且确有影响。说起雪和诗来，他说毛泽东善诗爱雪，常常望雪吟诗，且都是好诗。他言毛泽东诗词中写得最好的当推《沁园春·雪》，可谓古今绝唱。我连忙说，毛的这阙写于1936年的词写于何处一直争论很大，有说是写于陕北，有说是写于山西，后经我的一位朋友反复考证，此词应为写于山西吕梁地区，应为1936年10月，那年山西10月正下大雪，当不比这场雪小。友人笑，斟茶，言之此文转载在新华文摘上，考证得很细很有说服力。我松了一口气，在这位友人面前说毛泽东的诗词怕有些说“冒”了。饮茶如酒。他说，毛泽东有词《减字木兰花·广昌路上》：“漫天皆白，雪里行军情更迫。头上高山，风卷红旗过大关。”也是说大雪，毛泽东原句为“风卷红旗冻不翻”，友人说，诗为望景生情，他认为冻不翻更好。又说起《七律·冬云》：“雪压冬云白絮飞，万花纷谢一时稀。”毛泽东说“梅花欢喜漫天雪”，实际上是自谕，毛泽东一生爱雪犹爱漫天大雪。我写出刚才吟得的那首诗，请他指点。他看后用手指敲打着后两句连声说好诗、好诗！人怕夸，又都愿夸，闻夸则喜，竟然得意起来。

我中学有位同学叫马尔康，白族，其父原是云南王龙云的幕僚，跟随龙云数十年，他家客厅中堂有一幅大画，画的是雪中的云南茶花。此画难得的是龙云题的字，卢汉作的跋。现在只记得龙云题的是:“滇中茶花国中罕见,雪中茶花滇中罕见。”龙云被打成右派后,其父也饱受折磨,1966 年全家被押送回云南老家,那幅罕见的大画估计也难逃厄运。

若干年前,好像也是大雪后,听侯宝林先生讲学(不是听侯宝林先生说相声,侯先生那时已经不怎么登台说相声了),记得侯先生讲课似乎没有标题,先生只说了两句:生活中的语言,语言中的生活。侯先生讲着讲着就拿出一个灰布袋袋,从中抓出一把雪白的粗白沙子,用手在地板上“撒沙成字”,撒出四个字,其实就是两字,探头看是:哭也,笑也。侯先生说,人生万事,能拎起来的无非是这两个字。说人生痛快,快哉,也无非是吃起来香,走起来稳,该哭的时候能放声大哭,该笑的时候咧嘴就笑。侯先生真不愧是语言大师。

1982 年侯先生去香港,香港的朋友们激动,非要侯先生和郭全保先生“整”个小段子,谢几次幕都不行,侯先生郭先生换装登场,郭先生说:侯先生,你解放了?被批斗冤不冤?侯先生说:被批斗一点不冤!郭先生问:怎么不冤呢?侯先生说,我叫侯宝林,保林彪不斗我斗谁?郭先生说:那我也不冤了。侯先生问:那又为什么呢?郭先生说:我叫郭全保,全都保,那还不该斗?

有人问侯先生:香港人主要讲广东话,先生您讲的是老北京话,香港人听得懂吗?侯先生不假思索地应声答到:“凡是来的都听得懂,凡是听不懂的都不会来。”

第二天《香港日报》上登出一条大标题的新闻:侯宝林说“两个凡是”。侯宝林先生真乃大家。

侯先生的功夫真是了不得,就那几句唱,现在也没人能学,真功夫。谭派创始人谭鑫培老先生的一段真事让侯先生编成相声,那开口一唱真是地地道道的谭派,没人不心服口服。

有一次,谭鑫培老板唱《伍子胥》,谭老板扮的是伍员,腰里佩戴的是宝剑。谭鑫培全副披戴走到戏台中央,刚要张嘴叫板,用手一摸,坏了!原来后台一忙一乱竟给他挂错了东西,挂的是一把雁翎刀。谭老板脾气大,狠狠跺了一下脚,幕侧打鼓的以为他要叫板唱戏，连忙打板；琴师赶忙拉弦响过门。满堂观众，都是老票友，为的是看“谭大王”的《伍子胥》。老戏中的原腔为：“过了一天又一天，心中好似滚油煎，腰中枉挂三尺剑，不能与父母报仇冤！”这功夫，板也敲过了，琴也拉过了，不唱也得唱，还不能唱错了。谭老板不愧是中国京剧中的“谭大王”，张口唱道：“过了一朝又一朝，心中好似滚油浇。父母（的）冤仇不能报，腰间枉挂雁翎刀！”这段戏我还真是从侯宝林先生改编的相声中听到的，侯先生不但把谭老板的唱段唱出谭派的味儿来，还能逗得满堂的老少爷们前仰后合地笑。功夫！

我对我那位研究毛泽东思想的友人说，毛泽东也特别喜爱京剧。用现在的话说可能也是谭老板的“粉丝”。谭鑫培是老前辈，是名“角儿”。谭老板最威风时，马连良马老板不过是给“谭大王”挎刀的。

马连良马先生的老宅离我现在住院不远，踏雪而去也用不了15分钟。那老宅可能也算文物，拆迁得那么厉害，但那所老院子却保留下来了。

马连良7岁进科班学戏，下过真功夫，他在名剧《十道本》中扮褚遂良，是一个以唱功为主的角色。直到1955年，20多年都过去了，马连良还能把褚遂良上疏的十道奏本一字不差地表演出来。据说他当年为苦练台词，到了连邻家保姆都听得烂熟的地步了。“马派艺术”就这么产生的。

四大名旦是梅、程、尚、荀，梅兰芳居首。伶界徐兰沅先生有一幅名联：“看我非我，我看我，我亦非我；装谁像谁，谁装谁，谁就像谁。”梅先生也大手笔，直笔改为八个字：“看我非我，装谁像谁。”

纪昀先生曾有一言说得我心服口服：“某伶欲扮人妻，则先忘自己为男，贞淫喜怒，拟境于心，然后登场自合。”何谓境界，此为最高境界，四大名旦也！

欧阳予倩老先生说得更直白：“饰节妇先正其志，饰淫妇先荡其心。”真不愧为大艺术家，老前辈，字字珠玑！

梅兰芳是伶界所有老板中唯一可称为先生者，因其正式获得过美国博士。1930年2月16梅先生站在了美国纽约第49大街剧院的舞台上,他为美国人准备的剧目四出戏为《汾河湾》《青石山》《剑舞》《刺虎》,当时许多人包括中国伶界的“角儿”、前辈都认为美国人不认,“洋鬼子看戏傻眼”,担心梅先生上得台去,下不得台来。谁能想到,梅先生的演出轰动了纽约,而不得不将原来预定演出两周的时间延长至五周,演出舞台也不得不搬到能容纳1000多人的曼哈顿国家剧院。

什么叫艺术的魅力?我记得在大学选修课中,老师讲了整整两周。也难怪,《诗经》中一首“关关雎鸠,在河之洲。窈窕淑女,君子好逑”就讲了6节课。但当年一位美国观众一言破题,他说:“看了梅先生的戏,我只能了解百分之五,但就在这五分之中,我也不敢说一定是真了解,但是仅仅看了还不到三分钟的功夫,我就非常非常满意了。”

1930年6月,梅先生结束了在美国的巡回演出回到上海,黄浦江畔万头攒动,人声鼎沸,人们如醉如痴地欢呼着,发自内心地欢呼着,情不自禁地欢呼着,仿佛在迎接一位凯旋的大英雄。现在还健在的“老上海”说,他们活了一辈子,再也没见过那种场面。

喝茶,喝酒,梅先生称得上“大腕”“明星”、真是“角儿”。

再接着说四大须生,四大须生是马、谭(富英)、杨(宝森)、奚(啸伯),马连良回回挑头。我小时候,老爷子曾带我去王府井八面槽的吉祥大戏院听戏,是马连良的戏,但我最怕马连良出场,《借东风》中他演诸葛亮,他一出场就没完没了地唱,真是唱了一段又一段,直到把我唱睡着了,现在真是追悔莫及。曾把这件往事讲给友人们听,朋友们说幸亏你小没听懂,否则还能坐在这儿喝酒?我知道友人们是夸我聪明,也不禁得意起来。

马先生的大名在京戏台上可谓“名角儿”,讲究的人看戏就得看“名角儿”。演《秦香莲》,裘盛戎扮包拯,张君秋扮秦香莲,谭富英扮陈世美,马连良演退休老相爷王延龄。戏全套演完后观众鼓掌,那才叫热烈鼓掌,真乃山呼海啸般的。四位“角儿”并排站前鼓掌鞠躬,然后退场。这时场内掌声不减,再次要启幕谢幕,但走到台前的只有三位“角儿”了,张君秋退场了,不再出来了。等到观众再鼓掌,大幕再启,只剩下两位,裘盛戎也退去了。最后连谭富英也不再出场了,戏台中心只剩下一位戏中最不重要,戏份最少最轻的“王延龄”,这就是马连良!

据一位革命老前辈说,当年进了北平城后,彭真市长让天桥剧场整整唱了三天戏,都唱的是一出戏:《斩美案》。请北京市的干部看戏,那戏唱得好!“包黑子”唱得好!老前辈说起来,雪白的头发、眉毛一齐动,瑟瑟起舞。马连良、裘盛戎唱得那才叫怒发冲冠。回肠荡气。也别说,老包的虎头铡厉害,那个时期,全国那么多干部闹婚变,而北京市的干部还真得少。

马老板厉害!

文化大革命马连良受的苦最多,难最大,又因为他演了《海瑞罢官》中的海瑞,哪有他的好果子吃,连他的宅子也被首都红卫兵西城纠察队占了,他没能熬过那段苦难的日子。

据说 1949 年马连良从香港回北京时,香港有一票友曾请一位看相的术士给马连良看过相,说其他的都不重要,有一点很神奇,那就是这位术士言之不可离港,更不可北上,否则,17 年后恐有难,20 年后是道大坎,言外之意可能是道迈不过去的坎。马连良的夫人一听就不让走了,但马先生爱国,热爱即将要建立的新中国,愿意追随共产党,毅然决然举家进京。看相的那位大师便是袁树珊先生,望其背影吟到:“怜君身似江南燕,又逐秋风望北飞。”肯定是巧合,17 年后马连良果然遭难,果然没迈过那道坎。呜呼哀哉!

我在拙作《风语 · 夜话》中“听雪”部分有文“听巫术的申辩”,讲的都是术士、和尚、道士、草莽怪人看相、算卦、猜字、捏骨、掐八字的旧事,又往往事后巧合,像神罩鬼拿着,肯定是“封建迷信”,但听听也无妨。有不相信的人,但肯定也有相信它的人。无神论者也会作弥撒。

此事发生在民国初年,我们只记事不再说人;只听雪不再吟雪,谁说雪落无声?

一位有钱有势有讲究有学问的老爷子找来一位“师爷”，给大学毕业的女儿算算卦、相相面。闺女受过良好的教育，包括西方教育，对中国民间这种江湖迷信的摇铃算卦、瞎子捏骨、扶乩测字，根本不信。但因老爷子“顽固”，只好遂其愿。那位“师爷”看后说，此女明年出嫁，出嫁之日即为人母，且为三女之母。老夫人听后大怒，令乱棍打出！岂有此理，言：吾之女名门闺秀，尚未出阁，婚事未定，敢言已为三女之母？岂不是败坏吾之门风？其女亦大怒，直言骗子、混人！只有老爷子一言不发，直取出10块大洋相送。要知道当年毛泽东正在北大图书馆当管理员，每月薪金为8块大洋。那位“师爷”只取下面的五块，把摞在上面的5块端送还给老爷子说：明年腊月女儿成大婚，吾闲云野鹤，居无定所，恐不能来贺。现送5元银元权做贺礼。最后赠闺女一言：婚后宜远行，远则安！

肯定是巧合，和“师爷”的相面没什么关系。第二年腊月，此女果然出嫁，中间的曲折回合不再赘言，竟然这么巧，果然一嫁过去就是三个孩子的妈，嫁的是一位民国政府的要员，是填房。娶亲那天，娘家的老爷子把当年“师爷”送的五块大洋贺礼庄重地放在盘上让人专门送到新娘新郎新房中。五块大洋的贺礼据说是所有贺礼中最少、最轻、最微不足道、最不可思议的，老爷子亲笔写的一张礼单压在贺礼之下，纸上面写的就是“师爷”的赠言：婚后宜远行，远则安！此时此刻，这位大家闺秀彻底服了。婚后不到一年，她便远行去了美国，后在美定居，和同时代的达官贵人相比，真乃远则安，一直幸福安静地生活。

只是不知那位“师爷”的结局。

众友赏雪，品茶的品茶，饮酒的饮酒，但皆叹息。

又说起我那句诗：“煮酒烹茶听琵琶”。

言琵琶必言其名曲，如《十面埋伏》，弹者热血沸腾，听着心惊胆战，继而心潮澎湃。原来音乐这东西如此厉害，犹如皑皑的白雪，积而累之，亦为灾矣；其中最有名的典故恐怕要数“四面楚歌”了。《史记·项羽本纪》中是这样记载的：“夜闻汉军皆楚歌，项王乃大惊曰：

‘汉皆已得楚乎？是何楚人之多也？’”楚歌不但彻底瓦解了楚军的斗志，连楚霸王都让四面的楚歌搞糊涂了，做出了其一生最后一次错误的判断。民间不这么说，是说张良厉害，于楚营外吹奏江南楚地民曲，于是楚营中的军士思乡心重，纷纷逃亡。可叹张良一曲楚歌，吹散了项王8000子弟兵，终使项王英雄末路，自刎吴江。

500年后，西晋年间，并州刺史刘琨也是音乐高手。既能带兵打仗，又能演奏音乐，刘琨应为第一人。刘琨进驻晋阳城后，当时的晋阳实则前线，屡屡饱受匈奴的蹂躏，城内官府建筑几乎被焚烧一空，尸横遍地，人民苦不堪言。刘琨正着手重建，安定民心，没想到匈奴兵马又到，几万匈奴兵马把晋阳城围得水泄不通。刘琨一面布置防守，严防死守；一面赶快修书请求救援。7天过去了，援兵始终未到，城内粮草不济，军心不稳，情况万分危机。此时刘琨着一袭白衣，乘月登楼，吹奏胡笳，胡笳发出阵阵清啸之声，使围城的匈奴兵听闻之后，顿起怀乡之情，皆凄然长叹，流涕欷歔。黎明时分，刘琨再吹胡笳，匈奴兵将竟然俱泪流满面，拍马遁去。“胡笳退兵”成为千古绝唱，刘琨不凡。

唐朝诗人李益曾写《夜上受降城闻笛》：

回乐峰前沙似雪，受降城下月如霜。
不知何处吹芦管，一夜征人尽望乡。

好诗，好诗！酒未醉人，茶未醉人，诗已醉人！

北京这地方，一冬天非有几场好雪不行。雪夜挑灯读书才叫人生快事，让我说当然要读读我的《风语·夜话》，《飘雪有韵　远行无声》那也神仙！

红高粱　白高粱

说起来真惭愧，1968 年我去晋西北插队时都 18 岁了，还没见过高粱。惹得我们生产队贫下中农协会主任毫无顾忌地咧开河马一样的大嘴，发出得意的大笑。他当着那么多来插队的女知青说，18 岁俺都看过俺媳妇的腚了，你们还都没看见过高粱？不知为什么没见过高粱这么随口一句话，竟让这位贫协主任得意得像抱了个金娃娃。我突然问他，你知道为什么叫它高粱么？你知道高粱的祖先在哪儿吗？这会轮上他尴尬了。我得意地说，因为它高，它是所有粮食作物中长得最高的，如果它是长的最低的，它就叫低粱了。贫协主任目瞪口呆，这回轮上我们知青咧开嘴哈哈大笑了，总算把北京知识青年的面子扳回来了。

但高粱的主题似乎还没完。

冬天晋西北农村见不上高粱，黄土一片，农业学大寨主要的农活就是修大寨田，修高灌站，兴修水利。水利农田基本建设工地上一项“大活”是“砸夯”，一块石礅子，八个大后生齐力协力把它举起来，然后再一松手，让它从半空中自由下落砸到地上。我们县立县是在西汉汉武帝征匈奴时，我估计从公元前开始，我们村就是用这个办法夯实虚土了，没想到老祖宗发明的办法延续到今天都不改样。

关键是夯歌。八个抬夯手要一齐用力，就要喊号子，估计是在长期的干活中人们学会了喊夯歌，既活跃了气氛又统一了行动，中国农民真聪明。令我们没想到的是，夯歌竟然还离不开高粱。“高粱那个高，豆豆那个低，低腰钻进高粱地，我说我的大娘啊——”

唱夯歌的不用抬夯，只领唱夯歌。后来才知道，唱夯歌的人，那活也不好干，要让大家提神上劲，夯歌就得有滋有味，有盐有醋，不是件轻松的活计。夯手们一齐抬夯使力，一齐咧开大嘴跟着唱后面一句拖腔，“我说我的大娘啊——”我问为什么要唱我的大娘这一句，不唱别的，有什么特殊意义吗？贫下中农回答虽然很冲也很直白：不为什么，因为爹就是爹，娘就是娘，你为啥不管爹叫娘呢？一板砖轮到自己头上了。

后面越唱越黄越荤越下道了，据说唱夯歌的歌手一看见大姑娘小媳妇的就像打了类固醇，荷尔蒙激素大增，唱得就花了，尤其有那么多北京的女知识青年。

“高粱那个高，豆豆那个低，拉着小妹妹的那个小手手，一头就钻进了高粱地，我说我的大娘呦——”

“上面那个亲，中间那个紧，下面抱着妹妹的腿，我说我的大娘呦——”8 个夯手果然如同刚刚打完雄鸡血，精神头大增，劲大长，嗓门都放大了，夯举得更高，砸得更实。直到把女知青们唱得找生产队长要求收工回家。有的女知青指着唱夯歌的歌手说，他就是一个大流氓。要放北京破四旧那会儿，这家伙算是活到头了。

队长挺为难，不唱就起不了夯，干不了活。队长真有高招，说要不你们知青用纸卷个卷塞在耳朵里，听不见为净。好在我们插队知青中有人才，有毛泽东思想宣传队的，上台唱过《长征组歌》的。我们北京知青领唱夯歌的老大哥往前一站，脆高高地露了一嗓子高腔：“叫了一个声，同啦志们，大家齐心修水利啊，我说我的大娘呦——”

唱得真有点李玉和的味，立时工地上的工友们都涌过来听夯歌新曲，真为我们知青挣面子。不唱高粱，不唱钻高粱地就打不成夯了？真是的，死了张屠夫，就吃混毛猪？这板砖拍的，见红见彩。

亲眼看看高粱长什么样也不容易，可不像亲口尝尝梨子的滋味那么滋润。

种高粱首先得拉耧。三足耧的发明恐怕不会晚于东汉，2000 年了，通衢的大道早已走成河，但中国农民还是耧上耧下。队长给我们派的活是上耧。原来种高粱是用耧种的，把高粱种装到耧箱里，移动耧，籽种就会顺着耧足种到地里。因为我们队穷，没有那么多牲口拉耧，就改为用人拉耧，俗称上耧。

初上耧没觉得累，耧足深入地下不过一寸多，但架不住一上午直到太阳偏西都是拉着耧走，肩膀都勒红肿了，一说歇会儿，一屁股就坐在地头上，哪管什么脏净？老乡们说得有实践经验：上耧像驴，下耧像牛。为什么像牛？是像牛卧着，一下耧就累得像牛一样躺卧在地一动不想动。高粱这狗东西种起来真累人。

最让我发怵的是“拉碌动”，用耧种完高粱后为了给高粱种子保墒保温，就用石头做的小圆轮子在种过高粱的畛子上压一遍，我们村的老乡管这种耕作方式叫“拉碌动”。那“碌动”是四个小石轮并排，一次可以压四行，生产队长把你派到一眼可以看见地平线的一片高粱地，远远的还有一个“拉碌动”的人，你们俩拉着“碌动”，什么时候碰上了，什么时候才能收工。这活看起来简单、自由，实际上最要命，孤独得让人想上吊都找不着挂脖子的地方。一开始还胡思乱想，想着想着就想烦了，后来就放开嗓子唱，想唱什么唱什么，唱革命歌曲，唱样板戏，唱家乡小曲，唱当时被称之“四旧”黄色歌曲的外国爱情民歌。唱着唱着都觉得提不起精神来，四周静得连声屁都听不见，还真不如拉耧，那样和拉耧的，摇耧的，说说笑笑的不感到寂寞，时间过得也快，哪像“拉碌动”时，太阳就像被钉在十字架上的耶稣，一动不动。焦躁、烦闷、无聊、想歇斯底里，突然间就唱起高粱地，“高粱那个高，玉米那个低，和妹妹钻进啦高粱地，我说我的大娘呦——”果然来劲，连编带诌，唱得不亦乐乎。方知运动员为什么要冒险吃雄性激素类固醇，那些东西确实有刺激性。

在北京时，我一直以为高粱面是红的，到农村才知道，红高粱磨出来的面是雪白雪白的，像富强粉一样白，高粱面见不得热水，热水一扑，就变成酱红色了，不是变色龙，是变色面。

晋西北农村的老乡苦高粱面甚矣。晋西北的杂交高粱面一点油性也没有，那东西吃在嘴里发苦发涩，当年又见不上丁点荤腥，咽的时候又辣又呛直拉嗓子眼。老乡们说，杂交高粱牲畜都不愿吃，实在饿极了，才不得不吃一口。因为杂交高粱没有油性，和面揉不成团，发散，不知何时何位老乡想出一个高招，在高粱面中掺加一些榆皮面，这样高粱面和起来就柔和有韧性了，就粘在一起了。榆皮面是什么？就是把榆树皮扒下来磨成面，村里还经常有人担着挑子卖榆皮面。但那东西做成的面食吃进去要拉出来可就难了，我就发现我住的房东家的厕所墙头上摆着几根不同的小木棍，后来才搞明白，是解不出大便来的时候用棍抠一抠。为了生存，农民真能忍。

房东老大爷对我说，高粱这东西怎么做怎么吃都好不了，世上谁见过黄土能做出发糕？高粱这东西生就不是给人吃的，老天爷托生出荞面、莜面、麦子面，那才是盛在碗里，端在盘上让人吃哩。高粱是酿酒的，高粱只有变成酒才是它真正的用途。可惜啊，房东老大爷刚兴奋起来的脸又暗淡下去了，7 年了，7 年从未沾过一滴高粱酒，别说喝，闻都没闻过，闻闻也胜过过大年啊！房东老大爷开始眯起眼，真正像品酒似地深吸一口气，吧唧起嘴来了。我说，明年我从北京探亲回来给您带瓶高粱烧酒回来。真如石破天惊一般，我真没想到，老大爷几乎是一个鲤鱼打挺从半躺在炕里直挺挺地端坐在炕头，从见到他就一直眯着的眼睛瞪得滚圆，且能让我感到是在熠熠放光。老大爷说，不是打诳语吧？我说，君子一言，驷马难追。老大爷极深情地说，死亦无憾矣。原来老大爷也读过几本古书，老大爷得意地又说了句文言文。

老大爷说，这辈子再无什么奢望，毛主席咱天天见（指毛的像挂在屋里正墙上），就盼着能喝上一口高粱酒。真没想到，第二年我给老大爷带来高粱酒以后，老大爷隆重得像给自己过寿，先恭恭敬敬地满了一杯，双手托着放在毛主席像前，含着热泪说，这么多年也没好东西敬您老人家，今天可得着点珍贵东西，敬给您，是纯高粱白酒，知道您老人家天天喝高粱白，但那是您的，这是咱自家的。我说，毛主席他老人家不喝高粱酒，要喝也就喝一杯红葡萄酒。老大爷说，谁喝红酒？谁喝那些红糖水水？村里的干部私下都说，毛主席每天喝的都是纯高粱酒，一喝还不喝一瓶？怕一瓶也挡不住哩！当时我没敢说，我是想说，让毛主席喝一瓶纯高粱酒，您是不是想麻倒他老人家啊？

高粱终于长起来了。青青的，嫩嫩的，翠绿翠绿的。顺着地垄，一直排到天尽头。高粱也真美，春风吹过，枝摇叶摆，如波如滔，老乡们都没见过大海，我说大海就好比咱们的高粱地。老乡们齐声斥道，那有什么好看的！闹了半天，海啊海啊的，就是高粱地啊！

高粱不是个娇贵东西，不是大户人家的小姐，地道的“贫下中农”，有土就能生。老乡们说，过去好地，水地谁舍得种高粱？都是些坡地、旱地、沙土地。农业学大寨以后，全村的地都种上了高粱，而且是杂交高粱，叫晋杂 5 号，有个红彤彤的革命大名：“杂交高粱向阳红”，为的就是它高产。那个年代，要“达纲要”“过黄河”“跨长江”，我们村的目标是“过黄河”，就是亩产要过 500 斤，不种高粱，不种晋杂 5 号高粱，别说“过黄河”，就是中央要求的达到农业发展纲要的亩产 400 斤也没门，所以全村一片“向阳红”。

晋杂 5 号厉害，结出来的高粱，穗就像吊起来的大葫芦，挂起来的老倭瓜，一个手拎着还费劲。但高粱不高，越长越矮，齐头也就长到人胸高，杆也越长越粗，像白蜡杆似的。老乡们说得形象，说那高粱为甚叫晋杂高粱？就是杂交串了种，和当年扫荡的鬼子兵一样。

老乡们讨厌杂交高粱是因为是上边强迫要种，又难吃又难拉的。老乡们的爱憎观念特别分明。生产队也有点私心，要不生产队长也不好当。我们队百分之九十九都是贫下中农，谁怕谁？“灰旗杆”就好几杆。“灰旗杆”就是专指“硬茬货”，出身几代贫农，又懒又坏，茅房的石头又臭又硬。所以生产队也偷偷地种一些荞麦，是不交公粮，不卖余粮，专门分给社员们做口粮的。一说到荞麦地里干活，连“灰旗杆”都勤快，像伺候自己家的老母猪。你要不留神踩倒一株荞麦苗，就会有人呵斥你，不想吃荞麦饸饹了？那荞麦开花是一片雪白雪白的白花花，比三月初开的杏花还美还漂亮。那酸曲曲唱得也实在。

“荞麦开花一片片白，结下个相好数你白；羊肉扁食满锅转，荞面饸饹尽你吃。”那就是神仙过的日子，和相好过的日子。

其实晋杂5号也美也俊也迷人。高粱开花漂亮。一棵高粱穗上,可能要开成千上万朵谷子粒大小的白花,娇嫩娇嫩的白花互相簇拥着,环抱着,争相怒放着,远远看去像一大片长着白茸茸的茸毛的鸟群栖在青纱帐上,高粱穗结多少颗果实,就开多少朵花,高粱花还会变色,初开如梨花、杏花、玉兰花,进伏的热风一吹,高粱花竟奇妙地变色了,仿佛在一夜之间就变成了鹅黄色,像八月十五的月亮,又仿佛在一夜之间又变成了淡淡的粉红色,淡淡的玫瑰红,淡淡的胭脂红,像三伏天落日后的晚霞。那是高粱最美、最漂亮、最动人的时候。

高粱开花之前要锄耧两遍。那也是个有苦受罪的活。老乡们的经验之说是"宁给谷子锄三遍,不给高粱锄一遍"。原来高粱长到一人高了,杆连杆,叶挤叶,密得挤进个人去都得靠钻,天又热,地又蒸,老乡们在地头上脱得只穿一条小裤衩,赤条条,光溜溜的,拿着锄钻高粱地,不钻不知道,一钻才知道那钻高粱地的滋味可没有酸曲夯歌里唱得浪漫潇洒。方知高粱叶子看着温温柔柔的,你一挤它,一碰它,它就如刀似剑,割得人皮肉疼。晋杂5号高粱的高粱叶上有一层白白的"拂粉",叶子划割过的皮肤上,再沾上这种白粉粉,那真如刀口上撒盐。再加上高粱地里热得如蒸笼一般,浑身上下犹如刚刚从水里捞出来一样,划割处让汗水一浸,那罪大了。骂天骂地都没人理,耳朵里全是哗哗啦啦的高粱叶摆动的恐怖声,听起来像日本鬼子磨刺刀。

锄出高粱地,老乡们到底是经过风雨,见过世面,除了大汗淋漓,身上像涂了一层痱子粉之外,谈笑自如,苦就苦在我们几个北京知青了,身上左一道,右一道,脸上,尤其是脖子上到处都是伤痕,疼得神经霍霍乱跳,像刚从中美合作所的审讯室出来似的。我们愤愤地问,谁他妈编的钻高粱地?还拉着搂着小妹妹?老乡们皆哈哈大笑,笑得前仰后合。说拉着妹子钻的不是这种高粱地,绝对不钻这样杂交过的高粱地,钻的是老高粱地,那高粱地钻着才叫舒服才叫美,小妹妹也想钻也愿意钻。我们看他们个个张开大嘴、忘情的笑相,袒露着七七八八的大黄牙(因为我们村的水缺氟),就气愤愤地说,这肯定是一群钻过高粱地的骚头羊。贫下中农到底是老师，笑后教育我们，钻高粱地要挑高粱，没杂交过的纯种高粱，种的也稀疏，叫“回车的高粱卧牛的谷”，高粱与高粱之间能转过车来，别说你领着一个妹妹，就是带着一群婆姨钻进去都宽敞，比家里的炕头还舒适。贫下中农的教育真乃很有必要，谆谆入耳。

那时候我们县广播站办着一个节目叫“广阔天地，大有作为”，就四下约知青写稿。点灯熬油地我也写了一篇，因为是县上派下来的活，大队、生产队都特重视，让我在家写三天，给我记三天大寨工分，其实我一晚上就“齐活”了，剩下的时间不是睡懒觉就是打扑克瞎溜达。那时候也好，一上工，男女老幼齐上阵，整个村子都空了，我们队长的名言，学大寨要打人民战争，上至小脚的，下至吃奶的，都要出工出力。我走在空荡荡的村子里，仿佛在参观刚出土的庞贝古城。

日子过得像流水，像浮云，像变色的高粱花。受了粉的高粱花渐渐变色了，变得凝重起来，收敛起来，成熟起来，变成了红色的高粱壳，里面包藏着像珍珠一样的白高粱，真的像刚刚熟透了的荔枝，剥开红艳艳的皮，里面是一粒脂玉白的果实，那个时候的高粱是白高粱，白高粱真美！

有一天，队长通知我去公社开会，我去公社开哪门子会？一般去公社开会都是生产队的队长，即使是队长一年能去公社开会的机会也不多，他们大都是去大队部开会。一级比一级大，一级给一级开会，越级去开会的少，从我们生产队长的眼神中我似乎看出什么来了，难道天上掉下个白面馍馍，就巧巧地掉到我嘴里？

我们村的老乡对公社干部都惧怕得很，真有点像羊群遇见狼。那个时期的公社干部也凶，也狠，也有招。记得有位公社干部来我们村，因为村里有人违反计划生育政策，生了第二胎，按照政策要罚款罚粮，那家人也属于村里的“灰旗杆”，谁也奈何不了他们，要钱要粮没有，要命要人有！公社干部带着大队的治保主任亲自来，“砍倒灰旗杆”，提出一个我从来没有听说过的革命口号，叫“扒房赶猪牵羊还钱”，公社干部水平高，不藏着掖着，不搞突袭，而是开全体社员大会，那位公社干部真和老戏中的“包黑子”一样，一脸正气，全身严肃，让人先身抖心颤。一宣布那条见真格的政策，老乡们一阵躁动，“灰旗杆”有势力，公社干部更不含糊，站在板凳上双手比划着，像电影《地道战》中高传宝跳出地道口，双手抡着匣子枪。那位公社干部，全村包括我们队长都不知道他是什么干部，更不知道大名，只称谓公社领导，指着“灰旗杆”一簇人说，你敢反对毛主席的计划生育政策？你们谁敢反对毛泽东思想？你们，他用双手指点，吓得人们直弯腰缩脖，农民弟兄们被整怕了，农民怕官，芝麻大的官在他们眼里看着也大如天。你们谁敢反对毛主席，你？你？你？那就请你站出来，或者举起手来喊一声，谁敢？你？你？你？点到那边，那边的老乡赶快把脸藏起来，吓得和上磨拉套的毛驴似的净放臭屁。那位公社干部也真有水平，厉声喝道：你们吃饱了？喝好了？社会主义不要了？两手使劲往下一劈：不——行！不行两个字拖了很长的腔调，间隔很大，粗声大气，斩钉截铁。

公社离我们村 8 里多路，去公社开会生产队还得给记上一个大寨工，补助两毛钱，当然也是记在账上。像革命样板戏《沙家浜》里刁德一的一句戏词，派你一桩美差，到常熟城里办嫁妆去。玩着、逛着、看着、闲着又挣工分又挣钱，好事还在后边呢。

公社一位领导对我说，你有一篇稿子发表在省报上，说着拉开抽屉递给我一份报纸，我翻到第二版上果然在右上角有一篇文章，“批判焉用稼，立志滚泥巴”下面印着我们县、公社、大队的大名，后面就是我的名字。公社干部就像自己中了大彩越级提拔了一样，兴奋得把我夸得花一样红，他说话不太兜风，唾沫星子直喷，我两次悄悄地擦了擦脸。越表扬我，我越心虚。我一没批什么“焉用稼”，只知道报上，广播里说过孔老二宣扬“焉用稼”，看不起农民，该批是该批，不看也该批；二我更没立志滚泥巴，谁立那个志？再说立志也不能滚泥巴，当一辈子老农民，犯傻啊？那不就是写文章么？最后，那位公社干部极认真严肃地对我说，你马上填张表，经研究决定，你是咱公社的团委会委员、大队的团总支委员、生产队的团支部书记。我都没缓过劲来,使劲咬咬槽牙,能听得见槽牙相磨的声音,不是做梦要媳妇。当然又给我下了新任务,一年之内必须在县广播站、地区报纸、省报上登几条稿子。噢,原来状元是这么中的。走在回村的小路上,清风徐来,喜鹊鸣叫,你不想喊不想唱都不由你。几段样板戏,语录歌唱过以后,觉得胸中的激情未施放完,突然看见路边的青高粱、白高粱,脱口就唱了一首高粱调:“高粱那个高,玉米那个低,们两个钻进了高粱地,我说我的大娘呦……”

秋风一起,高粱穗穗就红了,高粱红不是火红火红的,不是鲜红鲜红的,也不是血红血红的,更不是胭脂红、石榴红、桃花红、玫瑰红,熟了高粱红了,是暗红暗红的,是一种果实红,红透了的红,酱红酱红的。

那年风调雨顺,高粱开花时阳光灿烂;高粱授粉时,微风摇曳,高粱灌溉时,细雨霏霏,等高粱要丰收时,又是一片艳阳天,接天铺地的红高粱,一株高粱真能结出多半斗红高粱。

公社、县上、甚至地区的各级领导跟走马灯似地来来往往于村上,我们知识青年也跟着忙乱起来,几乎天天写标语口号,天天贴欢迎领导的大横标。真没想到,犹如晴天一声雷,县上宣布,我们村晋杂5号高粱亩产超过美国,一举夺得了世界冠军,亩产平均达到1800公斤,全生产大队的总产量达到570万斤。到那时我才知道,美国的粮食产量世界第一,不知为什么美国的高粱亩产量也是世界第一。公社书记在我们村开的现场会上讲得有水平,深入浅出,把毛主席思想讲得入木三分,他说农业学大寨,学跟不学不一样,真学假学不一样,学深学浅不一样,学一阵子和时时事事都学就是不一样,我们真学了,学深了,时时学,处处学了,我们的向阳红就赶超了美帝国主义。到现在我还记得他那生动的演讲,讲到动情处,眉毛、眼睛、鼻子都似乎挪位了。

非常遗憾,直到现在我也不知道世界高粱亩产最高一亩能产多少?是美国人创造了世界纪录,还是我们村?

没想到接下来我的事就来了。而且是大事,事关我们村,我们公社的大事。原来是省报的记者神神秘秘地来到我们村,不要县委通讯组,公社通讯组的人陪着,只让村里的通讯员陪,这个任务就历史地落在我肩上。那个时候,那些记者的采访作风还真深入,转场院,钻高粱地;走访老贫农,亲自看打场过磅,土里钻出土里钻进的,开座谈会,参加田头批判会,每天晚上等他们进了屋,我才回到知青点,大队团总支书记眼巴巴地盼着我,让我详细汇报这两个省报记者的行踪,那家伙问得特别细,一边问,一边还往小本本上记。记完又慌慌张张地往大队部赶,因为公社干部还等着听他的汇报呢,我也纳闷,为什么搞得这么鬼鬼祟祟?我不成了跟踪地下党的特务了吗?

我最感兴趣的是派饭。

那个年代干部下乡吃的是派饭,派到谁家就在谁家吃。当然也是看人下菜,一般上面来的干部,派的人家都是生活条件好,家里比较富裕的人家,也不是刻意安排,但你不指派个“好人家”真不行,有的人家脏得让人受不了,小孩就拉在炕上,也不擦不洗,唤进看门狗,让狗舔干净了就算完事,碗越吃越小,筷子越吃越粗。老乡说,回烟的灶,漏水的锅,炕上躺着个病老婆。那日子过成什么了?别说派饭,你连屋都进不去。这次派饭吃得好,是大队干部精心挑选精心安排的,饭是顿顿不离高粱,但高粱面的做法就讲究了。

一进屋,小炕桌上摆着早切好的五小碟拌菜,土豆丝、胡萝卜丝、芹菜丝、白菜丝、豆腐干丝,五个小瓷盘摆成梅花状,中间是五魁抱首,一大盘油光闪闪,黄灿灿的炒鸡蛋。

滚开的锅,火爆的柴,热气腾腾,香气扑鼻。饸饹床子就架在锅上,和好的面在黑瓷盆里醒着。客人一进屋,热情寒暄,客气大方,让上炕,端上刚出吊子熬好的大叶茶,让你看得见每碗热茶中放几粒那年头农村极稀罕的沙白糖,要不就是晶莹剔透的糖精。老乡们有句掏心窝的话,就是毛主席他老人家来了,也是这样接待。这是农村里农民最高的接待规格了。

等荞麦面的饸饹一出锅,需要说明一下的是,给公社、县里领导派饭,在村里似乎有一条潜规则,不吃高粱面,都拿自己家最好的饭招待，而且我认真调查过，都是自愿，村里、大队、公社，没有任何补助，下乡干部一顿饭交四两粮票二毛五分钱，就这么多，那时民风真淳朴，真让人怀念！

主妇就在这时候把长把的大铁勺从灶火膛中拿出来热滚滚的麻油，上面有爆开花的花椒。饸饹盛进碗，拌好五样伴菜，然后把香喷喷的香泼油往碗里一倒，当时全屋香得跟饭馆一样，连邻院的猫都爬着房，跳着墙窜过来，在高台上齐齐地蹲了一排，眼睛瞪得像玻璃球似的，不时地伸出粉红的舌头舔着嘴唇。

晋西北老乡家的蓝花大瓷海碗，我连吃三大碗，最后再盛多半碗才算“过瘾”。那两位省城来的记者也吃得热火朝天，大汗淋漓。

“三十里莜面二十里糕，十里的荞面饿断腰。”我们挺着圆滚滚的肚子马不停蹄地采访，转了一圈以后，肚子已经自如了，荞麦面这东西真是个养身的好粮食，要不，光山西每年向日本国出口的荞麦就达16亿斤，日本人会养生，会享受。

采访终于圆满地画上句号了，我神仙般的好日子也该结束了。最后一顿饭就派在我们知青屋，两位记者和我们几个北京知青吃顿告别饭、答谢饭，这顿饭是大队派人帮助准备的，但我们也拿出自己珍藏的“战备粮”，两瓶正宗的北京二锅头。我们知青都是见过世面，经过风雨的人，最大见过毛主席，所以不拘束，海吃神聊，两位记者也端不起架子。两位记者学问大，但酒量不大，三杯过后尽“开颜”，就有些挂色上脸。人家到底是大知识分子，说酒岂能哑喝？难道还要伸拳猜数？人家说得高雅，这次是因高粱而来，因高粱有缘，咱们就连语，每人说一句，句句有高粱，没有高粱的当罚。甚好，甚好！于是酒斟满开连：

“高粱高，产量高，产量超过美国佬。”
“高粱红，红高粱，高粱收了交公粮。”
“高粱交公粮，咱不吃高粱，下挂面卧鸡蛋。”
“高粱叶儿宽，高粱叶儿窄，高粱地里一二三。”

那真是酒的魅力，几条汉子脸对脸，眼瞪眼，端着杯，斟满酒，酒里出真情，酒里听真话。围绕着高粱的酒令，不知不觉还是唱起了高粱高：

“高粱那个高，玉米那个低，哥哥那个高，奴家那个低，一头钻进那个高粱地，千万别把奴家那个奴家来绊倒，我说我的大娘哟……”

酒汉子的吼：“我说我的大娘哟……”

第二辑 · 历史无痕 花开有意

盘点花和尚

花和尚。

中国人嘴里一提花和尚，焦点立即对准《水浒传》中的鲁智深。

出家为僧前，鲁达是也。是赫赫有名的延安经略府帐前提辖，因路见不平，三拳两脚打死恶霸郑屠户，避祸江湖。又因官府捉拿得紧，不得已在五台山出家当了和尚。当是当了和尚，只是比他当提辖时多了一把戒刀，一柄禅杖，一领灰色的布僧衣，颈上挂着一串一百零八颗佛珠。依旧吃肉，喝酒，依旧称洒家，依旧路见不平，拔刀相助。若非鲁智深大闹野猪林，林冲早已屈死在荒山野林中。鲁智深那胖大和尚，谁见谁不爱？谁见谁不敬？罗贯中、施耐庵真大手笔，写得跟看见了似的，描绘得就跟在眼前似的。那鲁智深一身花绣，一喝酒，一“打架”，一比武，就褪去僧衣露出一身的花团锦簇，留下了花和尚的美称。

看来北宋那个时期，“好汉”们都喜欢“刺青”，像今天美国 NBA 大牌球星一样，九纹龙史进、拼命三郎石秀、小李广花荣、浪子燕青，等等，孩提时代看“小人书”，几个同学数过，一百单八将中有二十二个有刺青，占梁山好汉的百分之二十还多。连押解林冲的两个“坏虫”董超、薛霸肩上都刺着花不像花，藤不像藤，草不像草，蔓不像蔓的刺青。问比我们高二年级的师兄方知，那刺青叫“疯长”。刺青刺得最花的也不是鲁智深，是九纹龙史进。

花和尚，身花心不花，佛戒中“不思淫”从未有丝毫含糊。《水浒传》中的花和尚不少，如第六回讲鲁智深火烧瓦罐寺，瓦罐寺中的恶和尚就是花和尚，不但强霸寺院为非作歹，喝酒吃肉时还强掳年轻妇女作陪。

冯梦龙笔下的和尚，规规矩矩的少，大都是像裴如海似的花和尚，至于他在《醒世恒言》中说到的“汪大尹火烧宝莲寺”，那则是一寺庙地地道道的花和尚。

四十多年前，我去五台山，当时正值批判“精神鸦片”。老百姓说这儿的和尚过去是真“花”。以至于当地流传着一句俚语：“石头垒墙墙不倒，和尚上炕汉不恼。”为何男人戴绿帽子也不急不恼不拼命？原来那时候周围的农民都租种着寺院的地，你“恼”，和尚把地一抽，全家就会断了生机。不是不“恼”，是不敢“恼”。

《水浒传》中描写得最生动细致的“花和尚”是裴如海，以上楼看佛牙为名，和杨雄之妻勾搭成奸，成为名副其实的“花和尚”。

历史上有据可查的“花和尚”不是没有，比如曾经横行霸道、骄横跋扈于朝上朝下，自持受宠于武则天的“花和尚”薛怀义。这花和尚还在武则天的支持下，做了白马寺的寺主，官拜左威卫大将军、梁国公，即使像武则天的侄子武三思、武承嗣那样权倾一时的朝廷权臣，对武则天这位“面首”也“皆执僮仆之礼以事之，为之执辔，怀义视之若无人”，“花和尚真乃小人得志，得志猖狂。多为无赖子弟，度为僧，纵横犯法”。薛怀义是真正意义上的“花和尚”。需要说明一点的是即使像薛怀义这样的“花和尚”，也不是“绣花枕头”。690年，当武则天准备登基改朝换代当皇帝时，是开天辟地扭转乾坤的大事。一个女人要在男权横行的封建王朝当皇帝，没有理论支持，没有历史依据，没有叫社会应允的根据，则名不正，言不顺，事不成。谁来完成这桩改变历史的重任？就是这位“花和尚”薛怀义。他和另一位高僧在浩如烟海的佛教红典中，废寝废食，持烛达旦，充分利用自己的佛学知识，终于找到了一本《大云经》，《大云经》中正是讲一位净光天女统治一个国家，待这个国家治理好了，又翻然成佛。武则天大喜，当即命令各地修建大经寺，寺中供奉《大云经》，由各地高僧开坛宏法，讲解《大云经》，让民众都了解、都明白、都支持女人当皇帝。“花和尚”薛怀义“花”是“花”，但也确有奇才，否则武则天也瞧不上他，他也

“花”不起来。

北齐时代的昙献和尚也是花到皇宫里去的“花和尚”。北齐武成帝高湛的皇后胡氏是位“花皇后”，高湛在世时她就几乎公开地和手下给事和士开勾搭成奸，把和士开封为淮阳王，升为尚书令，搞得朝廷上下，宫里宫外几乎无人不晓，待和士开死后，她又看上了皇家寺院的昙献和尚。昙献和尚青春年少，饱学诗书，高大魁梧。那时高湛已死，胡氏已变成胡太后，胡太后经常出入寺院和昙献和尚打得火热，以后干脆不回后宫，索性吃住在寺院。这还不算，胡太后干脆从后宫把武成皇帝的龙床直接搬到昙献和尚的禅房，纵欲不分昼夜。昙献和尚成了北齐全国有名的花和尚。

昙献和尚死得很惨，原来当朝的北齐皇帝高纬是胡太后的亲生儿子，去寺院看望胡太后，发现胡太后身边的两个尼姑眉清目秀，皆有倾城倾国之色，当晚就要宣召这两个尼姑进宫侍寝。没想到这两个尼姑坚决不从，皇帝高纬大怒，下令扒光那两人的衣服，发现原来这两个“尼姑”竟然是两个男扮女装的和尚，经查原来是昙献和尚献给胡太后的男宠。高纬大怒，除了杀了这两个男宠和尚，还把昙献和尚抓来，先把他阉割，后又剥皮，一刀一刀折磨致死。昙献和尚招供说得也实在，吾乃一寺之和尚，原本“不花”，她乃一国之太后，她要住吾禅房，上吾禅床，吾岂敢不从？献上两个男宠和尚实是想早脱身。

唐代高僧辩机是因为私通的“花案”被公开处决的和尚，他是被唐太宗亲自下令处以腰斩的极刑。据说当辩机和尚被推上刑场，刽子手打开铡刀，当辩机和尚准备横卧铡刀之下时，他突然发现刀刃上有一只蚂蚁在爬动。辩机和尚无比爱怜地轻轻拈起蚂蚁，轻轻放在一边，然后毫无怨言地从容躺在铡刀下受刑。

辩机和尚不愧为高僧，他是唐玄奘的高足，才冲八斗，学富五车，年轻英俊，饱学佛学，是唐初长安城中最负盛名的和尚。而他偏偏被唐太宗最宠爱的女儿高阳公主深爱，而这位高阳公主的婚姻又极其不幸，偏偏又是唐太宗造成的，他把高阳公主恩赐给他的宰相大功臣房玄龄的二儿子为妻。高阳公主根本就不接纳这个不学无术的纨绔子弟，她只深爱辩机和尚。辩机和尚终因“花和尚”被处以极刑，但他无言、无辩、无惧、无悔、无泪。历史上的“花和尚”只有辩机和尚让人同情……

中国佛教史上的大和尚如群星灿烂，像鸠摩罗什、唐三藏、达摩、慧能、鉴真，等等，都是佛教天国星空中的恒星。但真正能撬动中国历史走向，决定一个王朝兴衰的和尚，当数成吉思汗身边的刘秉忠、朱棣身边的姚广孝。北京城始建于这两位大和尚，定国都于北京城，功推这两位大和尚。刘秉忠功成名就，圆满收官，还俗出槛，而姚广孝始终如一，严守佛门清规戒律，终老圆寂。做了一辈子和尚，即便在功德圆满之后，也是上朝黄鞋，下朝僧衣。现在北京城的中轴线，紫禁城的三大殿，北京城的九门格局，箭楼、瓮城的修建，城墙的走向，建筑规范，总设计师为道衍和尚，就是姚广孝。道衍和尚对中国政治走向的推动远不止这些。可以说，没有道衍和尚在朱棣身边，朱棣能不能起事，起事能不能成功？皆可另说。在朱棣发动的“靖难战争”中，道衍和尚是万马军中唯一着僧衣的和尚，他运筹帷幄，决胜千里。如果“靖难战争”失败，明朝的历史肯定会重写，至少不会迁都北京。如果大明王朝的首都在南京，甲申三百年的历史就不可能重演，清多尔衮的数万名八旗兵就不可能在短短五天之内改朝换代。而朱棣做了永乐成祖皇帝以后，支持他力排众意，迁都北京，建设北京的还是那个道衍和尚，道衍和尚何许人也？

道衍和尚生得平凡，活得却曲折。

他俗姓姚，祖籍河南开封人士，他家有文字记载还在北宋时期。那时，他姚家居宋之京城汴梁，家中不富不贵，依靠行医为生。到道衍出生时，家已因金灭北宋随南迁人群举家迁临安三代。其家境已非汴梁相比，家中因无土地房屋，已近贫寒。但道衍幼小时却聪颖过人，志向远大。其父曾有意让他学医，儿继父业，也好以后养家糊口。但道衍却志在他处，对学医不感兴趣。然其家况却一年不如一年，贫穷一年甚于一年。岁逢大饥荒，姚家无以度日，14 岁名叫天禧的姚广孝便跑到附近的妙智寺出家为僧，法号“道衍”。道衍的出家既为饥寒所迫，又是自愿落发为僧，自幼独爱佛学。

出家后，道衍不再为衣食而忧，他广纳博学，深钻苦读，拜高师请教，加之聪敏多思，博学善记，渐渐长大，渐渐学成。他虽在寺庙，却学习了阴阳之术，古今兵法，谈古论今，学富五车。道衍之名越来越大，渐有“旷世之奇才”之誉。不仅寺院中的和尚，即使是道士、术士、学士都十分尊重他。皆言：道衍非凡。

大约在洪武六年之秋，道衍和尚正在嵩山少林寺参访，不期遇见一位当时的奇士，此人姓袁，单名珙，是洪武年间有名的相士，据说他阅人无数，看人之未来，如视掌上之纹；观未来岁月，如视昨日风云。

袁珙偶遇道衍而大惊。令他吃惊的是，道衍和尚的面相和他的气质非同一般。说这位和尚好不怪异！袁珙说怪必有怪处。道衍并不知自己怪，因何怪？更不知怪在何处。听袁珙的相术：目如三角，形同病虎。虽着僧衣，眉宇间时有杀气腾溢。虽为僧，必刘秉忠之流。

道衍遇袁珙时已近39岁，近不惑之年，听袁大师描述的，道衍和尚面相不亲不善不慈不祥，且丑且凶且恶。三角眼，病虎身，然是真虎乃有风，袁大师看出道衍虎啸山林之本质，以忽必烈身边有张子房之称的大和尚刘秉忠相比。那时，道衍和尚为一平常僧，很可能终老寺院，很可能一事无成。怎能与刘秉忠相比？一是洪武初年正为和平发展时期，二是并无硝烟纷争无乱之兆，何比刘秉忠？那袁大师却说：不出十年，和尚当遇明主。用现在的话说，大小环境皆不存在，道衍和尚要想施才济世，门都没有。他一生中已然平庸地度过了近四十个春秋，“也无风雨也无晴”。

想起司马迁笔下的许负大师，许负大师曾为尚未封侯只为河内太守的周亚夫相面，曰：“君后三岁而侯。侯八岁为将相，持国秉，贵重矣，于人臣无两。其后九岁而君饿死。”司马迁把许大师写得有些让人害怕，因为周亚夫的命运正是按许大师的相术一步步走去的，一步步从平常走向极盛，又一步步从巅峰迈向深谷，走向惨死。虽然当时周亚夫根本不信。但他没能抗过命。

袁珙就是许负似的相面大师，历史上确有记载。

袁珙把他比作刘秉忠，刘秉忠何许人也？刘是一个奇人也。他曾经左右过中国历史的进展，对忽必烈建立元朝立下过汗马功劳。元朝大一统的政治局面，把首都建在北京，把北京建成了哪吒城，成为现代北京城的最早雏形，没有刘秉忠恐怕不成，甚至元代的历史可能会重写。刘秉忠向忽必烈建议，改年号为至元，取《易经》中“至哉坤元”之意。

刘秉忠怪人也。初为小吏，18 岁为官，但他不是个安分守己的人，不顾亲朋好友劝阻，竟然弃官归隐，上武安山当了一名道士。现在人看起来仍然觉得刘秉忠古怪。他 18 岁出仕，其父也在军中为官，做下去是仕途不可限量。谁能想到？后又遇一高僧，指点他为僧。刘秉忠就毅然决然，剃度出家，脱去道袍著僧衣，当了和尚。又过了几年，经一位高僧推荐，受到忽必烈的召见。一番晤对，大有东汉末年诸葛亮隆中对的味道。忽必烈以刘秉忠为知己，为张良，言必听，计必从。刘秉忠不但志大而且才大。他精通周易，熟读史书，研究兵法，顺达理律，三式六壬遁甲之术，无所不会，儒释道融会贯通。在那个时代，刘秉忠真是个奇才、怪才，甚至可谓天才也！因为在史料上没有查出过刘秉忠学过建筑学、设计学、规划学，但当忽必烈决定定都大都时，即把元朝的国都定在北京，就委托他最信得过的刘秉忠建国都新城。因为历史上一直传说北京地下有孽龙水怪，刘秉忠竟然能把元大都设计成一座“哪吒城”，三头六臂，以求镇孽龙压水怪，保北京平安。从空中鸟瞰元大都，其形象就是“三头六臂两足蹬风火轮”。

忽必烈登基称帝后，即让刘秉忠还俗，拜其为光禄大夫、太保、参领中书省，位居宰相之位，位极人臣。

袁珙大师断言，道衍和尚必刘秉忠之流。

袁珙真大师也，道衍苦等 10 年，10 年江湖蓄势待发，出庙入寺，游山览川。道衍曾作《江头暮归》一诗抒情：

鸿雁池头落日低，倚筇吟望路东西。
云山尽处潮声歇，烟树阴边塔影迷。

江市有尘车过乱,野樵无约燕归齐。
水禽飞断千林静,不觉随钟度远溪。

在名僧的力荐之下,一个极其偶然的机会,他终于遇见了“明主”,燕王朱棣。那年道衍和尚已经54岁,可谓“大器晚成”。

和刘秉忠大和尚相比,明代道衍大和尚也着实了不得!亦堪称奇才。

两位大和尚得遇两位雄才大略的明主,最重要的是明主对大和尚都不猜忌,不隔阂,虚心纳谏,推心置腹。

朱棣一生最辉煌灿烂的当属“造反”,与侄儿建文帝争夺皇位,打了3年内战。而这3年“靖难战争”自始至终都有道衍的作用,每临大事都有道衍的推动,每遇难题都有道衍解题,每场战役几乎都有道衍和尚的影子。

明史专家,熊召政先生曾下断语:朱棣之所以横下心来举兵讨伐建文帝,与姚广孝日夜撺掇不无关系。朱棣“造反”,道衍功不可没。据说朱棣起初对“造反”之事犹豫不决,毕竟是举旗公开和皇帝开仗。这时候,道衍便把当初曾为自己相面的大师袁珙找来,为当时的燕王朱棣看相。朱棣把自己打扮成燕王府的卫士,列队欢迎袁珙。谁料袁珙竟然径直走向燕王,纳头便拜。燕王及周围的卫士齐声否认,但袁大师说,无论燕王穿扮成什么样,但你头顶上有天子气,九五之尊,皇帝之命。龙行虎步,目角插天,太平天子相也。并断言:四十四岁将登大位,且为一位垂诸后世的太平天子。机不可失,命不可违,天不可拒。

朱棣心中无底,一次,他们两人进燕王书房密谈,道衍大和尚落座献茶后,发现书案上有一联语:“天寒地冻,水无一点不成冰。”道衍心中明白,遂提笔联之:“乱世民贫,王不出头谁作主?

《明史》为证:

“帝在潜邸,所接皆武人,独道衍定策起兵。及帝转战山东河北,在军三年,或施或否,战守机事,皆决于衍。道衍未尝临战阵,然帝用兵有天下，道衍力为多，论功以为第一。”

其实，道衍大和尚功推第一的当属建都北京城。道衍大和尚即是迁都北京的倡导者、支持者，更是北京城的重建者。道衍大和尚并没有囿于刘秉忠建的哪吒城，而是根据他的设计规划，在原有的基础上重建。当时北京城有两条龙，一条龙曰“木龙”，从永定门到钟鼓楼，全长7.8公里，这条巨龙直卧京城，龙头是永定门，龙身是紫禁城，龙尾是钟鼓楼；一条中轴线，南北贯通，龙脉畅达，龙气顺畅；另一条是“水龙”，南海是龙头，中海、北海、后海、什刹海的前海是龙身，积水潭是龙尾。从高空俯瞰景山（那时称煤山），就好像是位盘腿而坐的大佛，把当时的北京城画个圈，它就是圆心，把北京城画个对角线，它正在两条对角线的交点上。二龙戏珠就是戏的这个圆心。道衍大和尚不凡，设计独具匠心，建筑巧夺天工，明清两朝近600年，北京城的建筑大格局基本未变。直到今天，我们又重新规划北京城的中轴线，那条道衍大和尚当年设计建设的那条龙。

大和尚道衍的了不起，还在于他曾做三代皇帝的师傅，即明成祖朱棣，明仁宗朱高炽，明宣宗朱瞻基。出家人为三帝师，中国历史上并不多见。

道衍大和尚还领朱棣之命，与刑部侍郎刘季篪、文渊阁大学士解缙三人督修《永乐大典》，堪称千秋大事！

道衍一辈子当和尚，他曾被朱棣封为资善大夫、太子少师、并恢复其俗姓姚，赐名广孝。朱棣希望姚广孝就此脱掉袈裟，蓄起头发还俗，上朝为官，共议政事，同享富贵，赐其豪宅，两名如花似玉的宫女，但姚广孝全都婉拒。姚广孝不愧是大和尚。道衍大和尚是真和尚，不是花和尚。

道衍大和尚不得不上朝议事时，着当朝一品大员的朝服，但一退朝立即回到寺庙，卸下官服着僧衣。直到永乐十六年三月二十九日，在庆寿寺中圆寂，享年89岁。

道衍大和尚不花，更不凡！

无耻莫过如此

勾践,史上有名。春秋五霸之一,自勾践后,春秋再不见有霸。

勾践有名,名不在其称王称霸上,没有多少人知道勾践在其霸业上如何光辉灿烂。现在人知道历史上有这样一位“越王勾践”,皆是因为他有一个“卧薪尝胆”的历史故事。连蒲松龄为激励自己写出《聊斋志异》,也在大堂上还挂了一幅自勉的对子:“有志者事竟成,破釜沉舟,百二秦关终属楚;苦心人天不负,卧薪尝胆,三千越甲可吞吴。”

勾践是位地地道道的大阴谋家,心机很重;兵败作俘、受尽屈辱的国王,中国历史上也多,但韬光养晦、心机重重者,2500 多年没人能出其右。

最能突出他的阴谋家个性的,是吃屎的闹剧。“心甘情愿”地吃仇人的屎,并且能把仇人的屎吃出滋味来,在中国历史上只有勾践。

勾践的仇人是吴王夫差。会稽兵败,他依靠行贿吴国太宰伯嚭逃过一死,被掠回吴国。在吴国的三年,勾践作为越国的王,历尽苦难,历尽折磨,历尽屈辱;夜里咬牙切齿,白天还要装出一副忠厚老实心甘情愿的模样。目的只有一个,回越国。如果回不去越国,报仇复国皆枉谈。

天赐良机,吴国君王夫差病了,去探望的皇亲国戚重臣大将争先恐后,但无非是问夫差到底病得如何?吃药有效没有?唯有勾践心毒,出一“高招”,他揭开吴王夫差的便桶,竟然有滋有味地尝起夫差的大便来,吃过以后,便高兴地对夫差说,大王的病很快就会好,因为您的粪便中苦中有酸,酸中带苦,说明您身体内的病毒病苦已排出来了。毒排体外,其病必好。能不让人感动?除勾践外,还有谁能想到,还有谁能做到?

非常遗憾,历史上"卧薪尝胆"的知名度太高了,以至于勾践吃屎诊病的历史反而淡了。勾践不愧是大阴谋家,做事不择手段至此。吃仇人的屎还能装出心欣怡然,像孝子尽忠,吃屎如吃蜜,其所为堪称中国历史第一人,应与卧薪尝胆齐名。但勾践尝粪便也给他后半生带来了无穷的痛苦。无论在何时何地,即使他做了春秋时代的霸主,只要他一张口,满口臭气熏天,用什么办法都医除不了。

到了北朝的北齐,中国历史上又出现了第二位真心实意愿意吃屎的人,非常遗憾,这位吃屎者没有留下姓名。

北齐是个短命王朝。从高洋到高恒,六代皇帝也不过 27 年。且至少有 4 位简直就是"人渣"皇帝。北齐第四代皇帝世祖武成皇帝高湛在群臣中最宠信的就是侍中和士开。和士开天生的马屁精,溜须拍马,无缝不钻。这家伙每天晚上不睡觉,打足精神眼望天。和士开那才叫"每日三省吾身",他每天都检讨自己哪儿做得不到位,哪儿该做,哪儿不该做;每时每刻都在琢磨皇帝想什么,想干什么,想说什么,想玩什么,想害谁,怎么害?和士开奉承高湛:"殿下非天人也,是天帝也!"高湛心里也美,朗声回道:"卿非世人,是世神也!"

高湛当上皇帝后更为所欲为,作恶多端,毫无顾忌。他与和士开竟然"须臾之间,不得不与(和)士开相见"。和士开投其所好,直言高湛:"自古帝王,尽为灰土,尧舜贤君,桀纣昏君,死后又有何分别!陛下应珍惜少壮之年,横行玩乐,一日快活敌千年。国事尽可吩咐大臣,何必自己劳心费神!"

和士开有当奸臣的本事,"奸谄日至,宠爱弥隆,前后赏赐,不可胜计。"为了报答,高湛言听计从,由他摆布,他又勾搭上高湛的胡皇后,成了北齐不是皇帝的皇帝,权倾朝野,炙手可热。人一有权有势,翻手为云、覆手为雨,巴结他的人就会如过江之鲫,门前就会车水马龙。和士开这家伙荒淫无度,得了一种怪病,太医让他喝"黄龙汤"。何谓"黄龙汤"?一言蔽之,即人屎拌尿。

当时端上来，一大碗，臭气熏天，人皆纷纷后退，和士开当然也不愿喝。即便是治病，喝一大碗屎汤子也够要他命的。谁都没想到，当时在场的一位士人，为巴结和士开，竟然挺身而出，心甘情愿试喝“黄龙汤”，这位老兄分开众人，把臭气难挡、让人作呕的一大碗屎汤子端起来，大口喝了起来，还有滋有味地说，大王不要皱眉，不要担心，其实“黄龙汤”并不难喝。人活到这份上，还有什么人格可言？还有什么尊严可说？为达目的，不择手段，干什么都行。这种人一旦为官，焉能不危害四方？余秋雨先生曾经把小人归纳为 8 种特征，4 种类型，不知这位吃屎喝“黄龙汤”的“士人”该归到哪种哪类？

唐武则天时代，有一小吏郭霸。有名无实，无霸尽媚。最善于拍马献媚，别人做不出来的，他都能发挥得淋漓尽致。郭霸初在河南宁陵县任县丞，整日削尖脑袋、挖空心思地想巴结县令，但县令招财进宝的门路四通八达，来者不拒，也显不出郭霸的才能。有一日，县令之父病故，远近各方都来吊唁，不胜铺张，广进财礼。县令果然孝子，出殡之日，哭得翻江倒海，随行之众皆作悲伤状，也有紧闭双眼干嚎以示痛心者。此时郭霸突然失声大哭，如丧考妣，不是装哭、假哭、而是真哭、痛哭，声泪俱下，哭天喊地，昏天黑地，几次哭昏在地。一旦被救醒，立即又大哭，泪如泉涌，直哭得送殡的人皆因郭霸而心悲、难过、垂泪，直哭得县令大人惊愕感动不已。赶忙过来，反而劝慰郭霸。郭霸发自肺腑道：“你父如我父，你父胜我父，父走子焉得不哭不大哭？”两个人抱头痛哭，悲声不已，一时成为远近美谈。有此技在身，郭霸焉能不升官？

果然，郭霸从此平步青云。从县官做到京官，从地方做到中央，当上了朝廷的监察御史。

一日，忽闻御史中丞魏元忠患病，郭霸急往探视，然而上下左右携礼问候的人多了去。魏中丞也未对郭霸特殊看待。郭霸谄媚有出人头地、勇拔头筹的高招：吃屎！别人想不出来做不出的，他会做到恰到妙处。在众目睽睽之下，郭霸把魏元忠的屎放到自己嘴里细细品尝，然后欢天喜地起来。人们都大惑不解，郭霸忙解释：“大人的病快好了，不用担心了。我尝了大人的粪便，其味既臭又苦，说明毒已外排，大人病无忧矣。”

这是中国有史可查的吃人屎的第三人，以后似无人再登此榜。

但有人用嘴吮吸别人脓血者却不乏其人。

汉文帝刘恒得了痈疽病，身上长的疮流脓水，奇臭无比。汉文帝当时宠信邓通，官封上大夫，并赐邓通铜山，钦准邓通可以自家铸钱，邓通成为一人之下万人之上的大人物，权遍朝野，富可敌国。刘恒得病以后，邓通守在身边，见文帝痛苦无比，就自俯身吮吸汉文帝身上的脓疮，让文帝觉得舒服多了。可那脓水味道，当不下于屎尿。

有一次，文帝的太子刘启，也就是以后的景帝来探视文帝。文帝痛苦不堪，就让刘启给他吮吸脓血以减轻痛苦，太子看着留着脓血的脓疮面有难色。但又不得不遵旨吸脓血，脓血又臭又腥，刘启痛苦的表情尽在脸上，刘恒看在眼里，心中责难太子，还真不如邓通。太子后来知道邓通常给文帝吮吸脓血，且从未有难堪痛苦表情，刘启从此怀恨在心，一是惭愧，惭愧自己作为文帝刘恒的亲生儿子，又被封为太子，还不如一臣子；二是发自内心的恨，恨邓通为了邀宠陷自己于不义之地，遭到父皇的不满。刘启登基后，先是免去邓通官职，后是收回铜山，继而责难、问罪、下狱，虽然没有判他个杀头灭族，但逐出家门，寄人篱下，最后被活活饿死。

当然，历史上还有一位为别人吸吮脓血的人，此人在春秋史上赫赫有名，乃杀妻求将，母亡不归者，吴起也。司马迁为吴起修传：“起之为将，与士卒最下者同衣食。卧不设席，行不骑乘，亲裹赢粮，与士卒分劳苦。卒有病疽者，起为吮之。”说得明白，士兵中有人得了疽疮，吴起身为带兵之帅，要亲自为士兵吮吸脓血。能做到这一点委实不易。但这位士兵的母亲一席哭诉却让人心寒。卒母闻而哭之。人曰：“子卒也，而将军自吮其疽，何哭为？”母曰：“非然也。往年吴公吮其父，其父战不旋踵，遂死于敌。吴公今又吮其子，妾不知其死所矣。是以哭之。”

吮脓血不白吸，如同甘食人屎，心毒耳！

田地死得最惨

上小学时就认识他,但不知道他叫田地。

那篇课文是当文言文学的,课文的题目叫“滥竽充数”。课文简单,记忆深刻。大半辈子过去了,忘记的事情多了去了;读过的书白读的也多了去了,但这篇课文却记忆犹新。不是我学得好,是课文选得好。

齐宣王使人吹竽必三百人。南郭处士请为王吹竽,宣王悦之,廪食以数百人。

宣王死,湣王立,好一一听之,处士逃。

长大了,读书多了,处世多了,才考证,南郭先生活得也自在,也滋润。所谓逃,其实就是大摇大摆地走了,考证不出谁炒了谁。此处不留爷,自有留爷处。何处何愁不充数?充数是文言文,译成今日白话,混呗。且在300多吹竽的皇家乐队中混过,何处不能混?

后来方知,齐宣王叫田辟疆,是齐国第二个国王,他儿子就是喜欢“单练”的齐湣王,齐国第三任国王,即田地也。请教过懂音乐的行家,说:齐宣王懂行,听音乐就要听交响乐,听大阵容全套的,300人的乐队正好。无论在国家大剧院还是在人民大会堂都能“特出效果”,那才叫音乐。田辟疆国王是懂音乐的行家,超前2000多年。

据考证,春秋五霸时期,皇宫的乐队都是成规模的,演奏皆大阵容,皆数百人的乐队。最多的宫中乐队竟能达到1460多人。齐湣王至少是个音乐外行,或者他根本就不懂音乐。试想连楚国边上一个小小的曾侯乙,仅他的编钟乐队就需要几十人。齐湣王只听一个人在旁边吹竽,凄凄惨惨、悲悲凉凉的,一点回音振荡都没有,像小寡妇上坟,土财主给冥主过周年似的,如果就音乐来讲,是一种巨大的倒退。“玩”音乐的“主儿”,一般讲话像弹钢琴,太脆太爆冲击力太强,说得有些过。

说田地之死,必要说田地之生;说田地之生,必要说田辟疆之为。

齐宣王也有说道,他比和他同时期的诸侯王故事多得多,也精彩得多。他除了“滥竽充数”作为成语流传下来,还有一个几乎家喻户晓的故事,即“齐宣王现象”。

《吕氏春秋》中有记载:齐宣王好射,说人之谓己能用强弓也。其尝所用不过三石。以示左右,左右皆试引之,中关而止,皆曰:“此不下九石,非王其孰能用是?”

宣王之情,所用不过三石,而终身自以为用九石,岂不悲哉!

其实,实难言悲哉。2300 多年以后的今天,若言悲哉,其悲者不断。某领导网球打得一般,但常与专业球手“较量”,竟然各有胜负,于是飘飘然,自以为已进专业水平。某领导毛笔字马马虎虎,但每临挥毫赞声不绝,甚至连全国知名的书法大师都有滋有味,煞有介事地高度评价,报纸、刊物、电视吹得鸡毛飞上天,连会议大厅中都挂着他的墨宝,他真的以为自己的书法已然自成一家了。

齐宣王不常有,“齐宣王现象”常存。

齐宣王在齐国王中,可谓有本事,有作为,开疆拓国,富国强兵,齐国历史上,齐宣王有一笔。

当齐国的邻国燕国发生内部动乱,国家混乱,人心思变之际,齐宣王果断抓住时机,派大将匡章率兵 10 万,攻打燕国。齐宣王这个战略时机抓得准,齐宣王确有战略眼光,政治眼光。在燕国,祸国殃民的子之把燕国搞得暗无天日、民不聊生,燕王姬哙昏庸无能,误国误民,子之和姬哙狼狈为奸,朝野上下都恨不能活吃了他们。就在这个关键时刻,齐宣王以解放者伐之,解燕民于倒悬。所以齐国大军所到之处,老百姓皆箪食壶浆,以迎齐师,无有持寸兵拒战者,一路降旗。

齐师10万，仅打了50天，就一路凯歌猛进，直达燕都，百姓开门纳之。

齐宣王也真行，把子之和姬哙打入囚车，武装押解，押送到齐国的国都山东临淄。齐宣王着实威风了一回，胜利者、审判者、执法者，齐宣王田辟疆意气风发，斗志昂扬，不但“辟了疆”，灭了燕国，而且还把燕国的两个国王都弄到齐国受审。齐宣王不软，当众宣布，判子之凌迟，判姬哙吊死。《战国策》曰：“燕王哙死，齐大胜燕，子之亡。”《资治通鉴》曰：“齐人取子之醢之，遂杀燕王哙。”按《资治通鉴》记载，子之还不是后来意义上的剐，而是剁成肉酱。

齐宣王10万大军攻打燕国这一仗打得漂亮，在东周末年堪称经典战役。

齐宣王不仅有“好射”一说，也很“大气”。

齐宣王曾因有国事请教孟子，仅此一事至少说明，此“王”可教。作为一国之王，田辟疆直言对孟子作自我批评，且一点遮遮掩掩全没有，直视解剖自己，在2300年后的今天看，依然不简单。齐宣王对孟子说，我好勇武，好战争，好大喜功，引发战争。孟子就教育他如何改之；齐宣王又解剖自己，说我贪财，孟子又教育他如何不贪；齐宣王又解剖自己，说我好色，让孟子也批评教育之。好战、贪财、好色，我未见中国历史上有第二位这么勇于解剖自己的国王。

非常遗憾，齐宣王好的品质、好的基因、好的作风，一点也没有遗传给他的儿子田地。田地继承的几乎都是他爹的恶。齐湣王当王威风，下场却很惨。

齐宣王灭掉燕国后，燕国人并没有甘做亡国奴，燕国的公子姬平继任国王，当了燕昭王。燕昭王是燕国国王中最有作为最励精图治的“精英”，也是齐湣王的掘墓人。当齐湣王还虎视四周，谁不顺眼就打谁，谁不臣服就消灭谁，自我感觉特别好时，燕昭王已在易水河畔筑下“黄金台”，招揽天下人才。燕昭王也有越王勾践那股劲、那股气，发誓要报灭国之仇，昼夜眼瞪着齐湣王的一举一动，时刻在暗地里，窥测方向，积蓄力量，磨刀霍霍。

田地当上齐湣王后，几乎把周围大大小小的国家都得罪遍了，树敌众多。不过田地自以为“大王”,贪财好武比他爹更走极端。他和楚、魏两国事先约好,一齐伐宋,得手后,平分宋之国土。有盟约在前,三国组成联军,田地亲自出马,披挂上阵,这小子天生喜好打仗,有这样的机会,他焉能不亲自挂帅?

战争的结果,不出所料,宋被彻底打垮,灭国,亡君。但这时候,田地贪婪的本性突现出来了。他说,对宋战争是我发起的,我出动的军队最多,我亲自挂帅指挥,亲自作战,楚、魏两国就是帮衬,那点虾兵蟹将,狗屁军队,没出几分力,凭什么要三分宋国天下?田地越说越激动,越说越生气,越说越不平,先是拍案,继而推案大叫,煮熟的鸭子不能飞到他人的嘴里。宋地他独吞,什么盟约,什么诚信,全抛九霄云外。既然如此,也就罢了。的确,灭宋国齐国出力最多,功劳最大。齐湣王混就混在不但缺德,而且玩弄阴谋诡计,翻脸不认人。他表面一套礼送楚军回国,言之一切都好说,既然是盟友,当按盟约行事,天经地义。楚国军队挺高兴,按楚国国王的指示,带领军队去接受他们应得的宋地。得胜之师、占领军自然没有一点军事戒备,不曾想田地真玩阴的、毒的、狠的,趁楚国军队正得意洋洋之际,突然派兵掩杀过去,打得楚军丢盔卸甲,死伤累累。而且一不做二不休,又用同样的伎俩哄骗魏军,打了魏军一个措手不及,把魏军彻底撵出宋国,他一人独吞宋国。楚、魏两国吃了哑巴亏,劳民伤财,恨齐国恨田地已经到了咬牙切齿、不共戴天的地步了。

齐湣王没完。这家伙正嚣张跋扈呢!

他命令周围的3个小国,鲁国、邹国、卫国,做他的附属国,国王都做他田地的臣属,向齐国进贡。3个小国岂敢不从?他还在大庭广众下发出狠话:哪天将亲率虎狼之师,灭掉那个残存的周王国,把周王朝的九鼎搬到咱齐国的临淄,我正式登基作天子,岂不乐哉?

对内,他可不像他爹那样搞什么自我批评,自我解剖,搞什么听纳不同意见。他要的是一片赞扬、欢呼和三呼万岁。当时他爹给他留下的宰相是战国时期著名的“四大公子”之一孟尝君,孟尝君带头给他提不同意见。田地正“大红大紫”,眼中岂能容沙子?一句话罢免孟尝君,给他留点面子,叫他滚蛋。

《东周列国志》记载挺形象，也生动："齐湣王自孟尝君去后，益自骄矜，日夜谋代周为天子。"可谓鬼迷心窍。几位朝中大夫进谏，根本不听；大臣又请召回孟尝君，这下激怒了田地，大发雷霆，把进谏的几位大臣杀掉，且"陈尸通衢，以杜谏者。"更多的耿直大臣是"谢病弃职，归隐乡里"。田地已然孤家寡人。

齐国田地忙着，日夜盘算着取代周天子的"大事"，燕国可真没闲着，燕昭王"黄金台"上招来了军事天才乐毅。燕昭王也在日夜盘算着，怎么报灭国杀父之仇？为了这一天，燕昭王整整等了28年。

乐毅给燕昭王出的主意是："齐国地大人众，士卒习战，未可独取也。王必欲伐之，必与天下共图之。"结果燕国联合秦、赵、韩、魏组成五国联军，由乐毅统领，从三个方向夹击齐国。

战争的结果，史书上记载："尸横原野，血流成河。"齐湣王一看颓势已现。他的先锋官战死，主力部队伤亡，丢下他的残兵败将，从前线跑回国都。齐湣王方寸大乱，也不再组织有效的抵抗，只想逃命了。而乐毅率大军紧追不舍。齐湣王这时众叛亲离，无奈之中东撞西碰，想跑到过去对他称臣的那3个小国先避避难，但又放不下他相当天子的架子，结果处处吃闭门羹，最后落在了楚国将领淖齿手中。淖齿恨田地也恨到牙缝缝里了，他先把田地公审了一通，然后让他不得好死。

据《东周列国志》上记载，淖齿也真够恨的。《中国人史纲》中是这么记叙的："中国历史上总共有五百五十九个帝王，其中三分之一，即一百八十三个帝王死于非命，而以田地死得最惨。"

田地死得最惨，他被淖齿下令悬吊在阅兵台上，过去田地做王时是八面威风地检阅他的将士、虎贲之师，现在他被悬空吊在那里，他扯个嗓子呼唤，求饶自责，但为时已晚。淖齿命令活剥他的皮，活抽他的筋，且要做得认真仔细。剥皮就剥了整整3天，抽筋抽了整整3天，田地一身是血吊在那儿整整哀鸣了3天，嘶喊了3天。3天后，他身上最后一块皮被剥掉，最后一根筋被抽掉，他才咽下他最后一口气。

在中国历史上，不得好死的帝王中，死得最惨的当属齐湣王。

呜呼哀哉。

“龙种”的传说

1

据柏杨先生考证：从公元前2698年到公元1945年止，一共4643年时间，中国一共出现了83个像样的或不像样的，长命的或短命的王朝，共有559个帝王，其中有397个“帝”“皇帝”和162个王。

有案可查的，自公元前221年秦统一中国后，中国先后出现过49个王朝，据余下考证，这49个王朝的开国皇帝的构成成分极其复杂。嬴政是始皇帝，是皇帝之始，但中国历史上第一个皇帝恰恰不是“龙种”是“借种”。何为“借种”？《史记》为证，原是吕不韦发现在赵国为人质的秦国公子异人奇货可居，才把一个已经和自己怀有身孕的姬献给异人，这个“张冠李戴”的身孕就是秦始皇。否则，秦国的国王怎么能轮上吕不韦的儿子？自秦始皇以后改朝换代的开国皇帝皆三教九流，多为当时人所不齿的下三流、下三烂。粪土当年万户侯。当年的开国皇帝几乎皆为无赖、兵痞、流氓、马夫、驿卒、和尚、贫民、囚徒、挑夫、衙役、酒徒、赌棍、失势的军阀、落第的文人，等等，但都是依靠真刀真枪，冲锋陷阵，杀敌斩旗，也靠阴谋诡计笼络人心，抓住时机，以命相搏而得来的。英雄不问出处。出身不一样，殊途同归，结果是一致的，成功了，登基了，当皇帝了。中国的改朝换代都是像在冰上抽的陀螺一样，所有的“革命”“战争”“起义”“兵变”“阴谋”“宫廷政变”，都是为了皇帝的宝座，一切都为了皇权，别无其他。中国历史上第一次大规模的农民起义军的领袖陈胜，在大泽乡有一句穿透中国二千多年历史的巨吼：“王侯将相宁有种乎？”陈胜靠这一声吼当上了张楚王,如果他沿着张楚王的足迹能走到秦之都咸阳,替代了秦始皇当了皇帝,他一定还会说,还会吼:“吾乃真龙天子现身,王侯将相确有种耳!”

这种改朝换代绝无一点意义上的进步。而唯一的不变的规律就是一旦改了朝,换了代,皇帝便开始了皇帝生皇帝,再不允许谋反!造反!起义!皇帝只能是“龙种”,皇帝的后代当皇帝,龙生龙。从秦始皇起始皇帝就公开向天下表明:“朕为皇帝,后世以计数,二世、三世至于万世,传之无穷。”秦始皇真是个理想主义者,江山万代,他们家把皇帝包下来了。借用列子在《愚公移山》中的话说,叫“虽我之死,有子存焉,子又生孙,孙又生子,子又有子,子又有孙,子子孙孙,无穷匮也。”因此,秦始皇登基后的一个历史任务就是繁衍龙种。《史记》中记载:“秦每破诸侯,写放其宫室,作之咸阳北阪上……所得诸侯美人钟鼓,以充入之”。有杜牧《阿房宫赋》为证,只摘其两句:“明星荧荧,开妆镜也;绿云扰扰,梳晓鬟也;渭流涨腻,弃脂水也;烟斜雾横,焚椒兰也。”秦始皇的后宫美女当有数千人不止。因为有的美女等了整整36年都从未见过这位始皇帝的面。秦始皇留下的“龙种”也不过是十几个。秦始皇没想到“坑灰未冷山东乱”,“始皇帝死而地分”,他播下的“龙种”竟然全部丧生于他的亲儿子胡亥手中。他的江山也没能千秋万代,仅仅二世而终。等到项羽大军攻入咸阳,灭“龙种”灭得更彻底,司马迁记述:“杀子婴及诸公宗族。”秦始皇的“龙脉”算是被斩尽杀绝了。

最可恨的是胡亥,《史记》记载:“二世曰:‘先帝后宫,非有子者,出焉不宜’,皆令从死,死者甚众。”竟把那些被掳来的没有生“龙种”的妇女全部陪葬,何止千百?想起倪方六先生曾经说过,被盗的周幽王的墓中,有100多具女尸,只有一具男尸,而那些女尸有的坐着,有的躺着,有的站着,身上穿的衣服和活人的一样。倪先生判断,那具男尸当为周幽王,而那些女人都是陪葬的周幽王的妃子和侍女。那仅仅是100多人,而秦二世处死的女人何止千人?胡亥死有余辜!

刘邦夺取政权,当上皇帝以后,焉敢有人再言其当年是无赖、酒徒、骗子、狂客，皆言其本来就是“龙种”，连《史记》上也是这么记录的。说刘邦他妈“刘媪尝息大泽之陂，梦与神遇。是时雷电晦冥，太公往视，则见蛟龙于其上。已而有身，遂产高祖。”刘邦是他妈与龙梦中相交生出来的，岂能不是“龙种”？因为刘邦是真龙天子，所以汉朝的江山都要龙子龙孙来坐。刘邦狡猾，才演出“白马之盟”，让文臣武将皆唼血宣誓：非刘氏而王，天下共击之。刘邦一共生有8子，在改朝换代的开国皇帝中属于“中产”，但刘氏“龙脉”一直延续了前后两汉四百多年，是中国自秦始皇以来最长的。其中得益于“龙的传人”的造神，得益于董仲舒的独尊儒术。

在中国人眼中，是神必供，是龙必敬。神乃三界之神，龙乃天上之龙。凡人凡胎受制于人；真龙天子必统治凡人。无论是哪一个改朝换代的皇帝都有帝王之相，所谓帝王之相俱为龙气龙相。被誉为“金戈铁马，气吞万里如虎”的南朝宋王朝开国皇帝刘裕，常传说被部下看见大帐之中有金龙盘踞。宋太祖赵匡胤陈桥兵变黄袍加身之前，也传说部下皆望见天上有蛟龙直飞赵匡胤大帐，众将直奔大帐，看见天上的真龙一下子附在赵匡胤身上。就连想当皇帝的袁世凯也做出许多龙的舆论准备。一说湖北某地发现龙骨，长数丈，上书者言之凿凿；又说某日中午正值袁世凯午睡，家童以大总统最心爱的玉杯进茶，因看见床上竟然睡着一条五爪金龙，吓得把玉杯摔了。

2

经查，在中国皇帝中，南朝陈王朝高宗孝宣皇帝陈顼是生育冠军，他在位15年，活了53岁，共生育皇子42个，公主117个（不完全统计，因为那个时候重男轻女，生的女儿往往疏于记载），一共生育子女159个；汉景帝刘启生育皇子14个，公主21个（仍是不完全统计）；刘秀生11个皇子，可能有27个公主，也有说是100多个；晋武帝司马炎也好生了得，就是那位坐羊车，由羊定位皇帝幸临谁的皇帝，后宫有佳丽过万人，生育皇子25个，公主无数，在位25年，几乎年年都有“龙子龙女”降世。唐玄宗李隆基生有30个皇子，公主大约在45至51个之间;北宋徽宗赵佶生育皇子32个,没有人统计过这位亡国之君生育过多少个女孩。明朝最能生的皇帝当数开国皇帝朱元璋,朱元璋生有26个皇子,164个公主,一共生育了210个“龙子龙女”。朱元璋是地道的“贫下中农出身”,养儿育女观念极强,因小时候几次差点饿得吃“观音土”,当了皇帝以后就给自家的女儿立下一道雷打不动的规矩,皇帝的“龙子龙女”男要封王,女要封君,都要吃国库的皇粮。

朱元璋也没想到,这位前半身曾出家当过和尚的皇帝的生殖力如此“爆发”,短短几十年,竟然生出那么多“龙种”。按着他定的大明守则,一百多年后,大明王朝刚刚活过不到一半的阳寿,朱元璋的“龙种”队伍已然庞大到八千多人,且人人都是锦衣玉食。朱元璋万万没有想到,明王朝的财政负担几乎难以承受,这笔专供“龙种”队伍高消费的支出已经相当于大明王朝全年军费的三分之一。逼得大明王朝不得不召开御前会议,全体文武百官集体研究如何应对这副重担。会议竟前后开了十数天,最后才不得不修改朱太祖皇帝的规定,削减“龙种”们的俸禄开支,一个国家已经难以养活一支由朱元璋创造出来的“龙”的队伍,正宗“龙”的传人。

后看《马可·波罗传》,马可·波罗是正宗外国人,因此享有不少特权,使他有机会接触元朝的皇室、皇族、后宫。据马可·波罗统计,成吉思汗共有4位皇后,这4位皇后共生育皇子22个,其他妃嫔生育皇子25个,一共生育皇子47个。我甚惊奇,马可·波罗是意大利人,不知为什么也没有统计成吉思汗生育过多少位女儿?据一位研究元史的专家说,成吉思汗生育了130多个女儿。看来成吉思汗不仅仅只会弯弓射大雕。

据牛津大学研究人员测试了亚洲男人的DNA,发现有8%的被测DNA都非常相似。于是遗传学家得出了这样一个结论:这8%的人就是成吉思汗的后裔。这个结论估计能“震倒”一片人。我就大吃一惊。成吉思汗传宗接代的本领真比射大雕的本领不知要高多少倍?这个结果公布于世以后,媒体便把成吉思汗称为“史上最伟大的情人”,或更准确地说,“一个四周留情之人”。这也是战争的好处。我虚心请教一位戴着一群实习大夫的博导医师关于龙种的事,他也是男性学的高级专家。他说这个结果也让他很吃惊,但可以十分肯定,成吉思汗是千百万个男人中的唯一一个。他的男性荷尔蒙激素的分泌,类似性交配高峰时期的非洲雄狮和公尤猪,不同的是所有雄性动物的荷尔蒙激素只能是一时一事,一年几次,而成吉思汗是年年如此。

当时的外国媒体把成吉思汗的“野春”说成是战争带来的五大好处:拿破仑依靠战争传播了民主思想;战争把火药传到欧洲;罗马帝国因为战争把葡萄传到了高卢法国;鸦片战争使中国开启了对外开放的国门。

外国人不清楚,比成吉思汗早621年的南朝陈王朝的皇帝陈顼,他并不因为战争,但他在“播种龙种”方面却一举夺魁。

3

南朝的陈王朝,一共立世32年,却经历了5位皇帝。真可谓其兴也勃焉,其亡也忽焉。

陈霸先是陈朝的开国皇帝。早年未发迹前也是游手好闲,不安分守己,是周围人皆怕之畏之的人物。陈霸先自幼就有一股霸气,以后从军打仗,带兵出征,算得上有勇有谋,乱世英雄。陈霸先“气吞万里如虎”,敢率精兵3000人冲入敌军十万阵营中杀个几进几出。

陈霸先掌握大权以后,自然把眼光盯在皇帝的位上。梁王朝末代皇帝梁敬帝真拿陈霸先当祖宗敬着。公元557年9月,梁王朝封陈霸先为相国,原来封的是丞相,现在晋封为相国,又加封太傅,加黄钺、殊礼,赞拜不名。才过了十来天,梁王朝看陈相国还不满意,又加封陈公,备九锡,陈国置百司;仅仅过了二十天,又不得不进封陈霸先为陈王。陈霸先真够霸气的,一口气都不容梁帝喘,仅仅过了3天就迫不及待地逼敬帝禅位于己。这么着急,这么迅速,频率这么快,从封王到逼禅仅仅3天,在中国历史上独占魁首。

《二十五史》中《陈史》中没有记载陈霸先生了多少个儿子，只记载陈王朝的第二个皇帝陈文帝是陈霸先的侄儿，为了找接班人，陈霸先死后和秦始皇一样搞秘不发丧。不同的是怕秦始皇尸臭，赵高让人随车队拉一车臭鲍鱼压住尸臭；陈王朝更有聪明人，为怕尸腐发臭，竟然做了一个蜂蜡的棺材，把陈霸先的尸体密封起来。中国历史上皇帝也罢，臣民也罢，睡过蜂蜡棺材的，唯陈王朝的皇帝，又创一个第一。第三个皇帝是陈霸先的侄孙，由于这侄孙太弱小，这时候陈顼登场了。他是陈霸先的侄子，他靠阴谋手段篡夺了陈伯宗的帝位，成为陈王朝的第四个皇帝陈宣帝。他创造了陈王朝的第三个中国历史上的第一，生“龙种”第一。他在位 15 年，53 岁去世，一共生育“龙子龙女”共 159 个，这还是不完全统计。单算“龙种”“龙子”，他堪称前无古人，后无来者。

按照马尔萨斯先生的测算办法，和朱元璋的实践证明，陈宣帝的生“龙种”的速度，不出二百年，他统治的陈王朝，当时只有区区 50 万户，200 多万人口，30 个州、100 个郡、400 个县，至少有三分之一都是陈宣帝的“龙的传人”，“龙子龙孙”。陈宣帝的繁衍能力的确惊人。

陈宣帝在位 15 年，按他的生育人数看，每年都有数次“大喜”，不是平添“龙子”，就是又生了“龙女”。那时候皇家生龙子龙女都要金盆洗身，纯金的面盆，推算陈顼皇宫中金盆肯定不止一只。《陈史》上记载，陈宣帝“美容仪，身长八尺三寸，手垂过膝。有勇力，善骑射。”这至少说明陈宣帝果然好身体，否则不可能生那么多孩子。史料上没有记载陈宣帝有术士做法，未见有服丹的记录。也说明陈顼的 159 个子女应该个个都是有模有样。

陈顼的后代之所以没有像春水春潮一般蔓延，这就是马尔萨斯《人口论》中讲的，人类控制人的办法之一是战争。没容陈宣帝的后代开枝散叶，战争就像湖水一样淹没了他，隋王朝的战船已开始横渡长江，最要陈王朝命的是“龙种”一代不如一代。陈宣帝的嫡长子陈叔宝，虽是皇帝生出的皇帝。皇帝生皇帝生不出好皇帝。唐朝的魏征曾有评论：“后主生于深宫之中，长于妇人之手，既属邦国殄瘁，不知稼穑艰难。""龙种"必然变成了跳蚤。

陈宣帝一闭眼,他生的有合法继承权的42个儿子中,当然首推其嫡长子,叫陈叔宝,他就是中国历史上大名鼎鼎的陈后主。陈后主"玩"的事什么都会,都精,都通。比如陈皇帝会作诗填词且是高手,中国文学史上有地位,尤其以他的《玉树后庭花》著名:"丽宇芳林对高阁,新妆艳质本倾城。映户凝娇乍不进,出帷含态笑相迎。妖姬脸似花含露,玉树流光照后庭。"陈皇帝还会作曲,排练大型歌舞。犹爱美色,用后人的评论为"昏淫奢靡,沉溺女色"。但《南史》和《陈史》中都无记载他的后宫有多少佳丽美色,更不像说西晋的开国皇帝司马炎后宫的美女太多太多,每天坐在羊车上,由羊走羊停,停在谁的宫门前就住在谁那儿,美女争宠、争幸,于是想出在门前栽上翠竹、绿草,路上洒下细盐,引着拉车的羊走到她们家的门口。有史料载,司马炎的后宫有美女逾万名。他生有25个皇子龙种,不知为什么,皇太子竟然是位白痴,就是历史上有名的白痴皇帝。天下大灾,饥荒甚烈,饿死很多人,灾情报上朝廷,这位白痴皇帝、晋惠帝竟然反问:"没有饭吃何不食肉糜?"晋惠帝是纯粹的"龙种","龙种"当了皇帝,结果召来了"龙种"相残,八王之乱,刚刚统一的中国又陷入血腥的争皇夺帝的战争中。人民又忍受了几百年腥风血雨的苦难。

陈后主不傻、不痴、不呆、不笨,可他就不会、不爱、不懂、不愿去治理国家。他还是很有情有爱的,亡国就亡国,投降就投降,只要活着,且和自己心爱的美女在一起,足矣,人生不过如此耳。因此在隋朝大军入城以后,他投井了,隋军将士要他爬出来投降,他在枯井中一声不吭。隋军有办法,朗声高喊要落井下石!这下,陈后主才慌忙应声。等隋军把大筐慢慢从枯井中拉上来时,都感到皇帝到底是"龙种",否则为什么这么沉?这么重呢?等拉上来一看,众皆大笑,原来筐中除了陈后主外,还有他一分钟也离不开的张贵妃和孔贵妃。陈后主也真丈夫、纯爷们,宁丢江山,宁失龙椅,也不扔美人,不抛弃美女。但那似乎不是统治一国的皇帝该做的,连俘虏他的隋文帝都苦笑着说:"叔宝全无心肝。"

4

皇帝生皇帝也不是那么好生，那么好养。

“龙种”相争，你死我活，骨肉相残，鱼死网破，不乏其例。

刘邦晚年宠幸一位女人，戚夫人，生一“龙种”名如意。刘邦有心废太子刘盈立如意，但刘盈之母是吕后，连刘邦也动不得。等刘盈继位当了皇帝以后，吕后就肆无忌惮地下手迫害戚夫人和刘如意。好在刘盈尚念兄弟之情，时时刻刻护着他，但老虎尚有打盹之时，何况刘盈也在吕后的掌中，只瞬间就够，一杯毒酒就把刘如意送上“西天”。

汉武帝的太子刘据，也是真正的“龙种”，是汉武帝与卫子夫的亲生儿子，并被汉武帝立为皇帝的合法接班人。但刘据最终陷于“巫蛊之案”，太子不保，“龙种”无效，不但刘据被屈杀，还株连刘据的三个儿子、一个女儿以及他所有的妻妾全部被杀。只有刘据的孙子刘病已，因为当时只有几个月大，没有被诛杀，但被关在监狱中，几个月大的婴儿在监狱中几乎是必死无疑！但这个小“龙种”命有吉人相照，遇见了救命恩人，几经风雨，终于在监狱度过了童年。这时候刘病已又遇到了他人生最大一道生死坎。汉武帝刘彻已病重，有术士对他说，你病重皆因长安城的监狱中有天子气，与皇宫中的帝王气相冲所致。汉武帝一听，即勃然大怒，下令宁错杀一千也绝不放过一个，把京城各处收押的囚犯，不论罪行轻重，一律处死。刘病已又因为抚养他的狱吏邴吉以死相拼，才得以幸免，概率至少当为千分之一。因为历史上记载，这个不到三岁的“龙种”是长安城因外在押在关的犯人中唯一一个幸存下来的囚徒。

以后又经过近乎荒诞般的变幻，刘病已终于从囚徒成长为皇帝，这就是中国历史上著名的汉宣帝。当年也不知谁给他起了那么一个古怪的名字病已，当然，“龙种”变“真龙”以后，改名为刘询。刘询当为真正的龙的传人。确实具有不可思议的传奇色彩。

“狸猫换太子”的故事最早应推清末的《三侠五义》，后改编成京戏，后宫妃子为争皇后，不择手段，把“龙种”换成剥了皮的狸猫。“龙种”不好生，皇帝生皇帝真非易事。

公元前71年，汉宣帝当皇帝第4年，他的皇后许平君怀孕了，皇后有了“龙种”，此乃国之大事，况汉宣帝当皇帝以来，革除陋弊，政治开明，声望正高。但皇帝生皇帝也非风平浪静。当时朝中大权在握的是大将军霍光，正是霍光废了刚刚当了27天皇帝的刘贺，让刘病已当皇帝，而霍光俨然是太上皇。他本来想让自己的女儿进宫当皇后，这样霍家的荣光权威就有保障了。可皇后没有轮上他女儿，另有其人。而皇后又怀上“龙种”了。霍光的老婆立即下手，竟然借皇后生产体弱有病，药中下毒，把皇后毒死了，让自己的女儿当了皇后。可见，怀上“龙种”也是孽。

中国历史上最残酷的“真龙”残害“龙种”的莫过于后赵皇帝石虎，他残杀其亲生儿子。太子石宣的办法实在令人恐怖。他让刽子手先用一把锋利的利刃在太子石宣的两腮一边扎一个洞，然后用粗牛毛绳穿入太子的面颊，再用轱辘把太子吊在广场堆起的柴垛之上。石皇帝并不马上处死石太子，他是残酷地折磨他，不叫他好死。刽子手站在柴垛上，用尖刀仔仔细细，慢慢悠悠地生生剜去石宣的双眼。然后又一把一把地活活把太子的头发一绺一绺地拔光，用木槌把太子的牙生生敲掉，再用一个大铁钩把太子石宣的舌头从口腔中生生勾出，连根砍断。这还不算完，刽子手们又用钝刀慢慢地砍断石宣的双手、双脚，把他的肚子大开膛，把五腹六脏都扒出来，最后才四面纵火，把柴垛点燃，把还奄奄一息，尚在挣扎的太子石宣烧成灰烬。

“龙种”不好当，没有变成“真龙”天子，死得都让人心惊肉跳。

隋文帝杨坚统一中国建立隋王朝，可圈可点的事迹不少。但他是中国559个皇帝中唯一一个一夫一妻制的皇帝，应该是绝无仅有的。有意思的是，他虽然只有皇后独孤氏，无嫔、无妃，但也不是不出轨、没婚外情。厉害的是皇后独孤氏只要发现杨坚泡宫女，就会毫不犹豫地把那个宫女一刀杀掉，以免有留有“龙种”之“祸”。以至于身为皇帝的杨坚曾经一个人策马狂奔，扬言：身为帝，却无自由，无自由毋宁死！原来，这句伟大的自由诗是出自隋文帝杨坚。

到了汉成帝时，因为他宠爱后宫美女赵飞燕姐妹俩，居然无缘无故地废黜了皇后，立赵飞燕为皇后，这还不算，为了巩固她的皇后地位，当赵飞燕得知后宫中有一女吏曹宫怀孕后产下一男婴，立即动了杀人之心。赵飞燕虽然是出名的美女，确有“沉鱼落雁”之貌，史书上记载，这个赵飞燕之所以叫飞燕，是因为她舞跳得特别好，像飞燕一样，但其心黑手毒，如同刽子手。她们姐妹俩立即利用宫中的职权，不但把曹宫和她生的男孩“龙种”给害死，甚至连照顾“龙种”的 6 位宫女一起杀害，而且活不见人，死不见尸。让人恐惧的是，以后无论宫中哪位美女、宫女怀孕，不是被赵家姐妹逼迫喝堕胎药扼死“龙种”，就是干脆母子同归，一块杀死，斩草除根。皇帝生皇帝也难。结果整天在后宫女人群里泡着的汉成帝，竟然一个“龙种”没能留下，让龙脉断绝，汉成帝断子绝孙了。

这种生“龙种”不如生“跳蚤”的故事，几乎哪朝哪代都有。故过去唱大鼓说书的有句名言：当皇帝难，生皇帝也不容易。这正可谓男人有男人的难，女人有女人的不易。

明朝第 8 位皇帝明宪宗朱见深，18 岁即位，但迷恋比自己大 17 岁的一位宫女，因为她一直侍候宪宗从小长大，这种恋情本也无可非议，朱见深也是中国历史上很独特，很有个性的皇帝，后宫佳丽数千，但他独爱这位宫女，独爱这位后来被他立为万贵妃的，痴心不变，一直深爱 20 年不变。这在中国历史上绝无仅有，朱皇帝见深的恋爱观值得大书特书，朱见深和万贵妃的爱情值得歌颂。非常遗憾，《明史》上并未记载下万贵妃的名字和更多的情况，著《明史》的人显然瞧不起明宪宗，更不屑万贵妃。

万贵妃没能留下名字，其原因很可能是因为她残酷地杀害“龙种”。当然，万贵妃并非自己没有给宪宗皇帝生过皇帝，她 36 岁时曾经给宪宗生过一个“龙种”，但十分可惜，未满周岁，这个正宗“龙种”就夭折了。很可能因此她的心理就变态了，扭曲了，分裂了，反正她一听说有哪位嫔妃怀孕了，办法只有两条：一是逼迫人家打胎；二是连根拔起,把怀孕的嫔妃一起害死。

"高处不胜寒","不幸生在帝王家"。还是大明王朝,朱棣借"靖难之役",攻进南京城,推翻侄子建文帝自立为皇帝。当时,建文帝有两子,长子才7岁,陷城后不知所终,推测在城破焚宫之时被烧死,尸骨无存。可怜的是建文帝的小儿子,才仅仅两岁,一个完全的婴儿。朱棣为巩固自己的统治,怕此小儿一旦长大会报仇复辟,索性把这个两岁大的婴儿禁锢起来,竟然一直禁锢了55年,四周高墙之下,唯有生命,别无其他,以至于当他55年后,屈指计算也有57岁了,竟然如同白痴,什么都不知道,什么都不认识,完完全全一个废人,其智商还停留在幼儿阶段,连猪、犬都不认识。闻者、见者无不心寒掉泪。

5

有"龙种"必有"龙","龙"何在?

人皆言皇帝就是龙,真龙天子。哪朝哪代哪位皇帝真龙附身,变成了龙?

1987年11月,在河南濮阳西水坡遗址古墓中,出土了一幅奇异的蚌图,即用贝壳摆的随葬的一幅图案。据专家后来考证,在一具男尸骨左右两边分别用贝壳摆的龙、虎图。据说这就是"中华第一龙"一点不为过。濮阳西水坡遗址的发掘,经考证为仰韶文化的前中期,应为6000—5500年前的遗址,称这幅用贝壳摆的图案为"中华第一龙"当为最早的。但当发掘现场的专家们看见"中华第一龙"时,并没有一位专家立即能认出这是一条龙,而且反复猜疑、研究、考证、判断。说明那条"中华第一龙"是最原始的龙,和我们以后称其龙的龙不是一个概念,甚至不是一个模样。那时候的龙就像老虎、犬、马、鸟、鱼一样,仅仅是一种先人们的意念中的现实反映和想象。和以后被皇权化、专制化、迷信化的龙根本是两个概念。仰韶文化中,根本就没有龙的概念,很可能那个时候人们并不认为它就是龙,称其为龙那该是我们后人给强加上的。"中华第一龙"的知识产权当属今人而非我们的先人。仰韶文化时的先人绝不会想到那个似有似无、无意中编拟出来的"动物"竟然成了十几亿他们子孙的始祖图腾。以至于那首歌《龙的传人》竟唱遍五湖四海。迷信的力量可以推动十几亿人的信仰。

庄子有名作《逍遥游》。"北冥有鱼，其名为鲲。鲲之大，不知几千里也；化而为鸟，其名为鹏。鹏之背，也不知几千里也；怒而飞，其翼若垂天之云。是鸟也……"看庄子美文的起式，宏大的描述，用我们现代人的眼光看，那不该是鱼，该是龙；那不该是鹏，也该是龙。但庄子言之凿凿，语之切切，鱼也，鸟也。又何止庄子？老子的《道德经》，孔子的《论语》，以至《尚书》《周礼》《易经》中都有鱼之记也，都有鸟之论也，独独没有龙，更没有迷信中、神话中的"真龙"。

龙从什么时代就代表了皇权专制，变成了真龙天子？翻查历史，直到秦始皇仍然没有，秦始皇把自己定位于始皇帝，三皇五帝之集大成者，并没有说自己是真龙下凡、真龙附身。龙在那时只不过是民间老百姓的一种神话传说，绝非皇帝专用。秦始皇统一中国当上中国历史上第一位皇帝，是真正的始皇帝时，穿的皇帝服是黑色，图案也不是绣着五爪的龙。秦始皇不认龙，龙也未攀附皇帝。

有人说，龙是中国先人崇拜的图腾。那可能是杜撰历史。仰韶文化表明，最早崇拜的是鱼，仰韶文化的代表之一是彩陶，彩陶上绘制最多的图案是鱼和鸟，数万件7000—6000年前彩陶中没有一件绘制过龙。而最有代表性的仰韶文化中的彩陶就是人面鱼纹彩陶盆。其次就是各种姿态的鸟。难怪庄子先生把那么多美好的想象和赞美都献给了鱼和鸟，那才是中华炎黄子孙最早的崇拜图腾。

如果说是"传人"，炎黄子孙也该是鸟的传人、鱼的传人，而不是龙的传人。到了仰韶文化的红山文化时期，在红山文化中最大的发现就是玉文化，红山文化中出土了"玉猪龙"。坦率地说，不是专家考证，恐怕没人能把那块中间有孔，弯蜷如环，环首似猪，圆眼有皱的玉雕佩件定位于龙。这和我们认识了2000多年的龙差距太大了。

龙山文化又出土了玉雕龙，这个呈C型的小玉件，不像我们头脑中的龙，倒像一条十分生动、逼真、活灵活现的"虫"。我们的先祖们并没有把举到头顶上，顶礼膜拜，美化至神化，把龙请上神坛。

龙什么时候就成为“神”，变成了皇帝的化身，或者说皇帝变成了龙的化身呢？追根溯源，是从汉高祖刘邦开始，刘邦是始作俑者。

刘邦装“龙”，装“龙种”，事出有因。

刘邦是中国历史上第一个平民皇帝，口碑并不好，说其是无赖、流氓、混混、爱财好色。然而就这么个人，草莽起家，揭竿造反，三年亡秦，四年灭项，七年得天下，登基当皇帝。如果不搞一番造神运动，让天下臣民皆知他刘邦绝非一般人，而是天意，天神，天降神人，才平天下当的天子。否则，让天下人皆有目共睹，一介草民提三尺剑就可以把皇帝拉下马，自己骑上去当皇帝，人人都可以做皇帝梦，那不乱套了。刘邦就怕这个，群效之，皆反之，天下人皆可为皇帝，天下必大乱。刘家天下就会付之东流。

刘邦取得了天下，就不怕天下人不为他筑起神坛，包括司马迁，造神运动也可能始自司马迁，至少《史记》所载起到了推波助澜的作用，起到了为后世造神的“样板”作用。

《史记·高祖本纪》中式这样活灵活现地，煞有介事地，如亲眼所见地描述：“其先，刘媪尝息大泽之陂，梦与神遇。是时雷电晦冥，太公往视，则见蛟龙于其上。已而有身，遂产高祖。”司马迁言，刘邦不是他爹的骨肉，换而言之，非人种，而是天上的龙种。说刘邦他妈刘媪当年在大湖坡上休息时，不知不觉睡着了，不但睡着了，而且还做起了春梦。梦中遇见位神仙。也正当此时，天空中竟然雷电交加，天昏地暗，刘邦的父亲前去寻找刘媪，但见有一条天上的蛟龙正伏在刘媪身上，后来刘媪就有了身孕，就生下了刘邦，汉高祖。有司马迁为证：刘邦非人而是“龙种”，中国历史上第一个“龙种”是刘邦。

刘邦出生后长得也极像“蛟龙”，像亲生他的“龙的父亲”。《史记·高祖本纪》中是这样记述的：“高祖为人，隆准而龙颜，美须髯，左股有七十二黑子。”刘邦果然是龙种，有一副龙颜的长相，鼻梁高挺，颈项颀长，美须飘逸，左边大腿上还有72颗黑痣。

这还不够，《史记·高祖本纪》中又说刘邦真的不是人，是龙，天上的真龙。“常从王媪、武负贳酒,醉卧。武负、刘媪见其上常有龙,怪之。”酒后吐真言,醉后现真身,刘邦喝得人事不知后,那两个开酒店的男女常常看见刘邦身上隐约有一条龙在盘桓。

刘邦不是人是龙,似乎已然板上钉钉,铁案无疑。

自刘邦以后,皇帝垄断了龙,皇帝成了龙,谁要想当皇帝首先要有龙的身份,要么是龙种,要么是龙的替身、化身。

那首歌叫《龙的传人》就是在对龙的封建迷信、神化美化的基础上才风靡全中国。似乎没有人觉得它是宣传愚昧和迷信。龙是没有的,不存在的,虚构的,假的。从西汉高祖皇帝刘邦开始,龙仅仅是为皇帝专制而编造的。但却言之,古老的东方有一条龙,它的名字就叫中国。这样的比喻近乎荒诞。即使古老的东方有条神话中的龙,它的名字也不叫中国,它代表不了中国,从公元前 197 年以后,它的名字应该叫皇帝。“古老的东方有一群人,他们全是龙的传人。”他们不是龙的传人,中国人不是龙的传人,绝不是“龙种”。这种以讹传讹何时能休?“古老的东方有一群人,他们全都是龙的传人。”它不是说都是“龙种”。而是作为一种文化传承。虽然中国人都有一个帝王梦,中国历史自秦始皇以来,有多少人想变龙,登基做皇帝,司马昭之心,路人皆知,其实又何止司马昭?但有位先生就不想当皇帝,他不想当皇帝的原因也让人觉得费解,这位先生就是鲁迅先生。他在 20 世纪 20 年代在上海的一次演讲中说:“我以前也很想做皇帝,后来在北京去看到宫殿的房子都是一个刻板的格式,觉得无聊极了,所以我皇帝也不想做了。”其二是就不能“和许多朋友有趣地谈天,热烈的讨论”,失去做人的趣味。

“龙种”不如“跳蚤”

1

中国历史上第一位布衣皇帝就是汉高祖刘邦，刘邦是依靠造反起家，从一个平头百姓当上皇帝的。他当上皇帝以后第一项任务就是编造出自己绝非凡人，绝非俗胎，更非流氓地痞，他乃真龙天子，他娘生他就有神附体，与龙交媾，才生出“龙种”，育成真龙天子。司马迁在《史记》中活灵活现地描述了刘邦这条真龙的来历。他们是让全天下的人，让世世代代的人都相信，皇帝乃真龙天子，真龙下凡，是天之命也，概天下皆应顺天应命，皇天后土只有一条龙，它的名字叫皇帝。其余芸芸众生切莫想入非非。

刘邦能编，司马迁能写。他们蒙骗了多少代中国人？龙的传人不是中国人的统称。在汉统一中国之前，龙只不过是人想象中的一种“假托”，上天入地，呼风唤雨，腾云驾雾，它是远古巫术的一种“变法”，是巫师托梦，梦出来的一种作巫手段。没有人自喻或喻托为龙的传人，它就是一种巫术的图腾。连天下一帝的秦始皇也从未自喻是龙。秦始皇说我是皇帝，传之万世。他的皇位不可动摇。他没有必要把自己托生成世上本无此物，民间不见经传的一种假想物。

刘邦不凡，堪称伟大。自他以后，龙被皇室独霸，皇帝天子，必然真龙。龙“播种”的自然是龙种。

因为没有龙，他播下的就不是龙种，就可能是跳蚤。

有“文景之治”之称的汉景帝刘启是汉文帝刘恒的儿子，是汉高祖始称真龙天子刘邦的嫡孙。纯种的龙的传人，真正的龙种。汉景帝一共"播种"下十三个"龙种",不包括他所生的二十几个公主。这十三位龙子都封为王,都有登基升龙的可能。

江都易王刘非,乃汉武帝刘彻同父异母之兄弟,自恃龙子,骄横霸道,不可一世。他养下的"龙种"绝非善类,堪称不齿于人类。其"龙种"刘建十足混世魔王,当他还在江都属国跟其父易王刘非做太子时,邯郸有人献一美女给其父易王刘非,刘建知之,闻其女美貌如天仙,急不可耐,急趋查验,果然漂亮,这小子竟然敢"呛"他爹的"行"。有人进言,易王之妃乃太子之母,辈不能乱。刘建根本无视人伦,据为己有,留己享用。刘非一死,刘建更无法无天。他在为父亲服丧期间,竟然把自己宠爱的十个美女叫到服丧的庐舍,昼夜渲淫,与她们群宿群奸,根本不管其父亲的灵柩就停在大堂,美女淫荡的欢笑声和刘建放纵的欢笑声把冷清的灵堂搅得乌烟瘴气的。当他的同父异母的亲妹妹前来为父亲吊丧时,身着重孝的刘建竟然就在灵堂前逼迫自己的妹妹与他成奸。刘建这位"龙种"还迫不及待地把他早就看上的他爹的宠妃淖姬连夜接到守灵的殿堂中,和淖姬颠鸾倒凤,疯狂无度。这位"龙种",寻欢作乐甚至不择手段,他叫四位弱女子在水中挣扎以此取乐。如有宫女冒犯了他,令他不高兴,他就令她脱得一丝不挂爬到树上晒着凉着,有的宫女竟达三十多天不叫穿衣服。这家伙邪火上来以后,想尽办法折磨宫中的女人,有时竟然放出他养的大狼狗将宫女活活咬死,还逼着其他宫女围观叫好。更可恨的,这位易王,还惨无人道地让人把宫女的衣服扒光,捆住手脚,强令和禽兽交配。这么个连跳蚤都不如的畜生,还觉得当易王不解渴,当"龙种"不是龙,淮南王叛乱时他立即参加叛乱,想把皇帝拱下来,感到自己有龙附体,妄想升当真龙天子。

还是汉景帝的"龙种",被封为胶西王的刘端,凶狠残暴,肆无忌惮,看见谁不顺眼,并不需要半点理由,推出去斩了。就是这个刘端,患有阳痿病,不能性交却夜夜要女人,夜夜换女人,残暴虐待女人。这家伙心黑手辣。他非常宠爱一个年轻的郎官,眉清目秀的"小白脸",这家伙还有"嬖男"之好。但不久就发现,这位漂亮的"小白脸"

另有隐“情”，借着自由出入后宫之便，和其后宫的嫔妃“暗通款曲”。这位胶西王大怒，正戳在他的痛处，他不但把后宫的嫔妃严处了，虽然史料上查不出这家伙是怎么严处嫔妃的，但可以断定他绝不会让那些被他活活囚禁在后宫毫无生机亦毫无希望的女人们好死的。他不但把那位未留下姓名的郎官残酷地弄死了，而且杀了他的一家人。

这家伙的狠毒还表现在把中央朝廷派到胶西王封地的“朝官”，不是撵走，就是弄死。撵走的办法是组织一个“写作、告状班子”，捏造罪名，向朝廷诋毁诬陷他们，又设下一个又一个圈套，挖坑陷害。如果还不能得逞，就亲自下手，用阴谋诡计下毒毒死他们。到胶西王封地的中央官员竟无一有好下场。

和胶西王刘端是同父异母亲兄弟的赵王刘彭祖，不愧为一个龙下的种。其阴险程度不亚于刘端，横行霸道，为所欲为，无法无天。把中央朝廷派到他封地做官的中央官员不是折腾得鸡飞狗跳，背着一身脏名恶名滚蛋，就是找个茬口活活害死。这家伙放纵情欲，淫乱无度，纵情挥霍，后宫拥有很多姬妾，仍然下令征召美女，肆意播种“龙种”。这位赵王为此还不惜辛苦，经常半夜夜闯民宅官府，悄悄摸到商家客栈，一是敲诈勒索，更重要的是“采花寻美”。后来他的爵位封号被削，还不是因为他胡作非为，而是“龙种”犯事，儿子株连到老子。原来，刘彭祖的太子名丹，做得比他爹还赖还坏还出格，奸淫妇女无数不说，拥有妻妾成群不说，这位“龙太子”“龙种”竟然和自己的女儿、亲姐姐通奸，闹得满城风雨，被告发到朝廷，东窗事发被免。真乃老子英雄儿好汉，龙生龙也。

2

拿刘邦的龙子龙孙说事，是因为刘邦是中国历史上的第一条“龙”，龙自刘邦始。

刘邦的亲孙子刘武，即是中国历史上著名的“文景之治”汉文帝刘恒的儿子，也是汉景帝刘启的同胞兄弟。史料上没有记载刘武好色宠美的艳事，但却记录下这位被封为梁孝王的财产，富可敌国。刘武是搂钱的高手,搜刮民财的“龙种”,到他死时,家中尚存黄金40多万斤,随他下葬的金银财宝无数,其中刘武死时还穿着一件世间珍宝,金缕玉衣。到东汉末年,曹操亲自挂帅,设盗墓官为“发丘中郎将”盗挖刘武的墓。史书上记载,所盗财宝能养活曹操大军3年。就是凭这衣食无忧的3年,曹操才从一只“土龙”蜕变成带鳞带甲的“真龙”了。

刘邦创建的西汉王朝到汉元帝已然日薄西山、气息奄奄。汉元帝不是一般的“龙种”,他是孵化出来的“龙种”,是变成真龙的天子。这个“龙种”29岁孵化后,当真龙皇帝16年,44岁撒手世界,一生可配上四个字:骄奢淫逸。

这位真龙天子在诸多真龙中,好色不是最突出的,但选美的招数却是独一无二的。汉元帝刘奭令人修一大水池,池中间有一玉马,池中放满水,他和众美女共同洗浴,洗浴中间,刘奭即出一令,看池中赤裸美女谁能爬上玉马,并骑在上面,他便同这位独立骑玉马者相配。于是众裸女纷纷拥向玉马,你争我抢,丑态百出,元帝大喜。这家伙真能独出心裁。汉元帝在政治上浑浑噩噩,在治国安民上更是一事无成,也不想成事,他把心事本事都用在选美上,这是这条龙的真本事。

因为后宫嫔妃美人太多了,这位皇上又生出一个歪点子,让画家把后宫的美人画下来,让他挑选。刘奭不愧是“龙种”出身,它不同于后世的晋武帝司马炎,司马炎是坐着羊车走,由羊拉到哪儿他就“幸宠”到哪儿。后宫美女的命运由几只拉车的羊决定。汉元帝的办法较多,其中之一就是后宫的美女为使画师把自己画得更美更漂亮,就向毛延寿那位御用画师行贿。汉元帝选美的办法,成就了中国历史上四大美人之一:王昭君。

王昭君叫王嫱,虽然十分美貌,卓尔不群,但因为她拒绝向毛延寿行贿送礼,毛延寿就把她画丑了,汉元帝根本看不上眼。因此她独居后宫数年,连汉元帝的面都没见过。当汉元帝继续奉行与匈奴的和亲政策,要从后宫选一美女作为汉元帝的公主,封为昭君,远嫁匈奴的呼韩邪单于。王嫱为改变人生,就坚决要求嫁到匈奴去。时间是公元前33年,那时的匈奴是一片荒凉寒苦之地,交通不便,往来一趟要行数十天甚至一年半载。不但生活艰苦,习俗不同,且语言不通,但王嫱心意已决,她不愿意把自己的青春乃至一生都“活葬”在后宫这个“天井”中。可笑的是汉元帝这位真龙天子,当王昭君打扮好,作为汉王朝的公主准备启程上路时,与汉元帝告别一幕充满戏剧性:汉元帝被眼前这位倾国倾城、沉鱼落雁的美人惊呆了。史书中有十六个字描述王昭君:“半容靓饰,光明汉宫,顾影徘徊,竦动左右。”史书真不留情面,管你是真龙皇帝:“帝见大惊,意欲留之,然难于失信,逆与匈奴。”一怒之下,汉元帝把气都撒在毛延寿身上,斩了毛延寿。

汉元帝一生一事无成,只是他的选美制度成就了王昭君。西汉时男封侯,女封君,王嫱被封为昭君,肩负着民族和睦的大任。昭君出塞,让边境人民安居乐业,几十年不再有战争。史书有证:“是时边城晏闭,牛羊布野,三世无吠之声,黎庶亡干戈之役。”昭君出塞给后世留下多少诗篇,多少图画,多少戏剧,多少传说,多少精神,谁还记得那条龙?

刘骜是刘奭之子,百分之百的纯种“龙种”,实践证明也不过是只跳蚤,一只蹦不多高的瘪跳蚤。刘骜完全承袭了“前龙”体内超强分泌的荷尔蒙,这位汉成帝19岁即以太子嗣位,在位27年,竟然更换了8个年号,在西汉皇帝中仅次于汉武帝(汉武帝刘彻更换了11个年号)。汉成帝登上九五之尊的龙椅,什么家事、国事、天下事,他是一点热心皆无;他只关心美人、嫔妃、房中术。这家伙首先创造了“龙马精神”,每夜必和12个美女同宿,想必那床是中国历史上最大的床。汉元帝好色几乎和38年后的王莽篡位几乎一样,路人皆知。知儿莫如其母,刘骜之母王政君四处收罗美女,送入宫中。上有所好,下必甚焉,四方进贡首要的是美女,官员的一项重要职责是选美。汉成帝正值青壮年,花心茁壮,即使周围已有数不清的美女侍奉,他仍然不满足,常常微服出行,四处寻欢作乐,寻莺看柳。有一次汉成帝又是微服出寻,寻“野花野莺”,路过阿阳公主家,竟然在酒后发现一位绝色天仙,这位歌妓叫赵飞燕,不但长得沉鱼落雁,羞花闭月,而且舞姿绝美,轻盈优雅,如燕轻舞。汉成帝大喜,自喻微访得玉,功夫不负有心人。三千宠爱在一身。当他又微访到赵飞燕还有一妹妹赵合德时,立即召进宫来,汉成帝果然厉害。赵家的这个妹妹,比姐姐更美,史书上记载赵家妹妹之美只用了 9 个字:“左右见之,皆啧啧嗟赏。”左右皆见过美色千百之人,见之竟然情不自禁地赞赏,情不自禁地啧啧有声,只见一面就征服了左右。赵家姐妹彻底把汉成帝攥在了手心中,汉成帝彻底拜服在赵合德的石榴裙下。汉成帝是个“阅尽人间春色”的“花蜂”,能甘拜其下,足见赵家姐妹的魅力。

那些后宫的阴谋诡计也波云诡谲,赵家姐妹也能兴风起浪,核心是尽快为汉成帝生一“龙种”,以便名正言顺地当皇后。但事与愿违,汉成帝夜夜和赵家姐妹相寝却不见龙种,时不时和其他美女“见缝插针”却“无心插柳柳成荫”,常有美女怀上“龙种”,醋性大发的赵家姐妹岂能容之,不久而被害死。民间称之“燕啄皇孙”。为了早怀“龙种”,赵合德把一种从术士手中淘来的叫“慎恤胶”的壮阳性药,数倍剂量让汉成帝服下,一夜的狂交热恋疯狂之后,没想到第二天早上,汉成帝下床,突然全身麻痹,随即暴亡。这倒成全了汉成帝不爱江山不爱“龙体”,只爱美人献身美人的“美名”。汉成帝真个一个真龙天子也,他是中国皇帝中唯一一位食性药为而暴死床前的真龙天子。

38 年后,王莽篡政,改立新政,杀了西汉小皇帝刘婴,自己当皇帝。

王莽不愧是思想家、改革家,他知道自己就是一个皇帝的外戚,不是什么真龙,充其量就是一个蜥蜴、四脚蛇、变色龙;也不是什么“龙种”,“龙种”是刘婴;让他亲手灭了,他不过就是一个“杂种”。因此,王莽实事求是,遍查史料,他从来没说自己是龙、龙种,龙的传人。

3

遍查刘邦、刘秀两汉的龙子龙孙,龙种和龙的传人,不过是些跳蚤、臭虫、蟑螂。即便如此,也并非刘邦的龙种就如此,其他王朝的龙种皆真龙,非也!随便翻到历史的1664年,满清入关后,在北京建立清王朝,正是顺治元年。这时在江南的明朝尚有半壁江山,以马士英为首的宦官官僚集团,拥立万历皇帝的嫡孙,龙种福王朱由崧当皇帝,年号弘光。这位明太祖皇帝朱元璋的"龙种"也邪恶得出奇。朱由崧这家伙一从龙种蜕变成真龙,就立马开始享受龙的生活,哪管清兵大军压境,哪管百姓民不聊生,哪管朝内矛盾迭生,哪管军队潜伏危机,这个龙种就大兴土木,大盖宫殿,大修园林,公开标价,鬻爵成风。这位弘光皇帝留在中国皇帝史上的一页是"蛤蟆天子"。朱由崧不爱国、不爱民、不爱朝野、只贪爱美女,他治国的所有政策几乎都是围绕着收罗美女出发,各级官员都为皇帝"梨园子弟"发愁、忙碌、工作。1645年,顺治二年,农历大年三十时,此时正值清军进攻宿县,史可法死守扬州,在前线浴血苦战之时,朱由崧突然召开殿前会议,召群臣集聚,大臣还以为皇帝定有驱满定邦之策,谁知道朱由崧却说,都什么时候,我哪有心考虑那些事,我现在主要考虑的是梨园子弟没有一个美貌如仙的,你们要广选良家美女,越多越好。这位弘光皇帝亲自下令官民四下捉蛤蟆,提取蛤蟆精配制房中性药。白天捉蛤蟆不够,黑夜挑灯也要捉蛤蟆,"蛤蟆天子"应声而出。最可恶的是,这家伙专事玩弄少女,奸淫少女,致使皇宫中每晚常常传出少女凄惨的呼喊声,让人毛骨悚然,每天早晨都有太监把被奸淫致死的少女抬出皇宫。就是这么一条恶龙,不被斩为两截岂有它哉?"龙种"不如跳蚤。

如果说朱由崧还仅仅是只瘪"龙种"的话,明朝16个皇帝中,第10个皇帝朱厚照当为真正的"根红苗壮",百分之百的纯龙种!因为朱厚照不但是明孝宗朱祐堂的亲生长子,而且是正宫皇后娘娘亲生的,这在明朝乃至中国历史上559个皇帝中都是罕见的。朱厚照从生下那天起,宫里宫外,朝上朝下都认准他是明孝宗的传人,"龙种"。

这位"龙种"尚在未成龙变天子时就为所欲为,虽然是"龙种",但举国上下没人不把他当真龙天子看待。这家伙从小就"野",爱玩贪玩,常常玩出格,骑马、角抵、蹴鞠、博戏几乎样样精通。这个"龙种"

还经常窜出皇宫,不论大臣百姓家,踏访美女,妓院歌栏经常出入,吃喝嫖赌五毒俱全。他当太子时酒量就大得出奇,豪饮数升酒不醉,他不喝醉就不让周围陪酒的人散席,常常一席一堂人都喝得痛苦得当场呕吐翻滚,只有他还坐在席上继续斟酒狂饮。这家伙当上皇帝以后,不但培养和造就了一位中国历史上臭名昭著的大太监刘瑾,而且皇帝当得也随心所欲。这家伙有后宫宫殿,有皇后嫔妃,但他却从不喜欢住在皇宫里,从来不正眼看她们,更不要说是宠爱了。他喜欢打"野食",热衷于妓女、歌妓、舞女、寡妇、尼姑、有夫之妇,甚至喜欢怀孕的女子。闹到最后,武宗皇帝索性另起炉灶,在皇宫外盖起了所谓"豹房"。原来这位明武宗最追求"自由",最喜欢"特别",最不喜欢有人看管监督,我行我素。他躲到"豹房"算是进了安乐窝,周围皆阿谀奉承,专门琢磨他心事的一大群宦官和佞幸小人,变着法的让他兴奋,整天花天酒地,纵情淫乐。乐不思宫、乐不思政,乐不思国,更不思民。他周围的太监、佞臣就想方设法满足他的欲望,他们搜罗来16个色目女子,即现在中亚、西亚一带的少数民族女子放在"豹房",这些女子皆能歌善舞,又都训练得深通房术,娇媚有方,让明武宗失魂落魄,忘乎所以,乐不思宫。

明武宗皇帝时中国历朝历代皇帝中玩得最出格的皇帝之一。这位纯"龙种"出身的真龙天子,常常弃"龙袍""龙椅""龙殿"而不顾,着便衣,轻装简从,销声匿迹,夜出京城。弄得满朝官员群龙失首,找不见皇帝,急得似热锅上的蚂蚁。明武宗倒快活,他带着太监佞臣十数人一跑就出昌平,过居庸关,走坝上,抵宣府。明武宗在宣府周游于市井之中,游玩于山水之间,忘情忘我。这位明武宗精力充沛,折腾不垮,白天狂玩、海喝、乱窜、神游,到晚上精神头更大,看见高门大宅必闯入其中,见其妻女漂亮,就在人家奸宿群宿。看见好东西即一扫而荡,闹得当地鸡犬不宁。史书上记载:"每夜行见高屋大房即驰入,或索饮或取妇女","凡车驾所至,近侍先掠良家女以充幸御,至数十车。"朱厚照还亲进尼姑庵,选漂亮尼姑纳入帐下,进歌妓馆选美,终于发现一刘姓女子让这位皇帝眼前一亮,即揽入怀中,再也不放手。经查,此刘女系人妻,不宜选入皇宫,朱厚照不论资历地位婚否,且深爱之。有一次率军出征时,行军途中,不慎将刘美人送给他的一件作信物的玉簪丢失,这位皇帝立即下令,停止行军,全军上下集体低头沿来路往回走,数万大军像丢魂一样都盯着路面草丛找那刘美人的信物!没有信物刘美人不随行到兵营见皇帝。朱厚照岂止"龙种",真"情种"也。念美思美之心不可挡,竟然弃三军于不顾,置战争生死于脑后,星夜狂奔回京城取美。厚照真敢爱敢为也!

北方玩腻了,一群宦官弄权的佞臣又怂恿他下江南"撒野"去。这下正中明武宗下怀,但朝廷集体反对,竟有100多位朝臣联名上书反对,朱厚照大怒,竟然把那100多位联名反对的大臣集体赶到午门外罚跪,其罚跪的地方正是446年后,午门外摆摊照相的留影点。这是史无前例的,100多位朝臣,齐刷刷地跪了一片,而且一跪就是5天,这仍不解朱厚照心中之怨气,朕乃皇帝,谁改阻朕?无论老臣病夫,一概午门外处以杖刑,当场就打死11位大臣,被打半死拖回去致死致残的有数十人。朱厚照真是条恶龙。黑白不辨、忠恶不分。

朱厚照这个皇帝是位神奇天子。每每喝大酒后,一是和美女博,此尚在情理中,"朕无所好,独爱美人"。另一个是常人匪所思也,博虎,和老虎玩命,赤手空拳打猛虎,在中国历朝历代中这么勇敢玩命的皇帝只此一人。

朱厚照这条真龙,时时出没于云天之上,藏头匿尾。他经常把自己封为统兵大将军,发号施令,让朝廷上下皆昏,不知何来指令。他带兵出征边境,向朝廷发旨意,却以"总督军务威武大将军总兵官朱寿"的名义下达,搞得满朝文武皆大傻,遍查文臣武将,却无此人。原来是朱皇帝随心所欲自封一个武将的头衔。朱厚照玩的是"隐龙"。

朱厚照喜武。是其性格的一面,说起排兵布阵来兴奋大增,常在宫内宫外演练。玩得兴致勃勃,边疆偶有战事,常要御驾亲征。有一次在和蒙古鞑靼骑兵作战中,这位"龙爷"竟然跃马挥刀,在阵前冲锋,甚至出现了"乘舆几陷"的危急情况,但朱厚照并不害怕,反而刺激得精神大振,亲冒矢雨,亲自督战,亲自冲锋,亲手杀敌。据他自己说:“朕曾亲斩虏首一名!”虽然那场战斗仅斩敌首16个,而明朝大军却死52人,重伤563人。但朱厚照敢上战场敢杀敌玩命,也不简单。

最可悲的是朱厚照之死。这位皇帝自幼聪明,聪明的程度是无师自通。他为了迎接胜利之师,实际上就是欢迎自己,就给百官和欢迎的人群发了财帛,他不以皇帝自居,要以大将军身份得胜回朝,因此仪式就不能像迎天子一样,结果是彩排成类似数百年后的“团体操”,朱皇帝也有创新。

他爱玩又喜曲,自己创作,自己排演,乐队阵容数百人,是大型“交响乐”的阵容,演奏得也是排山倒海一般。朱厚照还会驾鹰骑射,是位很不错的猎手。他还会驾船摇橹,撒网捕鱼,且不要别人帮忙,更不是作秀。最后一次在淮安的清江浦时,武宗又突然发兴趣,独自驾舟捕鱼,结果船翻落水,左右见之,竟然高呼:“万岁龙也!龙狎水!”

武宗得于龙,死于龙。在位16年,31岁溺水受惊寒而死,“临幸”女子何止千百,但竟然无遗一“龙种”,无嗣也。无儿无女,在明朝16个皇帝中,他属“孤龙”。

4

明神宗朱翊钧,按辈数当为武宗朱厚照的孙子。也是正宗的“龙种”蜕化成条懒龙、怪龙。他如何奢侈淫逸,如何荷尔蒙发作,后宫数以千计的美女如何邀宠争幸不谈,史书上说这位“龙”:“每夕必饮,每饮必醉,每醉必怒。左右一言稍违,辄毙杖下。”

仅言神宗的腐朽昏庸。这家伙每日豪餐,日渐发福,胖成一个大肉蛋,肚子大得几乎坠落地。无奈每欲行动,必有两太监在前面替他捧着肚子。这家伙在位48年,前期是张居正主政,等到他长大以后,主持20多年愣生生泡在后宫不出朝不露面,不批奏章,不发圣旨。他既不管朝,更不问政,也不理事,只论吃喝玩乐。这位皇帝也创下“真龙天子”之最,万历时期内阁大臣沈一贯辅政数十年,只见过神宗皇帝一面,真乃真龙,不露真容。朝中六卿及全国府州县的朝廷命官,竟然听任自生自灭,补员的奏章如泥牛入海,没人敢管,没人能管。按明朝官制,给事中应有50多位,御史应有100多位,其他朝其他代都是超员提拔,超额配备,官多如蜂,但万历年间,由于皇帝不批示、不点头、不朝见、不露面,到万历四十年,六卿只剩赵焕1人,户部、礼部、工部只剩侍郎1人,甚至内阁也只有方从哲1人。

明朝这个朝代挺怪,出了这么多“怪龙”,出了那么多其实不如跳蚤的“龙种”,但江山依旧,没有看见像五代十国时期的军阀权臣,动不动就改朝换代,自立为皇帝,自己当天子。究其原因,很重要的就是对“龙”“龙种”“皇权意识”的宣传贯彻。皇帝皆“龙种”所变,“龙种”孵化以后就是“真龙”,“真龙”神圣不可侵犯。明朝“龙”被神话了,在人民乃至民族心理上、精神上已经被牢牢地筑起了神坛,皇帝就是瘸子、瞎子、疯子、傻子,再凶、再坏、再花、再混,那也是龙种、真龙,不是凡夫俗子,想一想他们的不好都是越轨大逆不道。没有人去怀疑龙种是不是跳蚤、臭虫、蟑螂。直到1644年,陕北出了个李自成,这个亡命驿卒,不信“龙种”说,坚信造反有理。即使他举起闯王大旗,他当时充其量也就是一个“土鳖”,但这个“土鳖”却杀龙屠种,终于拱倒了真龙天子,拱倒了大明276年的江山。李自成的“土鳖”哲学即斗争哲学,也告诉历史,告诉后人,真龙天子不过是一个传说。

后记:1亿年前,世界正处于侏罗纪时代,那个世界上有真龙,是恐龙。侏罗纪时代正是恐龙时代。侏罗纪时代也已经有了跳蚤,小小的跳蚤,针尖那么大,恐龙非低下头自己慢瞧才看见那些小得像灰尘一样的小东西。恐龙傲慢地说:“我一脚就能踩死一万只跳蚤!”跳蚤卑谦地说:“何止1万只?恐怕10万只也不止。”恐龙说:“那你们还活着干什么?灭亡了吧!”跳蚤十分自豪且自信地说:“1万年之后,恐怕只有跳蚤不见恐龙!”谁也没想到,跳蚤之言竟然成了伟大的预言,6500万年前,当最后一只恐龙在中国的内蒙古二连浩特痛苦地闭上眼睛时,跳蚤勇敢地从它尸体上跳下来,它骄傲地向恐龙宣布:跳蚤活得很自在,它的种类已经有1000多种。它的后代的后代的后代,极其偶然地看到了的是一颗颗“龙种”,恐龙蛋的化石……

当然,现在这个世界上还有真龙,活着的真龙,科莫多龙。但有哪位中国人会认为它是龙呢?那就是一只硕大无比的,极其丑陋的,极其凶残的,靠吃腐肉为生的大蜥蜴,其实那才是真龙。

冯唐难老

王勃在《滕王阁序》中有句发自其内心的感叹:“呜呼!时运不济,命运多舛,冯唐易老,李广难封。”

我却言之:冯唐难老。

冯唐何许人物?令唐初的王勃如此感怀?380多年以后苏轼也有词感叹冯唐:“酒酣胸胆尚开张,鬓微霜,又何妨!持节云中,何日遣冯唐?”

苏轼望冯唐真如久旱之秧盼喜雨。冯唐数百年乃至数千年让人敬慕。冯唐何等人物?他到底是“易老”,还是“难老”?

冯唐是西汉初年的人,按他的年龄推算,他应该经历过西汉高祖、惠帝、吕后、文帝、景帝、武帝的年代,一个人历经6个朝代,90多岁才离开西汉王朝,何谈易老?查史料未有明确记载冯老爷子到底阳寿多少?九十九岁去世?乃至活过一百岁?在公元前能健健康康活到90多岁,堪称老寿星。中国历史上除了“发癔症”似地说某神仙活到500岁、800岁以外,真正堪称神仙的当属冯唐。2000多年前的90多岁高龄,应该等于今天活到了200岁。冯唐真是个奇迹。冯唐难老。《史记》上的《冯唐列传》全文也不到900字,司马迁先生根本没在冯唐“易老”,“难老”上着一笔一墨,也没有透露老寿星因何长寿,长寿至何?

冯唐的出名是在于“冯公之论将帅,有味哉,有味哉!”此言出自司马迁之口。司马迁说:“《书》曰:‘不偏不党,王道荡荡;不党不偏,王道便便。’冯公近之矣。”说的是冯唐的品质、德性、为人处世。让司马迁先生连说两句“有味哉!有味哉!”遍览《史记》不曾看到,冯唐评论将帅之言何味之有?

冯唐出生在西汉高祖刘邦时代,但那时他尚小,其童年无所记载,只是说他祖父为赵国人,到了父亲这一辈就迁居到代郡,司马迁先生文中有4个字十分敦厚:“唐以孝著。”冯唐不是以聪敏出名,不是以勇武出名,也不是以投机钻营榜上有名,也不是那种敢言之“大丈夫当如是也”的狂妄之徒,他是以孝顺出名。如何孝司马迁先生惜墨如金,竟然一字未提。从《史记》中看,冯唐做了中郎署长,很大成分上是因为他以孝闻名。他做的那个官,用现在的目光看,其实就是一个幕僚。如果不是一系列的机会巧遇,时人焉知有什么冯唐?有谁关心其易老难老?有一次,汉文帝辇过,和冯唐过话。巧在汉文帝登基做皇帝以前正是在代国为君,而冯唐父子两代都在代地生活,山不亲水也亲,水不亲人也亲。况且汉文帝的“根据地”就在代地,他的封国代国就是代地。汉文帝对代地的风土人情,历史典故都十分熟悉。所以他和冯唐对话也就是从代地出的人物开篇。汉文帝对代地也真有感情,因此说起当初代地(战国时期)赵国的戍边大将李齐来赞不绝口,李齐能打仗,和当时有虎狼之师的秦军大战于钜鹿。汉文帝说他每每进餐之时,都念念不忘,李齐率兵和秦军在巨鹿的大战。汉文帝心中有事,国之有事则思良将。

汉文帝刘恒的心病何在?在北边,在边关,在匈奴。

刘邦统一中国以后,按说兵力强盛,他的军队也都是打出来的,他的将帅都是经过长期的血和火的战争考验出来的,是见过打大仗场面的,而且4年的楚汉连年战争,他们是打过硬仗的,但不知为什么,汉军在刘邦的带领之下,32万大军,楚汉战争中的大将、猛将全部上阵,周勃、灌婴、樊哙、夏侯婴等都带兵出战,结果被匈奴的军队围困在山西大同东北的白登山上长达7天7夜,几乎全军覆灭。有史为证,刘邦和他那群开国元勋只得凭陈平的“奇计”才得以狼狈脱身。据《史记集解》引汉人桓谭《新论》说,陈平之奇计其实就是针对匈奴单于冒顿的夫人阏氏的心理,宣称汉有美女,准备献给单于,单于得汉之美女肯定会欣喜若狂,到那时阏氏的夫人地位肯定保不住了,不如赶快放了汉朝皇帝，汉朝美女也就不会送来了。也就不会有后宫争宠之事了。这就是公元前200年冬天的事。被刘邦的汉朝灭之的秦王朝在公元前215年，也就是使西汉王朝尽受屈辱白登山战役前15年，燕人卢生，就是那个引发秦始皇坑儒的术士，“因秦录图书”对秦始皇说：“亡秦者胡也。”

秦始皇深信术士之言，后人说卢生也没错，亡秦者乃胡亥也，但秦始皇认为是边疆北方的胡人即匈奴，“乃使将军蒙恬发兵30万人北击胡。”根本用不着秦始皇亲自带兵出征，不过是让蒙恬北攻匈奴，去他的心病。把以后可能亡秦的匈奴赶得远远的，让他们反不了天，灭不了秦。结果和15年后刘邦率领汉之几乎全部精锐北攻匈奴大相径庭，蒙恬高奏凯歌，不但把匈奴打得大败，逃得无影无踪，而且夺取了“灵、夏、胜等州”。大约相当于当今宁夏的灵武以北直到内蒙古的杭锦后旗以南地区，远远超出了15年后的大同平城一带。从中也可以看出，秦盛时匈奴焉敢正视边境？汉初时，匈奴的军队已经把战线至少推至大同平城一带。而且白登山一战，彻底把刘邦的脊梁打折了，汉王朝再也不敢和匈奴动武了，秦始皇用30万军队就把匈奴打得望风披靡的历史已不再有了。不是东风压倒西风，就是西风压倒东风。风向变了，这时候匈奴已成西汉王朝是否稳定的心腹大患。这才引出汉文帝思赵之良将，而且每顿饭都忘不了赵国的名将李齐。大有“卧薪尝胆”之意。“国乱思良将”，刘恒作为一国之帝，又是开“文景之治”之始的皇帝，安顿边疆是首要。如果边境烽火连天，战乱不已，敌之侵扰不断深入，谈何之治？这才引发冯唐的将帅之议。由此可见冯唐的确“眼毒”，看问题深刻，把战之能胜的原因分析得头头是道，让人不能不拍案击掌。

冯唐对皇帝说话够直率坦荡的，看他对皇帝的态度的确不像长寿的脾气，“直如弦，死道边。”历史上这样的例子不胜枚举。冯唐敢面对面地批驳皇帝，且不给皇帝留一点情面，一点都不讲究方式方法，幸亏遇上汉文帝刘恒，否则，后果不堪设想，别说活九十多岁，冯唐不是老不老的问题而是能不能活下去的问题。冯唐说你日夜思念不忘的李齐并非你想象的那样,冯唐直言:“尚不如廉颇、李牧之为将也。”赵国真正称得上能惯战的带兵人当推廉颇、李牧。李齐和他们不是在一个档次一个水平面上的将帅。战国时期,真正大败秦军的六国将军寥寥可数,又几乎都在赵国,赵国的确出良将。当时在军事上只有赵国敢和秦国较量,而在赵国的将帅中最杰出的当数李牧。李牧不但把秦国的军队打得大败,《史记》中说“大破秦军,走秦将桓龁。”正是这位秦国战将桓龁,就在秦赵边境,曾经率秦军大败赵军,斩杀赵军十万,并且攻城斩将,连赵军统帅扈辄也在武遂被秦军斩杀。李牧就是在这种情况下走马上任,那真叫“受任于败军之际,奉命于危难之间”。李牧把这支残兵败将的军队带成了一支一举击溃大败秦军的虎狼之师。3 年后,秦军重新进犯边境,企图报败军之仇,但在李牧指挥下,赵军又大败秦军,3 年之内率两次大败秦军,打得秦军再不敢轻举妄动,这在战国史上绝无仅有,李牧真将军也。故司马迁有叹:“李牧,赵之良将也。”更难的是李牧还要面对匈奴的进攻犯境。赵之北与匈奴相临,每逢草长马肥,匈奴人强马壮之季,便大规模地向赵境进犯,战事不断。匈奴强悍勇战,有时深入赵之地数百里烧杀抢掠,其情形几乎和以后汉初时面临的形势一样。匈奴的军队也蔑视他们的对手,“大军任我驰奔”,如入无人之境。李牧戍边,果然是军事天才。对匈奴用兵和单于之心了如掌上观纹。对匈奴来犯,示弱不胜,让匈奴骄横,看赵国边境犹如纸糊的,赵国边防皆豆腐渣,李牧胆小如鼠、纸老虎。于是“单于闻之,大率众而入”。司马迁说得精彩,“李牧多为奇陈,张左右翼击之,大破匈奴十余万骑”,一战就杀得匈奴元气大伤,精锐尽失,单于也遁逃,边患解除,“其后十余岁,匈奴不敢近赵边城”。以一军之力,打得匈奴不敢近赵边城,闻风丧胆,望风而逃,遍查历史,当数李牧。李牧驻守在赵之边城,匈奴皆远避于内蒙古一带,大同平城的百姓安居乐业,无战事侵扰。谁能想到几十年以后,冒顿亲率 40 万匈奴大军深入到大同阳高的登山一带设伏,一举围歼汉朝大军,几乎生擒汉高祖刘邦。和刘邦手下的战将相比,李牧真将军也。难怪在山西代县的雁门关外,修有规模甚大的李牧祠堂,至今遗址尚在。

自李牧之后,虽改朝换代,但边境烽火不灭,知李牧者当推冯唐之祖父,曾经带兵为武将,“善李牧”,了解李牧,深知李牧的军事才能。冯唐之父又在“代为相”,“善赵将李齐”,亦深知李齐的军事才干,因此,冯唐对李牧和李齐的认识当是在比较后得出的鉴别。而这个时期,汉边境屡屡告急。在汉文帝时期,国内安定,生产发展,政治开明,“文景之治”已见端倪。但匈奴的实力也越来越大,渐成大患。匈奴的军队屡犯屡胜,气势汹汹。从汉高祖刘邦算起,汉在边境上几乎没打过什么胜仗,说边境糜烂亦不为过矣。文帝刘恒怎能不思廉颇、李牧也? 故此,他对着冯唐就长叹:“嗟乎! 吾独不得廉颇、李牧时为吾将,吾岂忧匈奴哉!”刘恒说的是真话、实话、心里话啊! 说冯唐此人的个性不像长寿之人,就在于此,他对皇帝也讲真话、直话、逆耳的话,当然也是忠言。他说“陛下虽得廉颇、李牧,弗能用也!”把皇帝冲得大怒,怒不可遏,“起入禁中”。刘恒的修养还算不错的,皇帝要是大怒,杀个下臣,都不用示意,但冯唐不惧。

500 年后。五代十国时,中国历史上也出现一位能做官,善做官,会做官而且善始善终,官做到人臣极致,竟能寿终正寝,活到 80 多岁的人,此人很可能是冯唐的后代,叫冯道。冯道做官长寿,享受生活,享受官福的重要原则是圆滑,既不言之为是也不告之为非,既不明示该做什么,也不批评不该做什么,水顺河道流,既顺又畅。冯道 80 多岁了,曾捋须感慨而言,历数在唐、晋、汉、周四朝十帝期间,以及在契丹期间得到的爵位、封号、荣誉、奖赏、乐由心出,自封为“长乐老”,自作“长乐老自序”。冯道那才叫不管风浪起,稳坐钓鱼台;不管风吹浪打,胜似闲庭信步。冯道也厉害,中国历史上很独特的一个人。

冯唐不一样,他真敢犯颜直谏,而且确实让皇上龙颜大怒。

孝文帝不是那么好伺候的。周勃是灭吕安刘家天下去代国迎立刘恒为皇帝的大功臣,用司马迁先生的话讲是“诸吕欲作乱,勃匡国家难,复之守正。虽伊尹、周公,何以加哉?”但竟然险些屈死在孝文帝手中。刘恒一句话就免了他的丞相，打发他回封地。又一句话把他下了大狱，几乎要了他的老命。周勃靠的是他用千金行贿狱史，依靠自己儿媳妇是孝文帝之女，走皇太后的后门方才“使使持节赦绛侯”。孝文帝手够黑的，真乃杀人都不用眨眼，更无需吐骨头。而冯唐也对孝文帝不敬，当众讲了一席让他下不了台，放不下面子的“直话、真话、戗茬话”。

冯唐命悬一线。

冯唐的话显然把刘恒噎得够呛。在“禁内良久”，憋了好长一段工夫才缓过这口气来。才又把冯唐叫进去。孝文帝刘恒说：“公奈何众辱我，独无闲处乎？”你就非得在大庭广众之下让我难堪，就不能单独说吗？刘皇帝说的也不是没有道理，老百姓还讲究人活脸树活皮呢。百姓尚如此，何况天子乎？其实依孝文帝刘恒的脾气，在大臣面前受那么大气，杀冯唐足矣。但“当是之时，匈奴新大入朝那，杀北地都尉卬”。孝文帝何等聪明，他深知杀冯唐易，退匈奴难。而冯唐似有退匈奴之计，因此才吞下一口闷气，强忍不快，与冯唐对话。

冯唐果然有高论。从此留下冯唐有了将帅之论。原来，王勃说冯唐易老是因为冯唐之论不长青，李牧不常在，李牧之死常在，历史的悲剧常演。这就让人想起杜牧“阿房宫赋”的最后一句警示名言：“秦人不暇自哀，而后人哀之；后人哀之而不鉴之，亦使后人而复哀后人也。”冯唐借其祖父之言李牧，让人心服口服，因为其“大父”与李牧“善”。“李牧为赵将居边，军市之租皆自用飨士，赏赐决于外，不从中扰也。委任而责成功，故李牧乃得尽其智能。”因此李牧才能“是以北逐单于，破东胡，灭澹林，西抑强秦，南支韩魏。当是之时，赵几霸。”冯唐说得明白，李牧的军事才能之所以能充分施展，是因为他深得赵王信任，自主权在手，赏罚分明，而赵王“不从中扰也”。疑人不用，用人不疑，责权利在手，不能让统帅三军之帅左右不是，进退维谷。同样是李牧，赵王更换，新王迁听信郭开小人之言，左右掣肘，猜疑李牧，李牧未死于匈奴、强秦和左右列国列强之手，却被自己人，“卒诛李牧”，赵王自毁长城，自毁赵国，自我缴械，“为秦所禽灭”，乃咎由自取。同样是李牧，赵悼襄王时代，因有李牧，“赵几霸”，赵国几乎要中原称霸，而到了赵悼襄王之子赵王迁时代，竟然听信郭开的谗言，中了秦国的奸计，把李牧给杀了，李牧的一前一后，一生一死，难道不能说明问题吗？冯唐讲得深刻。

据我推算，冯唐那时四十多岁，正血气方刚，意气风发，政治成熟，见解老道之时，说到此时，话锋一转，说到眼前，说到当朝，说到边患，说到守将，当然其意是冒死谏说汉孝文帝。

冯唐说，我们现在的云中太守魏尚，也好生了得，匈奴入侵，他亲率兵马抵抗，“所杀甚众”，打了大胜仗，大长了我们大汉朝的威风，大灭了匈奴的凶焰，安定了边城，上下都称赞。没想到现在魏尚竟然因功获罪，不但被削夺了爵位，免了官职，还被拿下，被司法治罪，判刑入狱。罪责何在呢？不过就是因为魏尚上报朝廷斩杀敌军的数目少了6个首级。就因为此，魏尚获罪，由镇守边关的太守，打了胜仗的三军统帅，手铐脚镣，一身枷锁，坐大牢服刑。冯唐最后痛心地说：“陛下虽有廉颇、李牧，弗能用也。”就是廉颇、李牧现在活着，你也不会用，你也不能用。魏尚仅仅因为上报杀敌数额相差6个就获罪坐牢，岂非不是自毁长城，让其他镇守边关的大臣、将军心寒？

冯唐厉害。

冯唐自领罪，言之：“臣诚愚，触忌讳，死罪死罪！”

司马迁说得太文了，其实冯唐面对孝文帝直言后的一句心里话，我把该说的都说了，已经犯了双重的死罪，因为揭了你皇帝的短，让你又出了丑，现了脸，栽了面，要杀要剐由你吧。

好在匈奴救冯唐，边境正烽火连天，报急的奏书十万火急，前封未阅，后封又到，匈奴的军队直扑边城内地，其势不可挡。孝文帝掂得出孰轻孰重，因此“是日令冯唐持节赦魏尚，复以为云中守”，还让魏尚镇守云中，即今天的大同，安定边境，抵抗匈奴，读到这里方知王勃为何言“冯唐易老”，方知苏轼为何急盼“持节云中，何日遣冯唐？”

冯唐为国为民，也为拯救忠臣良将，不避生死，古之何人能比？然冯唐也非一生一帆风顺，他也曾被罢官免职，很可能被冤枉屈辱，受到不公正待遇。《史记》上并无多言,不知为何,司马迁似乎不愿多说,有许多隐情尽在不言之中,很可能和他生活在汉武帝时代有关,因此司马迁先生只说了一个字,“免”。在汉景帝时免去了冯唐所任楚国丞相之职。司马迁先生并未言冯唐因何事任的楚相,只记载了一句话“七年,景帝立,以唐为楚相。”汉文帝后元七年,公元前157年,汉文帝死,汉景帝即位,就在这一年,冯唐被委以楚王刘戊的丞相。冯唐在楚国的丞相当得如何?当了多久?《史记》上均无一字记载。只能让后人推想,冯唐任楚相不过3年,公元前154年,汉王朝便爆发了“吴楚七国之乱”,待汉景帝平定“七国之乱”后,楚王刘戊畏罪自杀,跟随楚王刘戊以“清君侧名义”发动政变的楚国的文臣武将一一被清查处理,想必冯唐被免去官职,撤职未查办当为这一事件引发的。从处理结果看,冯唐作为叛乱七国的排行老二楚国的丞相仅仅被免职,说明他一是可能未卷入。他才有可能仅仅被免去官职、回家养老,从年龄上推测,此时的冯唐已然是白鬓飘飘一老翁矣。汉景帝在位17年,这些年冯唐因有案在身,罢官回乡,颐养天年。从他长寿至90开外的高龄,足以说明冯唐的心态,未为免官去职而耿耿于怀,也未为自己受牵连而愤愤不平。这种提得起放得下的心态,极有可能是冯唐难老的长寿哲学。

到汉武帝再即位时,再准备起用冯唐时,冯唐已然是九十多岁的老寿星了,已经“不能复为臣”。冯唐易老,可能是汉武帝的慨叹吧。汉武帝是真心想起用冯唐,可岁月不饶人,不得已,他就把对冯唐的欣赏,放在冯唐儿子身上,封其子“冯遂为郎”,做自己身边的侍从官。

冯唐老年终于走出了生命的低谷,看来冯唐做到了做官言国事,为民作生活。我推测汉武帝想到了汉文帝时候的冯唐,想要起用汉景帝时期被撤职免官的冯唐,其中一个很重要的因素就是冯唐的“将帅论”,是冯唐对匈奴的战略思考。东西两汉427年,一共24位皇帝,真正敢和匈奴一博,并基本上把匈奴打败打服的只有汉武帝一人。汉武帝时国富民强,他再也忍受不了汉高祖时期的忍让政策、“和亲政策”、屈辱政策,他要实行的是实力政策、大国政策、强硬政策,因此他才记起在对匈奴战争中有独特见解的冯唐,他想听听冯唐的高论。

司马迁先生写道,冯唐的儿子遂,“字王孙,亦奇士”,和他爹冯唐一样是奇士,后面三个字说得真切:“与余善。”我想正因为与司马迁先生善,因此,他在写冯唐时就要更公正,誉满之辞皆无。

冯唐为后世人们所思念,苏轼说得最深刻:“持节云中,何日遣冯唐?”世世代代受冤屈,像魏尚一样打了大胜仗却被撤职查办,蹲狱关牢的文臣武将,像苏轼、辛弃疾一样空有一身本领、空有一腔热血的能人志士,谁不仰面问天,何日遣来冯唐?

冯唐易老乎? 冯唐不老,也难老。

李广难封

李广因唐朝边塞诗人王昌龄的《出塞》诗而名扬青史。

秦时明月汉时关，万里长征人未还。
但使龙城飞将在，不教胡马度阴山。

飞将乃飞将军李广是也！

从西汉开始至唐，乃至大明王朝，几乎朝朝代代都是边患不断，大宋王朝徽、钦二帝被“胡人”掳走，胡人踏平宋之皇都。大明王朝明英宗土木堡一战，50 万大军土崩瓦解，英宗皇帝被“胡马”俘虏。“胡马”一旦草肥马壮，不但度阴山过雄关，而且直抵京城。中国历史可鉴，几乎历朝历代都期盼着“但使龙城飞将在，不教胡马度阴山”。

飞将军吓破过“胡马”的苦胆！

李将军确有本事。唐代另一位边塞诗人卢纶的“塞下曲”为李广立了块有字碑。

林暗草惊风，将军夜引弓。
平明寻白羽，没在石棱中。

李广真神人神力神射神奇者也！

李广愤而自杀前曾悲壮地缅怀一生“广结发与匈奴大小七十余战”。李广是行伍出身，是浴血奋战打出来的，是从死人堆里冲杀出来的，是经过和匈奴大战、血战，在战争中脱颖而出的。李广能打仗，会打仗，敢打硬仗，不惧打恶仗是出名的。且李广将门虎子，其祖上就是李信，秦国时能征惯战的一员虎将，曾经带兵踏破当时的燕国，逼着燕王把那位玩阴的派荆轲刺杀秦王的太子丹的头送到他的麾下。《史记》上说："广家世世受射。"李广的箭射得更是好生了得。当时箭要射得好，须射得远，射得准，这就需要持硬弓，射疾箭，李广善射一是得家之教，估计从小习武，从小开练；二是李广身体棒，臂力强。李广之射不仅仅是站着射箭，他长于骑射，骑快马射硬弓，非下一番苦功夫不可。"左手如抱婴儿，右手如托泰山。"李广能也！坦率地说，李广有些军事天才。

司马迁作证："孝文帝十四年（前 116），匈奴大入萧关。"李广带领不是职业军人的乡亲邻里"击胡"，敢于和率队入侵的匈奴军队交手，既要胆，也要识，更要能，这是有史可查的。李广出山的第一仗，司马迁用 4 个字来表述："杀首虏多"，斩杀俘虏颇多。匈奴不是好打的、好惹的，连西汉开国皇帝刘邦都被匈奴国困在白登山七日，差一点被匈奴胡马生擒，直到孝文帝时，匈奴锐气不减，斗志昂扬，屡屡犯境，屡屡得手，甚至破关斩将，如入无人之境，连镇守边城的太守也被人家斩杀，边患几乎成为"文景之治"中的不治之症。这让孝文帝食寝不宁，焦虑不安，无良将以安边境御匈奴，击胡马，除边患，此乃孝文帝之心腹大病也。因此他"今吾每饭，意未尝不在钜鹿也。"几乎无时无刻不在想当年赵国之将李齐，因为李齐能打仗，是员战将，曾经在钜鹿与秦国大战。有像李齐这样的战将，安镇边陲不就有保证了吗？司马迁是很赞赏李广的，从字里行间可以看出，他对李广情有独钟。他赞赏李广的勇、猛、敢、能，李广当时率领一支没有经过正规训练的"良家子"，就是带领一群老百姓，就能一举打胜匈奴的军队，而且"杀首虏多"，李广那时不过是员少年郎，真少将军也！

孝文帝不禁感叹到："惜乎，子不遇时！如今子当高帝时，万户侯岂足道哉！"

孝文帝真够糊涂的，他一方面感叹"赵之良将"何在？求将求教于冯唐，另一方面又久患于边境多事，胡人多犯，常常食不甘味，夜不能寐，现在眼前就有李广，有何“惜乎”？你当如孝武帝用卫青也，少将军少帅也，用对一人足以平定边陲。孝文帝的意思是，李广这样的武将如果生在汉高帝刘邦年代，逢秦末之战，逢汉楚之战，平乱之战，封个万户侯应该是手到擒来，但如今是太平世界，李广不逢时矣。孝文帝难道忘了自己苦苦寻觅安边之将？忘了食之不甘，寝之不实的胡马犯边之患了？还是看李广太年轻太嫩，没有在军队的历练，一时难以封侯封帅？李广难封，难在遇上的是孝文帝。孝文帝胆略不如高祖帝，韩信受胯下之辱，几乎没人看得起，在军队中几乎无履历可言，然刘邦听从萧何之意，筑高台拜韩信为帅。有了韩信为帅，汉楚之战中才有东风压倒西风。没有韩信，楚汉之战汉能不能打到4年头上都是疑问。孝文帝不如孝景帝，孝景帝在七国叛乱之际，大胆起用周亚夫、封侯封帅，把全国的兵权都交到周亚夫手中，得以尽快平定七国之乱。孝文帝非让李广一个台阶一个台阶慢慢熬着。李广虽然也得孝文帝的赏识，但未得孝文帝重用，宋人王十朋有诗《李广诗》说得透彻。

李广才名一代奇，孝文犹自未深知。
辍餐长叹无良将，翻惜将军不遇时。

封侯须遇明君，将军无此遇！

孝文帝死了，孝景帝当政，李广也熬成“都尉”了。《史记》和《汉书》上都没有记载过他在这一时期有过什么建树？打过什么大仗、硬仗、胜仗？但孝景帝初立时期，发生了吴楚“七国之乱”。《史记》上记载，李广的军事才能得到了发挥，两军阵前，仗打得漂亮。司马迁的评价是“取旗，显功名昌邑下”。李广不愧是位军事天才，斩将夺旗，勇冠三军，这才引来梁孝王授给李广将军印。

李广是军事家，但不是政治家，打仗是常胜将军，在政治势力明争暗斗中他不懂韬略。平吴楚“七国之乱”，按功封赏，李广功劳不小，但是这种政治上的“选边”，让李广难封，他私下接受封王梁孝王的将军印，其罪可大可小也，没治他的罪就算是高抬贵手了。功过相抵，“赏不行”。孝景帝也算有眼光，不治他私接梁王将军印的罪，让他去上谷做太守。上谷是孝景帝时的边城，匈奴进犯首当其冲。匈奴每天都来围攻，战事繁多，残酷。匈奴的军队皆久经战事，战斗力可想而知，上谷此地非李广难守，李广带兵奋战搏斗，战斗之激烈、之残酷、之炽热、之伤亡惨重，以至于朝廷大臣公孙昆邪上奏孝景帝时禁不住哭泣起来，他讲了一番发自肺腑之言，感人甚深：“李广才气，天下无双，自负其能，数与虏敌战，恐亡之。”李广才气天下无双，敢战能胜，绝无汉初时朝文臣武将畏匈奴之心，而是身先士卒，身体力行，浴血奋战，置个人生死于不顾，所以才感动公孙昆邪，感动得公孙大臣流着泪“泣曰”。战争无情犹如水火，故公孙昆邪才上奏孝景帝，要让皇帝保护人才，不能让李广战死。但朝廷调任他去镇守的边关没有一处是省心清净的，处处战火烽起，杀声不断。李广所在之地都是匈奴时时觊觎，时时侵犯的边陲地区，陇西、北地、雁门、代郡、云中，皆狼烟四起，烽火连天之地，李广每去一地，“皆以力战为名”。李广真武将，真虎将，真将军也！

《史记·李将军列传》中有不到二百字的精彩描述，可以看出李广在两军阵前如何出生入死，如何临危不惧，如何英雄虎胆，又如何化险为夷。说有一次李广带百余名骑兵与匈奴数千骑兵遭遇，匈奴骑兵皆彪悍凶猛，以一百余骑对数千骑兵部队，兵力悬殊，生死旦夕，但李广却能死里求生，他不但不让所带骑兵逃跑，反而带着这百余骑竟然向着匈奴的骑兵阵前进，待前进到离匈奴骑兵队只有二里远时，李广命令“皆下马解鞍”，仿佛在休闲、休假，不但下马解鞍，而且都躺在草地上，悠然自得，对千米之外的敌人根本不用眼瞧。泰然自若的让匈奴害怕，与诸葛亮的“空城计”异曲同工。“胡骑遂不敢击”，匈奴才不敢贸然行动。有一骑白马的匈奴军官出阵来监管他的马队，李广飞身上马，仅带十余骑直冲到匈奴马队阵前把那位骑白马的匈奴将官射杀，然后又纵马回阵，依然下马解鞍躺在地上休息，“胡兵终怪之，不敢击。夜班时，胡兵亦以为汉有伏军于旁欲夜取之，胡皆引兵而去”悄然逃了。李广真乃智勇双全,军事天才可见一斑。

李广会用兵,但直到孝景帝死,李广也未能封侯。李广在边疆打了那么多年大仗、硬仗、险仗、胜仗,论功行赏,早在封侯之列。功不如广、战不如广、勇不如广、谋不如广、“名声出广下甚远”者皆能封侯,但李广终不得封侯,当然必有缘故!李广也反思,也着急,也痛苦,也恨得牙痒痒,道理很简单,“诸广之军吏及士卒或取封侯”。叫李广怎么能不伤感?怎么能不失落?怎么能不烦心?怎么能不妒忌?又怎么能不牢骚?“男儿有泪不轻弹,只缘未到授衔时。”毛泽东讲辩证法、讲唯物论,他讲的是事物的规律,即使是在2000多年前,想必李广对寒风、孤月、冷霜、大漠,难免揾英雄泪。“少年只手把吴钩,志向高于百丈楼,一万年来谁著史?三千里外觅封侯。”谁不图个著史封侯?扪心自问,抚剑弯弓问苍天,为何独我李广难封?李广从军40多年,功劳苦劳皆有,但“官不过九卿”,食不过2000石,沿匈奴的边城太守调来调去,哪儿军情火急,哪儿狼烟四起,李广急调御敌,且都把来犯的匈奴杀退杀败,让其闻飞将军驻守而不敢进犯,但最大时封的军衔大约相当于现在的少将一级。于是在苦闷中彷徨的李广找来术士为他“解闷”,术士果然高明,指出“祸莫大于杀降,此乃将军所以不得侯者也。”李广觉得一生最昧良心的事就是杀降,曾经把诱降来的800多造反的羌族人杀了,这位术士指出此乃你不得封侯的原因。术士高论、高明,自古杀降不祥。秦封侯之大将白起杀赵之降兵40万,楚霸王项羽坑杀秦之降兵20万,都未落得好下场,全是自杀而亡。历史竟如此巧合,飞将军李广的结局是自刎而死。其实封侯者未必见得可以光宗耀祖,可以福延子孙。李广所经历过的年代,封异姓王、侯者几乎没有几个善终的,鲜有“官二代”“侯二代”“王二代”不是抄家、免官、剥爵、入狱、大刑直至斩首,甚至祸至三族的。曾和李广一起率兵攻打匈奴的张骞,就是通西域而名扬千古的,被汉武帝封为博望侯,因其“留迟后期”,没按军令到达指定地点,结果呢?“当死,赎为庶人。”罢,罢,这侯不封也罢。但李广一生为之奋斗拼搏的就是封侯。不封个侯,李广死不瞑目!

李广也真够背的。一路坷坎，一路曲折。一辈子马上和匈奴战斗，胜过，也败过，被俘过，装死过，又逃生过，没想到逃回汉朝，归家后又被治罪，其罪有二，一是率部损失惨重；二是被俘没战死。判决也令人绝望：“当斩。”花钱赎死罪，李广被贬为庶人。李广何止难封，差一点命都没了！

汉武帝时期，国富力强，一改前朝与匈奴的“和亲”政策，以强对强，以硬碰硬。公元前123年因战事需要，李广又应召带兵远征，带4000骑兵远程奔袭数百里，按照战役的要求，李广的部队只是偏师，深入敌后，突袭敌营，但却遭遇匈奴左贤王率领的40000多骑兵包围，“广军士皆恐”，说不恐那不是真话，深入敌后数百里，又被十倍的劲敌所包围，军士恐惧，人之常情，谁人不怕死？死在大漠荒野？马革裹尸，尸籍荒漠，喂狼喂鹰，生死攸关，何来豪言壮语？汉军必败，必死无疑，莫说军人，就是不懂军事的老百姓也能一眼看明白，军心不稳，稍一骚动，溃逃便是兵败如山倒，剩下的就是左贤王的劲旅挥刀屠杀了。正在汉军五心不定之时，李广不愧为饱经战事的大将，心沉如水，气稳如云，派自己的儿子，只带着数十骑兵，“直贯胡骑”，冲击匈奴的阵营，且得胜而归。李广这招真厉害，他一言不发，身不动，马不驰，却做了一番精彩的战地动员。让自己的儿子亲自出马演示，“胡虏易于耳”，匈奴的铁骑也没什么了不起，仅仅几十个人便能杀进杀出的。于是军心稳定，斗志振奋。李广真将才！

左贤王是匈奴王国英勇善战的统帅，不是白给的，曾经多次杀得汉军丢盔弃甲，尸横遍野，城失关破。果然，半夜时分，匈奴的铁骑展开了总攻，“胡急击之，矢下如雨，汉兵死者过半，汉矢且尽。”真乃千钧一发，尚未交手，李广手下的4000汉军已伤亡过半，更危急要命的是在这生死关头，汉军却没有箭了。作为一军之帅的李广，不慌不乱。如果他稍稍一拨转马头，手下的队伍肯定会变为一群乱窜的溃兵，任匈奴宰割的羔羊。李广的大将风度表现在临危不乱、不惧，一方面命令手下的残兵“持满毋发”，一方面亲自上阵，张大弓劲射，连连射杀匈奴的“裨将”，镇住匈奴的铁骑，相持过最艰难的一夜。天明后又在李广指挥下“力战”，终于等来了援军，匈奴军队只好悻悻后撤。这么一场恶仗能坚持下来，未全军覆灭，而且杀敌无数，已是难得，但朝廷的结论是功过相抵，你虽未败，但伤亡太大。故不罚不赏。李广难封，真难。

过两年，汉与匈奴大战，霍去病大兵攻打匈奴，李广是自行请命，要求效力军前，虽然老了，但老将有廉颇。就是在这次战斗中，李广率领的部队因为迷失道路，没能按计划包抄匈奴的单于，让单于夺路逃跑。这就要问罪于李广，李广深知此罪难逃，也难辨，用李广临死之前的话说“终不能复对刀笔之吏”，“遂引刀自刎”！比李广功劳大，比李广名气大，比李广地位高得高的周勃，封侯挂相，汉之灭诸吕安刘家天下之大功臣，晚年被蒙冤下狱，周勃也害怕，还是靠贿赂狱吏，“千金与狱吏”，又走儿媳妇，孝文帝的女儿的后门方才出狱，出狱后周勃这位汉初封为绛侯的安刘家天下之人竟然长叹曰：“吾尝将百万军，然安知狱吏之贵乎？”西汉多冤狱，西汉多酷吏。他儿子周亚夫对孝景帝有平定吴楚七国叛乱之功，封为条侯，用现代的话说也狗屁不抵。一句话就被拿下入狱，原因是其子为其买了500件将来死后入墓的殡葬品，而那些殡葬品是铠甲盾牌，有人举报他要造反。审问他时，周亚夫一开始还据理力争，认为谎言争不过现实。所以他理直气壮地说：“臣所买器，乃葬器也！何谓反邪？”但冤假错案就是这样办出来的。史曰：“君侯纵不反地上，即欲反地下耳。”周亚夫汉之封侯，汉之重臣、权臣，他也忍受不了酷吏的逼供折磨，最后绝食吐血自杀。想必这些事情李广都知道，他知道自己廉洁无财，无千金去贿赂狱吏，这道鬼门关是跨不过去了，与其受尽折磨丧尽人格，不如自杀罢了。所以李广“引刀自尽”。李广也君子，也将军，临死告诉朝廷，“诸校尉无罪，‘乃我自失道。’”他和周亚夫一样，说“广年六十余矣，终不能复对刀笔之吏”。

李广难封，冤！李广之死更冤！

遥远的下邳

下邳并不遥远。深秋的苏北平原像位装扮停当的待嫁新娘，丰满中透出娇嫩。河水清澈丰盛，池塘中粼粼的波澜像新娘眼睛闪闪的流光，熟透了的晚稻一片灿灿的金黄，涂成苏北秋天的底色，偶尔闪过一片墨绿色的果园，能清晰地看见满枝满树黄澄澄的大柿子，令人垂涎欲滴。

我们是从台儿庄水乡出来的，一路上顺着251公路轻松南下，尽览水乡美丽。我是第一次来苏北，更觉得新鲜。

我认为古下邳应在今邳州市辖区内，其实不然，一出邳州市，就到了古下邳镇，它现在隶属睢宁县，在睢宁县和邳州市的南北交界处。

遥远的古下邳城如今已荡然无存，已无一墙一砖一瓦，一城一门一户。老人们告诉，古下邳城早已被曾经改道的黄河水淹沉没，消逝在黄土淤泥之中了。他们领我到一新修的河闸旁，在河边上果然有一睢宁县委、县政府立的石碑，标明此处乃古下邳城的白门楼处。

举目张望，古下邳城处已然是一片绿树灰瓦，我问眼前这条河可是当年曹操攻下邳城水灌下邳的泗水？老乡摇摇头，说那是民便河。1800多年前古下邳城何等了得，其城墙坚固高耸，令曹操联合刘备带数十万精兵围困2个多月都久攻不下。不得不决开当时的泗水，水灌下邳城，即使这样，下邳城仍然固若金汤，城池不破。而此处立碑之处，正是苦守下邳城的吕布，因内部兵叛被俘之地。想起下邳城上的一声长叹："玄德既知能啖父，争如留取害曹瞒？"倘若如此，古下邳城的历史要重写，三国的历史都可能重新演义，残酷的是历史不能重演。

古下邳城真有故事。离此不远有一镇,其名为土山镇,一点不显山露水。原来这里便是当年关云长被曹操诱出下邳城,被困的那座土山包。这才引出张辽上山说降,屯土山关公约三事,与曹操定下三条原则,一是投汉不降曹,二是养赡二嫂,三是但知刘备下落即当辞去寻刘。这才引出关公一系列的英雄壮举,一系列的千古传唱。真没想到,眼前这平平常常的山包土岗,1800 多年前竟然演绎出那么多金戈铁马的悲壮故事。

说圯桥,古下邳镇知道的人不多,一提张良桥、张良庙给你指路的人还不少。没想到离吕布丧命的白门城楼不到 500 米,便是圯桥,历史上著名的跨河桥,古下邳镇的老乡称之为张良桥,此桥得名,是因为张良在桥下授书,这便是传之 2000 年的"下邳授书"。

张良是犯下死罪流落到下邳,藏匿于下邳的,是全国通缉的"钦犯"。

张良是战国时期韩国人,祖父和父亲两代人曾经为韩国五代国君的相国,历史上称之为"五世相韩"。张良本姓姬,从春秋到战国皆韩之贵族。历史上的张良很可能是一名白面后生,且身体并非强壮。秦灭韩后,国恨家仇,张良丢家于不顾,决心寻杀手刺杀秦始皇。历史上真正对秦始皇生命构成威胁的刺杀,离成功只有毫厘之差的只有两次,一次是燕国太子丹派刺客荆轲刺秦,一次就是张良请一大力士在半路途中截杀秦。

别瞧张良文质彬彬,仿佛是位手无缚鸡之力的读书郎,但张良出手既黑又狠。张良刺杀秦始皇和荆轲不同,荆轲在前,那时秦尚未统一天下。而张良在后,那时秦始皇已鲸吞六国,统一天下。张良比刘邦,比项羽都狠!

看到出巡的秦始皇,刘邦喟然太息曰:"嗟乎,大丈夫当如此也!"项羽看到秦始皇游会稽、渡浙江也不过曰:"彼可取而代之。"只有张良看到秦始皇出游,立志寻力士宰了他。而且说干就干,绝不等十年才报亡国仇,他带着他的力士,携带着重达百二十斤重的大铁锤,埋伏在秦始皇第三次东巡(前218)必经过的博浪沙途中。那位能远掷大铁锤的力士,在张良选定的"伏击点"上只砸烂了秦始皇车队中的副车,始皇帝逃过一劫。很可能他坐的主车与被砸烂的副车相隔无几,让始皇帝着实吃惊后怕,于是大怒:此人不除,大秦焉能传之万世?"大索天下,求贼甚急"。而张良更名改姓,惶惶不可终日。如被擒,不但要被车裂,还要殃及三族。这时候,张良选择逃匿之地恰恰就是古下邳。《史记》上讲:"亡匿下邳。"

张良是个很有头脑的人,他"亡匿下邳"肯定是做过一番认真的分析,才使秦始皇虽"大索天下",但却密而有疏。可见当时的古下邳,一是有山有林有河有汉,即使在城中亦城大人多,店铺繁华,便于隐藏:二是"天下苦秦,久矣。"恐怕下邳城乡人苦秦更甚,他们愿意帮助藏匿像张良这类反秦的亡命之士,至少不去检举揭发。历史证明,张良的选择是正确的,下邳人藏匿了他,帮助了他。他在下邳城里隐名埋姓生活了近10年。

下邳的精彩之处在于"圯下授书"我们找的就是这座"圯".古下邳人那时称桥为圯,是一座沂水上架的无名桥,至少历史上没有记载这座桥叫什么名字。可能是口口相传,辈辈相传,古下邳镇的不少人都能指出张良桥的位置。

当我们被引到张良桥时,2000多年前的桥早已无踪无影,只在桥的地方修建了一个现代化的水闸,那条流经水闸的河也不叫沂水,古沂水改道改得早已不知流到哪里去了。

在那座水闸的堤坝下,立着睢宁县委、县政府的石碑,标明此处是睢宁县重点文物保护单位,标志着此处即2000多年前张良圯下授书之地。

《史记·留侯世家》上说得很轻巧:"良尝闲从容步游下邳圯上。"张良此时似乎已经躲过了秦始皇的大搜捕,那种负案在逃,如惊弓之鸟,如丧家之犬,如漏网之鱼时的惊慌和窘迫已经消失,年复一年,他已是下邳人中的一员。所以他才能像公子哥一样闲而无事,从容散步,到离古下邳城不到一里的地方游赏沂水、泗水的美景,饱览下邳城外的田原风光。壮志未酬，韬光养晦，他在等待机会，等待“始皇帝死而地分”，等待天下大乱。

历史的瞬间往往是偶然间的一幕。

张良就在我脚下这个位置的桥上，遇见了一位奇人，一位若仙若神的黄石公老人。沂水的风把黄石公老人褐色的衣襟吹起，两人在桥上不期而遇。就在即将擦肩而过时，黄老爷子把脚上的鞋脱下来扔到了桥底下，对张良说，年轻人到桥下把我的鞋捡上来。张良一惊，顿时一脸惊愕，近十年的风波，近十年的人情世故，张良也挺纳闷，老人为什么把鞋脱下来扔下桥去，又让我去给他捡回来呢？《史记》中说他“欲殴之”，他认为是这个老头成心找茬，成心戏弄他，因此欲揍他，但一看是位须发飘飘然的老汉，他忍了，且下桥检了。取上来以后，老爷子“得寸进尺”，让张良替他穿上。张良瞧他倚老卖老，无可奈何，耐着性子，跪在地上给他穿上鞋。老爷子意味深长地笑了，扬长而去。张良觉得这位老汉神神秘秘的，不同凡人。今天之事，他觉得有些不可思议。正纳闷，没想到，老人走出有一里地远又踅回来了，十分正经地对他说：“孺子可教也，五天后，天亮时到这儿等我！”说完飘然而去......

5 天以后，张良起了个大早。天蒙蒙亮，他匆匆忙忙来到桥边。令他没想到的是那位神神秘秘的老人早已站在桥头了，横眉怒目地冲张良喊道：“和老者相约，你怎么能来晚呢？5 天后再来。”老人身上那气场肯定把张良拿捏住了。5 天后，头鸡刚鸣，张良就急急忙忙赶到桥头。出乎张良的意料，这次他又来迟了，老人又怒了。又过了 5 天，这次张良半夜摸黑就蹲在桥上等。《史记》上说得精彩：“有顷，父亦来，喜曰：‘当如是。’出一编书。”这本书就是《太公兵法》，正如老人自报家门所言，谷城山下黄石即我矣，读此书则为王者师矣。据说张良就是因为熟读了这本兵书，才做到了运筹策帷帐之中，决胜于千里之外，用兵神鬼莫测。

我沿着当年张良三上授书桥头的遗址缓缓走向古下邳城。举目眺望，远处林间似有道道炊烟袅袅而起，晚霞中不时腾起紫气霞光。

河水,当年的沂水、当年的泗水都曾经在这里汇集流过,那滔滔的河水中也有滚烫的英雄血。

望着长空中南去的雁阵,听着半空中传来的雁鸣,我想,当年张良可曾也远眺着排成阵列的大雁,可曾聆听那类似军歌的雁鸣?

古下邳这块热土上的人多厚道、多仁义、多远见,他们收留了张良,使中国历史朝汉发展,国家、民族、文化、文明,很有可能因为有了张良的努力才在公元前202年完成。

张良也真够侠客仗义的,他自己还在危难之中,却冒着生死的风险,义无反顾地收留了因杀人逃难的项伯,让项伯躲过了一场杀身之祸,谁能料到在以后的鸿门宴上正是项伯挺身而出,助张良逃过杀身之祸呢?

张良心机重,记大仇于心,耿耿于怀,念念不忘,刺杀秦始皇未成,就积蓄力量,等待时机。十年之后,始皇帝死,陈吴揭竿而起,众雄逐鹿,张良立即结伙投入其中,我认为"君子报仇,十年不晚",张良也是例证。

刘邦建汉称帝统一天下后,群臣纷纷争功,刘邦把张良列为"汉三杰"之首,封三万户侯。在此之前,唯有秦时吕不韦被封三万户侯。吕不韦却死于非命。张良曾在朝廷众臣前对刘邦讲得光明磊落:"始臣起下邳,与上会留,此天以臣授陛下。陛下用臣计,幸而时中,臣愿封留足矣,不敢当万户侯。"我们在留那地方相识,要封地就封我留地,不敢当万户侯。张良有一段自述,讲得实在,该是他心里的话:"家世相韩,及韩灭,不爱万金之资。为韩报仇强秦……今以三寸舌为帝者师,封万户,位列侯。此布衣之极,于良足矣。"果不其然,张良的豁达令他寿终正寝,而被刘邦盛赞的"汉三杰"中的其余二位。"淮阴诛矣,萧何系狱"。

《史记评林》中对张良的评价令我心服:"其人品在伊、吕间,而学则有王伯之杂;其才如管仲,而气象高远则过之。其汉而下,惟诸葛孔明略相伯仲。"

张良于公元前186年病死,此时离他行刺秦始皇32年,离他告别下邳整整22年。

张良自离开下邳后就再也没有回过下邳,22年没有回头再望。但下邳人民没有忘记他,人人都以出了一个张良为荣。

张良授书桥前桥后的河水清澈透底,秋风过处波粼层层,最让人称奇的是河边的芦苇,长得格外茂盛,有一两人高,粗过人的拇指。深秋的芦苇正开花,但下邳的芦花不是一片雪白的飘花,而是淡黄淡黄的黄绒般的,随风摇曳,别有风光。当地老人传说,当年张良刺杀秦始皇失败后,就急急匆匆跑到下邳,后面追捕甚急,张良趁势钻进了沂水和泗水河畔的一片芦苇之中,那时正值深秋,张良穿一身淡黄色衣服,隐在芦苇丛中,谁也没注意到那望不到边际的芦花,被秋风一吹,竟然变成了鹅黄色。

追捕的秦兵怎么也找不到张良了。从那以后,下邳的苇花年年岁岁,岁岁年年都开黄花了……

我们望着那迎风飘扬的芦花,真想该有杯水酒,祭奠一下这位2000多年前的大师……

感谢王莽

我们要感谢王莽,感谢什么?

王莽留给后世的形象,是一幅石刻的“版画”。一张长长的“马脸”,一对硕大的圆宝耳,眼大瞳黑,炯炯有神,近2000年了,这双眼睛依然让人感到睿智和深邃。凡是男人该长胡子的地方,他都骄傲地飘着不长不短的黑须,眉毛尤其漆黑,绝不像70岁的老人。其实,我们要感谢的就是他的这一脸“有假”的胡须。王莽的遗像中到现在为止,没有发现一幅他登基立新莽王朝头戴九五流苏的皇帝像。石雕砖刻都没有,只有他头戴大司马头冠的像。仿佛历史都不承认他推翻西汉王朝,建立新莽王朝,是开国皇帝的史实。王莽可悲。

王莽留在历史上最大的篇章是“阴谋”。其实也不尽然。

唐代大诗人白居易有诗作鉴:“周公恐惧流言曰,王莽谦恭未篡时。向使当初身便死,一生真伪复谁知?”

白居易是咒他当死不死,留下“阴谋”恶名。白居易言之有据。

王莽是遗腹子。按说生于“钟鸣鼎食”人家,过着“朱门酒肉臭”的生活。西汉末年,汉元帝当政,他们王家就像太阳,照到哪里哪里亮,不照皇帝,皇帝都不亮。王莽的亲姑姑就是汉元帝的皇后,汉成帝的皇太后,汉哀帝的太皇太后。王莽的七位叔伯都无一例外,全部封侯,皆有封土,都是皇帝的娘舅,舅爷、舅姥爷。唯独王莽倒霉,灿烂的阳光没有照到他身上。王莽的爹死得太早,王家的显贵们早早把他这支忘到九霄云外了。

家境贫寒,对比显明,王莽从小就有过人之处,不甘贫穷,甘于奋斗,不感自卑,坚信未来。小小年纪着实了得,发愤图强,刻苦读书,研究儒家学术,拜师求学,精于学业,攻读经典。王莽要出山。

王莽的伯父是当朝大将军王凤。王凤病倒后,王莽前去服侍他,每次端上药来,他总是要先尝尝冷热。王莽在王凤病重期间,日夜看护,不离寸步,经常和衣而眠,没时间洗脸、梳头,搞得蓬头垢面,比病人还有病容。

王莽的苦心,得到回报。王凤临死时把王莽托付给太后(王凤的妹妹)和皇上汉成帝刘骜。不久,王莽被任命为黄门郎,继而又升任射声校尉。王莽有心计。

王莽的心计更表现在得志不猖狂,得意不忘形,韬光养晦,棉里裹针。时时刻刻都表现谦虚有礼、温文儒雅、不占不贪、低调做人。既不骄奢放纵,更不得意忘形,官不断升,为人做事却越发谨慎,越发谦虚,越发低调,越发严格要求自己,越发砥砺操行。

谁知道此时此刻王莽是怎么想的呢?仅举一小事为例。20多岁的王莽已被封为新都候,同时出任骑都尉,光禄大夫兼侍中,但家中竟然没有一点积蓄。甚至把自己的马车、衣裘都变卖了,以周济贫穷的宾客。有一次王莽母亲病倒了,公卿列候纷纷派自己的夫人前往王莽家中慰问,这些达官贵人的夫人,个个绫罗绸缎,花团锦簇,衣裙拖地,珠光宝气。她们万万没有想到王莽夫人出门相迎,竟然穿的是布裙子,她们开始认为是一名女仆婢女。

王莽当了大司马以后,依然一点官架子也没有,一心扑在工作上,一心扑在为同僚服务上,自己过着类似苦行僧的生活,不知感动了多少人。皇帝几次重大的奖赏他都不要,甚至连分封给他的土地也不要,一副大公无私,以国家为重的胸怀和气度。

王莽的城府在中国历史上当有一号。

为了保自己,树立自己的光辉形象,他能大义灭亲,把杀死一名奴婢的亲儿子抓起来强迫他自杀。被朝野人士公认为儒家之圣人,其道德修养,堪称前无古人,后无来者。

王莽在历史上的“动静”还在于“加九锡”和搞“民意测验”,都曾影响后世。这两项知识产权当属王莽。

王莽依靠他的城府、阴谋、手段和策划，权力扶摇直上，又加上汉哀帝、汉平帝无能昏庸，政治腐败，大厦将倾，王莽成了朝野上下的大救星，他的权力已然超过“三公”，超越了诸侯王。一人之下，万人之上，如何再奖赏他呢？王莽发明了加“九锡”的办法。九锡，即皇帝亲封的九种封赏，几乎和皇帝平起平坐。这是王莽的发明，以后历朝历代中，篡权者像曹丕、司马氏等都学着王莽，步王莽之后尘，在夺取政权之前都玩过封九锡的把戏。

搞民意测验。当时竟有48.7万人实名联书上报朝廷，要求朝廷加封王莽更多的封邑。

王莽一手抓形象，一手抓舆论是玩得炉火纯青。

王莽终于当上了皇帝，废刘汉而自立。

王莽当了皇帝，有一件开天辟地的创举，染头发、染胡须。

王莽登基当皇帝，要面目一新，朝气蓬勃。不知哪位术士出了高招，将皇帝花白的头发和胡须都染成黑色。那年王莽已过45岁。几十年的艰辛筹划，几十年的含辛茹苦，早早满头银发。染发的主意果然正中皇帝下怀，又加上皇帝还要再娶娘娘、妃子，扩容后宫，都需要年轻的乌发做底色。于是从山间采来草药，经方士配方，作成天然染剂，把王皇帝的胡须，头发都染成黑色。

王莽当政以后，厉行改革，从公元8年到23年短短的15年间，各项改革无所不包，像土地的国有化，奴婢不得买卖，对酒、盐、铁的交易实行国家专卖，对金融体制、货币制度都进行了大刀阔斧的改革。但没有一项成功，只有把白头发“改革”成黑头发获得了足以影响历史的成功。

王莽这创举，通查所见史料，在他之前未有，在他之后却延续近2000多年。东汉末年，刘备去东吴招亲，老夫少妻，加上刘备也艰辛也征战，老相备矣，须发俱白。怎么办？染成黑色。到吴国后，乔国老、吴国太见刘备有“龙凤之姿，天日之表”，大喜。吴国太由衷之言：“真吾婿也！”其中绝不可低估染发之作用。如果刘备一脸沧桑，满头花白的头发，一脸的花白胡子，吴国太必然相不中。用刘备原话说：

“吾年已半百,鬓发斑白;吴侯之妹,正当妙龄,恐非佳配。”如果以其真面目相见,娶亲不成,必中周瑜之计,头颅落地矣。看来,染发救了刘备一命,还为他娶回妙龄“吴妹”。

中国人染发要感谢王莽,外国人恐怕非然。古希腊文明辉煌灿烂,当然也有把人变得更加年轻的办法,染发。

据记载,古希腊时雅典城中有一名妓,红得如朝阳夕霞一般,每日慕名而来的人络绎不绝,因为“红”,门槛就高,挑剔就多,除了金钱地位,年轻酷帅也成为重要条件。有一位发须俱白的人前去香巢览艳,竟然被名妓赶出,不为别的,老矣。第二天,这位老者就把花白的头发胡须都染成黑色再次登门见香,那位名妓见后对他说:“昨天你爸爸也来过,我见他老矣,就把他打发回去了,没想到,今天你怎么来了?”由此可见,古希腊时,染发已在雅典盛行。

在日本战国时代,有名日本武士叫斋藤实盛,已然垂垂老矣,年过七旬,但人老心壮,还要披挂上阵厮杀。他 70 岁的人了,须发俱白。这位老武士怕在战场上让敌人小视,就把须发染成黑色,虽然最后“少年似地死于战场”,也不枉武士一生。他的朋友在战场上找到他的首级,不太敢辨认,以为“少年头”。但经过一番漂洗,黑颜色褪去,首级的黑发变成白发,才认出是那位老武士的头颅。

这也至少说明,那时期日本的染发技术不行,染发的染料也不行,一冲一洗就褪黑出白,比之王莽时代用的染料差之千里。

这也说明,那时期日本也流行染发。

在中国没听说过老将出马,把胡须头发染黑的。查中国历史春秋就有“不杀二毛”,“二毛”就是花白头发的武士,那时“二毛”并未染成“一毛”,“黑发”。依次判断,春秋尚未有染发一说,发明者可推西汉末年的王莽。但中国的将军即使在东汉末年距王莽 200 多年了,仍未有上阵打仗时染黑头发装年轻的习惯。如赫赫有名的老将黄忠、严颜等,都是一头白发,一把白须披挂上阵。老将出征,敌手不但不敢轻视,反正更要小心翼翼。中国有句名言:“老将出马,一个顶俩。”

中国的染发近2000年来皆为长流水,都是在士大夫和达官贵人中悄然流行。老百姓不太关心,甚至从没想过自己要染头发。染发真正兴起应在近30年。

不知为什么,改革开放以后,白头发在中国急速发展。理发店、美容店都有专业染发师,且生意相当火。不把花白的头发染黑,染得黑亮黑亮,就仿佛是对不起自己,也亵渎了别人。

其实,可能审美观念不同,外国领导人仿佛不太在乎头发的颜色。让中国人感冒的日本前首相小泉纯一郎就是“二毛”,估计花白度应在50%以上,但他自我感觉挺好。参拜靖国神社的时候,他一头花白的长发,一走一忽闪一忽闪的,也是道风景。美国前总统克林顿,刚刚入主白宫时年轻英俊,一头乌发,8年的总统当得也不轻松,先是熬得成了“二毛”,后来渐渐变成一头银发。现任美国总统奥巴马,也是一位“二毛”,但他也没有染成美国黑人特有的黑卷发,再次竞选前夕看奥巴马头上的白发,仿佛白毛也越来越多,再连任,其头发的成色恐怕也会像他的前任总统克林顿那样。中国有名老话叫:愁一愁,白了头。可见当美国总统,愁事连连。

说染发,就不能忘了王莽是染发这个鼻祖,但那时候王莽用的染料是天然的,无毒的,给皇帝配的染发私方早已失传。现在自称纯天然的染发剂,都是现代科学提炼的。不管怎么样,王莽给我们的生活提供了另一种可能,我们得感谢他。

胜得辉煌　败得悲壮

知道苻坚的人不多,知道苻坚留在历史上的“恶名”的人不少;知道苻坚兵败淝水的人不少,但知道苻坚为什么会淝水大败的人不多;知道苻坚狼狈逃窜的人不少,知道他统一中国北方,重视文化教育的人不多;知道苻坚狂妄。“投鞭断流”的人不少,知道苻坚堪称英雄的人就更少了。实际上苻坚是位了不起的政治家,是位铁血汉子,在帝王之中,也堪称英雄。

苻坚名气不小,中国人在上小学时就知道一句成语:“八公山上,草木皆兵。”

符坚也真够“英雄”,他作为“反面教员”,曾让毛泽东评说淝水之战,成为中国历史上以少胜多的经典战役。“淝水之战”不但在中国学习军事是必修必讲之课,而且在美国军校讲古代中国军事上以少胜多的战例时,也要讲“淝水之战”。

苻坚犹如垓下之战的项羽,是悲剧的王,所不同的是项王兵败垓下,自刎而亡,死得更悲壮、更惨烈;而为前秦皇帝的苻坚兵败淝水,丧师惨败,逃回长安,已统一的中国北方再次分崩离析。苻坚死得也汉子、也壮烈,但也死得憋屈、死得窝囊,不如项王慷慨。

苻坚是氐族人,西晋末年,“八王之乱”“五胡乱华”战祸连绵,中国北方进入十六国的纷争时代。这时候氐族即“五胡”之一,从苻坚他爷爷那代开始,氐族进行空前绝后的强大时代,他爷爷苻洪是一个起于乱军之中的“战神”。那时候,战争硝烟不散,金鼓常鸣。“氐王”苻洪乱中取胜,越战越强,越战越大,从西北的一方“星星之火”,烧成整个中国北部的燎原烈火。苻洪的三儿子苻健嗣位后,于公元 351

年攻占关中，占据长安，建国大秦，建都长安，大秦国如冉冉升日。苻健短命，他家老三苻生即位，险些断送了氐族打下的江山，断送了苻洪苻健建国图强的希望。号厉王的前秦皇帝苻生竟与200年后北齐的文宣皇帝高洋这“人渣”所作所为竟如出一辙。

《资治通鉴》《晋书》上记载，这家伙的乐趣在于“生剥牛羊马，活焰鸡豚鹅”，看着那些被活活剥了皮的牲畜在痛苦的扭曲着垂死地哀嚎着、无比痛苦的家禽家畜，这家伙感到一种发自内心的满足。关键他是皇帝，不仅仅满足于牲畜，他更大的满足和乐趣在于生剥人皮，“剥人面皮，使之歌舞”。让人瘆得慌的是，他看着被剥了皮的男女血乎乎地歌舞，还让朝中大臣和后宫佳丽陪着“欣赏”，如果谁不乐意，立即也会被活剥皮，“使之歌舞”。真没有人性。

苻生上朝议政时，头脑是清醒的，但他每每上朝必“弯弓露刃”，“锤钳锯凿，备置左右”。一句话不对，一眼看上去不顺眼，虽然身为当朝大臣但也有可能死于非命。苻生杀人除了亲自下手外，更残酷、让人发指的是“截胫、拉胁、锯项、刳胎者，比比有之”(《资治通鉴》)，完全拿人不当人；残忍之极的是，这位皇帝常常还嫌血腥不足，刺激不够，往往要亲自下手动刑，亲自动手肢解。当皇帝不久，这家伙就杀了公卿大臣以及宫女奴仆达五百多人。

苻生晚上做梦，梦见有大鱼吃蒲草，原来他们苻家本姓蒲。他认为大鱼吃蒲草，暗示有姓鱼的人会“吃”我们姓蒲的？他二话不说，只要是鱼姓就拿下，不审不问就地正法。当朝太师也姓鱼，是三朝元老，只因姓鱼，全家被杀光，可怜鱼太师至死不知犯了什么罪？左光禄大夫壮着胆子劝谏苻生“缓刑崇德”，一句话没说到苻生的心坎上，这位皇帝竟然亲自下手“凿其顶而杀之”。此人真畜生不如！当皇帝没多久把“勋旧亲戚，诛之殆尽”，“群臣得保一日，如度十年”。过去说伴君如伴虎皆为比喻夸张，苻生此老虎还厉害，套用孔子一句名言：苻生猛于虎也！

天下苦苻生甚也，苻生实行的恐怖统治让他那些大臣恨之入骨，但他是皇帝谁能奈何于他？他牢牢掌握着军队，打起仗来，勇猛无比，敢赌命，敢玩命；凶残过人，力勇也过人，两臂力举千钧，雄勇嗜杀，喜徒手搏杀猛兽，喜一人格杀数十人，且长期征战使其有一身功夫，飞跑能追上骏马。战争中常常单骑独斗，一个人敢冲入敌阵，曾十几次搴旗斩将，可以说勇冠三军，有万夫之勇。苻生上朝入宫都有铁甲力士佩刀剑相随，他自己也刀枪不离手，说宰谁话音未落，早已取其首级掷于庭前，他屠杀数人也仅在眨眼之际。苻生就是一个魔鬼。该前秦王朝兴旺，苻生家族出了个苻坚。苻坚和苻生是叔伯兄弟，苻洪是他们的亲爷爷。所不同的是苻生小时便“眇一目”，有一次他爷爷同他开玩笑，说我听说瞎眼的孩子只是一只眼流泪，是真的吗？苻生这家伙才十岁左右，竟然拔出刀往自己脸上猛刺一刀，让鲜血喷涌，然后愤愤地说：这也是眼泪！而苻坚小时候除了习武之外还主动要求给他请老师，教习自己儒学，那年小苻坚才 8 岁。

在那个战争环境中，几乎天天打仗，月月打大仗，作战不勇猛，不“疯狂”，是难以在军中立威的。苻坚是在战争中成长的，善于打仗是其天分，作战勇敢是本性。苻家兄弟都是喝“狼血”长大的，苻坚亦有万夫勇，勇冠三军。因此，苻生的父亲，苻健做了皇帝以后，就封苻坚为龙骧将军。据说苻坚自小聪颖好学，且“目有紫光”，胸有大志。和其兄弟苻生完全是两股道上跑的车。且苻坚周围有一批像王猛之类的谋臣、猛将，帝王之相已显现。故在苻生准备加害于苻坚之际，苻坚抢先动手，诛昏君，自己登台为主，成为历史上著名的前秦宣昭皇帝。

当上皇帝以后，苻坚的感觉也是妙极了。一次登龙门远眺，发感慨：“美哉山河之固！”正得意之时，有大臣劝谏：“山河之固不足恃，仁德之君王应效法古代仁君，怀远以德，统治之道在德不在险。”听到这种劝谏，苻坚绝不像苻生一样拿凿子把人家的天灵盖凿碎，而是“大悦”，偃旗息兵，励之农耕，金玉财宝赐予将士，与民休养生息。国之上下皆出一口气，渐恢复生气。苻坚在取得一系列成就后，也沾沾自喜，也想放松一下，一次去邺城的西山游猎，这时候一位伶人竟然敢拦住他的马劝谏，说你身为天子，怎么可以游猎无度呢？并且毫不留情面地说："若祸起须臾，变在不测者，其如宇宙何？"这么直言劝谏，在其前朝是想也不敢想的，而苻坚当政连伶人都敢挡在马前力谏，可见其政治环境和政治氛围，果然苻坚不但听，而且听进去了，"自是遂不复猎"。作为一代皇帝，闻过则改委实不易，苻坚大气，政治高人！

苻坚的"英雄气概"还表现在能用人。会用人，用人不疑，这一点确实比项王高。项羽有范增而不能用，苻坚重用王猛，把王猛看成自己成大业的支柱，左右手，一年内连升王猛五级官职。"岁中五迁，权倾内外"。苻坚成为传奇式的英雄与重用相信王猛分不开。后人评论：前秦之强盛始于苻坚之韬略，则得益于王猛。非猛相佐，坚不能平天下、治国家。

王猛何许人？有两句话恰如其分："观众良相唯王猛，天下苍生望谢安。"《晋书》中说王猛"瑰姿俊伟"，"气概雄远"，"细事不干其虑"，纵观王猛一生，堪称乱世中的良相、豪杰，卓尔不群、足智多谋，确有"运筹帷幄，决胜千里"的智慧，且胆略过人、魄力过人，敢当机立断，是"五胡十六国"时期难得的一位"天才"。苻坚信用王猛，如虎添翼。

王猛留在历史上的"背影"也是独一无二的，创造过历史之最。其飘逸洒脱，古之唯他。当年东晋大将桓温北伐进关，正乃春风得意马蹄轻，大军在握，征伐正酬，志在必得，听说王猛之贤名，在见王猛时，王猛竟然"扪虱而言，旁若无人"，一边和桓温说着天下事，一边从怀里往外捉虱子，旁若无人。真王猛也。好在王猛没有遇见苻生！否则凿子、锯子、锛子、刨子伺候。

王猛深藏不露，放浪形骸，是为蓄势待发。《晋书》中说他"怀佐世之志，希龙颜之王"。就在这时候，他遇见了苻坚，二人一见"便若平生"，从那时起，苻坚便认准，前秦帝国要想强大，要想统一中国，非重用王猛不可，他认为是天送王猛佐我。苻坚把他和王猛之相遇比作是"玄德之遇孔明"。

当时苻坚接手的前秦可以说是内忧外患，国内让苻生搞得民不聊生，人心惶惶，国力羸弱；周围一片狼烟，四周皆敌，十六国哪个国家都野心勃勃，磨刀霍霍，都恨不得一口把它吞下去。苻坚重用王猛后，一切由王猛做主，君臣二人同心协力，治理国政，实行了一系列改革措施，扩大生产，稳定民心，图强国力；另一方面倡导开明政治，提倡国事公开，国家大事当庭公议，同时狠狠打击邪恶作乱势力，王猛主张"宁国以礼，治乱以法"。很快，使前秦政治开明，人心稳定，生产发展，国家开始富强。苻坚的"为政之体，德化为先"得以贯彻。

国内安定以后，王猛又亲自带兵征伐四方，开疆拓土，以图统一。尤其在公元 370 年，王猛率领 6 万大军伐燕，把曾经虎视眈眈、多次侵犯前秦国土的燕王朝打得丢盔卸甲。苻坚又率 10 万铁骑御驾亲征，最后攻破燕都邺城，俘虏燕王。公元 376 年，前秦又灭掉前凉，已基本上统一了中国北方。从西晋"八王之乱"到"五胡十六国"，到苻坚的前秦，中国北方才算稍稍安定下来了。

苻坚的功德还有值得一提的是，提倡佛教。当时著名的大和尚鸠摩罗什在西域的龟兹国讲佛立说，苻坚得知后，想请鸠摩罗什到中原讲佛法，但龟兹国不答应，软的不行来硬的。公元 382 年，苻坚派军队灭掉龟兹，把鸠摩罗什连同他的弟子们礼请带回内地。不幸的是，当鸠摩罗什带着他的 5 万多名信徒走到甘肃武威时，苻坚已被杀死。苻坚的这个愿望，直到公元 400 年才实现，鸠摩罗什终于被请回长安，大大加快了佛教在中国的传播。据记载，鸠摩罗什和他的弟子们一共翻译了佛经达 74 部、384 卷。苻坚之功不可忘。

苻坚统一中国的步伐在大大加快。但老天不佑苻坚，由于积劳成疾，王猛一病不起。王猛之死，似乎预示着先秦王国已从顶峰滑下来。这一点苻坚心中最清楚。王猛临死前，还挣扎着给苻坚上表，明确提出自己对今后时局的看法，提醒苻坚该做什么不该做什么，特别提到让苻坚"勿以晋为图"，"鲜卑、西羌……终为人患，宜渐除之"。后人言 8 年后，苻坚没有执行王猛的这一治国良策才有淝水一败，才有国崩人亡之祸，当时苻坚看到王猛临终的上表，涕泪不止。王猛对前秦也像诸葛亮对蜀汉一样真正做到了"鞠躬尽瘁，死而后已"。王猛入殓时，苻坚连续 3 次前去哭吊，苻坚由衷地向天发问："天不欲使吾平一六合邪！何夺吾景略之速也！”又下令举行国葬，“朝野巷哭三日”。苻坚之哭的确情真意切，也对得起王猛，君臣一场。

苻坚留在历史上的最大“污点”，是不该忘了王猛临终的交代，“勿以晋为图”，才招致淝水大之败。“焦点”在于：该不该打这仗，该不该伐东晋统一中国？淝水之仗是怎么败的，87 万大军怎么就让 8 万人马打得望风而逃，像秋风扫落叶，摧古拉朽。苻坚是马上皇帝，一生征战不断，领兵打仗是家常便饭，他之所以能够统一武装割据，灭掉那些自封自建的国家，关键原因是他懂得打仗，他的以氐族士兵也能打硬仗、恶仗，苻坚要伐晋，为什么又和东晋的部队稍一接触，就兵败如山倒呢？

听听陈寅恪的论述。陈先生说，当时中原衣冠多随东晋渡江，汉人正统在南方，如果不攻取东晋南朝，就不能自居于汉人正统的地位，也就不能降服鲜卑族，且汉人也有离心的倾向。只有攻取东晋，推行汉化，方可统一胡汉。苻坚所以坚持南伐，原因在此。南伐前苻融对苻坚说北方内部尚存在不少隐患，不宜南伐。苻坚岂能不知？苻坚之所以必欲南进，正是因为他觉得只有南伐，取东晋而代之，才可以解决民族问题。

陈先生是大家，讲得透彻！

那么苻坚为什么兵败淝水，而且败得那么惨呢？

苻坚征伐东晋，动用骑兵 27 万，步兵 60 多万，用苻坚一句极形象的话说叫“投鞭断流”，其军威威，其势浩浩。果然，大军所指，攻必克，战必胜，斩将夺城，势不可挡。半年前，前秦大军攻陷襄阳俘虏东晋襄阳守将朱序，苻坚以仁义释之，为使之感动，封官晋级，留在身边重用。以苻坚之心，以为朱序阵前之俘将，当斩不赦，但临斩赦之，又共图大业，朱序就是块石头也得捂热，石头上也能开出花来。朱序是块生铁，也算是条汉子，捂不热，他自诩生为晋人，死为汉鬼，视胡人为异类，视“前秦”为胡乱。他对苻坚实行的是韬晦办法，“潜伏”办法，先存在下来，蛰伏下来，将来从内部反，在窝里斗。苻坚淝水之败，也败在此人身上。

苻坚信任朱序，大军屯于淝水之畔，奉行的是“先礼后兵”，下书相请，请东晋君臣认清形势，归统于秦，即劝降书。让朱序这位东晋的旧臣持书前去。苻坚的用意是让朱序以现身的说法说服江东。但朱序乃“潜伏”者也。他一跑到东晋大营，立即把苻坚的军士部署内部详情全盘端了出来。果然，东晋集中兵力，派出猛将“龙骧将军”刘牢之率劲卒五千，夜袭梁成垒，克之，斩梁成、王显、王咏等十将，士卒死者万五千人。而梁成所率正是苻坚的核心骨主力之一。淝水战役之前，其主力部队之一就已被端了，而且开战之后苻坚很可能还不知道。

历史我们读读过晋军让秦军从淝水边后退让出一块地方，然后两军决战，苻坚信以为真，指挥军队后撤，谁知大军后撤就制止不住了，有人在阵后高呼秦军大败，故秦军兵败如山倒。当然历史也非如此简单。苻坚不是阿斗，也非后唐李煜。关键在于内部有“潜伏”。朱序渡江劝降时就对东晋前线指挥谢石说，集中力量，挫其前锋，定可成功，如待秦之百万大军陆续而到，晋军不存矣。

两军对阵，中间相隔淝水。晋将谢石既能打也十分懂战术，又有朱序之策，故遣人告秦军前线总指挥苻坚的兄弟苻融，言之：秦大军深入，临水布阵，非持久之策，上良之略在速战速决，请你把布阵的军队稍稍后撤，腾出空地，双方格斗，你我立马观战，岂不乐乎？

现在的文本上都是说苻坚傻子似地后撤军队，军队内本来就心存异志、不愿打仗者，稍一后撤退顷刻即成大溃退，如雪崩一般。实际前线指挥军队的乃是苻坚之兄弟苻融也。苻融也是戎马一生，征战不止，且此人十分有政治眼光。在对待南征东晋问题和对待胡族投降一事上的见解，他和王猛所见竟然出奇地一致。苻融的主意是等到东晋的部队渡淝水之时，“半渡而击之”。在报皇帝苻坚同意后部队按计划开始后撤，如真能“半渡而击之”，东晋必然全军覆灭，“潜伏”的朱序也十分清楚这一点，同时，他也知道前秦大军是乌合之众，都想保存实力。因此朱序在阵后大叫“秦军败矣！”一呼百呼，百呼群呼，前秦军队成立惊弓之鸟，一败涂地。“自相蹈藉投水死者不可胜计，淝水为之不流，重以饥冻，死者十八七”。苻融死得也惨，马革裹尸：“融驰骑略阵，马倒被杀，军遂大败，坚为流矢所中，单骑遁还于淮北。”淝水之战秦军之败如轰然而倒的巨人，又如雪球入沸水，帅百万之众的苻坚竟然带剑单骑逃至淮北。

英雄命艰，霸业难成。

当初始自王猛，后继苻融都对苻坚的“招降政策”提出相反的意思，王猛临终的一条忠言即是：“鲜卑、西羌……终为人患，宜渐除之”。王猛有远见，苻坚养虎为患。前秦帝国分崩离析，众叛亲离。苻坚落到羌族首领姚苌手中，姚苌也是在苻坚“俘虏政策”下投降的，苻坚信之为知己，委之以重任，把自己曾担任过的龙骧将军委任于他。但眼下苻坚已是亡国之君，前秦帝国已不复存在。姚苌既有狼子野心，也是狼心狗肺。他看苻坚已为其阶下囚，就向苻坚索要传国玉玺，遭到苻坚大骂。继而又让苻坚把皇帝之位禅让给自己，又遭到苻坚痛骂。苻坚痛斥姚苌忘恩负义，痛骂其为叛贼，宁死不屈，凛凛正气，不正眼视群贼。姚苌羞愤交加，把苻坚活活缢死。

可惜苻坚霸业未成，身先死，长使英雄长叹息。

此文写完，恰逢我从徐州返回，在徐州曾做有一缅怀楚霸王的诗，权且作为本文的结尾：

霸王颈前喷血花，
英雄至死未还家。
虞姬挥剑殉情去，
常使后人热泪发。

唐武宗灭佛的前因后果

中国历史上前后有4次大的灭佛运动,史称"三武一宗",这4位皇帝把中国的佛教恨得咬牙切齿,不共戴天,实行"三光"政策,对中国的佛教文化打击很大。这4位皇帝都不是什么"英主",都昏庸无道,唯一青史留名的,就是灭佛运动。

北魏的太武帝,北周的武皇帝、后周的世宗皇帝,这都在中国北方称帝,灭佛的政令也只能在长江以北的几个省实行。而唐朝的唐武宗,却是江南江北一统国家,虽然时近晚唐,皇权的质量每况愈下,但他仍在全国范围内推行灭佛运动。

据史料记载,唐武宗灭佛是中国历史上自佛教传入中国以后,对佛教的摧残最全面、最彻底的一次。唐武宗李炎干下这桩遭后世子孙痛骂的糊涂事,完全是因为心中的一股邪火。唐王朝从公元618年始,到唐武宗会昌五年灭佛时的公元845年,一共经历了227年,唐王朝鼎盛红火的日子已经翻过去了,已日薄西山。宦官集团横行霸道于朝中,宰相、将军、节度使、大臣,在宦官集团看来,皆板上鱼肉,开杀令起,竟然能把朝内国家大臣几乎全部杀光。视皇帝就是一只"纸老虎",聋子的耳朵,立、废、杀,皆在他们翻复手之间。唐文宗期间的"甘露之变",参加政变的朝廷的宰相、大臣见到宦官头目仇士良竟然吓得"两股战战",那位就站在仇士良身边的左金吾大将军韩约,虽知两廊皆有伏兵,伏兵尽出便可把仇士良等太监剁成肉酱,但这位大将军吓得面若白纸,大汗如雨。可见,晚唐宦官之害已到何种程度了。

唐武宗当上皇帝是"歪打正着",沾了太监的光。唐武宗李炎是唐穆宗李恒的老五，原本轮不上他当皇帝。可唐朝出现了一怪现象：穆宗李恒的3个儿子，老大长子李湛，老二李昂，老五李炎都登基当了皇帝，即唐敬宗、唐文宗、唐武宗。唐武宗李炎的两个哥哥“上台下台”皆为宦官左右，敬宗干脆被宦官杀了，由宦官拥立老二李昂即位，并没有按常理让敬宗的儿子即位。太监不同意，杀光了敬宗一家。宦官仇士良把文宗戏谑得像猫玩耗子似的，不高兴指着鼻子臭骂，再不高兴啐天子一脸臭唾沫。文宗立的太子，仇太监瞧着不顺眼，一挥手就废了，苦不得活。虽为天子，整天提心吊胆，唯太监之命是听。甚至这位皇帝死了死因都是谜，没人敢问，终年才32岁。但仇太监双手把李炎扶上了皇位，史称武宗，即至道昭肃孝皇帝。

李炎会在太监手心里憋屈地活吗？不，他有股子邪火。他27岁登基，正是要大展身手的年龄，有点胆，也有些才。

唐朝是佛教发展最快最繁荣的时期。佛教在中国也发展到了鼎盛阶段。在唐武宗之前的15个皇帝，人人都信奉佛教。

唐玄奘历时19年，行程5万里，取回657部具有高度学术价值的梵文佛典。回到长安以后，唐太宗对他极其尊敬和赞叹，命令宰相房玄龄为他准备专门的规模完备的译场，并召50多人做他的助手。贞观二十二年(648)，玄奘翻译出100卷《瑜伽师地论》，唐太宗御笔钦赐《大唐三藏圣教序》。同年，太子李治为亡母长孙皇后祈福所建的大慈恩寺竣工建成，玄奘奉命成为住持，进入该寺继续翻译取回的经文。玄奘和他的弟子一共译出佛教经论75部1335卷，共计1300万言。不知出于何种原因，玄奘翻译的这些佛经典籍和他从印度取回的梵文佛经文，虽经唐武宗会昌五年的灭佛运动，而且就在李炎鼻子底下，却未遭劫难，未遇火焚。

到武则天称帝时，佛教又被奉信到无以复加的地步。武则天“乃弥勒佛下生，当代唐为阎浮提主”，她于公元690年(武则天载元初年)，打造了武周王朝的佛教圣典——4卷本的《大云经》及其注疏。武则天拜佛学经是下过一番功夫的。她曾经写过一首开经偈“无上甚深微妙法，百千万劫难遭遇。我今见闻受持，愿解如来真实义。”以

“菩提本无树，明镜亦非台。本来无一物，何处惹尘埃？”留名佛教史的禅宗六世祖慧能复出在广州的国思寺，就因为这寺院的匾额是武则天亲题赐的，当朝皇帝亲赐国字头为号的庙宇中国历史上也寥若晨星。这个神秀大和尚，经常被武则天以极其隆重的礼遇，请进宫中讲佛。就是武宗李炎的爷爷宪宗李纯，对佛教也是近乎痴迷，甚至不惜举国之力，兴师动众，大兴佛事，把从法门寺迎取佛骨作为国家大事。李纯的虔诚、笃信和痴情。劳民伤财，引起民怨。韩愈就坚决反对李纯迎取佛骨，反对佛教在中国传播，他甚至把佛骨，就是佛陀释迦牟尼的指骨舍利说成“朽秽之物”，要求将其“投诸水火，永绝根本，断天下之疑”。韩愈是唐朝第一个站出来鼓吹“灭佛”的人，李纯岂能容他？怒不可遏，要把韩愈处以极刑。朝中重臣纷纷求情，韩愈才免得一死，捡回一条命。韩愈遭贬，才留下一首《左迁至蓝关示侄孙湘》，名留唐代文学史：“一封朝奏九重天，夕贬潮州路八千。欲为圣朝除弊事，肯将衰朽惜残年！云横秦岭家何在‘雪拥蓝关马不前。知汝远来深有意，好收吾骨瘴江边。”韩愈遭贬出京前，偶遇一高僧，大和尚问他，你读过佛陀的经书没有，你就要焚经灭佛？韩愈言之，那东西根本不值得一看，我才要烧之，既烧之何观之？韩愈真乃一根筋。

李炎和他爷爷不同，李炎信道，且崇信道教渐渐入邪走魔。其实唐王朝自建朝，代代皇帝也都信道教。道理也简单，因为老子李耳姓李，李氏王朝当然要寻根溯源，唐王朝的第一代皇帝，开国之皇唐高祖李渊就干脆把老子李耳称为自家的先祖。其实李渊、李世民心中都明白，他们家的那个李姓是封的，其正查血缘血脉，李渊、李世民祖上并不姓李，他们的祖上是匈奴族，鲜卑族，是地地道道的少数民族。但高祖创业，太宗当政，唐王朝既然姓了李，李渊、李世民顺理成章地拜老子李耳为祖。这是他们李氏家族的荣耀，李家建大唐王朝有赖于老子的神力，是天、地、神的必然。唐太宗就曾专门下过圣旨，把道教列为佛教之上。老子李耳被道教尊拜为天师，是道教开教的首拜，唐王朝拜老子，崇信道教，乃政治使然。

但中唐之前，大堂王朝在国内实行的是“三教并奖”的国策，儒、道、佛三教自由传播，也显示了唐朝帝国经济繁荣时期文化兼容并蓄。

李炎当皇帝之前被封为颖王，在他做颖王时就开始崇信道教，他可能不知道他的祖先唐太宗李世民就因崇信道士之言，服金丹而亡，死时也不过才51岁，正值风华正茂时节。李炎从做颍王时就追求长生不老，追求神仙，就开始服丹，他的下场肯定要比唐太宗李世民惨，似乎一切都是命中注定的。关键是他认识并十分崇拜一位叫赵归真的道士，而这位派头颇大，法术颇深，修养快成仙的道士，把李炎调养得一步步走火入魔。当然，如果李炎只在他的颖王府折腾去吧。就无关宏旨，可他被宦官仇士良挟持登基当了皇帝，君临天下，一言可兴国，一言可败国，情况就不一样了。

李炎一即位，首要的事不是国家大事，民生大计，内忧外患，而是把他最崇拜的道长赵归真及其81位弟子统统请进宫来。不但请进宫来，而且修建金箓道场，亲受法箓。宫中炉火不息，日夜由赵道长为李炎炼丹，弄得朝上朝下都神神秘秘、鬼鬼祟祟、玄玄乎乎。唐武帝愣在宫中建起150尺高的“登仙台”，身为皇帝的李炎，可以不上朝、不议政、不谈兵、不论国，但天天都要登上150尺高的“登仙台”。站在“登仙台”上，这位武宗皇帝借着服丹后的邪劲，天天幻想羽化成仙，幻想从“登仙台”上一步踏入青云，脱凡去俗成大仙变大师，得道升天，结果邪念幻想终未成现实。这出化仙变神的“戏”如何演下去？李归真得有个教释。他就一次又一次，一遍又一遍地说：“天子未成仙，必有所阻，我总能看见每当天子要登天成仙时，总有黑气冲天，阻碍圣上成仙，此黑气不除，难成真仙。而这股黑气邪魔之气，就是因为佛教盛行，冲了道教。”这时候，朝中宰相李德裕也提出说佛教过度发展，危国害民，并且把佛教看成要中兴大唐的最大障碍，不除不行。在这时节骨眼上，赵归真道长又不失时机地推出“夷夏论”，称佛教非中国本有，是外来魔邪之术，毒害生灵，危害国体，久之，则国之不立，良心不存，应当尽除。

唐武宗的邪火终于按捺不住了。他每天都如此勤奋地做“功课”,如此心诚而不能成仙成道,原来是佛教在作祟;大唐未能中兴,国家积弊甚深,生灵不得畅快,原来也是因为这种外来的“邪教”。李炎心中的火、金丹生成的火,由眼睛中冒出的火,都说明他心中的邪火已窜至“登仙台”那么高,要冲天了。

唐武宗亲自下诏,朝廷严令,禁止供养佛牙、佛骨,有胆敢违反,送一钱供养者,立即杖责二十,此后更是严令禁止僧尼无故外出,违者敕罪。一时间,寺院人迹皆无,香火全停。唐武宗还以身作则,下令焚烧、拆毁宫中所有的佛经、佛像,代之以“道家”的神像。

李炎还没完。他既然把一切仇恨都记在佛教身上,岂会善罢甘休?会昌四年七月开始,武宗终于发动了集中灭佛运动,敕令拆毁天下寺院和民间佛道场。敕令僧尼还俗。把寺院中的所有铜佛像一律熔化铸钱,铁佛和佛教寺院中的铁像铁器,一律铸成农具。一时间,大江南北,寺院纷纷被摧毁,僧尼纷纷被逼迫还俗。李炎唯恐灭得不彻底,常常催问灭佛的进度,烧了多少佛经,拆了多少寺院,熔了多少铜铁佛像,有多少僧尼还俗?结果全国拆寺庙4600多所,26万僧尼还俗,没收寺院奴婢15万,收缴寺院田产数十万顷。所焚烧的佛经经典不计其数。

我曾经写过一篇文章《启明的佛光》讲述梁思成和林徽因在五台山发现的“佛光寺”的曲折经历。而真正的曾经记载在唐代大画上,藏于甘肃敦煌第61石窟的壁画,是一副完整的五台山寺院图,其中有一处高大宏伟的寺院,其名为“大佛光寺”,因这副壁画是唐朝人绘制的,“大佛光寺”应该是唐乃至唐以前的寺院。20世纪世界上的定论是唐朝的土木建筑在中国已绝迹,要看唐朝的土木建筑须上日本京都,日本京都尚存一唐代建筑。那张后来由法国汉学家伯希和拍摄的61窟壁画,我曾经拿着特大号放大镜看得双眼泪流,五台山上许多著名的寺院,包括“大佛光寺”都是在唐武宗李炎的灭佛运动时被彻底摧毁的,那都是中国古代建筑的经典,国宝级的。现有的佛光寺,被梁思成和林徽因寻找并确定是唐大中11年在原址上重修的,也就是在会昌五年灭佛后，等到这位武宗皇帝服金丹而死后重建的。但与原建筑已相差远矣。

唐武宗李炎虽然在全国范围内推行灭佛运动，也真取得了“伟大的胜利”，把佛教灭得几乎销声匿迹，无立锥之地。但他最终也未像赵归真道士所预言得那样，在“登仙台”上成仙。恰恰相反，因大量长期服用赵道长炼就的金丹，一命呜呼，也就在他推行灭佛运动的第二年（会昌六年），公元 846 年，年仅 33 岁。

唐宣宗一即位，他是唐宪宗李恒的第十三子，按辈数应该是李炎的叔叔。宣宗一登基，第一件事就是把那位“忽悠”唐武宗灭佛的赵归真一行人抓捕，杖杀！活活用杖打死！把宫中的“登仙台”拆除。又下诏恢复天下寺院，提倡佛教，还把会昌灭佛运动发起者之一的宰相李德裕一贬再贬，一直贬到海南岛的天涯海角。李德裕曾留有被贬涯州后作的一首诗，说得也凄惶：“独上高楼望帝京，鸟飞犹是半年程；青山似欲留人住，百匝千遭绕郡城。”

此时离他在会昌五年灭佛，春风得意时也不过区区两年。千年都过去了，物是人非，寺院中依然晨钟暮鼓，香火氤氲……

甘愿做娼妓的皇太后

中国历史上先做娼妓后当皇后当妃子的有，不止一位，做了皇后又当了皇太后的再去当娼妓且心甘情愿的，唯有南北朝时期北齐世祖武成皇帝高湛的正宫娘娘胡氏。高湛死后，其长子高纬做了皇帝，尊其亲母亲胡皇后为胡太后，就是这位胡太后，在北齐灭亡以后，率其儿媳曾经当过高纬皇帝的正宫娘娘叫穆黄花的，在长安城闹市正式挂牌营业，且张灯结彩，招揽生意，公开卖淫，成为中国数千年历史上的奇观。

北齐王朝的皇帝几乎个个都是“神乎其神”，大多是“神经不正常”的皇帝，有的喜欢瞎折腾，有的纯粹是畜生，有的是“混世魔王”。北齐王朝仅维持了 27 年，却走马灯似地换了 6 位皇帝，末代皇帝高恒在位仅仅 25 天，北齐被北周所灭，幼帝被高恒赐死，他就是皇后穆黄花的亲儿子，

非常遗憾，我查《二十五史》《北齐史》《中国南北朝》《北朝史解读》皆未查出胡太后的姓名，估计著史之人也鄙视她的人品。北齐的开国皇帝是高洋，但打下江山的是他爹高欢。高欢生于边镇，起于卒伍，是在鲜卑族军人圈里摔打出来的，从小就惯于征伐拼杀，是个“喝狼血长大”的汉子。他生活的时代正是北魏末期，社会动荡，皇权旁落，军阀混战，民不聊生。高欢因能征惯战、作战勇猛、头脑灵活、懂得战略而被提拔重用，其权力越来越大，拥有的军队越来越多，指挥的战斗的规模也越来越大，当然其称王称霸的野心也越来越强烈。

北魏王朝就是在像高欢这样一批拥有军队、政权、权力的大军阀的混战和夺权斗争中衰败了，又迅速分裂成东魏、西魏，而把持东魏

王朝大权的就是高欢。高欢封王,集所有权利于一身,曾经三次撤换东魏王朝的皇帝,说一声迁都,就从晋阳城迁都到邺城,全城四十多万居民,数不尽的衙门都府商家店铺3天内迁完,足见高欢的权势和魄力。东魏王朝的国家大事他一手操办,皇帝傀儡都不如。高欢也是历史上有名的英雄人物。公元546年,东魏西魏两国开始第五次大战,高欢率领的十万大军去征战西魏位于汾河下游的重镇叫玉壁,在今天山西临汾市稷山县一带。高欢本打算大军压境,以石击卵,势在必得。没想到"将遇良才",守城的西魏将领叫韦孝宽,亦名将也,有勇有谋,敢打敢拼,据险死守。围城50多天,就是攻打不下来,屯兵于坚城之下,病死、战死的将士达7万多人。实在无奈,只好挖一巨坑,把这7万多人的尸体都埋在了那个大坑里,成为历史上最著名的"万人坑"。为了动摇东魏军心,韦孝宽又派人四处散布高欢已中箭身亡,派人四处高喊"劲弩一发,凶身自殒"。高欢不愧是战乱之中的精英,不愧一方英雄,为稳定军心,不顾病重,索性在露天大营召集部属诸将宴饮,以示自己还稳坐军中。酒宴欢笑之中,他请跟随自己数十年的老将军斛律金即席高歌敕勒歌,就是那首至今传唱的敕勒歌:"敕勒川,阴山下,天似穹庐,笼盖四野。天苍苍,野茫茫,风吹草低见牛羊。"据说高欢亲自和唱,唱时哀感动情流泪。

《北史》记载:"神武(高欢死后被儿子高洋尊谥为神武皇帝)性深密高岸,终日俨然,人不能测。机权之际,变化若神。至于军国大略,独运怀抱,文武将吏,罕有预之。统驭军众,法令严肃,临敌制胜,策出无方。听断昭察,不可欺犯,知人好士,全护勋旧。……雅尚俭素,刀剑鞍勒无金玉之饰。少能剧饮,自当大任,不过三爵。居家如官,仁恕爱士。……至南和梁国,北怀蠕蠕、吐谷浑、阿至罗咸所招纳,获其力用,规略远矣。"

高欢堪称乱世英雄,谁能想到他的儿孙皆"混世魔王"也?他死后,其长子高澄继承王位。高澄嚣张跋扈达到极致,肆无忌惮已近顶峰。仅举一例为证:有一天,高澄陪东魏皇帝孝静帝打猎,想当年高欢在世时对孝静帝尚礼敬有加,但轮上他近乎"人渣"的儿子当政就绝不论什么礼敬了。他把满满的一大斛酒直捅到孝静帝的鼻子下，让孝静帝满饮，不饮不行。孝静帝也急了，他平时不饮酒，臣子劝皇帝饮酒也从没有这样硬灌的。孝静帝就说："自古无不亡之国，朕这样活着也没什么意思！"没想到皇帝一句牢骚竟然惹得高澄大怒，他竟然当着那么多人臣侍者的面指着孝静帝的鼻子大骂："朕、朕，狗屁朕，在老子面前你还敢充大?!"怒不可遏，站起身来，竟然让身边的下臣"殴帝三拳"。臣子敢当面骂皇帝的在中国历史上有，敢杀皇帝的在中国历史上也很多，敢当面让人抡拳揍皇帝三拳，仅仅是因为皇帝吐吐苦水说了一声朕就让手下人把当朝皇帝当众暴打一顿，在中国历史上除北齐的高澄别人尚无。没等到高澄狼子野心得逞。竟然被自己的厨师一刀捅了透心凉。

高澄死了，东魏皇帝还暗自庆幸，似乎有"解放了"之感。谁知道高澄的兄弟高洋比他哥更混、更野、更不靠谱。他继王位后的第一件事就是废孝静帝，自己当皇帝，建立了北齐王朝。孝静帝被高洋派人用毒药毒死，皇室无论老幼都拉出去杀光。

高洋混，但有一点高洋继承了高欢的基因，就是勇敢，能打仗，敢打硬仗，敢于玩命。刚刚继位时他还有一副人主的姿态，图强立志，奋发果敢，赏罚分明，征战率先垂范，冲锋在前，杀敌在前。有一次和蠕蠕作战，敌人有 5 万之众，他只派了几千骑兵去抄堵蠕蠕的后路，带兵出战的将领看兵力太悬殊，要求多派些人马去，高洋不但没增派一兵一卒，反而减少了一千多人，结果士兵豁出性命去冲杀，把敌人打得大败。

混世魔王就是混，高洋很快就"原形毕露"。他成天喝得酩酊大醉，人也变得疯疯癫癫，神神经经，所作所为，骇人听闻。高洋狂欢，夜以继日，一时兴起，不论何时何地，脱得赤条条一丝不挂，大庭广众下又跑又跳又舞；有时还涂脂抹粉，胡服散发；有时化装成小丑，手拎大砍刀，醉醺醺逛街，看谁不顺眼一刀砍去，砍为两截。又乱闯民宅，不停地出入勋贵大臣之家，看见人家女人漂亮，不分贵贱高低，不分已婚未婚，也不分场合，不管人家乐意不乐意，拉住就奸淫。有时候，即使是寒冬腊月,这家伙不知从哪儿来的邪劲,会突然脱光衣服,光着屁股满街满城乱跑。《北史》上说:“从者不堪,帝(高洋)居之自若。”说他是“人渣”一点不过分。

更可恶的是这家伙常常无缘无故地杀人,且以杀人为乐,他杀人为取乐,而且六亲不认。有一次竟然把他亲妈娄太后连人带她坐着的榻高高举过头顶,把他亲妈差一点摔死。还有一次,他乘醉闯入他岳母家,二话不说,拉弓射箭,当庭一箭把他的老岳母射到,还不依不饶骂骂咧咧,连抽了一百多鞭子,险些要了老太太的命。在中国历史上,有559个帝王,犯混犯愣失去人性的也不少,但像北齐文宣皇帝高洋那样的绝无仅有。请看这位皇帝怎么“玩命”:皇宫的屋脊高27丈,两头相距200余尺,平时有工匠上房维修时都身系安全绳,提心吊胆,一步三寸地慢慢向前挪,即使那样还常常出危险,工匠们视登屋脊如进鬼门关。但高洋皇帝喝高了酒以后,攀登最高的宫殿,爬到高屋脊上,别人在下面仰头看都头昏目晕,都害怕皇帝一步走滑摔下来。谁知道这位文宣皇帝毫不胆怯,竟然在高高的滑溜溜的宫殿的屋脊上飞跑,如有神助一般,从未失脚。有时悬得让他的侍臣们都不敢看,他却在高高的屋脊上一边大笑,一边疾步快跑,如履平地。

这家伙曾经有一个非常宠爱的薛贵嫔,是他从他堂叔高岳那儿弄来的美人。一天这家伙不知哪根神经发奋,他突然发怒,说此女曾和高岳奸过,此辱不可没,抄起身边的宝剑二话不说,一剑竟将美人的头砍下。谁都想不到,这位皇帝把薛贵嫔的头砍下来后,竟然把那颗美人头揣在自己怀里,然后坐车去大宴群臣。宴席之中,群臣刚刚举杯,这家伙忽然从自己怀里掏出一颗人头来,而且很庄重地把人头摆在餐桌上。大臣们皆吓破了胆,不知所措。高洋又唤人把美人无头尸体取来,亲自动手去肢解,用大腿骨做成一个人骨琵琶,安上柱弦,自弹自唱。“一座惊怖,莫不丧胆”。这种皇帝真天下绝种!

高洋好不容易才死了,换上了他亲兄弟老九高湛当皇帝,这就是北齐历史上的第四位皇帝武成皇帝。胡太后是高湛当王时明媒正娶的妻子,当了皇帝又顺理成章地成了皇后。这位高湛皇帝也够混的,堪比其二哥高洋,人没道德,做事没准则,性情残暴,视天下人为草芥。仅举一例子,也能说明胡皇后为什么“红杏出墙”,找野汉子了。这位武成皇帝有一天闯进其二哥高洋寡妻李皇后居住的昭信宫中,一见李皇后的面,当着众多宫女侍臣太监,二话不说,就先脱光自己的衣服,抱着其嫂子在宫中的大堂上要强行奸污。李皇后奋力挣扎,高湛恶狠狠地说:“如果不从,我马上杀了你儿子,让你也不得好死!”高湛多有恶闻,他让女人不得好死的办法之一是让粗壮的军士将女人轮奸至死。无奈,李皇后不敢再挣扎。一来二去,高湛把其亡哥的皇后搞得怀孕,李皇后亲生儿子高绍德当时才 15 岁,因是高欢的亲孙子被封为太原王,前来见其母时,母羞于见儿子,闭门不出。后羞愧难言,流产了。高湛得报后立即赶来,见死婴是个女孩,勃然大怒,忿忿的指责李皇后:“你敢杀我女儿,我就杀你儿子!”把太原王高绍德,也是他亲侄子按倒在当庭,当着李皇后的面亲自下狠手往死里打。一边愤愤地打,一边恶狠狠地道:“当初你爹爹打我,你为何不劝?此仇必报!”一直把高绍德活活打死。这就是高湛。但他老婆胡皇后却不怎么惧怕他。现能查到的记载几乎都言胡氏放荡、情野、淫乱,等等,和高湛这种“混账玩意”做夫妻,何谈妇道?当然,胡氏非常懂得运用手中皇后的权利,让人奇怪的是高湛后来知道胡氏“养汉”,竟然容忍了。胡氏勾搭上的这条野汉子也非凡人,此人名和士开。和士开把高湛伺候奉承得几乎让高湛离不开他,和士开唯一感到为难的是高湛、胡氏两口子都离不开他。和士开奉承高湛无所不说,言其为“天帝”,高湛回应说和士开是“天神”,一唱一和。和士开把胡氏也伺候得舒舒服服,以至于在高湛临死时竟然把后事都托他,他拉着和士开的手大叫:“别负我!”至死手未松。

高湛死后,胡氏和和士开更无忌讳,索性明铺暗盖,胡氏甚至让和士开住到她的宫殿中,睡在高湛的皇床上,俨然成了夫妻。但高湛毕竟死了,他的继任是高湛的长子高纬当了皇帝,这个谥号为“后主温公”的皇帝即为胡氏亲生。他有点觉得难堪,而北齐的皇族尤为不满,恨死了和士开,于是找了个借口把和士开杀了。胡太后得知和士开被杀，心情极其郁闷，极其悲伤，高湛死时她都没有郁闷悲伤过，确有失恋丧夫的感觉，胡氏与和士开确有感情。

但胡氏也的确是个水性杨花、见异思迁、离不开男人的女人。她在丧失和士开以后，悲痛欲绝之际常去寺院烧香排解。这女人也真厉害，在寺院中竟让她一眼看中了寺院年轻英俊又知书达理的和尚昙献。胡氏的本领还在她不但能看上谁，还能勾搭上谁，竟然让昙献和尚拜倒在她的石榴裙下。两个人经常从黑夜谈情说爱到白天，"昼夜不寝"。后来，胡太后索性把高湛睡过的皇帝大床干脆搬到寺院中昙献和尚的禅房中，两人就睡在上面双睡双飞，过得神仙似的。

后来干脆以讲经为由，把昙献召进后宫，两人形影不离，但昙献和尚毕竟是个和尚，不是铜打铁铸的，渐渐打熬不住，满足不了胡太后的要求。昙献和尚因和胡太后相识相爱，在寺院的地位直线上升，升任了掌管全国佛教事物的昭玄统，收了很多徒弟，经常跟随昙献和尚进后宫讲经的和尚就达 100 多人。胡太后高兴，就从其中挑选出年轻、英俊、健壮的和尚放在自己身边。昙献和尚也高兴，落得清闲。

胡太后之事，久之就传了出去，胡太后主要怕他的儿子，高纬不高兴，他还要给皇帝点脸面，于是就把身边的小和尚都化妆成尼姑。这样即使高纬来查，也"事出有因，查无实据"。虽然，高纬听说他娘的一些风流韵事，有些怒、有些气，开始他并不相信。当他带着人径直去了胡太后后宫，一看果然没有什么和尚，倒是胡太后身后有两个尼姑长得格外漂亮格外出众格外诱人，动了淫心，借口自己也要听听讲经，带着两个尼姑走了。高纬本是个坏种，回到自己宫中立即叫那两个尼姑脱衣解带上床陪睡，没想到无论皇帝怎么说，"她俩"个人就是不动，且死死按住衣服不肯。起初高纬还以为出家人害怕，自己还有几分得意，后见俩人死活不就范就大怒。令侍卫上手，剥光"她们"的衣服，原来哪是什么尼姑，分明是两个和尚。高纬大发雷霆，立即审问，两个和尚牵出了昙献等一系列和尚和胡太后通奸之事。高纬一声令下，统统斩杀，一个不留。又把胡太后身边的 3 个管事的抓来杀掉，把胡太后打入冷宫。

但北齐政权也维系不了几年了，很快就被北周灭了。北齐的末代皇帝高纬、高恒都被北周废了。国也灭了，人也赐死了，把胡太后等一干皇后等扫地出门。

胡太后不再是养尊处优的皇太后，现在最现实的一件事就是生存，如何生存下去。她和高纬的皇后都是在后宫中生活长大的，可谓衣来伸手，饭来张口，金银珠宝无数，而现在都一无所有。也是无奈，胡太后带领她的儿媳妇穆黄花皇后，只得走皮肉生意之路。因为她们都曾经是北齐王朝的皇太后、皇后，因此前来的人就格外多，生意就格外好，接客不断，生意兴隆。据说，胡太后曾经对穆黄花皇后说："为后不如为娼，更有乐趣！"如此，胡太后亦人渣也！

崔浩灭佛

翻开北魏的历史，哪怕就是撩开一道窄窄的细缝，你都能看见一位长着一副典型国字脸，有一脸智慧皱纹，黑须浓眉，大耳厚重，细眼有神，架一顶似乎不甚对号的官帽，着一袭圆领宰相官服的人，此人便是崔浩。

“崔浩，字伯渊，清河人也，白马公玄伯之长子”，这是崔浩档案的首页，崔浩家，望门大族，世代为官。勿往远说，他爹就辉煌得耀眼，封公为政，一言九鼎。魏晋以来，国家动荡，政治不稳，后又经“五胡乱华”，“乱纷纷，你方唱罢我登场”，“城头变幻大王旗”。但清河崔家却凭借有要人在朝任要职，任凭风浪起，稳坐钓鱼台。“天下盛门”百余年不衰不朽，倒也奇迹。

崔浩出名不是因其“三公四世”，也不是因其功勋过盖世，而是因为和灭佛有关。中国从历史到现在，佛教虽系外教，大部分已本土化，进入了寻常百姓家，曾几度被奉为“国教”。中国人没有人不知道菩萨观世音的，没有不知道烧香拜佛的。虽然佛教属于无神论的教域，但中国人都把佛、菩萨认定是上天的神，都诚心诚意地求佛祖、求菩萨保佑。男儿膝下有黄金，在佛陀面前，膝下只有莲花。

中国第一次大规模地“灭佛”运动，严格地讲，事出有因，因在崔浩。成千上万座寺庙被推倒烧毁，金碧辉煌的大殿被夷为平地；成千上万卷经书经幡被焚成灰；数不清的佛国之宝被毁被灭；数以万计的僧人被逐被杀。佛教在中国的传播受到了有历以来的最残酷的“扫荡”。

灭佛运动仅仅过去 6 年，到公元 450 年，下令灭佛的北魏皇帝拓跋焘,也后悔了,常常自己情不自禁地忏悔。他下令诛杀崔浩全家全族。是惩罚,是报应,是天灾,是人祸?信佛的人皆双手合十,闭目朝天,阿弥陀佛!

其实,崔浩也冤。

崔浩乃三朝元老,从北朝北魏的开国皇帝拓跋珪太祖道武皇帝、第二任皇帝拓跋嗣太宗明元皇帝,一直伺候到第三任皇帝世祖太武皇帝,崔家作为汉族世家,对北魏政权的建立和建设是立下过汗马功劳的。崔浩也是个敢仗义执言的重臣,是一心扑在北魏政权的建设上,甚至把个人升迁富贵也看得甚轻。《魏书》专为崔浩列传《崔浩传》,其中有些为国为民,忧国忧民的事迹还很能感动人。

北魏太宗帝时,正赶上南朝的刘宋开国皇帝武帝刘裕病死。北魏政权中的一些人如喜从天降,一片躁动,连皇帝拓跋嗣也按捺不住,欲起兵伐宋,直取洛阳、虎牢、滑台,势不可挡。既然皇帝想开疆拓边,想立不世之功,想一统天下,朝廷臣子一片随和、一片奉承,仿佛南宋之地唾手可得。只有崔浩冷静地分析了内外形势,力挽狂澜,直言不讳,其勇气、其胆略、其耿直、其才学足让人钦佩。《崔浩传》中文字记载得精彩:“今国家亦不能一举而定江南,宜遣人吊祭,存其孤弱。裕新死,党与未离,兵临其境,必相率拒战,功不可必。不如缓之,待其强臣争权,变难必起,然后命将杨威,可不劳士卒,而收淮北之地。”

崔浩有才,也自信,自比张良。《魏书》上有证:“崔浩才艺通博,究览天下,政事筹策,时莫之二,此其所以自比子房也。属太宗为政之秋,值世祖经营之日,言听计从,宁廓区夏。遇既隆也,勤亦茂哉。谋虽盖世,威未震主。”历史证明,崔浩是正确的。刘裕的政权不是纸糊的,刘裕的军队也不是白养的。北魏伐宋,很可能是一厢情愿。连辛弃疾也曾经叹服过:“想当年,金戈铁马,气吞万里如虎。”极有可能搬起石头砸了自己的脚。

当崔浩被抄斩灭族,连这一点也被诬之为“里通外国”。这正是命臣之可恨、中国文人之可悲。落井下石,董狐难有。崔浩真正之过在于灭佛。

佛教到北朝北魏时，已传播得佛遍天下。“南朝四百八十寺，多少楼台烟雨中”，又何止南朝？北朝亦然。北魏鲜卑族拓跋氏入主中原后，信奉佛教，礼敬沙门。敬香拜佛，修庙善事，皇帝亦然。但崔浩作为一国之相，拓跋焘作为一国之君，看到的是另一方面。当时全国已有寺院多达4万多所，僧尼有300多万人，占全部人口的十分之一还强。由于寺庙和僧人豁免租税、徭役，这不仅影响了国家的税收、国力的增强，甚至直接影响到军队的兵源，徭役的劳务人员也捉襟见肘。更重要的是以崔浩为首的汉族士大夫阶层要影响和融和鲜卑族的文化，从为官取仕，到行政标准，到遵循的思想，这就和以太子为首的鲜卑族士族阶层逐渐形成了两大势不两立的统治集团。而这两个集团都竭力想影响和左右皇帝。正在此关键时刻，不知崔浩用何等招数，让信奉佛教的拓跋焘改信道教，与佛教决裂。而崔浩又是道教的信徒，寇谦之正是崔浩介绍给太武帝的。寇谦之亦非等闲之辈，早年信奉早期道教五斗米教，曾随方士入华山、嵩山学道，自诩太上老君曾授他天师之位及仙书。寇天师与崔浩同信同道，成莫逆之交，常常高谈阔论，通宵达旦。寇天师也真有些本事，不但收了宰相，还收了皇帝做弟子。拓跋焘敕建天师道场，自称太平真君，竟然因之把国家的年号都改为太平真君，可见寇天师的影响力。

公元438年，北魏太武帝就下诏书，令天下寺院的僧人50岁以下的，要一律还俗服兵役。此时佛、道两教已不相融，太武帝灭佛已见端倪。

事有所巧。北魏太武帝拓跋焘西征盖吴到陕西长安，因见到长安寺院中多有弓矢矛盾等武器，勃然大怒。史料记载为“案诛一寺”。拓跋焘认为平叛征伐之战中，佛教寺院匿藏武器，显然是与政权离心离德，是盖吴之拥护者，不除恐为心病。崔浩借机发难，进言陈述佛教僧徒的“厉害”，策动太武帝下手。于是太武帝下诏：“诛长安沙门，焚破佛像，敕留台下四方，令一依长安行事。”这还不算完，非要把佛教徒赶尽杀绝。于是又下诏：“自王公以下，有私养沙门者，皆送官曹，不得隐匿。限今年二月十五日，过期不出，沙门身死，容止者诛一门。”

北朝北魏初年，佛教已盛行甚热，其标志之一就是王公贵族不但进庙拜佛，而且家中有自己的寺庙，供养着大小和尚。更多的是家中有佛堂，供养着专门的僧人每日烧香念经做佛事，“私养沙门”已成风气。太武帝的灭佛运动之严厉，让人齿寒。皇帝亲下的诏书上写得凶狠，过了期限不交出家中供养的和尚，不但杀了和尚，还要诛杀收留供养和尚的人全家。又下诏书：“自今以后，敢有事胡神及造形象泥人、铜人者，门诛。有司宣告征镇将军、刺史，诸有佛图形象及胡经，尽皆击破焚烧，沙门无少长悉坑之。”拓跋焘、崔浩都信奉道教仇恨佛教，因此把西来的佛教蔑称为“胡教”，佛像蔑之为“胡神”，佛经蔑之为“胡经”。诏书中规定得那么具体、形象，甚至说对“沙门无少长，悉坑之”，无论和尚老幼，只要是出家僧人，统统“活埋”

由崔浩向皇帝太武帝拓跋焘进言灭佛运动，给中国佛教带来了不可言述的损失和无可形容的灾难。“土木宫塔，声教所及，莫不毕毁。”崔浩难逃其责。历史无情，仅仅过了6年，崔浩因修北魏立国的历史记载北魏的历史真实，修《国记》，一下子触发了整个北魏鲜卑族上层的强烈不满和群情大爆发，鲜卑族贵族的势力得到张扬，身为鲜卑族的拓跋焘，一下子又倒回到本族贵族的怀抱，不但把崔浩当众腰斩，而且凡是崔浩有关系的人，一律斩杀。因为当时在北魏世代为官的两大汉族世家崔浩与同为重臣的汉族范阳卢氏、太原郭氏、河东柳氏，都是旺门大族，皆因崔浩之姻亲，“尽夷其族”。基本上斩尽杀绝了。

为崔浩说句公道话，崔浩修北魏历史，不为尊者讳，不为权者用，有些春秋晋国史官董狐之风，敢秉笔直书，敢不避权贵，敢揭露北魏王朝的一些丑陋和龌龊。自崔浩以后，北魏不敢有人著史。

诛杀崔浩后，太武皇帝把灭佛所有的罪责统统归于崔浩，他甚至后悔灭佛运动了，“帝颇悔之”。把国号也由太平真君改为正平了，但仍未有好结果。一说他被身边的宦官所杀。

最该让拓跋焘“悔之”的，该是他前脚刚刚一闭眼，他孙子拓跋濬后脚登基做了高宗文成皇帝，不但不灭佛，反而弘扬佛法，虔诚地信仰佛教，把佛教认作国教，并且委托当时的著名大和尚昙曜主持开凿“云冈石窟”。让拓跋焘汗颜的是，拓跋濬要求昙曜和尚要把北魏的几位皇帝都开凿成石佛的模样，以达到拜佛如拜君的目的。

现在云冈石窟中昙曜五号窟中最大的那尊佛，就是代表着北魏王朝的开国皇帝拓跋珪。而太武帝拓跋焘，也是北魏的先帝，但他有过灭佛的恶手，就把他塑造成十九号窟中的佛像，让他左手捂胸，右手下垂，每时每刻都在表示忏悔。拓跋焘放下屠刀，立地成佛以后也够累的，不知每时每刻都在诵经的他能不能得到佛祖的宽恕？

“南风”抑或腥风

麻将牌中有“南风”，但此“南风”非彼“南风”。我这里讲的“南风”为1700多年前的贾南风，是刮起一阵旋风的晋惠帝司马衷的皇后，是刮乱西晋王朝、刮起“八王之乱”的“南风”。

在中国历史上，贾南风不及她爷们晋惠帝有名，说起晋惠帝不熟悉西晋那段历史的人，一时还说不清是谁？但提起“白痴皇帝”，很多人都有印象。那个经典源自《晋书》。说有一天，惠帝“闻蛤蟆声”，就问于左右：“此鸣者为官乎，私乎？”又说，有一天，臣殿上奏报说：“天下荒乱，百姓饿死”，请朝廷拿主意，拯救饥荒百姓。此乃国之大事，晋惠帝司马衷坐在龙庭之上答曰：“何不食肉糜？”后世对肉糜有两种解释，但都是臊司马衷的。一说是老百姓都快饿死了，为什么不去吃肉粥？一说是快饿死了，为什么不吃肉包子？

皇帝虽傻，但要嫁给傻皇帝当皇后，成为国母，实为不易。贾南风，因风得势，脱颖而出。

司马衷傻，他爹统一西晋大业的开国皇帝司马炎可不傻，《晋书》有四个字概括：“聪明神武”。晋武帝司马炎有26个儿子，大儿子夭折，老二即为太子，就是司马衷。司马炎所有儿子、女儿中，大都聪明、机灵，唯独太子是个弱智。“普天之下莫非王土，率土之滨莫非王臣。”司马炎是经过“篡政夺权”的，是荡平三国统一天下“打出来的皇帝”，这个道理对于他来说刻骨铭心。正因为太子傻，所以为太子配婚就更重要、更要谨慎。太子将来君临天下，天下能否太平，能否大顺，老婆至关重要。这个道理莫说司马炎，除了司马衷无人不晓。

司马炎为他的白痴太子选妃有五个条件。二十五史中《晋书》说得明白，他想要卫家的女儿为太子妃，因卫女有“五娶”：卫女比较贤惠、能多生子、长得漂亮、皮肤白皙，个子又高。因有这“五要”，司马炎本来是考虑娶卫女的。但其老婆杨皇后也就是司马衷的生母不同意，杨皇后推荐的是贾女。司马炎后宫有佳丽 3 万多人，是中国皇帝中后宫女人最多的皇帝，传到后世有“羊车载之，随处可幸”一说，荒淫到死。但他对他正房的老婆感情依旧，当不了这个皇后杨艳的家。从历史上看，杨皇后得到贾家做的“大量工作”后异常坚定，关键原因之一，贾家的老爷子是贾充，乃司马政权的主要政治支柱。公元 260 年司马昭要篡夺曹魏政权，被逼无奈的魏国皇帝曹髦带着临时武装起来的几百名官人要攻打司马昭府，跟司马昭“决斗”，当遇到贾充带领来堵截皇帝曹髦的部队时，曹髦呼出了一句贯通历史的口号，这可能是中国历史上最有传播力的口号：“司马昭之心，路人皆知！”那些军队一看皇帝，一听皇帝振臂高呼立时呆傻了，纷纷要回撤，正在生死关头上，贾充这伪君子指示司马昭府上豢养的成济兄弟：还不赶快动手，晋王养你等何用？结果，成济跃马一戟直刺曹髦，“刃出于背”，死于车下。贾充不但是司马昭的死党，而且是功臣，否则，曹髦擒拿住司马昭恐怕岂止灭其三族。

为太子选妃，其实就是斗法、斗势、斗财、斗招，贾充集团几乎招招在前。《资治通鉴》上讲，虽然贾南风“丑而短、黑”，可能是中国历史上最丑的皇后了，但她获胜了，贾南风被明媒正娶，正式作为太子妃娶进了太子府。贾南风，尤其是贾家的家族都深深地明白了一个道理，把贾女嫁给一个大傻子，其目的是赤裸裸的，那就是要左右皇帝，左右政权，左右晋朝。

贾南风果然有福，司马衷虽傻，但终于登上了皇位，贾南风也名正言顺地成了皇后。皇帝是一位弱智，所以呼风唤雨、弄神装鬼全由她了。据说贾南风在贾府时就不是一盏省油的灯，她嫉妒、残暴、撒野、放浪、热衷于权利，无顾忌地追逐财物，放纵自己，骄奢淫逸。当了皇后，几乎所有毛病都被无限制地放大了，都被恶性地发酵了。

贾南风在贾府如何放浪形骸无史料可查，但从她嫁给司马衷以后，早在她一进太子府时，她就借口看病，与太医令程据打得火热，晋书有证："乱彰内外。"当了皇后以后，就天天派人从宫外哄骗年轻美俊的男人进宫。供她淫乐，这个丑皇后心灵更丑恶，玩够人家以后，一般都秘密屠杀，不留任何痕迹。现在有记载的是偶有"怜悯"之心，放过一两个她觉得十分顺服又十分周到、十分俊美的小男子，其丑闻才被佐证。《晋书》上说洛阳城即当时西晋王朝的首都，城南有一小吏，"端丽美容"，英俊健美在城南一带可能有些名气，但平时因收入微薄，并不显山露水的，突然消失了一段时间，再回来时，却穿戴不凡，所佩戴展示之物竟皆内廷之物，众人生疑，禀极上司，派人拘押审问，不审方可，一问皆无言以对。那个小吏说，那天我在路口上碰见一老妇人，其言之家中有人得遇急病，巫师卜卦说需要找一位居于城南的年轻健壮的男人在家中镇邪，救人救命，当有重酬。那小吏坦言自己听之有重酬，顿生贪财之心，便随他而去。中途又换车又放下帷帐，他被藏在盛放衣物的箱笼里，走了几十里，又过了六七道大门，箱笼一开，忽然看见壮丽精美，金碧辉煌的楼台殿阁。我忙问那老妇人此为何地？她回答曰此乃天上。然后马上就有人过来伺候我沐浴熏香，请我吃十分精美的食品，又给我换上华丽漂亮的衣服，带我进入室内，但见室内有一妇人，大概三十五六岁年纪，身材矮小，皮肤青黑，眉间有痣，我被她留在她那儿，欢度数晚，共寝共宴。临别时，这位矮胖黑妇人赠我这些衣物饰品。这不过是贾南风小小放纵一幕。因记载在《晋书》上，当为史实。

贾南风在宫中兴"腥风"。

别看白痴皇帝司马衷有些弱智，但身体健康，如果不是被杀，他极有可能是位长寿的寿星，在位 16 年一直表现了极旺盛的生命力。别看贾南风又黑又丑，《晋书》上记载贾南风："短形青黑色，眉后有痣。"但司马衷和她一连生有四个女儿，而且这位"傻皇帝"一有机会就临幸后宫美女，而且常常使后宫的美人怀孕。有专家认为司马衷并非弱智者，其中说到"血洗帝衣"的例子。"八王之乱"时，司马衷被追杀，侍中嵇绍拼命护驾，血溅了司马衷一身，左右要替他洗去嵇绍溅到他身上的血迹，这时候司马衷却说："嵇侍中血，勿洗。"说明他有情义。因此专家有评论："此绝不类痴呆人语。"又有一例，赵王司马伦逼司马衷禅位，司马衷的堂叔，义阳王司马威去抢司马衷的皇帝玺绶，司马衷死活不松手，紧紧抱在怀里。司马威硬是使蛮力掰开司马衷的手指把它抢去了。后来司马衷又复位后，秋后算账，清查工作毫不留情。在量刑时，有人提出司马威虽然作乱犯上，但罪尚不至死，可请皇帝赦免他。这是决定司马威生死的关键当口，皇帝说司马威："挟吾指，夺吾玺绶，不可不杀。"由此看来，司马衷一点都不弱智，大是大非，该生该死有正确的判断，丝毫没有痴呆的表现，其实还有一条就是在"偷情"方面和正常人无异。

从司马衷和贾南风生育有四个女儿可以判断，司马衷和贾南风之间不但有夫妻生活，而且夫妻关系正常，虽然《晋书》上说司马衷"畏而惑之"，但惧怕她并没有使司马衷不敢和别的美人上床，这恰恰表现了司马衷不痴不呆。司马衷不仅不傻不呆，而且能巧妙地避开凶神恶煞的贾南风去"偷香窃玉"，说明他"能耐"。

贾南风看管不住"白痴"皇帝，却能看管住后宫美女的肚子，只要有人怀孕了，她的仇恨近乎变态，采用的办法是"以戟掷孕妾，子随刃堕地"。

贾南风比阎王爷还凶。

贾南风还要把"牌"打到朝廷去，她要掌握的不仅仅是一个"白痴"皇帝，他要像吕后一样掌握整个国家。但司马炎时候朝廷大权掌握在太傅杨骏手中，杨骏是贾南风婆婆的亲爹。如果不搬掉杨骏，贾南风充其量就是一个"窝里反"，折腾不出后宫的宫墙。贾南风知道他要像吕后一样就必须首先拿掉杨骏。

公元 291 年 4 月，贾南风做好了"里应外合"的一切准备，"万事俱备，只欠东风"，只需一个"名正言顺""师出有名"的理由。那天清晨，惠帝司马衷还在大睡，被她突然叫醒，要他赶快签署诏书，诏书上写明是太傅杨骏谋反，急令楚王司马玮带兵擒拿。一场血洗拉开序幕，但杨骏确实没有谋反，他是司马炎临死前顾命大臣。贾南风说他谋反,其罪定焉,岂容他辩?结果,连杨骏的两位兄弟及其亲信皆以谋反定罪,皆诛夷三族。

贾南风的婆婆,司马炎的皇后,当初司马衷娶贾南风的力挺者之一杨艳皇太后,也因“图危社稷”被废为庶人,而杨艳的母亲,裴氏因为是杨骏的老婆按罪当斩,杨艳为救其母不死,“截发稽颡”,上表儿媳妇贾南风,自称臣妾,哀求皇后抬抬手饶其母亲一命。杨艳虽为贾南风之婆婆。但她太不了解这位她扶上位的皇后了。贾南风岂能为她的哀求动心,非但不动,而且当着婆婆的面处死裴氏。这并没有算完,贾南风随后又把杨太后幽禁起来,绝水绝食,可怜这位曾经在晋武帝司马炎面前说一不二的美人皇后被活活饿死。

贾南风刮的是“血雨腥风”。

历史上著名的西晋“八王之乱”开始了。

贾南风还要杀太子。

世事无奇不有,谁能想到在贾南风进太子府之前,弱智的司马衷却生有一个极聪明、极有才的儿子?在一定意义上,贾南风还应该感谢这位聪明过人的太子司马遹,有《晋书》《资治通鉴》记载为证,说司马遹“幼而聪慧,武帝爱之,恒在左右”。司马遹5岁那年,有一次宫中失火,司马炎登城楼观望,司马遹过去拽住他爷爷的衣襟说:“暮色仓猝,宜备非常,不可令照见人主。”5岁的黄口孺子竟能说出这么老道的政治言语,实在让人惊讶。又比如在司马遹六七岁时,又陪晋武帝到太牢观玩。当看到太牢为祭祀饲养的肥猪又大又肥时,就对司马炎说这么多大猪饲养这么肥,为什么不杀掉给臣下们吃呢?再喂下去也是浪费五谷粮食。武帝大喜,马上派人杀猪分赐众臣,并抚着司马遹的后背对大臣傅祗说:“此儿当兴吾家。”当初要立傻子司马衷继位做皇帝时,很多大臣反对,晋武帝亦知“太子不才”,但他更看重孙子司马遹,他的观点和历朝历代的皇帝都一样,认为江山万代属,从始皇帝做起,一直做到万万代,因此司马炎认为儿子司马衷是傻了点,但有大臣辅佐,孙子司马遹“当兴吾家”,早晚江山要传到司马遹手中,司马衷不过是过渡人物。因此他才下决心让司马衷当太子,没有废他。司马衷傻,不知道是父沾儿的光,朝廷重臣皆知。贾南风也实在应该感谢司马遹,没有司马遹这么个太子,她有可能白嫁给了一个傻子,根本当不上什么皇后,更谈不上权倾朝野。但这位贾南风不这么想,她认为司马遹当太子是对她夺权的威胁,阻碍了她自己接管国家权力。

公元300年12月,贾南风经过周密的策划,阴谋终于出笼了。

她还是利用傻老公,宣称晋惠帝生病,遣人宣太子入朝。贾南风搞阴谋诡计心狠手辣,且老谋深算。她单挑一大清早,显得惠帝一夜大病急宣太子,司马遹被急急忙忙召进宫来。进入内宫后,太子下跪,堂上端坐着贾皇后,礼毕以后,贾皇后装出一副关心的样子,令人持三升酒和一大盘枣令太子立马当面吃掉。难道西晋时期皇宫中早餐即喝大酒?吃大枣?查无实录,反正贾南风当时就是这么做的。太子司马遹急匆匆前来探父皇之病,一看这架势情知不好,忙称自己不饮酒,尤其早晨空腹更不敢沾酒,怕喝酒后失礼。贾南风早有软硬两手准备,立即沉下脸来,呵斥道:"你身为太子,为何不孝?父母让你饮酒你都不肯,难道酒中有恶物吗?"硬逼着太子把三升酒全都喝下去,这三升酒中的确没有毒药,贾南风狡猾异常。她知道太子在满朝大臣中的威望,如果她在后宫之内把太子毒死,其罪难脱。她看太子大醉,就拿出事先准备好的笔墨纸张,让太子抄事先以太子口吻写的"反书"。太子已经处于半昏迷状态,"其字不成,(皇)后补成之"。罪证确凿,马上派人送给惠帝司马衷看。然后由贾皇后主持,由惠帝召集大臣进殿议事。贾皇后把太子亲手书写的"反书"遍示大臣,定罪为"遹书如此,今赐死"。但朝中亦有重臣担保太子,这样反复争论,至天黑不定。贾南风又自做皇帝诏书,把太子废为庶人。

贾南风并不以此为完,她先下诏书把太子的生母和太子妃杀掉,清除其左右;又威逼太子身边太监"自首",说太子正在暗中联络人马准备造反,借此机会,贾南风就把司马遹秘密押送到许昌囚禁。司马遹聪明,他明白贾南风杀他之心不死,非杀他不可,就处处小心翼翼,自己在屋内做饭。贾南风派人去监视他的人干脆把他关进黑屋,断绝食物来源,想慢慢饿死他,但又怕贾南风嫌晚,就干脆送去毒药,逼司马遹饮毒,司马遹死活不肯,贾南风派去的人凶相毕露,竟然用大棒将司马遹的头颅击碎,打得脑浆迸出,气绝身亡。贾南风却上表朝廷,假惺惺一番,请以王礼安葬,贾南风真“黑”,杀人不见血。

现在挡在贾南风攫取最高权道路上的下一个目标,是太保卫瓘和“八王”之一的汝南王司马亮。卫瓘何许人也?三朝元老,当初钟会、邓艾两路大军去征蜀,在夺取西川之后,二人争功。钟会兵多,想一举灭了邓艾再杀了监军卫瓘,自立为蜀王,再和魏国分庭对抗。而邓艾自以为攻取成都,受降刘禅有功,也想独占攻蜀功劳,自成势力,武装割据,亦有攻钟会灭卫瓘之心,而卫瓘是司马昭的死党,对司马昭忠心耿耿,且老奸巨猾,老谋深算。卫瓘完全依靠阴阳两手,先杀了钟会、姜维,又回过头来杀了邓艾父子,为司马昭评定了西蜀,镇压了叛乱。卫瓘对司马氏是有大功的,而且也是饱经风霜、见过世面的。谁能想到,真乃此一时彼一时,曾经那么不可一世的卫瓘,几乎悄然无声地就被贾南风灭了,除了两个儿子当时在外就医,祖孙三代几乎杀绝。

汝南王司马亮何许人也?

当晋武帝司马炎已经气息奄奄之时,一再要求赶快召见汝南王司马亮,他是要让司马亮和杨骏共同辅佐朝政,共同辅佐他的傻儿子司马衷,但急诏司马亮的诏书被杨骏做了手脚,杨骏知道司马亮的能耐,怕和他共同辅政会分走他的权利。司马亮迟迟不到,晋武帝临死之前回光返照后的最后一句话是问:“汝南王来了没有?”由此可见司马亮的本事。但司马亮仍然毫无悬念地败在贾南风手下。贾南风依然是利用晋惠帝司马衷傻痴,亲自做一皇帝的手诏,交给执掌兵权的司马玮:“汝南王及太保卫瓘欲行废立,楚王可宣诏,令汝南、长沙、成都三王屯兵诸宫门,免亮及瓘官。”按照贾南风的布置,手拿皇帝手诏的楚王司马玮带兵直闯汝南王的王府,这时的汝南王竟然天真地对擒拿他的军士们说:“我对皇帝的衷心可昭示天下!”这位王爷还真厉害,去抓他的军士知老王爷忠诚无辜,虽把他擒拿住了,但却以礼待之;中午日头毒,军士怕把老王爷晒坏,专为他用仪扇遮阳。虽有皇帝的诏书在,但没有人敢去加害于他。楚王司马玮得知以后,暴跳如雷,怕杀不了汝南王坏了大事。谁知亲骨肉相残更凶更黑更无人味,司马玮下令:“能斩司马亮者,赏布千匹!”乱兵贪利,蜂拥而上,把汝南王司马亮剁成肉泥,《晋书》上说:“鬓发耳鼻皆悉毁焉”。

此时的楚王司马玮仿佛大权在握,志在必得。岂知螳螂捕蝉,黄雀在后。贾南风岂能容他掌权猖狂?于是她又让傻皇帝起一手诏,要除掉楚王司马玮。司马玮杀汝南王拿出自己怀中的手诏说:“我有皇帝的诏书,诛杀汝南王司马亮、太保卫瓘都是皇帝下的圣旨,我是奉旨行事!”但贾南风派去杀楚王的将士又拿出一份更新的诏书,圣旨上说得明白:“前诏乃楚王司马玮矫诏擅命!”贾南风挖了个坑,让司马玮心甘情愿地跳进去。当刑车押着楚王司马玮闹市问斩时,他还痴情地一边流泪,一边反复表白自己是遵诏行事。司马玮才是彻头彻尾的“傻子”,死都不知道怎么死的。他不但被身首两异,他的谋士皆被诛杀三族。只因为司马玮是晋武帝的第五子,是傻皇帝司马衷的亲兄弟,无法株连三族,否则能不血雨腥风吗?

西晋“八王之乱”中的“二王”都是惨死在贾南风手中,这女人终于可以为所欲为了,终于可以一言九鼎说了算了,终于可以享受权利带来的刺激了。

但贾皇后只有西汉吕皇后的野心、贼心和黑心,却没有吕皇后的权术、计谋、能耐和思想,到头来却让司马家的八王之一赵王司马伦以其人之道还治其人之身。赵王司马伦也聪明,自己也制造了一个傻皇帝的手诏,以晋惠帝名义宣诏:“中宫(皇后)与贾谧等杀吾太子,今使赵王入宫废贾后,汝等皆当从命,事毕,赐爵官中侯,不从者诛三族。”

有了皇帝的亲诏,贾南风又不得人心,太子又冤枉,为太子报仇众望所归。赵王擒拿了贾皇后,晋王朝新一轮的诛杀开始了,凡是和贾南风沾亲带故的一律捕杀、夷三族。

贾南风被赵王派人用毒酒活活灌死。贾南风是死了。司马炎平定三国统一中国的大好局面，仅仅维持了26年，又陷入了空前的混乱。军阀混战，民不聊生，生灵涂炭，中国历史上最混乱、最黑暗、最残酷的时期开始了。“八王之乱”之后，紧跟着就是“五胡乱华”，十六国蜂起，乱哄哄你方唱罢我登场，几乎每旬必有战争，战祸延绵了130年，老百姓生活在水深火热中。

在吹乱中华大地的妖风中，贾南风是股“恶腥风”。

错打了一张“南风”牌，搅乱中国历史，即使在九泉之下1700多年之后，晋武帝仍愧对其祖上后辈。我想司马炎最恨自己，恨自己错立了傻皇帝，更恨自己给儿子错娶了贾南风……

名全忠　实全奸的朱温

中国历史上,有朱温这一号。

是他亲手扼死了大唐王朝,狰狞凶恶地结束了曾经光辉灿烂影响中国历史发展的大唐帝国。他是刽子手。

他又是五代之乱的祸首,也是后梁王朝的开国皇帝。中国有案可查的49个王朝的开国皇帝,或多或少都做过一点好事,利国利民顺乎民意的事,唯独后梁皇帝自称梁太祖的朱温祸国殃民,是一个彻头彻尾的"头上长疮,脚下流脓"的坏种。

朱温出身贫苦,其父早丧,兄弟三人皆由其母拉扯抚养大。一家人含辛茹苦,饥寒交迫,吃了上顿愁下顿。无奈之中,其母王氏离开老家,朱家老家在砀山,去萧县地主刘崇家当上床老妈子。王氏活得也不易,既当佣人又要上床伺候刘崇。那时朱温尚小,只好由王氏带到刘家。

朱温这小子从小就不是个"顺茬",仇恨周围,仇恨乡里,仇恨社会。从小生就叛逆性格,好事不做,专做坏事,打架斗殴,无端生事。加之这小子,和同岁小孩相比,,常恃强凌弱,能生出许多坏主意,闹得乡里乡亲怨言极大,常常告到刘崇家门上。刘既收了王氏,又憎恶拖来的"小混蛋""小油瓶"。于是家法伺候,打朱小三(朱温排行数三)。常打得皮开肉绽。朱小三也狼哭鬼嚎,痛哭流涕,表示痛改前非。但那是他得"韬晦"之术,事后,依然我行我素,甚至变本加厉。小小年纪,十里八乡也小有恶名。

朱温赶上乱世了,赶上沧海横流了,赶上泥沙俱下的时代了。他等来了黄巢起义军。那年代,盐贩子出身的黄巢带着起义军运用游击战，正攻城略地，势不可挡。本来就好闹事滋事闲不住的朱温，在家是贫农，当地一青皮混混，游手好闲，手下无赖成群，正想革命。黄巢的起义军来了，朱温毫不犹豫，带着一群地痞参加了农民起义军。

自此朱温如鱼得水，扶摇直上。他身强力壮，敢于舍命相拼。他的才能在东征西战中得到了充分发挥，成为带兵的将军，成立黄巢手下一员虎将领，手下有精兵数万，战将百余，羽翼渐丰。朱温颇有野心，他的政治投机的本事随之开始显示。

黄巢攻陷长安，满城尽带黄金甲。朱温也忙着，扩充实力，收买人心，聚集财富。更重要的是，朱温时刻注意窥测方向，分析形势，寻找自己发展的突破口。

机会来了。黄巢的农民起义军兵败连连，大势将去。朱温虽然平时在多种场合向黄巢表过忠心，但绝不会陪着黄巢一块沉沦。

朱温摇身一变，叛变革命，成为大唐王朝的副节度使，带领他的部队，毫不留情地进攻黄巢义军，从背后、腹下狠狠捅了黄巢一刀。黄巢毫无防备，结果可想而知。黄巢的败因是多方面的，但主要一条就是朱温叛变。

唐中和二年(882)，因朱温对黄巢作战有功，唐王朝又升任他为宣武节度使。朱温心中有计谋，在征伐黄巢起义军时他一方面下死力，不遗余力；另一方面仍然在招兵买马，招降纳叛，不断扩充实力，不断扩大地盘。这家伙不但对黄巢下狠手，也对妨碍他发展的唐地方势力下黑手，借着战争战乱，不失时机地并吞周围的唐朝藩镇，消灭拥兵自立的军阀。短短的3年内战，朱温已经变成晚唐举足轻重的大军阀，身兼4个节度使。他的胃口也大了，他想要知道咀嚼唐王朝的滋味。

机会来了，天上真掉馅饼，并且掉到朱温嘴里。

唐昭宗活得窝囊，虽然他相貌堂堂，身高体大，魁梧过人，在中国皇帝中算有帝王之相的皇帝，但却一点自由都没有，完全为宦官所把持，加上藩镇用兵，唐昭宗被宦官们勾结地方军阀掠到凤翔。朱温，那时也叫朱全忠，立即打起“勤王”的招牌，把皇帝劫回到长安。朱全忠回到长安，二话不说，把长安大明宫中的所有宦官全部杀掉，甚至连已出宫回家养老的太监也不放过。为害百年的唐太监只有到了真正的刽子手面前，才彻底根除。朱温看见朝中弄权的大太监可不像唐文宗时期宰相李训、大将军韩约、见大太监仇士良吓得面如白墙、浑身颤抖，朱温看宦官就如一盘端上桌的豆芽菜。朱温不但结束了唐王朝的命运，为了掌控天下，要从长安迁都洛阳，这回朱温再也不说他忠不忠，更不提“全忠”了，这家伙下令把长安城全部拆毁，这对建都1000年，经13个王朝用举国之力经营的长安城是一次彻底毁坏！多少文明的结晶，多少历史的积淀，多少财富的昭示，多少建筑的经典，全让朱温给毁了！长安变成一座废墟，从此再无长安，之后再也没有任何王朝再在长安建都，长安毁在朱温手中，朱温成为千古罪人！

朱温手黑。先把唐昭宗身边的人全部勒死，等第二天，唐昭宗一睁眼，周围全是朱温的嫡系，他的一举一动都被监视监控，这个皇帝充其量是个木偶。朱温和司马昭在想当皇帝上如出一辙，司马昭之心，路人皆知，朱温之心，路人更知。只是司马昭比朱温大700多岁，走在朱温前面，但其手段卑鄙、毒辣、凶狠，后者比前者有过之而无不及。

朱温毒辣，这么个“纸糊”的皇帝也不能立在那儿，他亲自策划派人一刀一个，不但把唐昭宗杀了，而且把皇后、妃子、昭仪统统杀了。朱温比司马昭还能演戏。当年司马昭派人去杀了曹文帝曹髦，他又赶过去抚尸痛哭，痛哭得死去活来；而朱温杀了唐昭宗后，假装大惊失色，嚎啕大哭，以头呛地，竟然心痛得当场瘫倒在地，昏死过去。据说昏死过去还不止一回。刚一清醒，则言：“奴辈负我，令我受恶名万代。”彻底醒过来以后，他严令追查凶手，把他的义子朱有恭和大将氏叔王宗都砍了头。据《旧五代史》记载，朱有恭临受刑前大叫：“卖我以塞天下之谤，皇天在上，行事如此，你自己还想有后代活在世上?”

朱温只阴笑着，连眼皮都没跳一下。

朱温可不是菩萨心肠，他接受赵氏孤儿的教训，下令把唐昭宗的

9个儿子叫来，名曰宴请，先喝酒，然后伏于庭下的军士一拥而上，统统用弓弦活活勒死，挖了个大坑，草草埋了了事。

到公元907年，朱温灭了唐朝，建立了大梁王朝。一杯毒酒杀了唐朝最后一个皇帝唐哀宗李柷，李柷死时才17岁。在中国历史上，一个人杀两位皇帝的人恐怕不多，朱温血债累累。据有讽刺意义的是，当年唐王朝还赐朱温“全忠”之名。朱温当年当了叛徒招安以后，也真得感激得唐朝五体投地，誓死尽忠。据历史记载，这小子磕头磕得把前额都磕出血来。

朱温的坏还在于他的无耻，在于他的卑鄙、乱伦。中国有一句俗语：兔子不吃窝边草。朱温是当了皇帝专“吃窝边草”。这家伙只要看上手下谁家的老婆、闺女、儿媳妇，就干脆住到人家“受用”。他手下有一大臣叫张全义，对朱温可谓忠心耿耿，全忠也。没想到朱温索性住在他家，以示“恩赐”，把张的夫人、女儿、几个儿媳都一一“受用”了。

朱温有8个儿子，除老大早死，他当皇帝后，后宫佳人三千。但他让儿子出差、打仗、巡边，自己都在皇宫内召见儿媳妇，让诸儿媳妇进宫“入侍”，而且乐此不疲。翻看中国历史上“扒灰”的皇帝，像朱温这么“扒”，这么公开、放肆，以丑为乐的，厚颜无耻的，可能找不出几个。

朱温就因为宠爱自己的二儿媳妇，爱得无可无不可，这才引得父子成仇，势同水火。老三怕老二因媳妇长得漂亮得宠做了皇帝，干脆一不做二不休，带领属下，提刀入宫，杀了朱温。据记载，老三手下的仆从提刀直插朱温的腹部，“刃出于背”，朱温一命呜呼哉！

朱温死有余辜！

皇帝杀皇帝

1

辛弃疾有一首《永遇乐·京口北固亭怀古》写得大气磅礴，慷慨激昂。“千古江山，英雄无觅，孙仲谋处。舞榭歌台，风流总被，雨打风吹去。斜阳草树，寻常巷陌，人道寄奴曾住。想当年，金戈铁马，气吞万里如虎。”这是前半阕，热血男儿读后无不心潮澎湃。辛弃疾说的“寄奴”是南朝宋王朝的开国皇帝刘裕。

刘裕挺神。万马丛中杀出来当了皇帝，没人敢再叫他寄奴。就像明太祖朱元璋，当了皇帝谁还敢叫他朱和尚？不但不敢叫他朱和尚，连“光”“亮”“秃”都要避讳，因叫错一个字，形成“文字狱”，杀一家灭一族都是有史可查的。刘裕也如此，家贫穷时人只道寄奴，奴就够可悲的，他还是寄奴，寄生寄养的小“奴隶”。没有任何地位，没有任何尊严。寄奴命苦、命硬、命克，他出生时，母亲难产而亡。他的父亲痛不欲生，想把他丢弃了。他父亲觉得这小子说不定是颗灾星，不能让他再“克”走谁。但扼杀亲生的儿子也难，他才不得不把他寄养在表亲家中，可怜的他在寄养中并无姓名，是吃姨母乳汁长大的，故有一小名：寄奴。

家中虽然赤贫，但寄奴却很有个性。从小就不是那种俯首帖耳的“顺茬”。史书上说寄奴“及长，勇健有大志。仅识文字，以卖履为业，好樗蒲，为乡间所贱。”寄奴虽苦，虽家贫，虽无能，但却长得人高马大，身强体壮，“风骨奇特”，七尺六寸。他虽以卖履为业，却爱好赌博酗酒，乡里人看不起他，也没人敢惹他。有些乡间“大虫”的味道。但人间世态炎凉，寄奴也没少经过。

寄奴生在一个动荡、动乱、军阀混战、大王变换的时代。乱世出英雄,这个战乱频频的东晋末年,成就了少有大志的寄奴。

那时候的寄奴已然有名有姓,即刘裕,据说刘裕还是汉高祖刘邦弟弟刘交的后代,这说明刘裕已在“战火中成长”,已有文人谋士给他续家谱,让他的血统高贵,名正言顺起来。他敢打敢拼敢于赌命,十几年的战火纷飞,十几年的硝烟落定,刘裕已然从一只“丑小鸭”变成了一只“金凤凰”。刘裕已经被东晋政权封为侍中、车骑将军、都督中外诸军事,使持节徐、青二州刺史,后又加封“尚书事”。金戈铁马,气吞万里如虎。带领军队攻无不克,战无不胜,一直攻打下长安,占领了关中。公元 419 年 8 月,他亲手立的傀儡皇帝恭帝封他为宋王,加九赐。皇帝在建康城,他宋王在封地寿阳,根本不上朝,朝廷大事小事全部拿到寿阳宋王的小朝廷上议,小皇帝司马德文对刘裕千依百顺。说晋恭帝司马德文是小皇帝,是指他的傀儡地位,其实他登基时已经 34 岁。司马德文心中很是清楚,他当皇帝是刘裕让他当,不当皇帝也要禅位于刘裕。关键是他想要刘裕对他网开一面,让他能平平安安下了龙椅,不当皇帝,了却一生。司马德文天真吗? 这位东晋第十一位皇帝 ,也是东晋的末代皇帝认为车有前辙,人有前鉴,下台皇帝有前例。

大汉王朝的最后一个皇帝献帝刘协,被废禅让给曹丕后被封为山阳公,在封地河南山阳又活了 14 年,虽说活得憋屈,但也悠哉乐哉,还为当地百姓干过一些修路、兴学、治河的好事。山阳那地方山清水秀,以至于嵇康等竹下七贤也选中山阳。曹魏末帝曹奂又把皇帝位禅让给司马炎,司马炎是他司马德文的老祖先,演完禅让位,封曹奂位陈留王,陈留王衣食无忧,妻妾都有,继续过着“小王”的生活。西蜀汉帝刘禅,东吴末帝孙皓都大小有个封号,在宫殿花园封地中享有余年。

晋恭帝想得都对,按照他的思路,配合刘裕登基才有出路。当有人把让他禅位于宋的诏书呈上,让他照抄一遍时,这位皇帝和以前的所有皇帝都不一样,既不反抗拿捏,也不留恋流泪长叹,“帝欣然操笔，谓左右曰：桓玄之时，晋氏已无天下。今日推国与宋王，本所甘心。”晋恭帝的表述无非是表白自己禅让是诚心诚意的。禅位后司马德文被封为零陵王。徙至秣陵县的废帝丝毫不敢大意，怕被刘裕下毒害死，干脆和皇后自己开灶，自己做饭，饭做好了也是皇后先吃，以防不测，而且大门不出，二门不迈，门窗紧闭，不和任何人交往。

刘裕何许人也？废帝再温顺，也曾是条龙。刘裕不放心，还是派人把活活闷死了。把晋恭帝的皇亲国戚一一过刀。以至于凡是姓司马的都杀。连司马迁的后人都赶快改名换姓，逃之夭夭。

刘裕开了一个十分残酷且十分恶劣的头。南朝的宋、齐、梁、陈，都是沿袭着宋刘裕的办法行事，皇帝杀皇帝，后朝皇帝杀前朝皇帝，杀得完全、干净、彻底，绝不留情，把皇亲国戚、龙子龙孙全杀光。

南朝的梁朝，也就是刘裕的宋王朝以后不到100年，梁王朝出了个玩阴谋诡计的权臣侯景，这家伙在公元551年8月先逼死梁武帝，10月又废了自己拥立的梁简文帝。他杀简文帝的办法也绝，用一个200多斤重的大土囊压在简文帝的头上，活活把简文帝压死。他自立为皇帝后，又把他立的皇帝萧栋，连同萧皇帝的兄弟们都在密室里活活捏死。一个皇帝，逼死一个皇帝，杀了两个皇帝，在中国历史上还不多。

侯景必有恶报。他被杀以后，尸体一入建康，城内官民皆恨之咬牙切齿，纷纷涌上，“争取食之，并骨皆尽”。他的五个儿子更惨，大儿子被活活剥去面皮，然后用大锅慢慢炸成焦脆；其余四个儿子都是儿童，不满10岁，结果是先阉割，然后放进大油锅中烹死。其惨况让后人读起来都毛骨悚然。

刘裕也未逃出自己画的圈，他的重孙子宋顺帝，被齐王朝萧道成篡夺，自立为帝，即齐太祖高皇帝后，给宋顺帝也照样先封个汝阴王，旋即杀之，而且杀死得更惨，死不留全尸，刘家王室全被杀光。

2

隋文帝杨坚，隋王朝的开国皇帝。也是中国历史上有名的阴谋家，宫廷政变的高手。

杨坚篡权改朝换代当皇帝，一靠祖上，二靠玩阴谋诡计。

据史书记载，杨坚相貌堂堂，“沉深严重”，“虽至亲不敢狎也”，自带威相，所谓是虎乃有风。因他爹杨忠有大功，杨坚靠他爹的官，15岁就被封为纪县公，16岁被封为骠骑大将军，典型的“官二代”。入官场未成年，官场的尔虞我诈是熏出来的。那时候正值中国北方的统一大国北魏王朝被分裂成东魏、西魏。东魏被权臣高欢把持；西魏政权也风雨飘摇，大权尽在宇文家族手中。山雨欲来风满楼，政权的不稳，政治的摇摆，国家的内乱，已似乎让人听见那隆隆的雷声。

这时杨坚出场了。他上演了一场政治大戏，改变中国历史的进程。

公元557年宇文觉取代西魏，称孝闵皇帝，建立北周。到周武帝宇文邕登基称帝时，杨坚除了有一大堆官衔军职外，还把自己的长女杨丽华嫁给周武帝的太子，和周武帝是“亲家”，成为了一家人。

周武帝死后，太子继位，史称周宣帝，杨坚就成了当朝皇帝的老泰山。翻阅历史，并未见杨坚立下过什么不二的战功，或为国家出过什么振兴安邦的国策，但他是一步一个脚印地爬上来了。周宣帝即位后，马上下诏书封杨坚丈为大司马、拜上国柱。“（帝）每巡幸，恒委居守”，真拿老丈人当一家人啦。等到周宣帝一死，周静帝即位时，杨坚已把持了北周政权，周静帝成为傀儡。杨坚为了扫清称帝障碍，他大杀周朝宗室，共计杀周王朝周文帝子孙25家，皆满门抄斩，无一遗漏。周孝闵帝子孙及明帝子孙6家；周武帝即杨坚自己的亲家，满门被抄斩其子孙12家，周宣帝宇文赟病死了，逃过了杨坚的一刀，但他儿子登基被立为静皇帝的宇文衍，一即位就封杨坚为“相国、百揆、九赐，建台置官”，没过几天就赶忙禅让，让杨坚当皇帝。论辈数，杨坚是周静帝的亲姥爷。无情最是帝王家。周静帝被活活掐死，死时也才9岁。周静帝还有两个兄弟，皇弟，都在二三岁，尚在襁褓之中，怀抱之中，杨坚这个姥爷皇帝心硬如铁，也斩草除根。杨坚真够狠的。

清朝学者赵翼曾感叹说：“古来得天下易，未有如隋文帝者，以妇翁之亲,安坐而登帝位……窃人之国,而戕其子孙至无遗类,此其残忍惨毒,岂复稍有人心!"杨坚心黑,杨坚歹毒。

皇帝杀皇帝其仇何来?又过了390多年,到了北宋的开国皇帝赵匡胤的一句话惊醒:"卧榻之侧,岂容他人鼾睡!"

世人南唐李后主,是中国文学史上著名的词人。他的"破阵子"感人至深,催人泪下:"四十年来家园,三千里地山河;凤阁龙楼连霄汉,玉树琼枝作烟梦。几曾识干戈?　　一旦归为臣虏,沈腰潘鬓消磨。最是仓惶辞庙日,教坊犹奏别离歌,重泪对宫娥。"南唐国灭,李煜基本上是放下武器,阵前投降,叫"肉袒请降"。他的下场依然是没落好死,死得悲惨。就在他42岁生日时,宋太宗赵光义逼他服下一种叫牵机药的毒药,这种毒药并不是一喝下去就一命呜呼。据史书上记载,李煜服后,腹中剧烈疼痛,仿佛把肠子一寸一寸地绞断。由于疼痛难忍,人的身体抽搐得弯成一张弓状。李煜被折磨得肠欲寸断,五脏六腑欲裂,被无法忍受的剧疼一分一秒地活活折磨死了。

李煜未得好死,是因为他当了南唐国的皇帝。李煜"未死",是因为他的文学天才,他脍炙人口的词:"春花秋月何时了,往事知多少!小楼昨夜又东风,故国不堪回首月明中!　　雕栏玉砌今犹在,只是朱颜改。问君能有几多愁,恰似一江春水向东流。"……

皇帝杀皇帝,很讲究怎么样杀法。

3

鲁迅先生曾经说过:中国人是"最能研究人体,顺其自然而用之的人民。脖子最细,发明了砍头;膝关节能弯,发明了下跪;臀部多肉,又不致命,就发明了打屁股……"鲁迅先生研究的是中国人研究人体的"研究"方法,那么中国皇帝是如何研究人体的?我们不妨研究一下。

夏、商时代,"皇帝"杀人,一般都围绕原始时期如何吃人展开研究的。如把人烧之、烤之、蒸之、煮之,这些办法有的传之千年。到西汉刘邦当皇帝时依然保留夏、商的办法,刘邦就让人把异姓王、打败项羽建立汉朝的大功臣彭越剁成肉酱，蒸成肉羹，装在瓦罐里，分给其他异姓王“分享”。项羽也一样，他要东归彭城，说：“富贵不归故乡，如衣绣夜行，谁知之者？”一位有远见的人曾建议项羽：“关中阻山河四塞，地肥饶，可都以霸。”那位高人得知项羽不以为然，只讲了一句颇觉气愤的话：“人言楚人‘沐猴而冠耳’，果然。”项羽闻之，竟然下令“烹说者”。烹是秦时的杀人刑法，煮熟了。

商纣王的“皇帝杀人”办法是：醢，把人剁成肉酱；脯，把人做成肉干；炮，把人绑在大火炉的金属外壳上把人烤成熟肉，镬烹，把人煮成肉羹。

发展到周、秦、汉，以致以后千百年，首先有了“车裂”，因为有了车，就有了车刑。五马分尸，即用五辆车向五个方向拉，把人身体拉裂成五块肉块。商鞅就是被“车裂”的。秦时的刑法，分五刑，即：黥、刖、笞、斩首、碎尸，当然刑外之刑更多了。秦之丞相李斯被腰斩的。腰斩一直延续到清朝，前后近2000年。中国历史上最后一次被腰斩的是清代河南学政俞鸿图。雍正年间，俞鸿图督学闽中，科考防范颇严，操守亦称严谨。但谁料此人养一小妾，又有谁料此小妾又与仆人串通弄钱，卖考题收贿。这个勾命的小妾把试题、考试应答都贴在俞鸿图官服背后补褂之上，俞鸿图穿出去，那个仆人轻轻揭去卖给应试者，而他竟然一点不知，不知不是不判罪。雍正何许皇帝？立判其腰斩，没想到俞鸿图生命力极强，人被铡成两半截了，不死！上半身竟然翻身打滚，他竟然以手沾血，在地上连写了7个“冤字”！雍正皇帝得知其惨状后，下令终止腰斩。腰斩被终止了，但凌迟没有被禁用。凌迟就是把人绑在木柱上，刽子手用利刃一刀一刀把犯人身上的肉一薄片一薄片地割下来，而且还要有刽子手在旁边“唱片”，大声喊割到多少片了，把割下的每一片肉都要举过头顶示众。凌迟的原则是不能叫犯人立马就被“片”死，因此是从最不要命，肉最厚的地方开始片。明朝四大太监之一，有“刘皇帝”之称的刘瑾，被凌迟“片”了3357刀，大小如指甲盖，薄厚几乎能透明，“片”了三天，中间刘大太监还吃了一大碗面。当然也有忠臣和无辜者被判凌迟，明崇祯年代的忠臣良将袁崇焕就是被当众凌迟的。据史书记载：说袁崇焕"遂于镇抚司绑发西市，寸寸脔割之。割肉一块，京师百姓，从刽子手争取生啖之。"袁崇焕死得旷世奇冤，明崇祯皇帝杀人够凶残冷酷。

亲自下手千刀万剐过活人的皇帝，据查中国历史上可能有两位，一个是北齐文宣皇帝高洋，另一个就是南宋皇帝刘昱，那位气吞万里如虎的刘裕的曾孙，50 年后，刘宋王朝出了这么一位活阎王。他不但以"凌迟"活人为乐，还经常以木匠的方式杀死数十人以为乐趣，如果旁边的人面有忧色，不忍之色，这位小皇帝，才 15 岁，竟然亲自下手把那人杀死。

公元 560 年 6 月的一天，北齐皇帝高洋已病入膏肓，但他竟然发问：汉光武刘秀何故中兴，又恢复了汉朝呢？答曰：因为王莽没有把刘氏杀光。留下刘秀才留下火种。高洋仿佛心有灵犀一点通，立即下令诛杀前朝东魏皇室近宗 25 家，满门抄斩"不留后患"。8 月时，又下令把查出来还没杀光的几十家东魏的皇室宗族不分男女老幼，尽数杀死。"或祖父为王，或身常显贵，或兄长强壮，皆斩于市。其婴儿投于空中，承之以槊，前后死者七百二十一人，悉投尸漳水，剖鱼多得爪甲，都下为之久不食鱼。"连高洋的亲女婿，因是东魏的宗室也被关押在死牢，活活饿死。

又想起赵匡胤的名言：卧榻之侧，岂容他人酣睡！"虽是盛夏仍觉得冷汗嗖嗖……

4

皇帝杀皇帝，必先侮之。

十六国时，汉王朝皇帝刘聪攻破长安俘获了西晋王朝最后一个皇帝晋愍帝司马邺，灭了西晋王朝。公元 318 年 1 月，刘聪大宴群臣，他命晋愍帝行酒洗盏，然后提着酒壶按个斟酒。数巡酒后，刘聪又让晋愍帝站立在自己身后，高举着仪盖伺候着。刘聪和大臣们又吃又喝，兴高采烈，晋愍帝执着仪盖看着，还生怕哪点伺候不到。以至于大殿中里原晋臣中有人看见他们的皇帝凄惨到这种地步，禁不住涕泣。尚书郎辛宾悲不自抑，冲上前去抱住年轻的晋愍帝失声痛哭。刘聪命令把辛宾推出殿外，当场斩首，把其头颅放在托盘上，让原晋朝大臣看，让晋愍帝瞧。最终，把年仅18岁的晋愍帝被杀了。

北朝的北周灭齐以后，北周周武帝宇文邕把灭掉的北齐后主皇帝高纬掳到长安，精心策划了一场周朝献俘太庙的大戏。北齐的末代皇帝高纬等齐王朝的皇子皇孙皇后嫔妃公孙大臣数百人，都灰溜溜的，被押解着，像待宰的羔羊，先低头弯腰，又膝行爬着，全体跪拜在人家周家太庙前。每个人还要做出虔诚真心状。否则稍有不满，拉出队列立刻砍头。随后大摆庆功宴，命令高纬当众起舞，给群臣找乐。半年后，周王朝又有人诬告高纬组织谋反，结果是一场早已策划好的大屠杀开始了，高纬皇室宗族几百口，再加上30多个直系王爷，全部赐死。挖一大土坑，黄土一埋了事，都言亡国奴不如丧家犬，亡国之君更惨不忍睹。

公元1126年，即靖康元年，金国军队兵临城下，围住北宋首都汴梁城。那时期，北宋满朝廷，军队满军营“恐金病”已近癫狂，提“金”即抖，提“金”几乎人人腿肚子转筋。尤其是北宋的文臣武将，把金国军队看成凶神恶煞、豺狼虎豹。如鼠见猫，魂飞魄散。有史为证：北宋当时派出全权谈判代表是名叫李锐的大臣，这位代表北宋的大使，竟然被金军吓得几乎迈不开步，直不起腰，抬不起头，在金军大帐外就只知道磕头，磕头如捣蒜。待到大帐中传出威武的传呼声，其声不是对待来使，简直就是衙门提审犯人。李锐吓得莫敢仰视，膝行而入，身如筛糠，汗如雨下，那真叫吓破了胆。焉敢提什么条件？金军提出的退兵条件是除幽燕七州割给金国以外，还要再割太原、河间、中山三府土地、人口，中山即河北正定。赔款更邪乎，一口价：黄金五百万两，白银五千万两，绸缎一百万匹，牛马一万头。

靖康二年(1127)，金军又到。这次依然大军屯兵京城汴梁城下，呲牙咧嘴，摆出一副泰山压顶的架势。故伎重演。逼北宋皇帝钦宗到金军大营中，宋钦宗赵桓也不比李锐骨头硬，一国皇帝，见到金军帅率二话没说，先跪倒磕头，人家不让站起来，竟然不敢起身。这次，由北宋皇帝亲下诏书，亲作人质，由朝廷24位重臣组成“搜刮委员会”，在汴梁城，按金军开的单子凑钱。据史料上记载，这次汴梁城全城总动员。8天后送到金营的计有黄金28.8万两，白银600万两，帛100万匹。金军说不够，再献。全城又大折腾，直到和尚、妓女、小孩、皇亲、国戚、公主王后，又恭恭敬敬地送上黄金7万两，白银140万两，帛4万匹。没想到，金军并不高兴，并不满意，把北宋来谈判的24位重臣拖出去个个打得皮开肉绽，仍不解恨，又把其中为首的4位官员推出帐外砍头。金军真能做出来，你宋朝不是拿不出那么多真金白银吗？可以抵账，拿女人抵账，“以帝姬、王妃一人准金（可抵账）一千锭，宗姬一人准金五百锭，族姬一人准金二百锭，宗妇一人准银五百锭，族妇一人准银二百锭，贵戚女一人准银一百锭。”

更有甚者，金军帐内迎金皇子宾客，给大宋王朝下摊派任务：“选定贡女三千，犒赏妇女一千四百人，二帅侍女各一百人。”“妇女上自嫔御，下及乐户，数逾五千，皆选择盛装而出。选收处女三千。”自古至今，尚未听说送军营犒劳“敌国将士”的，还要选收处女的。

这还不算，最后，金军把汴梁京城的人、财、物全掳去，包括徽、钦二宗，一个大车装着大宋王朝的两个皇帝，风餐露宿，其实皇帝的苦难才开始，“清明上河图”繁华的汴梁城已荡然无存，百万人口的世界第一大城市，金军撤走时，全城所剩成年男子竟不足一万。

就在金军北返京城的路途中，金军将领为所欲为，就连徽宗皇帝最宠爱的三个贵妃，也被拉走，为金军将领陪酒侍寝。宋徽宗只能哭。据史书记载，这位干什么，什么通，就是不能当好国君的皇上，重情重义，为了他的爱妃哭瞎了一只眼。

他在途中，黑暗中曾作词一首《眼儿媚》：“玉京曾忆昔繁华，万里帝王家。琼林玉殿，朝喧弦管，暮列笙琶。花城人去今萧索，春梦绕胡沙。家山何处？忍听羌笛，吹彻梅花。”

北宋的这两皇帝在金国皇帝皇室皇族面前，受尽了屈侮，受尽了折磨，丧尽了人格，丧尽了脸面，最后被扔进黑龙江依兰县的一个枯井中，坐在枯井里，父子俩皇帝对皇帝垂泪到天明。“天遥地远，万水千山，知他故宫何处？”也不知是不是宋徽宗皇帝作的，估计那个时候没人假冒他作这样的词了了。“彻夜西风撼破菲，萧条孤馆一灯徽，家山回首三千里，目断山南无雁飞。”

金国的皇帝偶尔还惦记大宋王朝的在押皇帝，还想像耍猴子一样耍弄他。1156 年 7 月的一天，全国第 4 任皇帝完颜亮，突然高兴，兴致勃勃地率百官去看一场别开生面的马球比赛，也是中国历史上唯一一次由两个皇帝带队赌输赢的比赛。一队的领队是宋钦宗赵恒，另一队的领队是辽国的亡国皇帝天柞帝耶律延禧。那时候宋钦宗赵恒虽然百病缠身，患有严重的风疾，行动迟缓，已然暮年，但不能不强作欢颜骑马上阵，结果从马上摔下来，死于众马蹄下，被马踏得血肉模糊，不辨人形。而耶律延禧一看赵恒的下场，吓得孤注一掷，趁着混乱想夺路而逃，结果被乱箭穿心，射成了“刺猬”。完颜亮还不解恨，又让万马踏尸，把一代皇帝踏成一团肉泥，惨不忍睹。

历史上皇帝那么多，能善终的却不多；不能善终，能不付出惨重代价，不被羞辱的，就更是幸事了

有人说，每个男人都有一个“帝王梦”。这梦不做也罢。

第三辑·心灵无间　时空有序

人往远走 酒往外流

崔华亭是我的曾祖父,老家称老爷爷。曾祖父远近有点名气,是因为他开了间酒坊,酒的名气大了,他的名气也就大了。全村一千多口人,百分之六十都姓崔,提崔大爷那就是称呼曾祖父。老爷爷一脸菩萨像,树叶落下来都怕砸着头,瞧见蚂蚁搬家都绕着走,但远近都说曾祖父厉害,因为他身后有座酒坊,他酿的酒厉害。

名气大了,是福还是灾?民国初年,我爷爷去徐州念书,放暑假没回家,后来来了位小和尚,是徐州云龙山寺庙里的小沙弥。走出一头热汗给老爷爷送来"一道书"。原来我爷爷被云龙山上的土匪绑票了。"书"上写明白,限十天之内交现洋一百,好酒五十坛,否则撕票。小和尚不走等着写"回书"。说如果拿不回"回书",就是没把"书"送到,"好汉们"就烧了他们的寺院,杀了他们的老和尚。

老爷爷也急了一身汗,手抖得都写不成字了。这"书"中说的五十坛好酒还好办,但那一百块现大洋到哪儿筹去?砸锅卖铁也凑不起啊!这可是人命关天。老爷爷没经过这种事,一时乱了方寸。据老爷爷说我们家全部家当也值不了 50 块大洋,只有卖房子卖地。

土匪是闻着酒来的,知道老爷爷开的酒坊红火,挣大钱,公子还在徐州上洋学堂,不绑你绑谁?老爷爷说是酒招来的祸。

后来酒房就黄了,关了板,灭了火,搬了锅。

一直到 1931 年,穿灰军装的军队拿大枪逼着让老爷爷重操旧业。人家军队有枪有钱有粮有人,就这样,老爷爷的酒坊又开了。老爷爷的酒越酿越好,连徐州的大饭庄都派人来拉。

我们老家那地方沙地多,地贫,只能种些高粱,村里的老乡收的高粱除了吃、喝、用，想换钱用就把高粱送到崔家的酒坊。遇到灾年打不下粮食，老爷爷就把酒坊停了，把藏的高粱借给老乡们，灾年借一斗，来年还还一斗，绝不多收一颗高粱，还不起的还可以再等。老爷爷有个称谓叫“老酒善人”。有一年家乡大旱大灾，老爷爷把酒坊停了，把酿酒用的高粱、豌豆、小麦都借给日子不好过的老乡。军队不干了，派兵拿枪逼着收老百姓家里的粮食，逼着酒坊开张，军队的医院等着用酒，军队的伤兵等着喝酒，当兵当官的都张着嘴等着酒喝。老爷爷真汉子，指着自己的胸口让当兵的当众把他打死，说打死我也不能把借出去的粮食收回来。村里的老人们说，当时村里的人都哭了，都哭着给老爷爷跪下了。一斗粮食就是一条人命啊！

父亲的家庭出身一栏填的是地主。“文革”以前北京中学里的阶级斗争就提得很高了，我当时极仇恨阶级敌人，地主首当其冲。父亲解释说，家乡的土地极贫瘠，皆山坡沙地，唯能种植的就是高粱。乡亲们说“回车的高粱卧牛的谷”，地贫物稀，广种薄收。我看过父亲的自传，先说的是家中有薄地200亩，后又改成80亩沙薄地。父亲说，当时的土改干部因老爷爷为开明绅士，为当地的革命政权建设做出过贡献，又是县政府的参议，想把成分降一降，经重新核对地契，有的地不是咱家的，咱家只是代耕，故改为80亩，是想定个富农成分。我气愤地一跺脚，“黑五类”中地主、富农就是老大老二的关系，背着抱着一样沉。你就是一棵草不长的盐碱地，也是地主！父亲长叹一口气，要不是你老爷爷有手艺，开一座酒坊，说不定一家人早就饿死在逃荒的路上，怨不得你老爷爷啊……

老爷爷真正风光是在抗日战争时期。我们老家是新四军六分区的根据地，偶尔鬼子、皇协军、黑狗子也下乡来扫荡。我们家的酒坊成了新四军、武工队、民兵重点保护单位。紧张的时候，不但在村口修筑工事，有部队守着，在我们家酒坊外都驻着部队。门口还有穿灰布军装持枪站岗的新四军战士。为什么？因为怕老乡去酒坊打酒、喝酒，抗日政府把酒坊的酒全包了，一滴都不能私卖，又为什么呢？原来六分区有两座新四军野战医院。那时候日本鬼子封锁得十分紧，莫说药品，连医用酒精全禁，伤员们的伤口化脓甚至生蛆，有的伤员伤口得不到及时消毒而致残甚至牺牲。有的伤员伤口疼得实在受不了，又没有那么多麻药，最好的办法就是喝烧酒，伤员把它称之为"神水"。有些伤员因为负伤剧痛情绪十分激烈，喝上"神水"一是能止痛，二是情绪也能安稳平静下来。老爷爷常常站在门口给来打酒的乡亲们解释，一碗酒能救新四军伤员一条命，为了救死扶伤，老爷爷带头破了几十年的老习惯，不再动酒。

那时候抗日政府的政策也好，减租减息时，老爷爷把那又薄又瘦的地干脆白送给佃户，比减租减息还彻底，把地契都交给人家了。老爷爷没想到抗日政府硬不同意，又派人做工作把地契收回来，而且不减租也不减息，该减该核的由抗日政府补，那时候老爷爷特别革命，他经常讲打日本、抗战匹夫有责，什么条件都不能讲！他经常找到抗日政府的专员，诚心诚意地要把酒坊交给抗日政府。后来我知道这些细节后特别感慨，老爷爷真有眼光，他比共产党的干部都了解共产党的政策，如果当初送了地再捐了酒坊，那我们崔家就是彻头彻尾的贫下中农、无产阶级了！"文化大革命"就成"红五类"了。

抗日政府按着"三三制"的组成原则，老爷爷正式被聘为"参事"，从专区开会回来，别在胸前的红布条上面写着"抗日政府参事"，走到哪儿就显摆到哪儿。新四军医院还专门邀请他去医院检查工作，受到了极其热烈、规格极高的接待，给他胸前戴了一朵酒碗大的大红花，称他是抗日功臣。兴奋得老爷爷像小顽童似地手舞足蹈，高兴得无可无不可。老爷爷知道他和他的崔家的所有荣誉都是因为他酿出来的酒，老爷爷日夜蹲在酒坊里，每一道工序他都亲自上手，亲自过目，酒坊里常常飘出老爷爷爽朗的笑声。又是一缸上好的烧酒。酒还叫崔家兴旺。

我父亲是老爷爷的长子长孙，我父亲说他生性愚笨，但我爷爷管教甚严，学习稍稍有马虎，用戒尺把手掌打得都肿起老高，握都握不住。父亲先在徐州中学读书，1935 年考上北京大学，而且按照老爷爷的意见上的是北大生物系，学的就是发酵，搞的就是酿酒。老爷爷看见北大在报上发的录取名单后,高兴得在院子里摆席庆贺,老爷爷说后继有人了,说以后咱家的酒坊要搬到上海、南京,建个大酒厂。

老爷爷有两儿一女。其女父亲称姑姑,我称姑奶奶,更是传奇人物。那年月"女子无才便是德",我姑奶奶竟然考上了清华大学。老爷爷亲率崔家老小坐满六套大车,一直送到徐州,送上火车。那真是鞭炮齐鸣,锣鼓喧天,比娶亲做寿还热闹,还光彩。

姑奶奶荣誉半生,在清华大学就参加了中国共产党,做学运工作,为解放北平还立过功。刘仁曾代表北京市委给她颁发过勋章。1955 年曾受到毛泽东、刘少奇等党和国家领导人接见。但 1957 年被错划成右派,又受过大罪,吃过大苦。1985 年我在山东淄博林场我表叔家,就是他儿子家看望姑奶奶,那年她已经快 90 岁了。

老太太真是气度不凡,一头华发,银白发亮,气色红润,脸上的深纹都不多,两眼炯炯,两耳不背,腰不弯,手拄一根枣木棍做的拐杖,腿因有过风湿走路不太方便,但脑子聪敏,谈吐有神采。我从老人家身上可以想象几十年前她的奕奕神韵。现在站在山峦之下,苍林之外,竟有仙风道骨之气。我能隐隐感到老人家周围有一种慑人的气场。

表叔家院不小,有几棵几十年的大树,风摇叶动,哗哗然如波呼浪唤。表叔家的老爷子已经过世多年,没能熬过文革。

我来了,表叔说他母亲格外兴奋,几十年了,娘家没来过人,我又是隔辈的孩子,90 岁的老太太亲自为了我泡了一大壶她保存的枣花茶。姑奶奶不说自己的故事,我住了三天,她从未讲过她自己,主要对我说我们老崔家的事,说我老爷爷,她老爸的神事。

在我们老家二月二龙抬头是祭祀酒神的日子,在我们崔家格外隆重,老爷爷比给他自己过寿还重视。

祭祀是从中午亥时开始。把家族中的长辈没出五福的亲戚都唤来。酒席是有酒没席。男宾一溜,女宾一排,老爷爷讲究男女平等,过去女人是不能上席上桌的。每人一大碗红烧肉,一大碗崔家老酒。猪是酒坊里酿酒的酒糟喂大的,猪粪送到高粱地里肥田,高粱又送酒坊酿酒,老爷爷人老,脑筋不老,挺懂得科学喂养,绿色循环的。酒神在东北,院东北有棵大榆树,榆树树干上缠着红布。亥时一到,两杆写(乌)鸟铳齐鸣,鞭炮齐鸣,锣鼓齐鸣,紫色的硝烟,顺着大榆树冉冉上升。迎来酒神以后,老爷爷把用朱砂写的一道符挂在酒坊大门外:人往远走,酒往外流。然后老爷爷带头,双手挚酒碗,他身后排两列,男宾黝黑瓷粗碗,女宾浅灰瓷细碗,都齐喊:酿好酒,靠酒神;出好酒,敬酒神;喝好酒,谢酒神。然后就开始"大吃大喝"。女人们说,一辈子包括出嫁生子都没这么痛快过,真吃肉,一大碗,油光铿亮的红烧猪肉,一大碗晶亮透底的崔家老酒,女人们都说喝多了,喝醉了,喝好了。幸福得脸跟大榆树缠的红布差不多。姑奶奶说,咱村的女人,甚至全县、全徐州的女人也没这么吃过肉,喝过酒。咱老家的女人最苦,舍不得吃,舍不得穿,吃剩饭,喝剩汤,辛苦一年也吃不上一顿好饭,辛苦一辈子也没善待自己。什么叫幸福?那天祭酒神,女人们才叫幸福。

我父亲说,你姑奶奶是出名的才女,英文、法文讲得和中国话一样好,在清华也是才女,但我在她房间中一本书也没看见,什么书也没有。只在小桌上有两本外文书,表叔告诉我,母亲只看"圣经"了,我翻了翻,英文版的是 1923 年出的伦敦版,法文版的是 1933 年出的里昂版。表叔告诉我,母亲从此不看书,不看报,也不听任何广播,每天拄拐进林子,醉心听鸟鸣。她嘴里也会学鸟叫,和鸟交谈得亲亲热热的。

姑奶奶那天特别高兴,把她自己酿的存放多年的枣酒拿出来招待我,说这酒不如你老爷爷酿的崔家老酒好,但喝一口也美。

姑奶奶长寿,活了 99 岁。表叔说按实际年龄母亲寿终是 101 岁,但老太太不让过百寿。

我们老崔家还出过一位革命老前辈,那就是老爷爷的二小子,我们叫二爷爷。二爷爷也是靠老爷爷酿的酒上的学,出息的。当年他考上了上海的一所名牌大学,但二爷爷十分孝顺厚道,他知道家里这点酒供不起那么多人上学,就主动放弃了去上海念书,拗不过老爷爷,就在徐州读师范。那时代读师范不但不花钱,而且还“挣钱”,每年冬夏各发一套学生制服,过年过节学校还发“零花钱”,就是难考,但二爷爷考上了。谁都不知道,二爷爷就是在上徐州师范时参加的共产党,是1935年的老党员,抗战一开始,二爷爷就带着几十个爱国的学生建立了抗日游击队,后来编入新四军江南挺进纵队。

二爷爷官当得不太大,任过省教育厅副厅长,五六十年代当这么个官就了不得了。二爷爷最神的事还是和酒相连。“文革”一开始,因为他是教育厅领导又当了一所大学的工作组组长,执行的是“资产阶级反动路线”,后来批斗得果然厉害。二爷爷说第一次批斗觉得冤,第十次批斗觉得不想活了,批斗的阵容越来越强大,火力越来越猛,被押上来的次数越来越多,挨斗干部的级别越来越大,二爷爷说,他倒觉得坦然了,因为被戴高帽子,坐土飞机的走资派、黑帮,都是他的大领导、老领导,都是老革命、老红军、老八路,咱算个啥哩?得了,这么一想,想死都死不了了,只想好好活下去。后来再也不用“22万伏的高压打死崔××”了,把他下放到“五七干校”劳动。没想到,他又“红”起来了。原来“五七干校”也要发展生产,改善生活,他又没啥大问题,属于“挂着、等着、看着、养着”的干部,就让他把干校生产的高粱加工成烧酒。旧业重操,二爷爷真行,小酒坊开起来了,高粱白酒流出来了,酒香飘出来了。高粱米、高粱面没人爱吃,但转化成高粱酒就香飘十里了。那个年代,市面上根本看不见纯粮食酿的酒,一时县里、公社里甚至附近的驻军,连看守监狱的警察都开着囚禁犯人的囚车来干校买纯高粱酒。干校的领导谱也大了,派也大了,也精神了,干校的军代表还特别让他原部队的领导来“光临指导”,果然纯绿色、纯天然,干校养的猪、鸡、鸭、兔,干校酿的纯高粱白。他们干校差点变成军代表他们部队的招待点,军代表后来回部队得到了重用提拔。二爷爷的日子过得也日渐滋润。他说他酿的酒已经有点崔家老酒的味道了。他有了个雅号叫酒厂厂长,简称为酒长。后来干部落实政策,要调他回省城学习待解放,二爷爷反而硬起来了,不去,就在干校当酒长。军代表也不想让他走,就说你们要解放人家就放他走,调回去学习和在这儿学习一样,走毛主席的“五七道路”比坐在机关学习更改造人。二爷爷酒量大,在“五七干校”时,他曾和驻军的军代表喝酒,一个人喝过一公斤烧酒,喝完之后,身不晃,舌不摇,话不多,步不乱,不愧是“酒长”。

姑奶奶劳动改造时,二爷爷曾经去劳改农场去看她。这么大的现职干部去探望一名劳改犯是需要勇气的。

兄妹俩坐在探监室里,主要讲老爷爷的事,因为旁边就坐着两名监管人员。老爷爷刚一开始办酒坊并不顺利,借了那么多钱,就是流不出酒来,以至于债主带着人就在酒坊外边等着,如果再流不出酒来就拆房还债,卖梁卖椽卖砖卖瓦,真到了生死关头。天无绝人之路,酒终于一滴一滴流出来了,一股股流出来了,哗哗哗地流出来了,老爷爷的泪也一滴滴、一串串、哗哗哗地流出来了。老爷爷有句名言:没有过不去的火焰山,没有迈不过去的绊腿坎。

从此,姑奶奶就坚强地活下去了……

家里人说,老爷爷是让姑奶奶的事生生气死了,但我们崔家的爷爷们都说不是,只有姑奶奶说是!二爷爷就说老爷爷死得离奇,不可思议。老爷爷一生爱吃鸭子,说从前有时夜里做梦,梦见身后的鸭子一眼望不到边,后来再做梦,梦见身后只跟着一只鸭子,摇摇晃晃跟着他。老爷爷发出话,从此再也不吃鸭子,家中人决不能再杀鸭子。那年秋上,老爷爷的一个老朋友过米寿,老爷爷专程赶去助寿,那位老朋友深知老爷爷喜爱吃鸭子这一口,就专门为他宰了一只又大又肥的鸭子,等吃饭端上来时,老爷爷一看,脸色大变,冷汗都下来了,借口身体不适匆匆离席,回家就大病,从此一病不起。他老人家常常自我叨念:就那一只鸭子也杀了,吾命归矣,吾命归矣!半年后就逝去了。老爷爷也明寿99岁,家里人都知道他老人家活了104岁,他生前也表示寿不过百,因此不过百岁大寿。

老爷爷生前十分珍惜一块匾牌,把它高高挂在门框上:“革命烈士家属”,那是他五孙子用命换回来的,五孙子叫崔月光,也由老爷爷供养着在徐州念中学,后来辍学参加了解放军,老爷爷着实气了一段时间，但在解放战争中解放军大胜，月光孙子寄回穿着雄壮威武的解放军军装的照片，老爷爷高兴得又逢人便夸。抗美援朝战争中，五孙子又随着他所在的中国人民解放军第九兵团第20军入朝作战，牺牲在长津湖畔阻击阵地上。老爷爷得到消息后难过得大病一场，白发人送黑发人，还是差着辈数的黑发人。老爷爷从小就喜欢五孙子的"愣劲"，天不怕地不怕的。6岁的时候看见大人们祭酒神，用碗喝酒，趁人不注意，也端起大腕，伸直脖子灌下去，他说他也是男子汉了，结果差点被酒醉死。

五孙子也给老爷爷争脸，老爷爷走到哪儿宣传到哪儿，五孙子是抗美援朝、保家卫国、打侵略者牺牲在阵地上的英雄。

朝鲜战争停战后，崔月光（我该称之为五叔）的战友从部队回来探望老爷爷，老爷爷高兴，志愿军战士异口同声，"指名点姓"地要喝崔家老酒。那时候，因为国内政策变了，粮食统购统销，取缔私人酒坊，不允许个人经营烧酒，老爷爷的酒坊已经关了半年多了，酒坊里的青草都长得有筷子高了。但老人家高兴，特别高兴，从酒窖里取出当年存的好酒，祭酒神用的好酒，招待朝鲜前线归来的"最可爱的人"，招待五孙子的战友，九死一生的志愿军战士。老爷爷的办法还是一人一大碗红烧肉，一人一大碗崔家老酒。酒喝多了，话就渐渐多了，有人抽泣地思念起战友来，怀念那些长眠在朝鲜北部山区皑皑白雪中的战友，怀念他们的月光排长。原来月光他们不是被美国鬼子的飞机大炮打死的，而是被活活冻僵冻死在阵地上的。他们当年是紧急调动，秘密出发，到了中朝边境才知道要出国抗美援朝。到了朝鲜才发现，北朝鲜山区零下30多度，冰天雪地，滴水成冰，那天气真叫能冻死人，但他们部队别说皮帽子，连棉帽子都没有，戴的是单帽子；别说穿皮毛鞋，连棉鞋都没有，穿的是胶皮鞋；穿的棉军装都是在中国华东地区能御寒过冬的棉衣棉裤，在北朝鲜的寒冬中根本不顶事。他们趴在长津湖畔的阻击阵地上，渐渐地被冻僵了，为了让大家活下去，月光就组织排里的战士们几个人几个人抱成团，紧紧抱在一块，靠体温取暖求生。他给大家讲他的崔家老酒，说那酒是他爷爷亲手酿的,真是好酒啊,喝一口能暖全身,一点都不冷。他答应打完仗请弟兄们去家里喝他家的崔家老酒。一定去,不管谁,能活着,都要去,代没能去的兄弟们喝一口崔家老酒。那天夜里,月亮先是白的,和雪一样白,又变成黄的,最后竟然变成蓝的,幽森森的蓝,后来他们就都冻昏冻僵了,等再醒过来已经到了后方野战医院,月光没能醒过来。他被活活冻死在阵地上了。全连上长津湖阻击阵地的94人,活活冻死在阵地上的有76人,我叔叔排里的战士,很多都是沉醉在崔家老酒的甜蜜中被冻僵的,冻昏的,冻死的。老爷爷颤抖着端起一碗晃动着的酒喃喃地说,这老酒救过新四军,救过解放军,但没能救过志愿军,志愿军太远了,咱家的酒送不到啊……老爷爷真心的内疚,有这一碗老酒就能救活好几位志愿军战士的命啊!战士们至死都没能喝上一口暖暖身子的酒啊!九十多岁,实际上一百多岁的他,老泪纵横。那年冬天,老爷爷几乎没挺过去,他尤其怕见雪地里的月光,他说天上的月光照在雪地上是蓝色的,幽蓝幽蓝的,家里人都以为老爷爷老了,有些糊涂了,明明月光亮敞敞的,明亮亮的,白耀耀的,怎么会是蓝色的呢?谁见过蓝色的月光?老爷爷到底没扛过第二年冬天。第二年冬天,刚刚落下第一场薄雪,老爷爷咳嗽了三天三夜终于走了,村里人、家里人都奇怪,下那场薄雪的晚上,月上北山以后,真的是蓝色,阴冷阴冷的,幽蓝幽蓝的……

石头文化与裸体艺术(上)

像一篇论文的标题。

我想沿着这篇“论文”的石头台阶,慢慢走下去,直到撩开裸体艺术的门帘,再轻轻走进去,去品味那些涂满文化底色的人类文明画廊。

2008 年正值初秋时节,我率新华社国外工作考察组去希腊,时间安排得非常紧,省去吃饭时间,一路紧行,去雅典城外的卫城,那是古希腊文化的经典,也是世界石头文化的圣城,当为那排深远曲折的第一层石头台阶。

卫城在雅典城外,是建在一个不高的山丘上的“石头城”,但那片起伏的丘陵,好像是雅典城外的高地。所有的车辆都止步于卫城脚下一条碎石沙路,两边有一片片青青翠翠的橄榄树,已经结出一簇簇青梅似的橄榄果,不禁让人齿间生出一股股酸液。

路漫坡向上,据说 3000 年前的古希腊人建卫城时,就是沿着这条弯弯的碎石小路走上去的,朝去夕归,日复一日,为我们留下了这些千古不朽的古希腊文化。

啊,这就是和老子,孔子一个时代的建筑物?这里就曾经留下过苏格拉底、亚里士多德、柏拉图的足迹?这阔大的厅堂中就曾经回荡过这些先哲们激动高亢的声音?我觉得心灵在颤抖。

地中海的余霞照耀着帕提隆大神庙,爱琴海的凉风吹拂着多利安石柱,你悄悄地坐在伟人们走过的石台阶上,感受那还微微发烫的余温,抬头望,那威武雄壮的帕提隆大神庙,有谁心中会不怦怦直跳?那时那刻不知是你走进了 3000 年前的历史?还是古希腊的文明史融进了你？

公元前800年，古希腊人就建立起了卫城，那大约相当于我们的西周后期，古希腊人不知怎么想的，卫城建的不是皇宫，是神庙、剧场、体育场，那可能是雅典的第一风水宝地。有石头作证，3000年未灭，其可能10000年不变。

卫城最著名的代表经典是帕提隆神庙，它供奉的是雅典娜女神。但帕提隆神庙中的雅典娜女神雕像已经毁于300多年前的战火。但那些巨大无比的石头还在，那石头雕刻制作的文化还在。那足以让你魂走魄游，心往神会，足以让你震撼，足以让你沉醉，足以让你臣服。

帕提隆神庙建在高高的石阶之上，石阶底座上都有花雕镶嵌，它长70多米，宽31米，有46根高大的石柱支撑着巨大的石头梁顶，梁下有一排排古希腊时代的雕塑，我估计都是古希腊的传说，栩栩如生的它们仿佛刚刚从昨晚的余辉中走到今天的斜阳里，正是它们见证了古希腊文化的经典。虽然经过2500多年的岁月侵蚀，却依然风采奕奕。那迎面的8根巨大的多利安石柱，矗立、笔直、威武、雄壮，古希腊人当年是怎样把他们雕塑得那样精细？又是怎样像摆“积木”一样把它们竖立起来？建设起来？那么精细，那么高雅，那么艺术，那么伟大？抚摸着，瞻仰着，这些世界文明的“大石头”，仿佛在聆听一场史前文化的大课。

据说300多年，占领雅典的土耳其人把卫城当成了防守古城的要塞，他们在帕提隆神庙中储存了大量的弹药，在战斗中，进攻者的大炮击中了这些弹药引发了一系列惊天动地的爆炸，它罪恶地摧毁了帕提隆神庙的殿堂，即使是成吨的弹药猛烈地爆炸，它也不能把代表古希腊文化的古建筑彻底摧毁，帕提隆神庙当与地中海、爱琴海长存！

比帕提隆神庙晚数百年的秦王朝的宫殿阿房宫，被项羽一把火，烧得灰飞烟灭，公元前的中国古建筑荡然无存。

这是历史的悲剧，也是木文化的必然！

在帕提隆神庙的侧后，是著名的埃利赫特神庙，也是一座无限神奇的石头文化的结晶，它们没有一根木，没有一块砖，完全是石头结构，完全是石雕艺术。让世人赞颂和震惊的是埃利赫特神庙那巨大的石头屋顶，几乎没有任何破坏，虽然它也经过大自然的侵蚀和考验，经过战火的摧残和洗礼，但它依然傲然屹立，依然在落霞与朝阳的每时每刻都显示着它的魄力和俊美。谁又能想到伟大的古希腊人竟然设计出让6位美丽的希腊少女，姿势优美地顶起那神庙的石顶？

我在中国看到过石柱，看到过攀龙的石柱，却从来没有看到过让6位各具风姿的少女作柱。那6位希腊少女还清晰地保存着2500年前的微笑、青春、风采、神态。古希腊的文化人太神奇了，为了建筑的美，更为了建筑物的千秋万代，他们把少女的头发留成像现代的时髦姑娘，披肩的长发，这样就可以增加少女颈部的支撑。他们又让每一位少女头顶上都戴着一顶橄榄枝叶编成的花冠，这样就分散了大石头屋顶的压力，使其数千年纹丝不动。古希腊的建筑设计大师和艺术大师，数千年以后也让人敬佩不已。

2009年“十一”我又一次来到山西五台山的佛光寺，这座寺院在1937年5月经梁思成和林徽因先生考证，此寺庙是中国现存的最古老的木结构房屋，至此打破了日本建筑界、学术界引以自豪和骄傲的理论，唐朝在中国，要看唐朝的建筑物须到日本，因为日本的京都保存下一幢九世纪的建筑。

中国的神庙多灾多难，佛光寺在845年唐武宗灭佛运动中被一把火烧得只剩残墙碎片，一片白地。所幸的是12年后，即唐大中11年又在原地重建。一位建筑专家曾在佛光寺，包括离它40多里的南禅寺，那是座建于782年的现存最古老的唐代原建寺庙考察时说，即使没有天灾人祸，这些木梁木楞木架木门窗也根本不可能挺过数千年。木终有寿，其寿怎么能和石头相比？与木相比，石寿无穷无限。即使遇上天灾人祸也不会荡然无存，“粪土当年万户侯”，粪土当年还有金碧辉煌的皇宫侯府……

我们在新华社驻希腊分社社长梁业倩的带领下来到古希腊的一

座古剧场，让我们皆瞠目结舌，有“刘姥姥进大观园”之感，那是2500年前的古老剧场。盛唐时期留下来的唐玄宗的舞台剧院，唯一留在蓝天之下黄土之上的只有一个个巨大的雕塑过的石头柱础，那时的一切几乎全靠这石头文化来推测，来考证。

古希腊人建设的埃皮达夫入斯剧场，是一座典型的石头文化的又一经典。

埃皮达夫入斯剧场是一座2500年前建的石头剧场，因此日月风尘在它身上没有留下多少痕迹。它能容纳13000人同时就座，是一座露天大剧场，我不知道当年雅典有多少人口，2500年后的雅典，常住人口也不过几十万人。它修建的石座位，每排有260个座位，一共有52排，采用阶梯螺旋建筑，由低往高，由小渐大，极像我们现代的露天体育场。埃皮达夫入斯剧场的高明之处还在于它的设计，无论观众坐在剧场的哪一排，哪一座；无论在哪个角落，你都能清楚地看见舞台上的表演，都能够清楚地听见舞台上的唱词。没有任何音响设备，要达到这种视听效果，即使在今天我们也很难做到。我问那位陪着我们参观的希腊朋友，这座2500年前的大剧场的设计奥秘在哪里？他微笑着说，说出来可能并不复杂，但是要做到那就太复杂了。不是吗？阿基米德说给我一个支点，我能把地球撬起来，杠杆原理自阿基米德发现以来已经不是秘密，但谁能像阿基米德说得那样做得到呢？您心中千万别笑，如果阿基米德健在，谁又能断言大师做不到呢？

更让我吃惊的是，埃皮达夫入斯剧场不是博物馆，不是参观展览，它正在上演4000多年前的古希腊悲剧，300多出古希腊悲剧至今在埃皮达夫入斯剧场已经上演了2000多年，演出了10000多场。他们对我说，不但现在演，将来还要演。希腊人民、欧洲人民、全世界人民都喜爱她。

暮色降临，华灯初上，灯光下的埃皮达夫入斯剧场更美了。来看古希腊悲剧的人已经开始陆续入场了，那么多男男女女，说说笑笑地从四面八方走来，我悄悄地问了一下，每张入场券大概要40多欧元。

比正在上演的美国大片还要贵,人们还愿意看4000年前的古希腊悲剧,宁可擦着眼泪,拧着仁中出来。这也是石头文化的永恒。正如古希腊的悲剧大师欧里皮德斯死后,歌德就说:“没有一个人能给他提提鞋跟。”

我从埃皮达夫入斯剧场最高的一排座位,一级一级地走下来,又一级一级地走上去,我仿佛在穿越那伟大的石头文化。

石头文化就是欧洲文化的代表。

古希腊灭亡了,消失了,但古希腊的文化还在,还在一代一代繁衍,石头文化不会变成朽木粪土。

古希腊文化又迎来了古罗马文化,石头文化又长出了新的花枝。

那天我们到罗马时正赶上秋雨,绵绵的细雨,让排在罗马斗兽场外面等着进去参观的队伍成了一枝开着五颜六色鲜花的枝条。去罗马的中国人无论多忙多急,也要挤时间去看看那座2000多年前建设的斗兽场,那该是古罗马文化继承古希腊文化的证明,也是石头文化的另一枝奇葩。

这个能容纳8万多人的竞技场,建成的年代相当于中国的春秋战国时期,竟然建设得那么雄伟,那么壮观,那么巨大,那么“现代化”,那么科学。凡是去过意大利罗马的人可能都去看过这座闻名世界的斗兽场,虽然你可能嗅见血腥味。不错,就在这座用石头建造起来,充满古希腊古罗马文化的超级竞技场里,第一场人兽大战竟然持续了整整一百个昼夜,有九千头狮子和五千多名角斗士血染场中黄沙。据说一共有72万人死在这座至今让罗马不知道该骄傲还是忏悔的大斗兽场里。凡是去参观过这座曾被战争破坏,但当年雄伟的风姿依旧,都会被它高超的设计建筑和科技运用所折服,所赞叹。那是石头文化的又一座经典标志。如果是土木结构的剧场、竞技场,早就在战火和数千年磨难中烟飞毁灭,变成一抔黄土了。

离大斗兽场仅一箭之遥,便是罗马凯旋门。它是世界上十几座石头凯旋门中的第一座古罗马凯旋门,它至少要比巴黎的凯旋门早1500年以上。罗马凯旋门是罗马军队胜利的标志,也是石头文化的一块里程碑。

罗马万神殿，那用巨石搭架起来的建筑美，几乎到了让人击掌称绝的地步。其规模之大，造物之美，装修之精，穹顶之高，已经远远超出现代人的设想。万神殿整整修建了一个半世纪，真应了中国人的那句老话：慢工出细活。在中国知名度很高的法国巴黎圣母院，是公元 163 年开建的，相当于中国的金朝最鼎盛的时期，200 年过去了，当巴黎圣母院建成时，金朝已经灭亡了。意大利有座美丽的城市叫米兰，在米兰广场上有一座米兰大教堂，白色的大理石建筑，有 135 个尖顶高高地指向蓝天，它是世界上最大的哥特式建筑。非常巧合，米兰大教堂是 1368 年开始建设的，恰恰和朱元璋建立明帝国同年，而它整整建设了五个多世纪，当它完工时，在中国早已改朝换代，已经到了清王朝的光绪年间。德国的亚琛大教堂从唐朝兴起开始建设，当唐王朝被朱温的后梁取代而灭亡时，亚琛大教堂刚刚建成。她现在高高矗立在莱茵河畔，虽然经历了那么多战争却完好无损，她是德国第一个被评为世界遗产的大教堂，也是世界上第二个被记录在世界文物记录中的。离亚琛大教堂不远的便是德国的科隆大教堂，前后一共修建了七百多年。中国还没有哪一个帝国王朝的“朝龄”能达到七百多年。我从来也没听说中国的哪家庙宇寺院经过一百年甚至数百年才修建而成的。道理似乎很简单，我们的建筑物是土木结构的，我们的寺庙中供的神龛都是泥胎塑就的。而欧洲是石结构的房，石结构的堂，石头雕塑的像。石头文化让欧洲的古代文明避开了多少天灾人祸？躲过了多少战火兵燹？又留给后世多少珍贵无比的艺术珍品和文化经典？我去过意大利的那不勒斯的庞贝古城。公元 79 年 10 月 24 日，维苏威火山突然喷发，由天而降的火山灰埋没了整个庞贝城，直到 1784 年一位农民在深挖自己家的葡萄园时才无意中发现了埋葬在地下长达千年的古城。当我 2005 年去参观时，古庞贝城近 2000 年前的一切几乎毫无损坏的保留下来了，石头街、石头墙、石头院、石头屋，石头建造的神台、广场、法庭、商店、剧场、殿堂，凡是石头建造的都保存下来，凡是木头建造的都消失了，燃烧了，毁灭了,只有石头文化和文化的石头保留下来了。它为人类保留下了2000年前世界上最美丽最繁华的城市之一。

欧洲文明乃至古埃及,乃至底格里斯河和幼发拉底河的两河文明,都是依靠石头作为基础,作建筑,都是依靠石头才留下了辉煌灿烂的石头文化。

当我站在梵蒂冈圣彼得大教堂前,我深深感到宗教和艺术结合的完美和产生的巨大冲击力量。仅仅是矗立在大教堂廊檐上的十一尊高大的大理石雕像,就足以让人抬头仰视,驻足细品的。我在中国也看见过不少几百年前的石雕人像,几乎都是僵硬地挺立在帝王陵的“神道”两侧,那些臣子、将军、使节、内侍的造像都是那么千篇一律,好像是从机器中压铸出来的“模型”。面色呆板,有形无神。

中国也有石文化,也有辉煌耀眼的石头文化,那在遥远的北魏时代,公元386年。

那时候鲜卑族出了一位堪称伟大的人物,拓跋珪,15岁就“心胸天下,放眼世界”,就提刀跃马,带兵征战,结束了中国历史上最混乱的五胡十六国时代,结束了长达130多年昏天黑地的军阀大割据、大混战时代。就是这位拓跋珪统一中国北方后,定国号为魏,史称北魏,成为北魏帝国的开国皇帝。他和北魏第三代皇帝拓跋焘皆人杰,中国皇帝榜上开明的治国安邦的皇帝,上马提刀能开弓,下马治国能安邦。

就是在北魏时代,中国的石头文化得到了宗教的力量,有了极度的发展和卓越的成就,跻身于世界石头文化之林,让世界的石头文化侧目惊讶。

从云冈石窟、龙门石窟、敦煌石窟已被称为世界三大石窟,都是在北魏时期建造的。麦积山、少林寺也都始建于北魏。北魏时期曾有3万多处梵宫、佛寺、石窟、石刻、碑铭……

我不止一次地站在云冈石窟的大佛石像前凝视。

那石头高大雄伟,又善良慈祥,既在天上,又在人间。

圆鬓方额,高鼻深目,眉眼细长,嘴角上翘,巨耳垂肩,膀阔肩宽,五官端正,双手叠放,威中有慈,庄中有亲,气度既恢弘又睿智。云冈石窟中最能代表云冈艺术兼收并蓄的当属第12窟。此窟分前后两室,前室北壁上,伎乐天使们手持中原、草原、西域、中亚的各种古代乐器,或拨或弹或吹或奏或击或打或敲或拉,一支一千年后再看也不落伍的大型交响乐队。中国的石头文化为何到北魏就似乎到了顶峰了呢?

我登泰山,泰山上的碑铭、石刻,石文化处多达6000多处。其中有秦时的《李斯碑》,虽然仅存9个半字,但弥足珍贵。经石塔的《金刚般若波罗蜜经》石刻,现存1067字,每个字竟有半人之高,南北长56米,东西宽36米,彰显的是中国石头文化的魅力。

到大唐初,贞观年间,还有"唐昭陵"六骏石雕,不知为什么,是什么力量使石头文化销声匿迹?是什么原因使中国的石头文化竟然从此如白蜡入火……

我多次冥想,2500年前,古希腊的建筑为何能告别土木结构,进入石头时代?为什么中国的建筑,以至建筑代表的美术、艺术、文化、文学都始终停留在木结构时代?

空谷有回音,如逆风过耳,为什么……

石头文化与裸体艺术(下)

1

欧洲不朽的石头文化中一个耀眼的标志就是裸体艺术的展现。

意大利的佛罗伦萨市是一个漂亮美丽的古文化小城。清澈敞亮的阿尔诺河从佛罗伦萨城中穿流而过。在阿尔诺河的南岸有片高地,在意大利乃至整个欧洲都赫赫有名——米开朗基罗广场,就在这个广场的中央有座高大的石雕像,这就是著名的大卫,米开朗基罗创造的伟大的裸体艺术形象。

我初次踏上这片高地,初次走进大卫雕像,感到心中怦怦跳跃,呼吸有些急促。我不知道别人是什么感情?别人为何看得那么专注怡然?我心跳,我有些不安是因为我的眼睛正好看见大卫的睾丸,他那么巨大的睾丸正好悬在我的头顶。我敬佩那些年轻的和不太年轻的女人们都平静而认真的观看着大卫,审视是从大卫巨大的睾丸开始向上移动的。难道她们都是米开朗基罗的后裔?

大卫是从《圣经》中走出来的英雄人物。是米开朗基罗用近3年时间雕凿而成的。米开朗基罗开始用锤子和凿子在那块5000多公斤重的纯白大理石上创作大卫时,也才仅仅26岁,和我看见的大卫几乎一样年轻、英俊。大卫怡然自得,刚毅自信,坚定无悔,左手上举,握着搭在肩上的“抛石带”,右手下垂,仿佛要握指成拳,头微俯直视前方,全身肌肉健壮,敏捷强健,一丝不挂。其实最先映入人眼帘的是大卫的睾丸,因为它所处的位置和它的神秘性决定了它的抢眼之处。

对大卫的评价,对米开朗基罗的评价,恰恰没有人说大卫最“露脸”最“显眼”的部位:睾丸。

我认真地仰头,非常仔细地从大卫的睾丸看起,毫不扭捏、毫不避讳地就从雕塑睾丸谈起,那才是裸体艺术的阶段。

马未都先生曾经谈过欧洲裸体艺术雕塑的真假之辨。马先生是大师。他言,男人睾丸的真假是判断古代人体雕塑真假的标志之一,就像鉴定明清时期的青花瓷,都要端起来看看印鉴一样,要看睾丸,甚至首先看睾丸,必须看睾丸。男人的左右两个睾丸绝没有长在一个水平线上的,一定会是左低右高,这是绝对真理,是人的生育生理决定的,否则就不是男人,不是真男人。我认真看,仔细看,看睾丸,看得同来的下属都觉得难为情了,得出的结论是米大师真不愧是世界级的大师,欧洲文艺复兴的扛鼎者。

佛罗伦萨市是一个文化积淀十分凝重的城市,又是欧洲文艺复兴的启蒙地。在佛罗伦萨市的大街小巷,殿堂广场,都有大量的文艺复兴时代的雕塑,虽然是复制品,但却真让人感动。我估计,那些仿古的雕塑十有八九都是人体造型,都是裸体艺术,而且相当一部分是女人的裸体造型。

穿过佛罗伦萨美术馆,你的周围几乎都是美丽无比,高洁无尚的裸体艺术造型。米开朗基罗的《创世纪》,宏伟开阔,气势磅礴,竟然绘出 343 个人物,其中 100 多个人物是比真人体还大 2 倍多。而且几乎全部都是男女裸体的造型,让人看得魂飞魄散,看得美不胜收,看得流连忘返。你能忘了佛罗伦萨的阿尔诺河,忘了河上廊桥,却难忘记那些裸体艺术形象,忘不了大卫。

2

法国卢浮宫有三件宝,皆女性,米洛斯的维纳斯,达·芬奇的蒙娜丽莎,胜利女神像。中国人说起维纳斯像,几乎没有人去深究她是古罗马的女神还是爱神?她是忠贞还是放荡?不管她和多少男人相好、私通,是否生下过五个孩子?中国人都知道那是一尊美人像,那是一尊半裸体的美人像。

维纳斯雕像是公元前2世纪的古希腊文化的代表。那个时候,正恰是秦始皇统一中国称皇帝的前后,古希腊盛行的石头文化就从裸体艺术载誉传世。石头文化和裸体艺术在欧洲文明进程中可谓源远流长,确实是东方古老文明难以想象的。中国秦及先秦有石头文化,但绝无裸体艺术,裸体艺术也不可能登上大雅之堂。

中国人熟悉维纳斯。她在被埋入地下1000多年后,于1820年在爱琴海迷罗斯岛被一农夫发现。维纳斯的美从她“出土”的瞬间就像春风染绿征服了人间。

维纳斯高2.04米,她那丰满的乳房,光润的肌肤,柔韧的腰肢,妩媚的身姿,世人对她的一致评价:几乎无处不美,处处都体现了一位成熟的女性美。一位资深的美术评论家曾说,维纳斯美关键是她半裸,无其裸则绝无这么美。

围绕着维纳斯诞生了一批世界级的裸体艺术形象,美的力量是无敌的。

欧洲文艺复兴的旗手之一波提切利最著名的代表作《维纳斯的诞生》,在波涛汹涌的海面上,全裸的维纳斯以金色的长发作衣,从一个张开的贝壳中冉冉升起,风吹发动,维纳斯真美。波提切利的不凡就在于他把人的全部美通过裸体的美奉献给人。《维纳斯和阿多尼斯》更是挚热,追求爱的纯洁。全裸的维纳斯和美男子阿多尼斯的恋爱展现的是人类的追求。站在这一幅幅巨大的裸体艺术珍品面前,徜徉在一尊尊比真人还高大的裸体艺术雕像前,中国人可能比欧洲人的赞美来得慢一些,但被美征服是中国人对美的追求,若见美人甘下拜。但那是欧洲人,连革命的神圣主题也不开裸体艺术形式。德拉克罗瓦的名画《自由女神引导人民》,画中的女英雄置生死于不顾,带领战士去冲锋,去流血,去牺牲,德拉克罗瓦把女英雄画成半裸,她的乳房是裸露在弹雨硝烟之中的。德拉克罗瓦深信把美毁灭是邪恶可咒的,也是必然要被摧毁的。

3

法国雕塑家在中国人心目中的知名度最高的当推罗丹。罗丹的代表作当推《思想者》。罗丹是艺术大师,他的成名,得名亦起于裸体艺术。用中国民间的粗话说,罗丹是靠画光屁股画,塑光屁股的人开始的。话糙理不糙。

罗丹神,有时有些不可理喻。巴尔扎克何许人也?文学泰斗,《人间喜剧》在世界文学史上都是必讲的一课。罗丹愣把巴尔扎克塑造成一个一丝不挂的裸体。我曾经站在裸体的巴尔扎克面前想体会一下罗丹当时创作的思考,站的时间长了一点,同行的几位新华社同行都以奇异的眼光看我,一位当年同时进新华社的老友调侃我,那不是阿波罗,不是维纳斯,那是巴爷。问我为什么看那么久?澡堂子里还看得少吗?我说了他们也不相信,脑子空白,什么也没想,真琢磨不出来罗丹大师为什么要用裸体艺术来表现巴尔扎克。

罗丹征服世界的是他的《思想者》,还是裸体艺术。罗丹是用艺术手段再现一位一丝不挂,全裸男子来展示他的思想,这在那时的中国是万万不可能的,是一种该灭的邪念。罗丹的成功就在于他用了裸体艺术。

罗丹的思想者,越走近才越能感到他的力量。

他,强劲富有内力,饱满全是腱子肌肉,透出勃勃生机;他成熟而深刻,那生命感强烈的躯体正在一种极为艰难,极为痛苦的思想中剧烈地收缩张动着;他紧皱着眉头,托腮长考,仿佛身体的一切都在内心和思考中变化、升腾、凝结;他不仅展示了人体一种唯有的阳刚美,而且还孕育着一种深邃永恒的精神,那是一种思想驱使身体的必然。非裸体艺术难以表述这些内在的美和精神。当然罗丹的作品数以千计,他的《吻》是男女双人裸体求爱接吻的雕塑,这种作品即使在今天在中国巡展也可能遭到非议。罗丹不管,罗丹笃信,没有什么表现手法比裸体艺术更有冲击力。

当你走在法国罗浮宫、凡尔赛宫,俄罗斯的冬宫、夏宫、克里姆林宫时，当你从那一尊尊叫不出名的裸体女神和众神雕像面前走过时，你才体会感到罗丹艺术思想的癫狂。

4

中国的石头文化比古希腊晚来了近1000多年，中国的裸体艺术比古罗马至少晚了2000多年。直到1978年还因裸体艺术的壁画几乎闹得“天翻地覆”，差一点就被打入“大逆不道”，打入“宣传资本主义腐朽没落思想”“宣传黄色文化”的地狱，幸亏当时邓小平说了句话，“我看可以嘛”，才得以在北京新机场大厅展出，但随之而来的批评声却山呼海啸一般卷来。当时人戏称“光屁股事件”。

1978年，北京新扩建的首都国际机场要投入运营，因有“国际”二字，就史无前例的在候机大厅内装饰了一幅“大画”，这幅壁画长27米，高3.4米，是袁运生为首的当时称几位中青年美术工作者制作的。思想交锋的旋风就从这幅其名曰：《泼水节——生命的赞歌》开始的。

这幅壁画最关键的是它的第二部分，象征着青春幸福的傣族姑娘对生活、对人生、对爱情的追求，画面中有3位女青年正在一丝不挂地全裸洗浴。这就是狂风起处。坦率地说，那么大，像真人一样的全裸女人造像，如此逼真如此细腻，首都新国际机场的人没有一个见过。在中国，在大庭广众之下矗立起这么高大，颜色这么鲜艳的裸体女人造像，中国数百年，数千年都没有，至少没有历史记载。

据袁运生回忆说，当时尚未公展，内部就争论不下，最后担任这批项目的总负责人李瑞环说，等小平同志看看再定吧。邓小平到首都机场时看后说，我看可以嘛。这才在机场大厅推出。消息传得比风快。据当时的人回忆，人们为了来看首都机场的“裸体画展”，倒4、5次车，忙活5、6个小时的都有，那时专程来参观的人坐的大轿子车把首都机场前的广场停得满满的。人们像潮水一样涌进大厅，又像潮水一样涌到壁画前，人人都瞪大眼睛细瞧，认真看，驻足看，以至于机场的工作人员不得不排成队出面疏导，让前面的人快点走，好让后面的人挤进来,有的人竟然排几回队,反复看。

但随之,责难声、批判声、叫骂声、卷地而来。又加上袁运生“有折”,1957 年被打成右派,长期下放劳改,“上纲上线”就更自然更合体。的确有人,还不是一些人,也不是一般人,把这幅画有 3 位裸体女人的壁画视为洪水猛兽,视为卑鄙无耻,视为资本主义复辟。不知是谁下的命令,出的馊主意,给那三位裸体的女傣族姑娘都围上了一层薄纱,似见非见,似穿非穿。但仍然抵挡不住大批判的火力,只好把《泼水节——生命的赞歌》蒙上了一层厚厚的苫布,但专程来看的人索性过去掀开苫布看,或干脆钻到苫布下看,那道褐黄色的苫布曾经被人拉下过好多次。不知道是什么人,干脆在苫布上写下了一句赤裸裸的“裸体语”:为什么许干不许看?后来干脆用三合板钉成护栏封起来。裸体艺术就那么可怕?这是东西方的文化差异还是别有原因?李嘉诚先生曾说,我从香港飞北京下飞机后,总要看看《泼水节》的壁画,看他被围起来没有?要是没有被围起来我就放心了。

陈丹晨先生曾经讲过,那个时期他的一位老师曾经开课讲裸体艺术的学术报告,讲课中间放了几张世界著名的裸体艺术的油画和雕塑。谁都没有想到那堂课来了那么多人,不但把教室挤得满满的,连走廊过道甚至连窗户上都爬满了人,人们都伸着脖子瞪大眼睛看着讲台,像一群池塘内缺氧而探出脑袋呼吸的鱼群。当关灯正准备放幻灯片时,黑暗中又涌进来一批外校外系的学生,大家都渴望着听听裸体艺术,看看裸体的艺术形象。据说当幻灯片打出裸体时,全场数百人,鸦雀无声。事后不少人坦言,自己连眼睛都没眨,舍不得眨。

那位讲课的先生叫钱绍五,讲完课下课之后人挤人涌成群说什么也走不了,散不了场下不了课,一是要求再讲一遍,再放一遍;二是异口同声问,哪天还讲?在什么地方讲?

1980 年我回到北京,看望我的一位老同学,他原是东北建设兵团的,有股东北大侠的风骨,喝的是东北小烧。他说了一件关于裸体艺术的事。他说,他排了三个多小时的队,去沙滩中国美术馆三楼看一个画展,是心甘情愿的排,一点怨言一句牢骚都没有。不仅他没有牢骚全队皆无。感谢排队，感谢登堂入室，否则这届被称为“星星画展”的美术展览早已被扼杀取缔了。实际上这也是最后一次公开展出，随后就被取缔了，你没看上真可惜了！同一个时代的人，没看上代表那个时代的东西，悲乎哉？他是“无孔不入”的“超能量人”，他知道1979年首届“星星画展”的历史和背景。

我问他为什么值？他说，你看了从没看过的，你看了一直想看而从未看到的，你看了以后特振奋，特刺激，特感动，特留恋，特追忆，特想再看一遍，特想和你谈、聊、侃，你说值不值？

值！排30个小时也值。这种感觉不是人人都有的，不是什么时候都能有的。

东北小烧，纯粮食烧的，63度。

整个画展都充满着压抑、压迫，都充满了呐喊、控诉、喷发、挣扎、不屈、探求。画一老人，满脸褶皱，一脸沧桑，胡子拉碴，眼珠子都是浑浊的，抽搐的嘴角露出了几颗奇形怪状的“獠牙”，手指头上捏这个烟屁股，胡子碴上还有些窝头渣，有些像我们密山劳改农场的劳改犯。

他说，最让他兴奋的是展览中竟有不少裸体女人，裸体艺术。看得人如傻逼一样，哪儿人多、人挤、人不走了，驻足长看，准是一个画得特标准的、特逼真的、一丝不挂的裸体女人像。

真奇怪，女人穿着衣服站在那儿和裸体站在那儿的魅力截然不一样。

酒一下肚，话即上路。

他说，咱也是见过点世面经过点风雨的人。见过女人，也见过光着的女人。一条布丝不沾的女人。但你站在画着光光的女人画像前时，你肯定有异性的冲动感，有异性的好奇感，有异性的满足欲，欣赏欲，甚至有一种性欲。但真心让你冲动的是一种冲击力，摧毁力，震撼力，那就是裸体艺术的威力，一种发自裸体女人本身，有超乎其身体的力量，应该叫艺术的力量。

他直言问我，你也三十多岁的爷们了，相信你看过光着的女人，但你看过裸体艺术中的女人吗?

真他妈惭愧,到1980年10月,我已满30周岁,还真没欣赏过裸体艺术。

他说,裸体艺术的魅力可能就在于此!否则,你可以取缔裸体艺术,摆上一排光屁股的女人,但那绝不是艺术殿堂,那是洗澡堂。

此兄1989年移居美国,后为伦敦大英博物馆工作,曾获得美国文化界最高奖——麦克阿瑟天才奖的提名奖。后失去联系不知去处。

5

中国石头文化的再现,是中华人民共和国建立以后,1959年,以向建国十周年献礼的北京十大建筑为标志。

这十大建筑都是石头结构,都是仿古希腊、古罗马的建筑风格,其中最典型的当推人民大会堂和中国历史博物馆。

而中国裸体艺术的觉醒应该是改革开放以后。现在可能没有人把裸体艺术再看成洪水猛兽了。在20世纪80年代,一批、一大批人体摄影、绘画的出版物如雨后春笋,出版商投其所好,"地毯轰炸"似地席卷而来。只穿着泳装的各种大美人挂历铺天盖地,彻底让中国人倒了胃口,败了情欲。

那时候有位朋友讲过一个小故事。他认识一位练摊的兄弟,练得就是"文化产品"。当时最受青睐的是裸体艺术,但那时候很多人都好奇有欲望,想看又不愿意让人看见,想看又买不起,一本印刷特别上档次的"大画",要几十块钱。那时候几十块钱够三个大学生一个月的生活费。这"练摊"的哥们眼里有生意,他在摊背后放两个马扎。有人要看"光屁股"交5毛钱在后面随便看,又避人又解渴,没人催,更不用着急。等到书翻脏了,旧了,他慧眼识珠,找一个懂货肯出价又不肥的"好主儿",打折把书卖给人家,里外里赚了好几倍。高人,后来据说此人果然经商有术,现已是卓有成绩的"文化腕"了。

但裸体艺术真心登上中国美术的大雅之堂的还是近十年。它的起始点798是一个，它的标志李象群算一位。

李象群先生手下有一佳作不知为什么题目叫《堆云·堆雪》，曾在全国第三届美术展上展出，是一座雕塑，雕的是慈禧太后，看上去应该是老佛爷年轻时，至少不是曾有过一张老照片上照的那么老时，因为李先生把慈禧雕塑的像位漂亮美丽的少女，而这位年轻的慈禧是有史以来露过面的第一位慈禧，是一位裸体的慈禧，她赤条条的坐在一张大太师椅上，一只脚还踏在椅子的边上，两只手很随便地放在椅子的扶手上，呈自然放松状。看者蜂拥，议者嘈嘈，但她是中国裸体艺术的代表作之一。裸体的慈禧说明了什么？那才是一篇论文的题目，不该是文章的结尾。

骑驴看唱本

1

“骑驴看唱本”,中国之名言,家喻户晓。

据考证,此言不老。应起始于元明之际,流行于明清之间,盛传于清末民国,直至今日,街头、巷尾、邻里、同事,还会抽冷地冒出一句:骑驴看唱本,走着瞧。

其实骑驴看唱本这句话,由赞语变成歇后语,在语意上曲解原意,是在清王朝时的事情。

骑驴看唱本,原意是讲雅士文人的风采、雅兴、做派,悠悠自得,骑毛驴过闹市,不为闹市所动,而是有滋有味地读唱本、看剧情、看《西厢记》、《牡丹亭》,看才子佳人出将入相。不是风流才子,岂有此情怀?

为何独骑毛驴?不乘轿?不骑马?不骑骡子不乘车?最早老子是骑青牛出函谷关,但那仅仅是其坐骑,未曾见老子骑青牛看“唱本”。

实践出真知。毛驴是人类最早、最忠诚、最老实、最不挑剔的朋友。早期人类文明得以发展,恐怕亦有毛驴的贡献。

骑毛驴看唱本的原因据考证有三:之一,骑驴胜似坐轿,稳,不颠不摇不晃。之二,毛驴大脑发达,识途,一般驭者皆知,毛驴不用赶,自己往家转。山西老作家马烽写《我们村里的年轻人》中就有赶车人在驴车上睡觉,毛驴一丝不苟地把车拉回家的情节。马烽说,五畜之中,驴最识途。《说林上》记载管仲、隰朋从桓公而伐孤竹,春往冬返,迷惑失道。管仲曰:“老马之智可用也。”乃放老马而随之,遂得道。

我疑为记之有误,以管仲大智当举以驴之智,应为老驴识途。赶过毛驴,喂过毛驴的人都知道,叫“狗的鼻子,驴的蹄子”。故你骑在驴背上,尽管看你的“唱本”,可忘乎所以,亦可忘记一切,不用惦记着路途。之三,驴不偷懒,马狡猾,稍稍不管不问,它便信马由缰,贪吃偷懒。你躺在马车上睡着了,马会聪明地停下,所以赶马车,骑马的人都要时时吆喝,提着马鞭子,穿着钉有尖尖长长的毛刺的马靴,快马都要加鞭。从未听说骑毛驴要穿带有马刺的皮靴的。驴是牲畜中最老实的,有人在和没人在都一样,有吆喝声和没有吆喝声都一样,拉磨、拉车、驮人都一样。故只有骑驴才能看唱本,骑什么看唱本都看不成。

骑驴,原本是文人墨客一种高雅文质的“拿派”,追求风雅脱俗的一种别致风格。要的是那股劲,那种派。张果老倒骑驴,并不是说明张果老骑不上马,乘不起轿,坐不起车,张果老倒骑驴,要的就是那股仙劲。从另一个方面说明驴识途,不用管它,说明驴才不用扬鞭自奋蹄。全世界骑驴的国家有那么多,不知有无第二个倒骑驴者?

张果老敢为天下先,天下仙也!

2

柳宗元写《黔之驴》,恶也!不知柳宗元对驴到底了解多少?他让毛驴至今背上了黑锅:黔驴技穷。细看柳文,并未发现黔驴技穷,却发现黔驴之老实、本分、憨直,它并没有欺负谁,也没想对谁霸道,它吃它的草,它做它的事,高兴了就昂首长鸣,不高兴了就“蹄之”。

建安二十二年(216),建安七子之首王粲跟随曹操东征孙权不幸病死,时年才41岁。王粲乃曹丕之友,王粲有一喜好,爱听也爱学驴叫。据说东汉时期的民俗,是闻驴叫如闻喜讯,驴有先知,常常闻喜而鸣。美国动物研究科学家思变达克爱听狼嗥,他说那是一种极其美妙的歌唱,是一种动物在尽情地向大自然、向自己的同伴倾诉衷肠,妙不可言。以此类推,驴叫亦然。所不同的是,中国的先人比思变达克更具有想象力,听见驴叫就像早晨听到枝头的喜鹊叫一样。

可能早在西汉时期,早晨被驴长长的叫声从梦中唤起是一种吉兆,是报喜。王粲乃学者,他坚信肯定是有所应验的,他才企盼着驴叫,他才认真地学习驴叫。所以那个时候并没有人笑话毛驴伸长脖子长鸣,相反,人们盼着学着引着毛驴叫。身为魏王太子的曹丕,在亡友墓前献给王粲最好的思念,就是率众一起伸长脖子学驴叫。那几乎是一个庄严的时刻,在悼会亡友的追悼会上,溢满深情地响起一片驴叫声,用驴叫之声代替枯燥的苍白的官样悼词文章,曹丕是位了不起的改革家。

也不是王粲一个人喜爱毛驴,东汉灵帝刘宏喜欢毛驴。这位汉天子尤其喜爱纯白的"一身雪"的白毛驴,高兴时就坐上由四匹特选出来的白毛驴拉的驴辇兜风,有时候还亲自驾着驴车驰骋在宫中。上有所好,下必甚焉,一时驴尤其是"一身白雪"的毛驴,甚至"四蹄踏雪"的毛驴竟然比大骡子大马还珍贵。

北齐王朝的奠基人高欢,在他率东魏军队最后一次攻打西魏时,战事不利,围城久攻不下,军队损失惨重,他自己也病在军中大营,正在进退两难之际,有一夜,突然天上有斗大流星划过,直落西天,随着星落,军营中的驮驴突然都伸长脖子,对着夜空长鸣不止。高欢在统帅大帐中听见后,下定决心退兵。兵退至敕勒川时,将士无精打采,士气十分低弱。为了稳定军心,高欢和军士同饮同欢,以示其身体康健,以破谣言。当跟随他多年征战,两鬓斑白的老将军斛律金在夜空下用鲜卑语高唱《敕勒歌》时,他那苍劲悲壮、慷慨激昂的歌声,使在场的将士无不动容。营中的驮驴似解人意,又一次引颈长鸣,引来军士一起高歌,"高欢亲自和唱,哀感流涕。"

毛驴知人意,毛驴知人情。

3

中国文学史上,留下不少文人骑驴的佳话。

孟浩然辞官不做,终身不仕,骑驴而去.做官不如骑驴,最了不起的是孟浩然常常醉骑驴。有经验的驭手言,醉后万万不可骑马,摔下马会被马拖死,原因是马背是左右摇,需两腿夹紧,手握缰绳。而毛驴不同,走得稳,碎步不急,驴背不晃,即使酒醉摔在驴下,驴也会一步不动,直要等你酒醒。孟浩然有时候找做诗的感觉,创作的意念,会半醉半醒半骑半卧在驴背上,由驴而去,走到哪儿算哪儿,驴到之处,必有诗意。“蹇驴行行欲何之,妙句直欲追大雅”,非骑毛驴难有那种大雅。

贾岛亦然,有僧推月下门还是僧敲月下门之说,传得也神。但有史记载,贾岛这句“推敲”诗就是吟自驴背上。据说李贺也有“骑驴觅诗句”一说。看来骑驴和骑马不是一样的感受,骑马更多的是扬威,高头大马,威风凛凛,却来不及感受体会诗情画意。

有一说我赞同:人生得意骑骏马,人生失意骑毛驴。将军骑马,文人乘轿,落魂辞官失意的文人骑驴。但骑驴也有骑驴的乐趣。

杜甫一辈子都不得志,要么寄人篱下,要么穷途末路。他在《奉赠韦左丞丈二十二韵》中说“骑驴三十载,旅食京华春”。杜甫不阔,出远门骑不起马,骑驴。

都言狗不嫌家贫,其实驴亦如此。毛驴与其他牲口相比,其适应性、忍耐性都很强的,它从不弃家贫,任劳任怨。颜回曰:“鸟穷则啄,兽穷则攫,人穷则诈,马穷则佚。”千载而下,驴穷不佚,则是个事实。

李白、白居易、王维等大诗人都骑过驴,体验过诸葛亮“骑驴过坝桥,独探梅花瘦”的感触,但中国文学史上恐怕没有一位文人能像杜甫一样,一骑就骑了 30 年毛驴。

据说李白当年失意离京,也是骑驴而去的,欲往华山拜仙。途径华阴县衙,骑在驴背上的李白已然大醉。当他受到县令训斥时,一不下驴,二不报名,只说:“曾令龙巾拭吐,御手调羹,贵妃捧砚,力士脱靴。天子门前,尚容走马,华阴县里,不得骑驴?”

北宋宰相王安石晚年在金陵养老,每次外出既不骑马,也不乘轿,专一骑毛驴,要的就是那种闲云野鹤的潇洒,而且对驴不赶不喝更不扬鞭,让驴随意走,想去那儿去那儿,想停那儿停那儿,“或坐松石之下,或田野耕凿之家,或入寺”,驴当家。一代名相让驴当家,古今少有。

南宋时期，有“中兴四将”之称的大将韩世忠，险些遭到同是“中兴四将”之一、他的双儿女亲家张俊的陷害而落得岳飞一样的下场。因此愤归隐，闭门谢客，骑驴避祸。他一身青衣，一顶纱帽，一双草履，骑一头又小又黑的小毛驴，在西湖边上闲逛。你不让我当官我为民，你不让我掌兵我学诗，你怕我骑马我骑驴，自号“清凉居士”，终老于湖光山色间。有幅名画《归隐图》，画的就是韩世忠骑着驴逛西湖。

有前人叹曰：岳飞只懂得骑马，不知道骑驴，方屈死“风波亭”。

郑板桥曾描述得志猖狂，得意肆虐的官员：“门前仆从雄似虎，陌上旌旗去如龙。”如果稍有收敛，稍知天高地厚，让仆从随役骑驴，岂会“雄似虎”“去如龙”，焉能落得“一朝失事成春梦”？

4

毛驴还真不是中国特产。像汽车是由外国引进的一样，毛驴也是“进口货”。

据考证，毛驴最早是诞生在非洲的努比亚，今苏丹，现在苏丹变成了两个国家，没有人能确定毛驴的真正故乡是南苏丹，还是北苏丹？毛驴经过埃及传到西亚，大约在公元前 4 世纪，才传入希腊、罗马和欧洲的。毛驴是经过中亚、西亚、西域诸国一步步传入中国的，其行走路线几乎和小麦传入中国的路线一致。很可能毛驴传入中国和小麦传入中国有直接的很大的关系。小麦传入中国的时间要比毛驴传入中国的时间早很多。有人考证毛驴传入中国是因为运输小麦，毛驴是驮着小麦走进西域的，很可能第一站就是古龟兹国，即现在的库车县，这个县至今仍然是毛驴“统治”的“王国”，毛驴无处不在，40 万人口的库车县，有 4 万多头毛驴。我曾经问过一位库车人，当时他在新疆的乌鲁木齐的大巴扎做生意。他说：“库车人离不开毛驴，库车绝不止 4 万头毛驴，家家都有毛驴，人人都骑毛驴坐驴车。有多少库车人就有多少毛驴！”

我问那位长着马克思式大胡子的库车人，为什么库车人不养马？

他用普通话了的新疆方言说,马在库车是领导,高高在上,娇贵得很,你不能叫领导去拉车。而毛驴是老百姓,是天生的干活的,吃得最差,出力最大,是库车人的兄弟姐妹,你懂了?

当年前秦皇帝苻坚因仰慕龟兹国的佛教大师鸠摩罗什,派军西征,打败了龟兹国,把鸠摩罗什大师请回到长安。跟随鸠摩罗什大师东迁的佛教信徒、子弟,竟达五千多人,驮的经卷蜿蜒数十里,几乎全部用的是毛驴驮,驴车拉,数千头毛驴前不见头后不见尾,浩浩荡荡迁往长安。每到“晨钟暮鼓”时,数千头毛驴便引颈长鸣,驴叫之声不绝旅途,声传遐迩。中国大规模使用毛驴应该是从此始,毛驴逐渐成为中国民间的主要交通和运输工具,屈指算来,已逾2000年矣。

20世纪末我访问以色列,耶路撒冷的一位资深记者曾带着我走一条碎石板铺成的崎岖小路,他告诉我,这可不是一条普通的小路,它是当年地位寒微的耶稣骑着一头小毛驴走过的一条古老的小路。耶稣骑着毛驴,就是从咱们脚下的这条小路进入到耶路撒冷城的。没有那头小毛驴,耶稣很可能走不到耶路撒冷。时至今日,耶城人对毛驴还是充满敬意的。

我到西班牙访问时,站在西班牙广场上,久久注视着西班牙伟大的作家塞万提斯铜像,及塞翁笔下不朽的人物形象:唐·吉诃德和桑丘的铜像。

唐·吉诃德是骑士,其骑着瘦马,挺着长枪,鼓着搓板一样的胸膛,如神如人,栩栩如生。唐·吉诃德挺着骑士的做派,用侠客的目光,傻子似地张望;而他的仆人桑丘骑着瘸驴,提着破草帽,撅着嘴,皱着眉,狡黠地望着唐·吉诃德。西班牙的朋友告诉我,实际上,毛驴当时在西班牙已是极普通的交通工具,就像现在的汽车一样。尤其在西班牙人抗击土耳其等外国侵略者时,毛驴都做出过重大贡献,担负起运输方面任务,很多毛驴战死在沙场。所以西班牙人对毛驴拥有一种特殊感情。

我的一位朋友在巴基斯坦工作多年,晚年相聚,说起他在异国他乡的趣事。他说到毛驴时的语调都变了,剑眉扬起。原来老友相聚,肯定要小酌几杯,选择在家喝酒。家中聚比在馆子聚自如、亲切。没想到,当端上一盘卤驴肉时,我的这位朋友接受不了,他说这要是在巴基斯坦是要出人命的,要兵戎相见的,杀驴如杀友。

他说在巴国,尤其是广大农村、山区,几乎所有活动离不开毛驴,人的婚、丧、嫁、娶,农业生产、外出交通、负重运输、推碾子拉磨等等,都离不开毛驴,甚至毛驴还能帮着照看小孩,跟小孩玩。更出奇的是,巴国农村的毛驴干完一天的活,或没活也不在家闲着,而是放开缰绳,让毛驴自由活动,毛驴喜欢群居,几十头毛驴常常聚在一起,那其中有毛驴的情、毛驴的意,毛驴的生活,毛驴的天地。但令人奇怪和难解的是一旦谁家中有事用毛驴,总是站在村头望着远远的驴群呐喊,那呐喊家的毛驴听见主人的喊声,会立马跑回来,即便两三家人家一起喊驴,毛驴也不会听错,更不会假装听不见,各回各的家,各办各的事。如果没事,等到天擦黑,毛驴会很准时的结队而归,到了村里再分手,各回各的家。

在巴国的一些地方,毛驴在农家是不圈不拴的,完全自由,把毛驴看成一家人。给自家干了一辈子活的老毛驴在人家中像老人一样受到尊敬。你到人家国家说吃什么都行,千万不要说卸磨杀驴,吃驴肉,此乃当地人之大忌也!

原来如此。咱是卸磨杀驴,现在到处是驴肉馆;人家是卸磨敬驴,毛驴活得很有尊严。

5

中国的毛驴对抗战有功,功不可没。

1938 年继南京、武汉、太原、临汾相继失守以后,敌后抗日斗争正风起云涌,抗日队伍不断扩大。八路军 115 师以山西五台为中心,120 师以山西吕梁为根据地,129 师以长治襄垣为司令部,八路军总指挥部、中共中央北分局设在山西武乡县的王家峪。八路军的部队发展很快,不到 2 年的时间部队由刚刚挺进山西敌后的 4 万多人,扩大到十几万人。这十几万正规八路军几乎都驻扎在贫困山区。

这么多部队，要吃、要穿、要铺、要盖、要枪、要弹，这张复杂而细密有效的供应网，全靠毛驴。没有几万头毛驴日夜奔波在支前的运输线上，八路军就有可能被逼走、饿走、冻走。了解山西抗战历史的人都知道，山西山区的许多小路不能行车，只能靠毛驴，人背肩挑也受不了，而一头毛驴可以驮150—200斤重的驮子，连续走七八天不倒架。

当时敌后抗日战争不但残酷，而且生活也极端艰苦。新华社的老社长穆青当时在八路军120师政治部的宣传部，驻扎在山西晋西北的岚县、兴县一带。穆老说，当年吕梁和晋西北一带山区本来就十年九旱，丰年粮食亩产也难盈斗，一下子驻进那么多部队，又赶上干旱年，最艰苦的时候，每个战士一餐只发7颗黑豆，黑豆在当地是喂牲口的，然后去挖野菜、捋树叶、掏田鼠洞。那时候我们这些小战士就盼着听见驴叫，因为一听见驴叫，就意味着粮食就到了。穆老说，当时部队有个说法：司令部的马，后勤部的驴，政治部没马也没驴。那驴也怪，从来没有不声不响地进村，总是远远地就扯开嗓子，伸长脖子大叫，我们只要一听见驴叫就高兴地情不自禁地扭秧歌。不经过那个时期的人，不会知道为什么看见毛驴格外亲。

中央电视台放过一个纪录片叫《忠诚》，其中有一组非常珍贵的影像资料，有一个画面上是八路军总指挥朱德去见二战区司令长官阎锡山，当朱德迎上去时，阎锡山慌忙从一头黑毛驴上跳下来。阎锡山是有名的驴背上的上将军，在国民革命军数百个将军中，是唯一一位骑着毛驴指挥作战的。阎锡山骑的是头大黑驴，英俊漂亮，精神威武。大黑驴一身青，但鼻梁上有道白，驴耳朵出奇地长，大概有一尺多长，驴的鬃毛是向上乍开的，不是倒伏在脖子上。当时阎锡山率领一部分晋绥军退守汾河两岸，临汾两山，二战区的司令部就设在吉县的一个穷僻的山区，在阎锡山命名的“克难坡”上，打的窑洞，盖的小屋。“克难坡”原来是离吉县县城60华里的一个黄土山头，只有6户居民，由5条梁，7条沟组成。一下子增加了这么多部队，吃饭就成了问题。因为是山区，也为躲避日军的袭击和日军飞机的空袭，才找了这么一个偏僻的只有一条羊肠小路相通的地方。晋绥军和八路军的做法一样，后勤供应全靠毛驴驮，毛驴送。

阎锡山对他的坐骑大黑毛驴非常有感情，跑累了下了驴背后总忘不了交代一句，给大黑驴加碗米汤，多加把料。有时候，还要交代给大黑驴加个鸡蛋。据说阎锡山的许多文件都是他骑在驴背上口述，随行的副官秘书记下，回去整理出来请阎锡山审定的，常常是一字不改；但如果是在办公室则不然，一个文件改个十遍八遍还往往过不了关。那些秘书、副官们私下说："宁愿阎长官骑驴说，不愿阎长官回屋讲。"有时候阎锡山为了清醒头脑，会吩咐：牵咱的大黑驴！骑上去四野兜风。毛泽东的许多诗词是吟在马背上，阎锡山是骑驴吟诗，有阎诗《夜走峻坡》为证："荷戈戴月走峻坡，卫士扶驴汗土和。强敌唯有到底抗，民族复兴尚疑何！?"在吉县抗战时，"克难坡"曾经由第二战区司令长官办公室秘书刘克编辑、油印过一本阎锡山的诗集，阎锡山题名曰：《骑驴吟》可惜以后散失了。和毛驴最有感情的将军，当数阎锡山。

骑在驴背上阎锡山经常对他的随行人员说，咱们和日本人打，不是牛头抵牛头硬顶，是骑驴看唱本，走着瞧。所以骑驴看唱本走着瞧，也成了二战区抗日斗争的一个重大策略。

据考证，"骑驴看唱本，走着瞧，"流传最广泛、最通俗时，应在清末民国初年。那是青、红帮会和小刀会、一贯道的行里话，强弱相遇自不用说，即使强强碰上，锋芒毕露，必有一时强一时弱之分，往往弱势不示弱的行规即放下你的，搁着我的，咱们骑驴看唱本，走着瞧。以后行里行外，帮里帮外就说开了，街头巷尾，门里门外也，成为中国歇后语的名句。

据说，阎锡山曾把这句歇后语改造用活了。1938 年 4 月的一天，阎锡山正骑着他那头大黑毛驴转战黄河岸边，那头大黑驴也有奇怪处，很少引颈长鸣。那天突然昂天高叫，一声接一声，叫声在山谷中久久回荡，经久不息。阎锡山看着听着，吩咐部下，架设电台，问问前方有啥战事，有啥喜报，为啥大黑毛驴这般高兴？一问方知，晋绥军收复吉县。阎锡山击掌大笑，说咱这也叫“骑驴看唱本，喜报连连”！当时阎正在骑驴看文件。后来第二战区有两个版本的阎长官语录，对日、伪军说是“骑驴看唱本，走着瞧”；对内对晋绥军、中央军，也对八路军讲是“骑驴看唱本，喜报频传”。

蒙山大佛的悲哀

我在山西30余年,在太原也近10年,竟全然不知太原有山叫蒙山。蒙山小山耳,远眺巍巍太行山,近也有高高天龙山,所以蒙山名气并不大。然蒙山有佛,蒙山自北齐时代始以大佛闻名。蒙山大佛历经千年岁月,尽阅人间冷暖。

蒙山大佛,高63米,比四川乐山大佛仅低8米,却早163年,蒙山大佛在北齐时代至隋唐时代皆有20丈摩崖大佛之誉,比世界闻名的且已被毁的阿富汗巴米杨大佛高10米。

蒙山大佛隐名埋姓近千年没于荒草乱石之中,其得也在北齐,失也在北齐。蒙山大佛被发现时,其佛头已失,重数吨的佛头何朝何代,何年何月丢失?失在谁手?失在何方?至今仍是一个谜。

北齐王朝,一个充满变数、神奇,充满战争、杀戮,充满野蛮,又浸透文明的短命王朝。从高洋逼东魏皇帝禅让,谥号文宣皇帝始,到最后一个皇帝高恒被杀,北齐前后不过27年历史,却走马灯似地换了6个皇帝。寿命最长的皇帝也不过32岁。北齐王朝还创造了中国皇帝的一项纪录,其末代皇帝幼主高恒当皇帝不足1个月。27年间战争不断,27年内乱不断,27年杀戮不息,27年暴政日甚,得之于马上,失之于马上,尚未下马,已失天下。北齐这几位皇帝爷都极具特色,自五代以后,这么有特色的皇帝销声匿迹了。

《资治通鉴》记载,北魏权臣尔朱荣把北魏王朝的掌握政权者胡太后和那个3岁的小皇帝毫不犹豫地扔进黄河后,又眼都不眨一下地诛杀朝臣2000多人,几乎把北魏朝官斩尽杀绝,血溅宫廷议政大殿。尔朱荣心黑手狠,虽然北魏政权对其有恩,恩可称宏,但尔朱荣手握北魏命脉,其军士皆高呼:“元氏既灭,尔朱氏兴!”陈桥兵变、黄袍加身绝非400多年后的赵匡胤独创,权力使然,欲不为亦难。这时候站在齐呼反了的军士之中的,就有北齐王朝的开国奠基者高欢。

高欢目睹了参与了尔朱荣的谋反,对他不过是场演练。这小子从小就生于军营,长于边镇,一腔杀人立功、上马夺旗的热血。高欢在战乱、造反、整合、建朝的潮起潮落中,短短的十几年间,就由一个粗野的、狼性十足的军汉成长为一名拥兵自重,挟权行威,足以影响王朝走向的大军阀。

高欢颇有心计,他要拔掉尔朱氏安插在自己军营中的监军,明明怒火中烧,恨不能生吞了那个尔朱氏的重臣亲信何念贤,但脸上却一团和气,喜笑颜开。高欢在中军大帐中坐定,两边将军肃立。议完军事,高欢又挑头议兵器,看将军们的配刀。他夸赞何念贤腰中的宝刀如何漂亮,何念贤不得不解下配刀献给高欢。高欢一边笑着赏刀,一边顺势抽出刀来,假装请何念贤过来看刀,一刀就把何念贤的人头砍落,鲜血四溅,人头直滚到中军大帐中央,高欢还在笑,还在赞扬着手中的宝刀,连看都不看何念贤的人头,甚至连溅到自己脸上的鲜血都不擦一擦,这就是高欢。

高欢把持东魏政权以后,野心勃勃,朝思暮想的是如何灭掉西魏,统一北方。于是战争不断,动辄几十万大军相斗。最后一次攻打西魏,围困西魏玉壁城达50多天,战死病死的士卒达7万多人。高欢令士兵挖一个大土坑,把7万多人埋在同一个大土坑里。观史时,我倍感震惊,古今中外,只听说“万人坑”,未听说7万人同葬一坑。据说他有他的“理论”,言士卒同死同埋不会在地下感到孤独。又言,虽死,埋入地下,亦吾之军队也!

史记,此时正值战局不利时刻,欲攻不克,欲退不能,竟然有一璀璨光亮的巨大流星拖着长长的尾光直落到高欢的军营之中,军营内外的军士皆看得目瞪口呆。正值此时,军营中的驮驴竟然一起长鸣,悲凉的驴鸣之声长长不绝于耳,使汾河两岸都震动起来。高欢心郁甚重,一病不起,征伐大军不得不退。

大军后撤，败军易变，军心不稳。这时西魏又散布谣言，说高欢身中弩箭，已奄奄一息。高欢不愧是行伍出身的马上将军，又是掌握着东魏政权的政治家，他虽然重病，但心知如稍有退缩，不但政权易手，军队易旗，他高族待灭。于是假装精神，戎装出席，大宴将军们，令全体军政权贵们出席，在酒席上他令追随他多年的老将军斛律金唱歌。斛律金是身经百战的敕勒老兵，迎着夜空的篝火唱出了那首留在中国文学史上的经典：

敕勒川，
阴山下，
天似穹庐，
笼盖四野，
天苍苍，
野茫茫，
风吹草低见牛羊。

敕勒川，就是后代的土默特平原，就是今天的呼和浩特市，据考证，当时敕勒川到处是茂盛的草原和河谷森林，敕勒川草原上的草要疯长到四尺多高。风吹草低见牛羊一点都不假。

史记：“高欢亲自合唱，哀感涕零。”

高欢此人让人难以琢磨。一生打打杀杀或冲锋陷阵，或消除异己，都离不开打打杀杀，但他又是一个很虔诚的佛教徒。我在读史掩卷之余，常常感到困惑，佛门子弟，杀生是第一戒。成百、成千、成万地杀戮，眼皮都不眨一眨如何入佛门？请教一位史学、佛学专家，果有高论。他说，武后武则天，自诩为弥勒佛转世，是极其虔诚的佛教徒，当年把神秀高僧请入大明宫内，武则天是跪迎，作为一代天子，礼仪是极其隆重的。她对佛家的功课也是一丝不苟的。但这些都没有阻止她清除政敌，包括必要时杀掉自己的儿女，屠杀皇族李氏的子弟，重用酷吏，成千上万地杀人，甚至把自己死去的政敌挖坟破棺再杀一次。高欢也有他性格的两重性。

高欢把自己的大本营大丞相府设在晋阳，他常常策马去晋阳城外的蒙山，多次跪拜蒙山，部下皆大惊。高欢道，他常常梦中见有大佛，佛端坐在蒙山。众人细看，蒙山自是蒙山，并无其他，而高欢双膝跪倒，言佛陀在上，阿弥陀佛！高欢上蒙山不敢骑马，因他常常看见蒙山云雾之中有佛陀在上。一路上跪拜不止。他曾多次发誓，待天下平定，一定在蒙山祭拜。他对其儿子和部属们说，倘若立国，佛教即为国教，蒙山即为大佛。

就像曹操把握东汉末年的政权而未改朝换代，但其子曹丕一上台的第一件大事就是逼汉献帝筑台禅让，改国为魏一样，高欢的儿子高洋袭位以后，毫不手软，毫不犹豫，立即废掉东魏最后一位皇帝孝静帝，自己登基当皇帝，史称北齐，称文宣皇帝。高欢被追尊为神武皇帝。

北齐的皇帝都是些“野皇帝”，杀人如麻，残忍暴虐，用现代话讲几乎都有“极度精神狂躁症”，长期被酒精刺激之下非人类行为。以北齐开国皇帝高洋为例，建国初期，他励精图治，可谓勤勤恳恳，辛苦到终日不倦。他还亲率大军南征北战，开边拓疆，杀得四邻八方不得不臣服。高洋虽为一国之君，但见血来疯，竟然亲自率五千轻骑敢奇袭敌阵，而且“躬当矢石”，率先杀敌，亲自玩命。北齐的军队还真能打，皇帝不要命，嗜杀如瘾，军士们自然个个如恶狼上阵、虎入羊群。25 岁的高洋，越战越勇，不打仗仿佛就难熬，“既征伐四克，威震戎夏”。碰上这么一个敢玩命，这么一个不要命，拿自己命都不当回事，更不会拿别人的命当回事的皇帝谁不敢？

高洋称文宣皇帝，其实一点都不“文”，疯疯癫癫、神神经经、所作所为皆非常人，又混又野又疯又闹，常常歇斯底里大发作，喝酒以昼夜为单位，却喝不垮，真是奇迹。喝高以后，胡作非为，有时赤身裸体，有时涂脂抹粉，手中提着杀人刀，流窜在街巷闹市；一旦遇见美女，奸淫无度，可谓无恶不作。

但高洋接过其父高欢的班以后，唯对晋阳城外的蒙山和佛教毕恭毕敬，把佛教定为国教，鼓励臣民信佛。公元 550 年，高洋一登基，就开始举全国之力在蒙山凿修大佛。为了能把大佛修建得更好，他甚至不惜发动战争去抢掠技术高超的工匠。

那时候无论高洋率军打仗，还是在国都邺城都无法无天，但只要到晋阳城，只要一上蒙山，高洋就仿佛换了一个人似的，他也对相随的大臣部下说，他只要夜宿在晋阳宫内，就会看见西南有佛祖，蒙山有佛陀。高洋一步一拜，直拜上蒙山。让他周围的人都感到不可思议，文宣皇帝到底是个什么人？

从全国各地征集来的各种工匠多达数千人，蒙山脚下直到半山腰到处都是工棚，开山凿石，伐树建宫殿，夜以继日，铁凿之声，传数十里不绝耳，“夜则以火照作，寒则以汤为泥”，不分春夏秋冬，北齐国的一件大事就是凿修蒙山大佛。据《北齐书》记载：“凿晋阳西山大佛像，一夜燃油万盆，光照山内。”北齐文宣帝无疑是个野蛮皇帝、疯狂皇帝、毫无人性的皇帝，旦他从未在蒙山杀过一人，责骂过一人，甚至怕惊动大佛，而不骑马，不乘轿，甚至把兵器全部放在山下，和一群和尚，边走边拜。有时，坐在蒙山脚下，双手合十，静静地听高僧讲佛。以至于北齐的大臣们都盼着文宣帝何时再上蒙山，因为只有上了蒙山，文宣帝才恢复了人性，才像人。

北齐5个皇帝都把佛教视为国教，修凿蒙山大佛前仆后继。每个皇帝都去蒙山上参拜大佛。当时，北齐法不治佛门，不杀僧侣；赋税徭役佛门全免。国家定的寺院，由王朝政府供养。这个奇怪的现象至今没有人能解释透彻。一直到北齐的末代皇帝齐后主高纬时代，蒙山大佛终于完工。据说虽然北齐王朝的江山已摇摇欲坠，朝不保夕，但蒙山大佛的工程却极认真负责，工匠的粮秣和工钱从未拖欠过。工艺要求从未粗疏过。在凿刻蒙山大佛的佛头时，依然是一刀三拜，为向佛祖示敬。每凿一刀，工匠们都要跪拜三次。蒙山大佛凿成以后，天下名僧齐聚，和尚多达数千人。蒙山上下全都住满了，后主高纬带领大臣们都住在蒙山宫殿中，一连十数日，吃素吃斋，听大和尚们讲经，向蒙山大佛行拜，一时香烟萦绕，诵经之声不绝于耳。晋阳城内百姓扶老携幼，纷纷上蒙山拜佛求福，避灾消难，佛教在北齐达到一个高峰。

北齐很快就灭亡了，灭掉北齐的周武帝对北齐高宗皇室始终不放心，即使把他们全部杀死，仍觉得是块心病。请风水大师来看，大师说晋阳一带有天子气，蒙山上有九五彩云升起。周武帝大惊，忙派人去蒙山，自山下山上北齐修的宫殿全部拆除，庙宇也一把火烧了，僧侣全部遣散，甚至在蒙山上住了军队。大师仍说，蒙山紫气盘旋不散。周武帝又派人搜山，把山中的百姓全部撵走，又把山下的人家全部迁走，每条路口边都有封山的驻军，都有告示。说也奇怪，北齐灭亡那年，蒙山大雨，下数日不停，电闪雷鸣，霹雳声不断，有数条巨大的闪电形成的火龙在蒙山山顶游弋，数棵古树被雷劈后引发泥石流，蒙山大佛渐渐隐没在荒草乱世之中。

北周被杨坚篡权谋国建立隋朝以后，渐渐山不再禁，路不再查。有山民进蒙山采药，说蒙山大佛依然端坐在山前，无论你走到哪里，都能感到佛陀的双眼在看着你；又有樵夫说，大佛背后蒙山上常常有灵光闪过，细听有众僧诵经之声。

据说隋末李渊驻守太原，即晋阳，也曾上过蒙山。那时，蒙山之中已有虎豹，李渊带着李世民等是去打猎的，一只斑斓猛虎把李渊一行引至大佛前，虎入佛前即不见，但见佛陀端坐，慌得李渊父子滚鞍下马，跪拜不止。李渊举兵反隋前还曾悄悄到蒙山大佛前祭拜，李渊向佛陀坦言：愿佛保佑，化家为国，万万不可破家灭族！

李渊的愿言刚刚许完，突然间在蒙山大佛背后晴空里隐隐滚来雷声。李渊面如土色，叩首不止，直到把前额叩出血来。部下给他数着，李渊整整叩了九九八十一个头。当他抬头望时，他感到大佛向他示意微笑，“解民于倒悬”。本来李渊起兵不起兵还七上八下拿不定主意，唯恐一招不慎，尽失荣华富贵，尽失晋阳天上人间。从蒙山下来，立即升帐议事，反隋起义……

据说蒙山大佛直到五代以后，终于隐身于黄山野草荆棘之中，渐渐被世人所忘。

蒙山大佛的再世，说明蒙山大佛并未被人遗忘……

金子的魅力和魔力

1

在这个世界上，地不分南北，人不分肤色，有一种东西，人见人爱，它就是金子。

从它被人发现的那天起，人类就开始追逐它，获取它，拥有它，爱戴它，崇拜它，只有它能让全世界全人类数千年如一日，如一人地去爱它，深深地爱着它，不能自拔，这就是金子的魅力。

共产主义什么样？为之奋斗一辈子，甚至抛头颅、洒热血、赴滔蹈火的人，至死可能都没搞明白。列宁不愧是革命的领袖和导师，他的一句话洞穿万千。列宁说：“到了共产主义厕所都是黄金铸成的。”共产主义社会，物质极其丰富，但黄金仍然是生活中的必需品。许多东西都会被人厌倦，只有黄金，一旦拥有，绝不舍弃。

这不仅仅是魅力，这简直就是魔力。

美国经济学家彼得·伯恩斯坦就曾经说过一句很有意思的话：“从来没有人搞得清楚，是我们拥有黄金，还是黄金拥有我们。”

2

中国人发现金子比古埃及人晚。当我们的祖先正热衷于青铜器的铸造时，古埃及人正在为打造法老死后的黄金面具而集中民族的聪明才智。正像数千年以后，古埃及的后人为我们先人的青铜器的精美而发出由衷的赞美一样，我们也为古埃及人的黄金铸造技术而倍加赞赏。但我们的祖先一旦发现了金子，一旦认识了金子，他们追求和获得黄金的欲望就远远超过了古埃及人。他们把最先进的冶炼技术、最高超的铸造技术、最完美的制作工艺，全部都投入到黄金的获取过程中。在他们眼里，金子是第一位的，是权利、地位、高贵、财富的象征。到西汉时期，中国拥有的黄金世界第一，远远超过了古埃及，超过了古希腊，超过了古罗马。中国人把太阳视为黄金源，把太阳光视为黄金色的光芒，把黄金看成太阳鸟。

那鸟真美，沐浴在金黄色的空气中，是黄金造就的金黄鸟。

3

东汉末年，天下大乱，曹操不愧一世枭雄，尽点三军，围住了西汉梁孝王的陵墓。曹操博学天下，他深爱黄金，重要的是他知道到哪儿才能淘来他发展壮大军队所需要的黄金，没有那些如山丘的金子，他养不起一支数十万的军队，就不能纵横天下。曹操盗掘开梁孝王的陵墓得黄金 4 万斤。其他宝物尚不论，这 4 万斤黄金，史书上说，供养曹操的军队整整三年。曹军可谓衣食无忧，日渐壮大。

按西汉时的标准，1 斤黄金约等于现在的 248 克，4 万斤约等于 9920 公斤，几乎等于 10 吨。据资料，1950 年中国全年才产黄金 6.5 吨。

曹操在部队设“摸金校尉”，当是中国最早的成建制的“黄金部队”。

西汉一个王，埋在陵墓中就有那么多金子，西汉到底有多少金子？据史料记载，梁孝王家中有黄金 40 多万斤，说富可敌国一点不夸张，经过换算，刘武家有黄金 100 多吨。

西汉开国皇帝刘邦还没坐天下就花金子如流水，他一次就拨给陈平 4 万斤金子，用于离间项羽的将帅。所以陈平去搞阴谋诡计时，是用车队拉金子的。

刘邦在军中一次就能拿出 4 万斤黄金，可见他库房中远不止这 4 万斤黄金。而他的曾孙汉武帝刘彻比他曾祖父出手更凶猛，他赏赐给大将军卫青的黄金就达 20 余万斤。

据《魏晋南北朝史》记载：“西汉初期，黄金的应用总数量在百万斤以上。”按照《中国历代度量衡考》，西汉1市斤相当于今日248克，西汉的百万斤即今天的248吨。据查，罗马帝国最强盛时的黄金总储备量是17.9万公斤，折合成中国的市斤也不过36万斤，仅相当西汉王朝的三分之一。难怪西汉的政权动辄以万斤计的金子奖励将士。不是装阔，实在是阔。西汉王朝即使到了王莽篡政行将灭亡的时期，其年收入仍然是60—70万斤黄金，是名副其实的黄金大国。我一直也没搞明白，从西汉灭亡以后一直到中华民国，为什么中国的黄金生产却应了鲁迅先生笔下的“九斤老太”的一句名言：“一代不如一代”？到了宋、元、明、清，干脆以银子代替金子，国内根本拿不出那么多金子在市场上流通交易，根本不敢再用金子结算。这究竟是因为什么？有专家认为西汉时的黄金，有相当一部分是张骞通西域以后，用丝绸、瓷器、茶叶从中亚西亚贸易而得，这似乎也不足以说服人。我还关心，西汉那么多黄金的下落，它们究竟“钻”到哪儿去了呢？研究盗墓的专家倪方六先生说，很有可能埋在了地下，像汉梁孝王那样，这会不会又要引发盗墓热、掘金热？就像有人现在还念念不忘李自成在败退出京以后的巨额财宝的下落一样。

4

汉武帝刘彻曾经有“金屋藏娇”一说。按西汉文景之治攒下的黄金，用金子盖间屋子，当不是什么为难事。中国形容殿堂的豪华往往离不开“金碧辉煌”，离开了金子，一切都黯淡下来。

佛教亦然，金身、金佛、金殿、金顶，善男信女对佛的最大虔诚的表示是用金子表达。

对皇权的崇拜也用金子，非金子莫能为之。

现在现存唯一的帝王金冠就是例证。

1958年在北京昌平定陵出土的明万历皇帝的金丝冠，是我国现存的唯一的皇帝金冠。别说看，听着就让人眼晕。万历皇帝也是登基上朝时才戴一下，那金冠顶在头上头也发昏。它是由直径仅0.2毫米的金丝编织而成，金丝如发，孔眼如针，薄如蝉翼。金冠上还攀附两条蟠龙，呈二龙戏珠状。让人不敢相信的是，如果拿放大镜仔细观察，竟然可清晰地数出那两条龙身上8400片金龙鳞。把金子做成那样，真乃登峰造极，尽显皇帝之威，皇权之高。

上中学的时候，放学后兜里有两毛钱就跑到神路街后面的书场听书，听到节骨眼上，说书的把惊堂木一拍，喝道：绿林大侠黄天霸就此金盆洗手，改弦易辙。下面就要再买一毛钱的票了。“金盆洗手”我一直以为是说书先生玩的噱头。后来得知，不是什么人都能金盆洗手的，“小虾小蟹”的，洗手的器皿顶多是瓦盆铜盆。非到大侠一级方可在黄金盆里蘸蘸水。书读多了，才知道，多厉害的大侠也捞不着金盆洗手的荣誉。在金子做成的盆里盥洗，只有皇子公主有资格。唐朝规定，皇子、公主出生后三日，宫中要举行“洗儿会”，用金盆为新生儿洗身。这项制度一直保留到明清。我曾在故宫的珍宝馆里见到过几只大金盆，初看还以为是黄铜盆，细看显然是被多次用过的旧金盆，发现有一只金盆的盆底有两只金龙盘绕，一问方知，有金龙盘绕的金盆是给皇子洗的，没有龙的是为公主准备的。皇宫中的规矩还挺多。原来在这个世界上，金子一旦做成盆，就不是什么人想洗就洗的了，僭越要杀头的。

5

明清两朝在北京建紫禁城，在大殿前都摆着一排巨大的黄金缸，当年金光闪闪，像坐地的金灯笼，一派皇家气象。1900年，八国联军冲进皇宫，那群鬼子兵乐坏了，以为抢着黄金缸了，想方设法把大金缸搬走，但很快这帮兽兵就发现，不金子做的，是金子镀的。于是有蜂拥而上，先是刺刀刮，后是用胶布贴，把金光闪闪的“黄金缸”，搞得满身疮疤，惨不忍睹。鬼子兵见了黄金那才叫如蝇逐“臭”，丑态百出。

1937年11月，日本鬼子制造了震惊世界的南京大屠杀，屠杀了手无寸铁的中国人30多万，还有另一笔账，小鬼子抢走南京黄金达6000多吨。把当时是民国政府首都的南京挖地三尺，能掠走的，都掠走了。

1931 年 9 月 18 日，日本发动“九一八”事变，大发黄金财。疯狂地掠夺了东北所有银行的数以亿计的资产。整卡车整卡车的黄金，直接押送到关东军总部，除了黄金，仅白银就有 4000 多万两。关东军把张学良的官邸翻个底朝天，仅掠走的金条就有 8 万多根，张家的黄金每根重 1000 克。据说，清点抢掠来的黄金的鬼子军官眼睛都花了，他不敢相信发了这么大的横财。

日本侵略者侵华 14 年，杀害了多少中国人，给中国人造成多少财产损失，已有个大致的数字，但日本暗地从中国抢掠走多少黄金却无法计算。

6

现有一新“国名”，叫“金砖四国”。说起来惭愧，我们 50 后的人在 1980 年代前看见过金砖的人不多。我平生只亲眼见过一次金砖，是在 20 世纪文革期间。

我一直以为金砖就是金子做的“板砖”，否则为什么叫“金砖”呢？我问过我的同龄人，他们也都不好意思地说，庸人所见略同。他们也都以为金砖就是一块像盖房用的砖，不同的是那块砖是金子铸成的。

有人嘲笑我们说，真土帽，金砖实际上就像麻将牌似的。我们又难过了，那时候我们连麻将牌都没见过，打麻将牌被列入“四旧”，是罪不容赦的。哪像现在，七八岁的孩子摸起麻将牌来不用看就知道是几条几万。

我见到金砖是在“首都红卫兵破四旧展览”上看到了，方知金砖就那么一“抠抠”，比豆腐干还小得多，比牛眼珠子大不了多少。

中国近代黄金作为流通的硬通货时，叫“黄鱼”。“黄鱼”又分大黄鱼、小黄鱼，叫得活灵灵的，其实就是金条。小黄鱼一般为 10 克，大黄鱼一般是 50 克。当年山西晋中太谷的曹家买卖做得大，山西省的第一条自家的公路是曹家修的，第一辆汽车是曹家进口的，据说当年阎锡山也是向曹家“借”的汽车。曹家的买卖一直做到黑海边上，每年买卖结算都是驼队驮着银子回来,正月里不分白天黑夜驼铃不断。

后来为了运输方便,曹家便使用金子,铸金条结算。据见过的老人回忆,那金条每10根镶嵌在铺在红绒的大铁箱里,每根都像丰收的老玉米棒子,内行人说5000克,换算成市斤就是每根金条10斤重。

后来侵华战争爆发,日本鬼子占领了太谷,日本兵把曹家大院围住,连工兵都调来了,就是为了寻找曹家的银窖金库。我去曹家大院采访时,发现有两种说法,一是让日本人的"探磁针"探着了,用汽车拉了三天三夜;另一种说法是日本鬼子用汽车拉了三天是实,但只找到了曹家的银窖,曹家的金库至今也未曾发现。

我到祁县的乔家大院时,看到的那辆金火车头,是慈禧为还乔家在她逃难时为她花的银子。慈禧说,乔家家大业大,存点金子好,就送给乔家这辆金火车头,当然也不是白送,抵顶了40万两白银。那金火车头卖得够贵的,但据说乔家还不愿要,乔家不缺这点金子,乔家想要老佛爷写两个字就行。当年乔家修大院时,有镇宅之宝,那可是一块金砖,是四个大后生喘着粗气用抬杠抬进来的,埋在哪儿了就没人知道了。

古人描写金子的诗写得好的不多,唐代大诗人刘禹锡的《浪淘沙》有了两句很传神:"美人首饰侯王印,尽是沙中浪底来。"

李白曾有诗:"人生得意须尽欢,莫使金樽空对月。天生我材必有用,千金散尽还复来。"李白肯定又喝高了,他用不起也不敢用金樽喝酒,僭越有重罪。他根本不知道千金是多少钱?李白顶多见过十金,百金都未必见过。

在唐朝1斤黄金足够购买3000人一年的口粮,到了民国初年8两金子就可以购买北京城内的一处宅子,30两金子就能买带跨院带花园的三进院的四合院。

李白说"千金散尽"就像他说的"白发三千尺"一样,认真不得。

7

1970 年 10 月 5 日,在陕西省西安市南郊的何家村建筑工地上,干活的民工谁也没想到一个民工很不经意的一镐,竟然掘出了中国考古行业中惊天动地的一幕:大唐王朝的金宝银器重现了。那一千多件文物满满地藏在一个陶瓮和一个银罐中,几乎全是大唐时期精美的金银器皿,其中不乏国家一级文物。有金子打造的杯、盘、碗、盆、壶,等等,我细细地观看良久,被我们先人精湛的黄金制造技术所折服。

我突然记起,1999 年 11 月,有人在陕西省西安市东北郊某砖厂在挖土作业时,一不留神竟然一锹挖出了一大堆金灿灿的金子,是 219 枚西汉王朝时期的金饼,经专家鉴宝,每枚金饼重 247 克左右,大约相当于西汉时期的一斤,却未发现有精美的黄金制品。到目前为止,已出土的西汉时期的金子,几乎都是金饼、金块、马蹄金、麟趾金。由此可见,西汉时期的黄金多,还不像后世那么珍贵。在西汉灭亡四五百年以后的一本书《孙子算经》中,记载着当时一斤黄金的价值大约值钱十万。已经相当于西汉时期的十倍,金子的价格腾涨,说明金子的贵重。以至于到了唐朝,人们把金子不再简单地铸成金饼、金块、而是精心加工成各种各样的饰品、奢侈品,不再是作为单纯的馈赠品。即便是贞观之治时期的唐太宗也不会,不可能像汉武帝那样动辄奖励臣下数万斤、十数万斤黄金。而是把黄金打造成高贵的饰品或用品。有许多黄金制品不再是纯金制品,而是镀金、包金、鎏金的,似乎对金子的使用格外珍惜。陕西西安何家村窖藏的发现就是一例证。

大唐王朝的西域贸易要比西汉时期繁荣得多,赚取的金子也似乎要比西汉时期要多得多。但仅从出土的文物看,恰恰相反,好像少得多。从历史记载和被滥掘的皇陵古墓看,唐王朝时期再未发现过类似西汉王朝一个封王墓中竟然随葬黄金数万斤的事情。

难道金子真的少了?

那时候金子确实不多。唐宋没有具体记录。清末的1901年，中国的黄金产量为4.51吨，1949年中国的黄金产量是4.5吨，比大清王朝时期还少。还不够2000多年前西汉梁孝王埋到他墓中黄金的一半。

当然，我们现在已经成为世界黄金生产的第一大国，年产量为313吨，中国人每年消费黄金饰品就达300吨，据说世界排行第二。黄金在中国国内市场每克已经飙升至360多元，金子的故事越来越多。在离我住的不远的北京菜百金店，有一位老板，一次买走95公斤的金子，付款3000多万元。比得上汉武帝那么出手阔绰了。据说，一次花百万、数百万购买金子的肯定比当年站在西汉长安宫殿两廊的文臣武将要多得多。一位服务员“心惊胆战”地事后说，看着不怎么起眼的一位“主儿”，排到跟前轻声细语，慢条斯理地说，买100斤金子。我觉得他那张脸一点不激动，不起波澜，特像外面街口早上卖炸油条的那“主儿”，但人家拿的不是黄澄澄的炸油条，是金灿灿的大金条……

8

买金子惊心动魄，卖金子也心惊肉跳。

20世纪60年代末，我陪我们一块插队的哥们去卖了一次金子，刻骨铭心。

和我一块去山西插队的小许挺倒霉的，父亲1957年被打成右派，后父母离异。他妈一手拉扯着他们姐弟三人，日子过得很苦。他姥姥又病重，急需要钱。他妈妈就拿出一件金首饰让他姐姐去变卖换钱，没想到他姐姐心惊肉跳地“逃”回来，说卖金首饰的商店比公安局查得还严，没敢卖，又拿回来了。但病不等人，急需用钱，这卖金子的任务就历史地落到了小许身上。他拉着我们哥几个就去了王府井八面槽那家门面不大但名声不小的金银商店。果不其然，柜台里站着几个人，皆如泥胎，一丁点表情全没有。看我们几个“窜”进去，并没人愿意开口，只拿眼皮撩了撩。终于一位穿工作服的中年人很有

“派”地问：干什么来了？尖嘴刘个高嘴快，随口应着：看病来了。那人一惊讶一挑眉毛，刚要说什么，尖嘴刘一张嘴堵住他：看病也不来您这儿了，您瞧不了病，卖金子！说着把首饰连盒放在柜台上。那位并不看金首饰，继续说，有证明吗？要什么证明？是真是假您得自个验！那位撇撇嘴，说你们卖金首饰有单位的证明吗？什么单位？我们就没单位！没单位？街道总有吧？家属委员会的证明也行。我们都是山西农民，想加入街道委员会，特想到街道工厂当工人老大哥，人家不要。

柜台里的两个人小声商量一下，说你们回去让父母单位开一张证明来。为什么卖金子还要证明？这还用问吗？阶级斗争正尖锐激烈，防止地主资产阶级变卖贵重资产，逃避群众监督。

开证明是个难事，小许家肯定不行，他爸是右派，他妈是右派老婆，虽然离婚了，又是资本家的女儿，到单位一开证明，不是招惹着让抄家吗？这项任务又责无旁贷地落到“尖嘴刘”身上。他爸是工宣队，又是厂里革委会成员。他妈一辈子只戴过不到一分钟的“金货”，就是金戒指。

原因是家中太穷，根本见不着“黄”。1951 年全社会都掀起为“抗美援朝”捐款捐物的运动，常香玉为“抗美援朝”捐了一架飞机。他们厂的老板娘当众把手上的戒指褪下来，捐给“抗美援朝”前线，厂里的姐妹们都争着戴一下，沾沾金子的光。他妈说，后面排着一队姐妹们，她只戴了半分钟。“尖嘴刘”他们家是铁板的无产阶级，领导阶级，开一证明应该没问题。

当我们拿着盖着鲜红鲜红革命委员会的证明信再进那家黄金首饰店时，腰杆硬多了，底气也壮了。但人家又提出一个问题，你们是干什么的？谁能证明你们的身份？这真难为我们了，那时又没有身份证，农民又没有工作证，插队又没有户口本。这卖个金子怎么这么难？幸亏小许带着一张生产队开的证明信，是写给北京市棉麻公司的，是“兹证明我们是北京插队知识青年，回北京探亲，需要兑换北京市布票。”

好说歹说，总算把金子卖了。

小许他妈那金首饰真卖亏了，记得当年好像一克才56块钱，正好相当于一个大学毕业生一个月的工资。现在一克黄金已经涨到360多元了，但一想，现在一个大学生一个月至少得挣4000多块，一克黄金还卖不到一个大学毕业生工资的十分之一，心里又觉得踏实了。

金子这东西真奇怪，金子的身价不知道该怎么去算。

五台山出了个徐继畬

1

徐先生非和尚，其家乡五台县永安村在五台山的下五台。徐继畬有名，但上、下五台很多人都没有听说过这位学贯中西，被后人誉之为中国“放眼看世界之先驱”的徐先生。徐先生冤，以徐先生的大才大识和对海外世界及对外国国情的了解，名声当在和他同一时代的林则徐之上。但天下人皆知林少穆（林则徐字），不知有徐松龛（徐继畬字）。知林则徐是因为虎门销烟，林则徐虎门销烟上了历史教科书，课文中还有插图，林则徐是中华民族的大英雄。当我知道清末道光年间有位徐继畬时，已然而立之年。我在农村插队的地方叫山西忻州定襄县，而定襄县的邻县，就是跨过一座叫济生桥的水泥大桥的五台县。五台县有条河，其名曰：滹沱河。顺着清细见底的山泉，就来到永安村。那个时候只知道永安村出了个徐元帅，看见村东南有棵葳蕤茂盛的大槐树，那便是徐向前的出生地，徐向前是徐继畬的同族，这个村真是了不得。

遗憾的是，我那个时候没有出村往远走一走，徐继畬的坟地就在永安村外。当时是一片苍苍翠翠的油松，那片不到 2 米高的松树间，竟有一颗两人环抱的高高耸立的古柏。查起徐家家谱，徐继畬当为徐向前本族的高祖，比徐向前早生近百年。徐继畬在道光 27 年任福建省巡抚，从二品官员，封疆大吏。

清王朝重用徐继畬因他当时无论官声名声民声俱佳，朝上朝野称赞不止，更何况此人勤于理政，工于研究，长于好学，成于纳言，宽以待人，严于律己，学识渊博，人品不俗。在晚清官场上确实是名可用人才，又加之福建紧临广东，面临大海，受外国势力威胁。第一次鸦片战争失败，像徐继畬这种了解外国地理、历史、政治和军事情况的边疆大员，国家就更加需要。徐继畬先任广东按察使、福建布政使，在道光26年即1846年10月份升职为广西巡抚，但尚未赴任，第二年1月即又由朝廷发文，调任福建巡抚。这么提升调配封疆大吏在清王朝286年的历史上还真不多。

但谁也没想到，尤其徐继畬也没意料到。4年后正在治闽渐入佳境之时，一纸圣旨他被免去福建巡抚，官衔由从二品大员降至四品，调回京城任太仆寺少卿。徐继畬狼狈离闽时，竟然官无一员相别，民无一人相送。大街之上竟犹如躲瘟疫，徐继畬头上有一顶“高帽子”，是“卖国求荣”，是汉奸之流。第二年，徐继畬在京城又被人参，找茬一免到底，革职回乡。

鸦片战争以后，国人痛恨“洋鬼子”，徐继畬何有“汉奸”一罪？后来读书渐多，偶然发现参徐继畬奏本中分量最重的竟然是虎门销烟的民族英雄、大名鼎鼎的林则徐。

这究竟是为什么？

2

徐继畬和林则徐的渊源就在于福建。道光二十七年（1847年），徐继畬正在福建巡抚任上。此时此刻的林则徐，已从道光二十一年五月以四品卿衔发配新疆“效力赎罪”，到道光二十四年十一月以三品顶戴花翎署陕甘总督，二十六年三月已正式授任为陕西总督，到道光二十七年三月升任云贵总督。这时候林则徐因身体有病，想回老家养病。福州就是林则徐的老家。

林则徐何许人也？此不言自明，尤其经过鸦片战争，看到外夷横行霸道，逼得朝廷割地赔款，丧权辱国，一口气至死未咽。他听说福州有洋人居住，火不打一处来。他曾给他的友人写信时就“明挑”：“鄙乡卧榻之侧，有人酣睡，能否常住，尚未可知。”林则徐宁折不弯的汉子，他在另一封给友人的信中坦言：“所踌躇难决者，福州既有他族逼处，弟若与之同壤，尤恐招惹事端。”林则徐恨“洋鬼子”是恨到骨头里了，眼里容不得沙子，他见不得洋鬼子闯进他家乡，他和洋鬼子同住一乡，气不打一处来。

而恰恰就是在如何处理与“洋鬼子”相处，如何处理“对外”关系问题上，林则徐和徐继畬激烈冲突、水火不容，终于反目成仇。林则徐上书奏本，参徐继畬在处理两个驻到福建的英国人一事上媚洋失败，畏洋退让，循庇汉奸。

导火索是道光三十年夏天，两位英国人不请自来，他们俩的到来，让福州经受了一场如何处理外交事务的“政治风暴”，最终导致徐继畬被贬被撤。

这两名英国人，一名是传教士，一名是一位医生，他们来到中国，来到福州并无恶意，绝非间谍特务之类，更不是想借风煽动民变，搞垮福州的清政府政权。据说他们来到福州后，在英国驻福州代领事金执尔的帮助下，租了福州城内神光寺的两间僧房暂住，为的是传教，医生也以此地行医看病为生。现存的史料上也没有记载这位传教士的详细情况，也没有说这位英国医生在神光寺如何行医。西医不像中医，一名医生如何行医？我的观点正暗合了当时林则徐和当地一些反感洋人仇恨鸦片战争的官吏和士绅的看法。外事无小事，又恰逢在鸦片战争战败后，清朝政府不得不把福州作为五口通商口岸之一，中国人本来就憋气。但战败之国，城下之盟不得不接受。按照中英双方协定，在福州设立英国驻福州领事处，但明文规定，只有英国的外交人员才能住在福州城内，其余的英国人一律不行。这后来的两个英国人皆不属于外交人员，无权居住在福州城内，英国驻福州领事处的代领事明知外交协定上有这一条，却视而不见，说明他根本就没拿眼正看中国人。反正事由金执尔起，他以代领事的身份帮两位英国人租房子，才闹出“神光寺事件”。

所谓“神光寺事件”，就是把两个英国人从神光寺逐驱出去。但怎么逐？徐继畬的办法是据理力争，以理服人，以柔克刚，自然而然，不把“逐人”的事件升级。当时英国人抓住一点，他们和神光寺签订的租房契约上有福州官方盖的大印，这就等于承认了英国人租房的合法性。徐继畬的办法是暗地下招逼走这两个英国人，于是他下令不准中国人给住在神光寺的两个英国人修缮房屋，僧房早已失修破败，几近不能住；下令不准许中国人去神光寺看病。又下令不准中国人去神光寺听传教士讲《圣经》传播教义。这样，房不能住，医无人看，教无人听，两人闲得无聊，自然要走。契约也只有半年期。用徐继畬的话说"寂处萧寺，势难久留"。事情果然不出徐继畬的预料，不出半年，这两位英国人住在神光寺叫天不应，叫地不灵，只好灰溜溜地自己走了。从以后的史料看，这两个英国人确实不是什么"洋鬼子歹徒"。

"神光寺事件"本来按徐继畬处理得已经画上句号，有理有节也有德。但林则徐和一些福州的爱国绅士却不那么看，他们认为英国人违犯有关两国达成的条约，擅自来福州城内居住，就应该立即驱逐，没有必要将就外国，更不能容忍外国人违约。政府应该履行政府的职责，要捍卫主权、理直气壮。林则徐就认为徐继畬骨子里崇洋媚外，有包庇洋人之嫌。六月份，福州爱国绅士发表致徐继畬公开信，要求徐继畬公开向全福州百姓解释，为什么不立即驱逐出这两个英国人？甚至质问徐继畬，英国人正在蠢蠢欲动准备攻打福州城，作为福州巡抚为什么不调兵遣将，排兵布阵，招募乡勇，准备弹药，做好战争准备？口气十分严厉，文笔十分老辣，笔调毫不留情，确有咄咄逼人之气。而这封貌似宣战书的公开信的执笔者竟然是林则徐。当时林则徐是云贵总督，是因为身体不好，回家乡养病，见此情形，十分气愤。

果然，徐继畬的复信没有让福州的爱国绅士、政府官吏和林则徐满意。核心是徐继畬不打算使用武力，动用政府的管理权限，立即驱逐这两个英国人出福州城。他在复信中说，现在没有迹象表明英国人马上要来攻打福州。如果我们现在就展开针对英国人入侵的调兵调炮，招募乡勇，建起街垒，反而招致英国人疑忌，引起中英两国外交上的难题。我们应大事化小，不应由此挑起战争。徐继畬坦言他自己"不敢轻于召衅"。他在信中承诺，已经安排好，严密注意英国人的动向，监视英国军队的动向。徐继畬给福州定下的政策是："敌来则惟有对之拼命，不来则审量力，不宜与之生端。”徐继畬的这种理智的回答不亚于火上浇油，福州绅士及林则徐都怒不可遏，认为这分明是卖国投降的汉奸腔调。

林则徐和福州的绅士，官吏纷纷上书参徐继畬，他们还发动福州籍的京官也加入到了上奏参徐之列，一时间奏折如雨，惊动皇帝。徐继畬终于被扳倒、被撤职，福州官绅竟然枪炮齐鸣，锣鼓喧天。

但历史自有评价。20 世纪 60 年代，我国著名的史学家侯外庐就讲过：“你要说徐松龛好，等于你附和了汉奸。这种气氛已有多年历史。从民国十三年起，就搞六三烧烟纪念，说是爱国的，这才衬得把松龛先生没人敢提了。”

1990 年 6 月 5 日，在一次会议上山西大学著名教授郝树侯说：“徐松龛和林则徐的矛盾，两个人争执的问题很扯淡，现在看是徐松龛对。”

徐继畬当知。

3

徐继畬是道光年以前中国第一位放眼观看世界的人，是第一位敢于了解世界，敢于实事求是地介绍世界的人。就因为徐继畬勇于站立在时代的潮头，勇于打破中国的自我封闭、自我陶醉、“夜郎自大”，他必然要遭受国人的反对、误解。徐继畬用 6 年时间完成的介绍世界、尤其是欧美各国情况的《瀛环志略》，是 10 卷本介绍外国情况的“大书”，书中有 44 幅插图，图文并茂。对各国的疆域形势、气候物产、风土人情、历史沿革、典章制度、政治得失、兵力强弱，对外兼并征讨，海外扩张及与中国的交往情况，书中都有比较详细的描述和涉及。尤其是中国对外关系至关重要的英国、法国、德国、美国、荷兰、土耳其等国家叙述尤为详细。

徐继畬堪称那个时候最了解外国，尤其是了解欧美诸强的中国人，从现在看道光时代的资料，无人能出其右。徐继畬曾在书中讲到英国国力的强盛，科学技术的发展，军事实力的雄厚，以及海外贸易的发达。介绍了英国在全世界的殖民地,介绍了英国国土面积虽小,离大清王朝虽远,但绝不能仅仅把它看成是“海外野夷”。英国当是当时世界强国。他还盛赞了美国的政治制度,“公器付之公论”,称赞“华盛顿为古今第一人”。没想到此书一出,1848 年正是第一次鸦片战争战败 8 周年,上下需要找个靶子出气,以示“国威、皇威”,徐继畬正撞枪口上,“见者哗然,谓其张大外夷,横波訾议,因此落职。”徐继畬被贬回他五台老家教书为生,穷困潦倒,痛苦一生。现在再看那段历史,如果当时道光以后的咸丰皇帝和清王朝的重臣都认真看了徐继畬的《瀛环志略》,第二次鸦片战争就很可能能避免,外交上的失败是以我们对外国尤其是欧美列强根本就不了解,既不知己,更不知彼,不败才怪?

林则徐是反对、痛斥、批判及至上奏皇帝参徐继畬的朝廷重臣之一。

那么就看看林则徐对英、法欧洲列强到底了解多少?

道光十七年正月,林则徐升任湖广总督,十一月被道光皇帝当面委任为钦差大臣,加兵部尚书,右督御史衔,前往广东禁烟。当时林则徐已然考虑到外国人尤其是英国人可能动武,因此他从京城直奔广东时就令人采购大竹竿 500 个,因为他认为洋人的膝盖是直的不能打弯,如果英国兵胆敢进犯广东,就用竹竿打英国兵的腿,把英国兵打翻在地,剩下的事就是备足绳索只等捆人了。接替他处理广东事物的钦差大臣直隶总督琦善对英国军队又了解多少呢?说来简直让人不敢相信,这位皇帝亲封的钦差大臣到广州后,立即让人挨家挨户去收集粪便和女人的月经用物,把这些污秽之物放在数百个木桶中,等英国舰船来时一齐向海洋中抛,可以破其船坚炮利的“魔咒”。

林则徐到广东之始,亦绝不了解他的对手,他认为那些不过是海外荒岛上的野蛮民族。他对英国人最后通牒中就说:“中国若靳其利而不恤其害,则夷人何以为生!”他认为中外贸易是中国给海外洋人的赏赐,否则洋人怎么能够生活?

战争在即,林则徐因不了解英国的国情,更不了解英国军队,他写信给维多利亚女王以示愤怒:“尔等远海夷族,大胆妄为,辱没天朝,此诚为尔等洗心革面之期。若恭顺天朝,以示毕诚,以往罪过,概不追究。”这等言论,确实让人啼笑皆非。

距鸦片战争仅仅相隔47年,乾隆五十八年(1793),英国曾派马嘎尔尼使团以为乾隆祝寿的名义来到中国,马嘎尔尼使团乘坐的是当时英国最先进的炮舰“狮子号”,上面装有64门大炮,使团携带的礼物除了一部分是为了乾隆皇帝准备的寿礼外,更多的是为了显示英国先进的科学技术,如天文地理仪器、钟表、车辆、武器、船只模型,等等。这本来是送上门的学习机会,是了解国外先进技术的一个窗口,但非常遗憾,以乾隆皇帝为首的清王朝俱认为洋人带的东西技术皆“奇巧淫技”,不足一学,束之高阁。据史料记载,两次鸦片战争中英国军队使用的军舰、大炮都是当年“狮子号”一样的军舰大炮。而送给清王朝的先进技术产品,竟然都摆在圆明园内作为蛮夷进贡的贡品,根本没有尽力研究分析,1860年英法联军攻进圆明园又悉数把他们曾经输出的产品又带回去了。

而让人诧异的是马嘎尔尼访华团不能见乾隆皇帝的原因竟然是“礼仪”问题。清王朝认为外夷来进贡,须按我天朝大礼,行三跪九叩之礼。英国使节认为这是一种屈辱而拒绝。让人很难想象,这种跪叩的礼仪之争竟然从天津争到北京,继续到热河,清王朝态度异常坚决,这个问题不解决,什么事情都免谈。据说后来变通的办法是说洋人膝盖不会弯,不能下跪,一跪就起不来了,清王朝上下竟信以为真让。从乾隆、嘉庆、道光三个朝代,外国人膝盖不能打弯成了定论,连林则徐都深信不疑。

徐继畬为人实在。当咸丰皇帝召见他时,询问林则徐为人。徐继畬对以“忠臣,惟不悉外情,致误时机。”文宗以足顿地,叹息者再。有比较才有鉴别。徐继畬在论述天下大势时,讲到西方列强向海外扩张已非一日,只是我们闭目不看。西方列强的殖民扩张已波及亚洲,中国是其殖民扩张的目标,实际上中国已处于被列强包围的状态。徐继畬主张治国要居安思危,谋划谨慎,防患于未然,要有所准备,有所洞察,细察外情。徐继畬已经模糊地认识到了古代希腊文化以及基督教在西方文明形成过程中的重要作用。并且预言,基督教对推动西方文明的作用会越来越大。他讲述欧美国家的近代社会,物产丰富,科技发达,贸易立国,商品输出,还有议事制度,“乡绅”在国家大政中有重要的发言权。徐继畬对西方社会的认识绝非道光皇帝和他那些重臣们能相比的。

徐继畬对美国总统华盛顿的评价,可以看出他思想的前卫和深刻,以及徐继畬的资产阶级民主思想的萌芽。“华盛顿,异人也。起事勇于胜、广,割据雄于曹、刘。既已提三尺剑开疆万里,乃不僭位号,不传子孙,而创为推举之法,几于天下为公,骎骎乎三代之遗意。其治国崇让善俗,不尚武功,亦迥与诸国异。余尝见其画像,气貌雄毅绝伦。呜呼,可不为人杰矣哉!”

“米利坚合众国,幅员万里,不设王侯之号,不循世及之规,公器付之公论,创古今未有之局,一何奇也。泰西古今人物,能不以华盛顿为称首哉!”徐继畬的这段文字,作为华盛顿纪念碑中国送去的纪念品,被安置在华盛顿纪念碑的第 20 级内壁西墙上。据我所知,这是在美国重大建筑物中唯一的中国人语录。

而这段对华盛顿的评价,尤其遭到朝廷大臣和朝野人士的攻击,皆认为徐继畬这么赞扬华盛顿有“汉奸之骨”,扬洋人志气,灭国人威风。是一种崇洋媚外的行为,徐继畬有卖国之嫌,应尽快撤职查办。

100 多年后,胡耀邦也曾经评价过华盛顿。胡耀邦是这么说的:“美国的乔治·华盛顿多伟大啊!他亲自指挥了美国的独立战争,亲手建立了那个国家,亲自参与了第一部宪法的制定,他只当了一届总统,为以后历届领袖都做出了榜样。”胡耀邦还说过:“我希望我们国家也能出华盛顿。”(《回忆父亲胡耀邦》)

历史证明,徐继畬没错。

然而,徐继畬被革职回家,回到了他五台山老家。数年后,即同治十二年(1873),徐继畬在老家的土屋里默默去世。

让徐继畬欣慰的是,在他身后,《瀛环志略》声誉日隆,清末时期竟一版再版，成为中国人了解世界的必读书。日本国也几次翻印，对日本幕府末年的维新志士有过重要影响。清末乃至民国初年，中国人出洋考察或担任驻外使节，大多随身携带一本《瀛环志略》。19世纪后半期，追求新知的中国人，几乎没有人不读《瀛环志略》，像康有为、梁启超等这些著名的维新人士，都从《瀛环志略》中吸取过有益的养分。就连慈禧皇太后从西安回北京，也手持一本《瀛环志略》以备查阅。

现在回国头来看历史，假如当年道光皇帝派到广东禁烟的官员是徐继畬，历史可能会重写。以徐继畬以后处理福州“神光寺事件”来看，徐继畬很可能把鸦片贸易禁止了，又把中国对外贸易搞活了，“鸦片战争”很可能改写，第二次“鸦片战争”更不可能发生。我们的圆明园直到今天可能还像颐和园一样能让老百姓走进去看看。

“鸦片战争”失败后，中国被迫开“五口通商”，徐继畬是福建的布政使，负责当地的对外交涉。道光二十三年年末，徐继畬在厦门会晤英国领事，英国领事不敢小看这位中国官员，因为他和其他他见过的中国官员不一样。担任翻译的是美国一位传教士，他说：“这是我迄今遇到的最喜欢提问的一位中国高级官员。”徐继畬在处理外交事务时刚柔相济，进退有度，尤其是他对外交对手的了解更使他处理起来游刃有余。说徐继畬是清王朝“放开眼界看世界的先驱”，不是过誉之辞。可惜，生不逢时，大清王朝大厦将倾。

写完此文，正值大雨过后，有诗自成，可能和此文无关，也可能品出几分苦涩。

流光溢彩映云霞，一道飞虹挂山崖。
清风荡去叶有雨，紫燕双飞欲归家。
听琴坐看水中鸟，吟诗方之荷听蛙。
人生犹如天行雨，芭蕉树下细斟茶。

也罢，也罢。吃茶，吃茶。但这第一杯清茶轻轻倒在芭蕉树下，是祭徐继畬的。

谤满天下的郭嵩焘

看过郭嵩焘晚年的照片。着大清官服，顶戴花翎，浓眉白须，冷眼寒面，一脸凝重，两个低垂的大眼袋似乎透出他坎坷曲折的人生。

他死后，慈禧曾下令不准为他立传追谥，他是在朝野内外一涛高过一涛的骂声与声讨中盖棺而去的。但严复先生送在他灵堂前的一幅挽联却道出了他的一生："赤胆忠肝筹国是，诗满天下无损名。"

100 多年后，我们在这位在清光绪年间几乎"千夫所指"，恶名昭著，谤满天下，被斥之为"汉奸""贰臣"人身上，却看到了折射出来的苏格拉底、布鲁诺、哥白尼的身影。郭嵩焘是当之无愧的近代中国人走向世界的先行者，他应是中国近代要求和探索对外开放的最早的呼唤着，他是名副其实的中国历史上认识超前的"独醒"者，因此郭嵩焘的下场必然是悲惨的，悲痛的，沉痛的，无奈的悲剧性历史人物。

但历史不会忘记他。

中国人不应该忘记他。

他是大清王朝的功臣

郭嵩焘出名早，4 岁启蒙，7 岁读书，10 岁做诗写赋，提笔就文，已立马可待。乡间已有"神童之誉"，千字文只需翻过来倒过去，即能暗诵。18 岁时中秀才。第二年即进入著名的岳麓书院读书。据说年纪轻轻，初出茅庐的郭嵩焘站在岳麓书院大门久久伫立，不知那时那刻他在想些什么，门前有一副对子，是宋时宋真宗皇帝亲书的。左边"惟楚有才"；右边"于斯为盛"。郭嵩焘不知道他一生的起步都和他即将初步跨入的这栋厚厚的大门有关。在岳麓书院，他饱读经典，博览全书，结交学友，认真刻苦，铸就他一生的学问基础。更重要的是他在岳麓书院结交了一批有学问亦有学胆，有见闻亦敢创新的同窗，他与曾国藩、刘荣艾，大批有真才实学的“湖湘子弟”相识，共同分析历史，指点江山。他们可能都未曾想到，这批“湖湘子弟”，即将成为中国历史上改写历史、创造历史的人物，成为足以影响中国近代史走向的人物。

但人生犹如江河，没有不拐弯的河。饱读古今经典，自以为科举有斩获的郭嵩焘却走进了他人生的第一个小弯。谁也没有想到，在岳麓书院被上下都看好的他接连两次到京参加京城会试结果竟然是名落孙山，而不被看好的曾国藩却于1838年会试考中。郭嵩焘尝到了人生失意和事业遭挫的苦难，领会到创业的坎坷和曲折，也使郭嵩焘开始了解社会和剖视官场，他柔抚着在现实中的撞壁的头额转而去杭州给浙江学政当幕僚。这一年，郭嵩焘22岁，第一次鸦片战争爆发了。

鸦片战争的战火烧到了浙江，郭嵩焘“亲见浙江海防三失”。一向为“华夏”“中央天朝”所藐视的“岛夷”的坚船利炮竟然把天朝的海防线打得如入无人之境，中国的军队，中国的军器简直不堪一击，这和郭嵩焘从幼的学习大相径庭，给他以深刻的印象。这也给他以后谋新思变上了第一堂既新鲜又残酷的一课。

郭嵩焘坚信自己是块“做官”的料，世代的教育也使然而成，在郭嵩焘心目中，为官方能做事，做大官才能有大为。郭嵩焘在仕途上也称得上“百折不饶”了，意志坚定，坚定不移。终于在道光二十七年(1847)第五次进京会试中考中二甲第三十九名进士，选为翰林院庶吉士，得以进入仕途。这是郭嵩焘人生的愿望。

也可能是命运的安排，也可能是历史的使然。郭嵩焘正在家中为双亲服丧，震惊朝野的“太平天国”起义爆发了，仅仅不到一年时间，“太平天国”起义军就从广西一路胜利，打到郭嵩焘的家乡，直入湖南。而据守湘土的满清官兵，势同纸老虎，在太平军锋下，摧枯拉朽，望风披靡，溃不成军。清王朝已近风雨飘摇，大厦将倾，其供养的国家军队绿营和八旗子弟都已腐败不堪，这时身处湖南的曾国藩、左宗棠对是否由他们出面组织地方民团去抵抗太平天国还犹豫不定，如曾国藩、左宗棠之流不出山，清末的历史就可能重写，至少太平天国的历史要重写。就在这历史转向的关头，郭嵩焘找到他们，力劝他们组织一支“湘军”对抗太平天国。曾国藩等终于为其所动，向清王朝请命，在湖南组织团练对抗太平天国。曾国藩、左宗棠都何许人物？能在进退之间让郭嵩焘说服，可见郭对当时时间，对当时朝野，对当时太平天国起义，对中国政治走向都有深刻的了解和精辟的见地。郭嵩焘不但出谋划策，而且还积极协助曾国藩筹建湘军，在湘军建设上出了大力，特别是他在随湘军，出战太平天国时发现太平天国的优势很大积极度上是因为他们的水师强大决定的，因此他积极力劝湘军组织水师以抵抗太平天国。随着战争的进展，证明郭嵩焘的这一建议对太平天国是致命的。对全局和形势的发展都有比较全面和说服人的把握。从这个意义上讲，称郭嵩焘是满清王朝的功臣亦不为过。

郭嵩焘的能耐为曾国藩、李鸿章等人赏识，那两年虽是满清王朝摇摇欲坠、风雨飘摇的年代，但却是郭嵩焘官运宏达、步步高升、春风得意的时候。他先后任职于京城翰林院，在皇帝的南书房行走，是皇帝的高级参议，后又在江苏巡抚李鸿章的保奏下任苏松粮道、两淮盐运使，皆为重任肥缺，可见清王朝对郭嵩焘的信任。1863 年秋，郭嵩焘一步跃上置理广州巡抚，诏赏三品顶戴。

郭嵩焘在为官时期，十分注重和西方人的接触，尤其注意向西方学习，通过各种途径吸取西方的知识和新鲜事物，这在当时清末官场上是绝无仅有的，也是离经叛道的。他接触“洋人”了解“洋情”。他主张办理“洋务”必先“通其情，达其理”。还提倡学习西洋“政教”，扶植“商贾”，他的一些做法当时就被一些朝廷大臣视为“大逆不道”，但因为郭嵩焘的稳妥处理，不少地方上“涉洋”案件，还没有人敢当廷参奏，他有“不轨行为”。两次鸦片战争战败，“恐洋”“恨洋”“仇洋”“避洋”“纵洋”各种思潮相继而生，处理“涉洋”案件层出不穷，地方官员乃至中央大员也难以招架，穷于招架，不敢招架，不知如何招架。郭嵩焘因为有“新思想”对西方国情，人情有所了解，对西方的知识、理论、政治、制度有所学习，因此被清王朝称为“精透洋务”。

这也是郭嵩焘人生的转折。

1875年2月，云南发生了“马嘉理案件”，英国使馆翻译官马嘉理被杀引起的外交事件。清王朝政府在英国政府的压力之下答应派大员赴英“谢罪”。这个“差事”本身就是带有浓厚屈辱的外交事件，谁都知道此差难应，此国难去，是谁接烫谁手的“热山药”。此差事又似乎非郭嵩焘莫属。果然清廷任命郭嵩焘为出使英国钦差大使，全权处理“马嘉理案件”。为示其为清政府大员，又加封郭嵩焘为“署兵部侍郎，并在总理各国事务衙门内行走”。郭嵩焘上任前先上疏参云南巡抚岑毓英，要求对他革职查办。此举一出，立即遭到很多大夫的攻击，尤其云南巡抚岑毓英亦有许多故交旧友，裙带关系，一时共指郭嵩焘为“辱国”“卖国”。而当郭嵩焘的许多友人得知他要就任出国时，纷纷劝他谢辞使命，明知是火坑，何必自投？有人断言此行将断送郭嵩焘的前途，乃至人生，说他：“文章学问世之凤麟，此次出使，真为之可惜”。甚至有人攻击他：“出乎其类，拔乎其萃，不容于尧舜之事；未能事人，焉能事鬼，何必去父母之邦。”郭嵩焘岂非不明事理？不懂事之险恶？外有英国驻华公使的胁迫，内遭朝廷士大夫的非难。他屡次请辞使命，但清政府在这件事上似乎看得很准，没有丝毫动摇。1876年9月，慈禧太后还亲自召见郭嵩焘，对他说：“此事万不可辞，国家艰难，绩是一力任之。”又说，“此事实无人任得，吾须为国家办事，不要顾别人闲话。”老佛爷都把话说到这个分上，何辞之有？刀山火海也得赴。郭嵩焘只得忍辱负重明知不可为，不能为而赴英为之。

他是大清王朝的罪人

郭嵩焘英国一行，从船离开上海开始，一路引，一路谤，攻击、谩骂、谣言、奏折，闹腾得没完。仿佛大清王朝20年间的两次鸦片战败,辱国丧权,概因郭嵩焘而起。仇恨愤怒都全指郭嵩焘,也怪郭嵩焘。在那么恶劣的现状中履职,讲如履薄冰一点不为过。但好事的郭嵩焘从上海一出发就睁大眼睛看世界,尤其是西方世界的文明、文化、政治制度、科技生活,包括自己的感受,以及中西的比较鉴别,等等,一一记在自己的日记中,继而,郭嵩焘竟然把自己出使途中51天的日记寄到了清政府总理衙门,总理衙门则以《使西纪程》的书名出版发行。谁料这下可谓冷水跌入热油锅,捅了马蜂窝。书中对西方文明的描述与肯定,对西方先进科技和产品的评价与赞扬,这些通通都成了清廷卫道士抨击的软肋,上纲上线自清后期就横行一时。连当时清朝中的一些名流也愤怒地痛斥郭嵩焘"不知是何肺腑",有人干脆上疏弹劾郭嵩焘"有二心于英国,欲中国臣事之"。给他扣上"卖国""贰臣"的大帽子。一时舆论汹汹,朝野皆不乏兴师问罪者。后来梁启超先生曾经说过:"光绪二年,有位出使英国大臣郭嵩焘,作了一部游记,里头有一段,大概说现在的夷狄和以前的不一样,他们也有二千年的文明,以爱嗷! 可了不得,这部书传到北京,把满朝士大夫的愤怒都激发起来,人人唾骂……闹到奉旨毁报,才算完事。"就这么一本西方游记,如实地记录下郭嵩焘去西方,在西方的所见所闻所思,结果,让光绪朝廷文臣武将闹腾得风疾云涌的。清末朝廷的守旧努力堪比铜墙铁壁。说到西方只可言之"蛮夷"。言其"野蛮"言之"文明",不是"胡言"即是"汉奸"。

我查了一下资料,乾隆五十八年(1793),英国派遣的第一个外交使团来华时,乾隆就明确说,洋岛夷来天朝是"贡使",是送贡品,大清朝乃天之天朝,无所不有,无所不丰,原不籍外夷货物以通有无。没想到,嘉庆二十三年(1818)英国又派使团来华要求通商、建使领馆,嘉庆和他爹如出一辙,甚至连言辞几乎都一样,断然拒绝,认为这些海外洋人不过是荒夷之地的"狄夷",只能向天朝进贡,不存在什么互通有无,天朝乃"天下之中","天朝上国"无所不有、蛮夷的那些科学技术,不过是"雕虫小技"。即使到了郭嵩焘生活的道光、同治、光绪年间,甚至在两次鸦片战争以后,这种根深蒂固的"正说""天国"的观念仍牢牢地把持着那代封建士大夫的思想。即使战败屈辱,也是因为"洋鬼子"不是人,鬼也。郭嵩焘不在中国"事人",偏偏要跑到"海夷"去"事鬼",又说"鬼域"之文明、之成就、之好盛,其不为鬼,必为鬼惑! 郭嵩焘的"黑锅"是背定了。

郭嵩焘是"顶着雷"下"蛮夷"上"鬼域"的,他倒是应了但丁那句名言:我不下地狱,谁下地狱?

郭嵩焘堪称是当时中国官员中最了解最熟悉最能把握住处理外交事件的中国大员。他对西方的认识已远远超出了国内一般洋务派官员了,遑论其它? 称其为中国第一位职业外交家亦当为是!

郭嵩焘到英国后,妥善处理了"马嘉理案件",觐见英国女王,郭嵩焘是中国历史上第一位代表中国政府正式拜见英国首相的中国官员,向英国女王递交了国书,并在伦敦建设了中国第一个驻外大使馆。他还倡议在英属新加坡设立中国总领事馆。

郭嵩焘是中国外交领域的拓荒人,是中国外交史上的第一人。

郭嵩焘是背着一身罪名在首任驻英国公使又兼任法国公使的外交上任期未满就被清朝政府撤官免职回国的,回国后差一点在"国人"一片叫骂、指责声中被活活地淹死,又差一点被查处法办,罪满身,谤亦满身。有谁还敢提郭嵩焘为国所为? 为中国外交的贡献? 千夫共指,恨不能把他挂在大清王朝的耻辱柱上,郭嵩焘在驻外公使未满的岗位上究竟做了哪些"丧权辱国"、崇洋媚外的罪行? 其罪孽竟到十条,被列为"十大罪状"。

诬陷如此涂黑历史

郭嵩焘是个很执著的人,他认为"士大夫"和"国人"的偏见诽谤都是无知的表现,荒唐、谬误、可笑,不值得一驳。也不值得顾虑。往往是这样掌握真理的人不见得能沐浴到真理的光芒,很可能是第一个掉进黑暗的牢笼? 比他早 200 多年的布努诺,就因为他勇敢地捍卫、发表了哥白尼的太阳中心说,他认为那是科学,是规律,不需怕什么诬陷、诽谤、邪教,他相信真理,相信科学,也相信人们。但他错了,他在坐了8年大牢后,被活活烧死在罗马的鲜花广场。

郭嵩焘够幸运了！他没有坐大牢,没有被烧死,他是在世人谩骂声中郁闷而死,慢慢地被折磨而死。

郭嵩焘在担任中国驻英法两国也是当年中国唯一驻外大使馆公使,不到而年期间,他到英国议会旁听,和英国议员交谈,赞扬其“国政一公之臣民,其君不以为私”,研究英国的历史、法国的历史,开始对封建君主专制政体产生了质疑,他开始接受西方民主主义思想。他跑到英国牛津大学和各类学校参观学习,去图书馆、博物院,各种实验室,研究所考察参观。“洋人”们都像看“外星人”一样看着这位脑后拖着一条长长发辫的“怪人”,那么认真、仔细、谦虚、严谨地参观学习,一丝不苟。郭嵩焘不仅仅是新鲜好奇,关键是他时时、事事都对照他的祖国,他从中看出了中西方的差距,认为中国要脱弱图强就必须向西方学习,开办学校,多派留学生,他甚至提出图强应开放。这在当时几乎等同于大逆不道。他还深入到英、法两国的一些工厂去参观,亲眼目睹现代化的工厂是如何生产的,他详细地了解西方,尤其是英法的技术革命。他还参观了英国法国的兵工厂,亲眼看见了西方造枪造大炮都远远不同于中国制刀制箭的生产。他开始懂得什么叫现代化生产,什么叫科学技术;开始懂得为什么我们前后20年两次鸦片战争愈输愈惨。

值得一提的,还有随同郭嵩焘一起驻外的郭夫人梁氏,也是位很了不起的中国女性。当时郭嵩焘是中国第一位驻外公使,很多外交场合都需要携夫人出席,有的晚会、舞会也要公使夫人出席甚至主持。因为满清王朝中国妇女都是裹脚的,很多英法的人都想看看中国公使夫人是如何迈着“三寸金莲”走路的。万万没有想到,梁夫人不但非小脚,行走自如,甚至舞蹈跳得都很自如,让“洋人”们大跌眼镜。让那些故意想让中国小脚女人出丑的“洋鬼子”鬼伎不成,他们主动邀请梁夫人跳舞,梁夫人应酬自如。原来因为外交需要,郭夫人苦练“基本功”,但每次晚宴舞蹈后归来,皮鞋几乎脱不掉,两只缠满绷带的“小脚”打开以后,竟全都血肉模糊。

但郭嵩焘终于倒在“同胞”制造的诽谤中,终于掉在“贼人”的陷阱中。

郭嵩焘在英、法的一言一行都遭到清廷保守派官员愤怒之极的攻击和批制,如掘祖坟般地痛斥和谩骂。被任命为他的副手一同驻英国的副公使刘锡鸿心底阴暗、阴险恶毒,几乎无事不向朝廷总理衙门“奏本”,罗织了各种罪状、罪名,制造各种罪恶、罪孽诬告陷害郭嵩焘。他揭发郭嵩焘有“三大罪状”。虽然条条都十分荒谬可笑,但朝廷中却不乏人信,不乏人恨,不乏人怒,不乏人加入到诋毁郭嵩焘的“战斗行列”中。

“三大罪状”,其一是说郭嵩焘在参观英国甲敦炮台时,披上洋人提供的大衣,刘锡鸿认为这大失国礼大失体统,丢了清政府的脸,“即会冻死,亦不当披。”其二是说郭嵩焘在伦敦一次宴会上,见到巴西国王,竟然“擅自起立”。他认为大失国威,“堂堂天朝,何至为小国主致敬?”其三是说郭嵩焘在英国白金汉宫听音乐会时竟然自取节目单。他告状说这是“刻意模仿洋人,趋媚忘本”。刘锡鸿真够黑的,真够无耻的,也真够阴险的。他又连续秘密地奏告郭嵩焘有“十大罪状”,加以“崇洋媚外”“诋毁时政”“出语狂谬”“违悖程朱”“有失国体”“有私通洋人之嫌”等罪名,这还不够,刘锡鸿竟然想把郭嵩焘整之以“逆谋”之罪,必欲置之于死地而后快。

刘锡鸿的阴谋竟然得逞了,朝廷竟然对那些出自这位整人高手的若干大罪状半信半疑,于是在郭嵩焘任期未满时,竟然解除了他的两国公使职务,让他回家。

让郭嵩焘万万没想到的是,当他千里迢迢回到湖南时,湖南一些自谕爱国的卫国的官吏大绅竟然“指以为勾通洋人,张之通街”,诬蔑诽谤他的大横标,大字报竟然贴满大街。让不明真相的人恨之入骨。视之为“汉奸”“贰臣”“投降派”。家乡人民也不容他,郭嵩焘当年非但未荣归故里几乎是千夫共指,老幼皆骂,无地自容,其处境可知矣。

1891 年 7 月 18 日,这位孤独的中国外交先行者提倡中国对外开放的第一人,在满世界的指责、叫骂、诽谤和批判中痛苦地闭上了双眼，含恨死去。10 年后，仅仅过了 10 年，清王朝被推翻了，这腐败得非推翻不行的王朝被终结了。

写完此文，心情很不平静，文尽而意犹未尽。想起郭嵩焘的一首诗，录之如下：

世人欲杀定为才，迂拙频遭反噬来。
学问半通官半显，一生怀抱未曾开。
傲慢疏慵不失真，惟余老态抵传神。
流传百代千龄后，定识人间有此人。

现在人们终识郭嵩焘。

郭嵩焘也不委屈，因为他是时代的超前者，是那个时代第一个触摸到真理的人，他必然是悲剧性的人物。

呜呼哀哉！天如此，地如此，人亦如此！

庄子的想象

庄子真神。

庄子想象飘逸飞扬，洒脱玄妙。“北冥有鱼，其名为鲲，鲲之大，不知其几千里也；化而为鸟，其名为鹏。鹏之背，不知其几千里也；怒而飞，其翼若垂天之云。”玄乎也？神乎哉！毛泽东《念奴娇·鸟儿问答》说：“鲲鹏展翅，九万里。翻动扶摇羊角。背负青天朝下看，都是人间城郭。”

庄子的思维何限于天地城郭？

庄子真敢言之，古今中外，天下人垂钓者何止千千万？但谁能如庄子所言，谁能言庄子所说？“任公子为大钩巨缁，五十犗以为饵。蹲乎会稽，投竿东海，旦旦而钓，期年不得鱼。已而大鱼食之，牵巨钩，錎没而下，骛扬而奋鬐，白波若山，海水震荡。声侔鬼神，惮赫千里。”庄子真敢“侃”，一个鱼钩挂着的鱼饵，竟然是五十头阉割过的牛，那鱼出水的动静堪比现代的潜水艇。2400 年前的庄子是怎么构思出来的？称其为神，颂其为仙，誉不过矣。

庄子的神乎还是在于他的“庖丁解牛”。

290 多个字的文章，后人有四种不同解读。

第一种解读是技术解读。顾名思义，是解读庖丁这个屠夫是怎样杀的牛？运用什么手段？把杀牛这种血腥的粗活，干成了有些像看舞蹈表演听交响乐似的，其技何在？

第二种解读法是科学解读法，说“庖丁解牛”中包含着科学知识、科学思维、科学方法、科学精神、把庖丁解牛这件事说得充满科学。想必庄子会洒笑摇首，太科学了庄子就神乎不起来了，云山雾罩需要的是气场和神功。科学加以框之,恐难为之。庄周心里明白,心无遮拦,嘴才能无遮拦,微闭双眼才能腾云驾雾。

第三种解读法为艺术解读法。认为庖丁解牛是由技术操作进入艺术创造的过程,庖丁的解牛是升华为无所系缚的精神游戏,正是艺术精神在人生中呈现的意境。认为“庖丁解牛”可视为中国古代艺术精神的源头。估计一般人即使读过三遍“庖丁解牛”也是体会不到这种境界的,虽然毛泽东曾经说过《红楼梦》读过三遍才有发言权。我曾问一位大学教古典文学的先生,他说他庖丁解牛熟读多少遍?至少不下数十遍,但仍难有这种超凡脱俗的情意。请教一位画家,他说读到这份上,作画就有些味道,有些意境了。他说以后再教学生,第一课不再上素描、艺术理论、艺术历史了,改攻读“庖丁解牛”,那确实是一座艺术殿堂,读通了,就把握住作画的脉络了。

第四种是哲学解读。这其实是最深的悟道,最为称道的解读。我问一位大学读哲学的“酒友”,蘸着酒读“庖丁解牛”似乎可以尽得其中哲学价值?他初吃一惊,坦率又自然地说,那是你们学中文的人自视清高的自嘲,可以把这看成你们中文系弟兄们学哲学的“登龙木”“敲门砖”。听他讲方明白,三杯老酒下肚才能听“庖丁”讲哲学。“庖丁”岂一般厨子?一般屠夫?该称其为“丁师”“丁爷”,文中有句说“丁爷”:“臣之所好者道也,进乎技矣。”庖丁是“玩”“道”的,是讲规律的,是宣扬哲学的,是讲发展成长的。一句话即讲明“丁爷”何许人也,让文惠君也出乎其料。文惠君初看是“技术”解读法,看热闹,看精彩,看技术,听其解牛声如音乐,看其解牛法如观艺术。但一问一答,文惠君立时感到,廊下解牛者非一般厨师、屠夫也,悟道之高人也。

悟道绝非一悟即得道。“丁爷”把宰牛比作得道,得道需经过三个阶段,之一是“斫牛”的族庖。用蛮力把牛解体,砍得骨断筋折。族庖,当为作庖之初级阶段也。之二是刀割良庖,良庖不再砍剁、“硬碰硬”,而是用刀割。这两个阶段庖人的区分标准还在刀上,初级阶段的族庖刀“月更刀”,一月换一把刀;第二阶段的良庖,“岁更刀”,一年才换一次。而到达最高阶段,即“丁爷”的神庖阶段,“今臣之刀十九年矣,所解数千牛矣,而刀刃若新发于硎。”庖丁果然神了,一把宰牛刀竟然用了19年,所杀牛数千头,竟然没换过刀,而且其利刃仍然像刚刚磨完一样锋利。庖丁当为大师,空前绝后。一举一动、一言一行皆为道也。比如,“丁爷”初提宰牛刀时,眼见到的是站在自己眼前的是一头活生生的,完完整整的牛;但3年后再见到牛时,看到眼里的已经不再是一个囫囵完整的活牛,而且肢离待解的牛。19年后,“丁爷”眼前待杀的牛已经不必用眼神来观察了,而是“神遇而不以目视”。在宰牛问题上,“丁爷”已由必然王国跨入了自由王国。其在解牛之间已幡然悟出了“以无厚入其间”,“游刃有余”,哲学致理名言矣。又道:“每至于族,吾见其难为,怵然为戒,视为止,行为迟,动刀甚微。”“丁爷”已把握住了事物的辩证法,杀牛已到了出神入化、化腐朽为神奇的阶段。

见过宰杀牛的人不少,古今中外谁见过“丁爷”这样解牛的?庄子真神了,如其所见,历历在目;如其所听,其声犹在耳边;如其所述,庖丁解牛耳!“手之所触,肩之所倚,足之所履,膝之所踦,砉然向然,奏刀騞然,莫不中音,合于桑林之舞,乃中经首之会。”把宰杀牛发出的刀进肉的声音,能听出是一种美妙的音乐,符合桑林舞曲的节奏,又合韵于乐曲的音律,2400多年很可能直至永远,只有庖丁解牛解出这种音乐的旋律。也只有庄子能听出这种美妙音乐的节奏和乐感。

唐代有位禅师叫青原惟信,有过一段高论,说老僧30年前未参禅时,见山是山,见水是水。及至后来,亲见知识,有个入处。见山不是山,见水不是水。而今得个休歇处,依前见山只是山,见水只是水。

青原禅僧之见与庖丁解牛异曲同工。庖丁开始解牛时,也“所见无非牛者”,即见山是山,见水是水;“三年之后,未尝见全牛也”。3年解牛再看见牵上来的牛,竟然不是活生生的全牛了,即见山不是山,见水不是水;19年后,但见“以无厚入有间。技盖至此!”从中悟出庖丁看牛的变化。所见是牛为俗眼,未尝见全牛为智眼,以无厚入有间是道眼，即见山只是山，见水只是水。庄子伟大，神仙，他把自己对待人生之道，“以无厚入有间”润物无声，自然而然地贯注到庖丁的解牛中了。

不行，还得再看看“庖丁解牛”。

和庖丁解牛异曲同工的还有《卖油翁》。其文如下：

“陈康肃公尧咨善射，当世无双，公益以此自矜。尝射于家圃，有卖油翁释担而立，睨之，久而不去。见其发矢十中八九，但微颔之。康肃问曰：‘汝亦知射乎？吾射不亦精乎？’翁曰：‘无他，但手熟尔。’康肃忿然曰：‘尔安敢轻吾射！？’翁曰：‘以我酌油知之。’乃取一葫芦置于地，以钱覆其口，徐以杓酌沥之，自钱孔入，而钱不湿。因曰：‘我亦无他，惟手熟尔。’康肃笑而遣之。”

这位卖油翁何其了得，他那招看似简单的灌油法，油自孔而入，而钱不湿，这位买油的老爷子谦虚地自白：我亦无他，惟手熟尔。

庄子讲了一个前无古人、后无来者的故事。有人纳闷庖丁到底解了多少年的牛？有专家推测，庖丁是由初级一步一步升上来的，由不通到深通到精通，从族庖到良庖到神庖。庖丁在前两个阶段至少不会少于6年，假定为5年，加上他自述的19年神庖阶段，那么庖丁应从事解牛不少于27年。这么推算庄子会哂笑的，那么，这位卖油翁到底卖过多少年的油呢？庄子尽布下一个接一个的谜，让后人皱着眉，点灯熬油去猜。庄子却躲在历史的深处偷笑。他的想象，后人望尘莫及。

庄子在《徐无鬼》中还讲过一段极神奇、极有寓意、极富想象的故事。

庄子送葬，过惠子之墓，顾谓从者曰：“郢人垩慢其鼻端，若蝇翼，使匠石斫之。匠石运斤成风，听而斫之，尽垩而鼻不伤，郢人立不失容。宋元君闻之，召匠石曰：‘尝试为寡人为之。’匠石曰：‘臣则尝能斫之。虽然，臣之质死久矣。’自夫子之死也，吾无以为质矣！吾无与言之矣。”庄子又说了一件玄而又玄的故事，鼻子上涂一层薄如蝇翼的白泥，让一石匠抡斧子去削，这无疑是玩命，但结果呢，“尽垩而鼻不伤”,活灵活现,好像庄子亲眼所见过似的。其实不但庄子没见过,连宋国的国君也没福气一饱眼福了,因为搭档死了,“一个巴掌拍不响”。宋国君差点让庄子绕到里边了,庄子之道,真乃博大精深,无所刃而又无所不刃,顺着庄子的道,畅游宇宙,领略八方,循其自然,深邃玄妙。2400 多年都过去了,尚无人精通庄子的道。一位老先生曾说,庄子之道,深不可及,深可比宇宙。

但我判断庄子似乎没有见过庖丁解牛,从他的风格可断。

世上本无鲲无鹏,庄子都能栩栩如生地描绘出鲲为何物、鹏为何样,且能让鲲鹏斥鴳。他能“不知周之梦为胡蝶与?胡蝶之梦为周与?”他能言:“白鱼出游从容,是鱼之乐也。”惠子曰:“子非鱼,安知鱼之乐?”庄子曰:“子非我,安知我不知鱼之乐?”庄子不是一般人,其想象、其解说、其循道皆神乎其神,永远是一个谜。

我在徐州的汉石刻绘画中看见,西汉当年,至少应该在汉楚王时期以前,公元前 154 年之前,宰杀牛的第一道手续是用铁锥将牛头击碎或者是用大石锥猛击牛的头部,将牛击昏,然后才进入解牛阶段。我询问当地老人,有知晓者说,现在当地宰牛依然是用铁锥或石锤将牛击昏或者击毙,然后挂在栽在地上的十字木架上剥皮肢解。说起来也挺残酷瘆人的。但从我们祖先到今人 2500 多年一直在用这种办法。不知当年庄子言庖丁解牛时是不是用锥击之。庖丁持刀 19 年宰杀数千头牛而不换刀,且刀如新磨出来的一样锋利,刀可以不换,但他宰杀数千头牛时首先用锥击牛之后脑的锥必然要换,估计至少要更换几十次,牛后脑虽弱,但其骨亦坚。无论如何,我想庄子再神也不会把以锥击牛之后脑之声再描绘成打击乐的演奏吧?庄子真高,他把那击之牛头骨破裂的瘆人的咚咚声省略了。

我在山西农村看到的杀牛不是以锥击之,而是用刀。

看杀牛的,让人心里甚不自在,有一种凄凄惨惨的味道。在农村,当时杀牛是件大事,围观者甚众。当年有“国法”,因牛属于大牲畜,随便宰杀是犯法的,因此要生产队打一个报告,讲明原因,大队、公社都盖了章,这才能杀牛,才合法。

我真真切切地观看了杀牛的每一个细节,距离“庖丁”不过数米远,最近时近在咫尺。

把老牛牵来,我们队上的那头老牛是合作化时的老牛,真乃为社会主义农村建设献了青春献了终身,而如今又要献身了。它走得很凝重,也很迟疑,有种要入刑场的感觉。

“刑场”的地上放着做成 4 个绳套的麻绳,牵牛者让牛慢慢地将四个蹄子踏进去,然后再把麻绳捋高,突然拉紧,这时候“行刑”的屠夫用嘴叨着一把一尺长的杀猪刀,但见他突然靠近等待挨宰的牛,用肩头用力一扛,那头牛因四条腿被绳索捆紧,突然倒地,这时候屠夫会招呼助手拿一个大瓷盆放到牛的脖子下。这个时候我清楚看到牛眼睛里滚出一颗颗硕大的泪珠。老牛已有预感,其死期将至,几次想抬起头来。屠夫似乎很温柔地用手轻轻地,慢慢地抚摸着老牛宽大的脖颈,老牛几次抬着泪眼望着他。突然,只见屠夫一挥手从嘴里抽出叨着的屠刀,一刀就扎透了老牛的脖颈,原来他刚才假意抚摸是为了找准下刀的血脉。血,泉水似地流出来,冒着泡,泛着热气,老牛竟然不再挣扎,只是全身痉挛抽搐,一颗一颗晶莹的泪珠流出来,竟然打湿了一片干燥的黄土地。若干年后,我看到在《参考消息》上登着这么一条消息,据英国《新科学家》周刊网站上登的文章说“人是唯一会因为感情而流泪的动物,”我曾勃然大怒。英国人敢说牛不会因感情而流泪?他们没有见过屠杀牛?后来去英国方知,英国屠宰场中是先给牛注射麻醉剂,等牛在不知不觉中,在幸福地咀中昏死过去以后,再进入肢解车间进行分类和解体。牛在知道它们将死亡,被屠杀时确实流泪。我看那屠夫剥皮杀牛绝无庖丁一丁点本事,绝无“手之所触,肩之所倚,足之所履,膝之所踦。”更没有听见“奏刀騞然,莫不中音,合于桑林之舞,乃中经首之会。”我清楚地看见,那位嘴角上叨着半截烟卷的屠夫不远处放着细磨刀石,他一会儿就走到磨刀石跟前,从容地蹲下,很自豪地磨着他的宰牛刀,这个空当会有人过去把他叨在嘴角已经浸湿了的小半截香烟取走,再给他按上一支新的,并且划着火,很殷勤适时地给他点上,显然他是一个庄子说的“庖族”。

当我无意中问他,因为他的宰牛刀已经成为了有弧度的弯刀了,几年换一把?他十分自豪地说,几年?十年吧!怎么可能?按庄子在“庖丁解牛”中所说:良庖岁更刀,族庖月更刀,只有庖丁才会十九年不换。我们村里的一个“族庖”愣十年不换刀?且那屠夫不论是猪、羊、马、驴、骡、凡能宰的让他下刀的,他都来者不拒,甚至连劁猪,劁羊,劁马,劁驴,也都用这把刀,但刀虽常磨却从不换刀。这就使我就产生疑问了,要么庄子所述庖丁有误?要么庄子没真正见过杀猪宰牛?再要么就是庄子的年代宰牛刀的质量不高?

庄子津津有味地叙述庖丁解牛,把宰牛的过程想象成艺术享受的过程。由此我断定,庄子根本就没有见过宰牛,见过宰牛尤其是初次见的人,几乎无不掩面,无不战栗,无不避而走之。即使是像庖丁这样的“神庖”也不可能把宰杀活牛,肢解死牛的过程“升华”到一种“美”的享受过程。与我在叙述几十年前见到的宰杀牛的过程时,看到那头老牛先晶莹后混浊的眼泪,看到那被切割下来高高挂起的牛头,老牛致死都没闭眼,一直恨恨地瞪着我们,十分可怜,十分瘆人。

我看的那屠夫解牛,非一人,有一助手相帮,没有看见“以无厚入有间”“游刃有余”、更无“奏刀騞然,莫不中音,合于桑林之舞,乃中经首之会”。但见把那两个屠夫忙得一身大汗,脑袋上渐渐有腾腾蒸汽。但有需要斩断胫骨时,皆由那位助手手执一大刀,又割又砍又切,但那刀好钢口,折腾了半天,待让放在地上我凑上前细看,没有丝毫损伤。倒是哪位老屠夫,时不时地走到磨刀石前蹲下慢慢地磨着他那把锃光瓦亮的屠刀。后调查此屠夫干屠宰一行恰恰27年。庖丁言其“所解数千牛矣。”问他,他说何止数千?当然这其中可能包括猪、羊、驴、马,他说他宰杀的骆驼也有数百头。终于两屠夫把一活牛分解成牛头,牛皮和一块块渗着鲜血的牛块,把四只牛蹄子切割下来,挂在牛头上,把牛尾栓在其后,表示干净利索地完成了宰杀解牛的任务。据说这是杀牛行业中祖传的规矩,也许在庄子“庖丁解牛”时尚有这条规矩,但我在庄子“庖丁解牛”中未见。

庖丁解牛,老子未见,老子肯定不会乐于见之,因为老子爱牛,他平生独骑一青牛,从不骑马坐车,老子对牛情有独钟。

庄子神人也,为何如此欣赏庖丁解牛?且很可能庄子根本就没见过解牛,更何况说庖丁乎?细读几遍,几次读到最后:“文惠君曰:‘善哉!吾闻庖丁之言,得养生焉。’”何为善哉?何为得养生焉?终于破解,乃“吾闻”庖丁之言也。原来庖丁之言是“虚”,言其养生为“实”。庄子见没见过“族庖”、“良庖”和“神庖”都不要紧,他是通过想象通过故事说明一个“道”,即养生之道。

庄子画了那么一个大圈终于在养生上落笔点题。解牛和养生有什么关联?“依乎天理,因其固然”,即依据天然的机理,因循固有的规律。解牛之道,养生之道,皆如此,两道相通,触类旁通,举一反三是也。复杂的牛体可喻为复杂的社会,解牛所用的刀可比喻为人的身体、生命,于是养刀就像养生。“族庖”不知牛体的复杂,不按“道”解牛,所以一个月刀就坏了;“良庖”对牛体的了解也不够,未达到“道”的高度,所以一年后刀也坏了;只有庖丁由于达到了“道”的高度,其手中的刀解牛数千,用了十九年还“若新发于硎”,正如郭象《庄子注》所说:“以刀可养生,故知生亦可养”。所以才使得文惠君发出了“善哉!吾闻庖丁之言,得养生焉”的感叹。因为每一个人来到人世,都拥有一个同样的生命,但寿命却大不相同:有的人活了几年,有的人活了几十年,而有的人却活上百年。需要指出的是听庄子讲“神乎其神”的故事后,梁惠王似乎开窍了,大懂了,呼之善哉了,其实他未懂庄子之道,梁惠王并未长寿。非但梁惠王未因庖丁解牛而顿悟其道而长寿,而且操庖丁之业者,也未见长寿者。

汉初立为舞阳侯的樊哙,可能是专业屠夫中地位最高者。不同的是,庖丁只解牛,而樊哙只屠狗。樊哙非但未能长寿,其子伉 9 岁被周勃等人搞的宫廷政变“杀吕还刘”中被诛杀。“索命众多,焉得正寝?”如真有庖丁其人,不知“丁爷”阳寿几何?梁惠王未得庄子真传,庖丁虽系戏中人,恐亦难哉!庄子的想象,真是一个谜。

家乡出了个上将军

1

1918年11月,年仅39岁的徐树铮,被授予中华民国陆军上将军衔。他是我们家乡安徽萧县出的第一个,也是至今唯一一个上将军。

徐树铮,安徽萧县官桥镇醴泉村人,离我们老家几十里路,离徐州更近。官桥镇的老乡说,他们前脚迈进徐州,后脚还踩着萧县。按照民国初年名人的称谓,尊姓加上祖籍,袁世凯称“袁项城”,段祺瑞称“段合肥”,徐树铮被称为“徐徐州”。萧县没有沾上光,人们都以为徐上将乃徐州人士也。其实徐树铮家的祖坟都在萧县,都埋在醴泉村外,他被杀后,尸体也千里迢迢的从河北廊坊运回来,安葬在祖坟茔地里。延用一句萧县的老话说:“徐徐州”生是萧县的人,死亦是萧县的鬼。

徐树铮自幼聪慧好学,且自小吃得苦,读书有味、有劲、有瘾,孜孜不倦,13岁便中秀才。在萧县、徐州,他少年便小有名气。徐之父徐忠清是位有真才实学的知识分子,在徐州设学堂教书,且门下桃李成蹊,生徒遍徐州八县,年年都有高徒中榜。我本家一位爷爷,就曾经就读于徐州中学,得益于徐老先生教诲,后果然高中,考上北平燕京大学。

徐树铮自幼便跟着其父学习,诗词歌赋,自黄口孺子时便学着暗诵。稍大跟着徐忠清上学堂,徐忠清教子甚严,每天都留有功课,每天都一一检查,视其如徒,绝不溺爱。徐树铮少年学成和其严父教诲不无关系,这也是他跻身北洋军阀之中,看不起那些大字识不得几个的武夫,像曹锟、冯国璋甚至王士珍之流的原因。

徐忠清不但知识渊博,诲人不倦,且有一手好字,在徐州也有名气,因此自幼便教子提笔练字。徐树铮又肯吃苦下功夫,据说当时徐州天冷,徐树铮年幼手嫩,为练好字要绾起衣袖高悬手中笔,以致提笔的右手被冻裂流血红肿,其母怜之,多次让他"歇手",其父也同意他不再练笔,而徐树铮却不屈不挠,冬练三九,夏练三伏,一如既往,始终如一。13 岁当秀才时,远近就有求字者;逢年过节,登门求对联、喜字者络绎不绝。徐树铮苦练的这手好字,果然日后有了大用。没有这手好字,他便无缘结识段祺瑞,更无从登中国政坛之门。

1901 年,徐树铮 22 岁,此时的他饱读诗书,他并没有想走他父亲的道路,对中国的政治、军事更感兴趣。他研究中国的政局有自己的见解。他认为在中国政坛,最有政治前途,且最有作为的当数山东巡抚袁世凯。于是,他便带着写给袁世凯一纸万言书《国事抚条陈》,只身从徐州直奔山东济南,等待袁世凯接见。徐树铮那时候真有李鸿章之气:"丈夫只手把吴钩,意气高于百丈楼。一万年来谁著史?三千里外觅封侯。"那年李鸿章刚满 20 岁。

20 多岁的青皮后生的万言书,让袁世凯大为感慨,他觉得其中的治政、治军以致治国的观点大有可取之处。袁世凯是很重视人才,他隐约感到上书的年轻人不可小视,将来可能会有大用。但因为他当时正值服丧期间,不便见外客,便让山东省道台朱忠奇代他会见徐树铮。朱道台何许人也?自视甚高,除了巡抚袁世凯,他何曾把别人放在眼里?他颐指气使,盛气凌人,话难投机,端茶送客。徐树铮和袁世凯失之交臂。

徐树铮当年十分自信,自信此行 必得袁世凯赏识,便只身投靠。此时被冷逐出街,已然囊中羞涩,无以生活,无奈之际,当街摆摊卖字,多亏了他少年的勤学苦练。

人生的拐点竟在瞬间。此时恰逢时任山东省武卫右军炮队统带兼随营武备学堂总办的段祺瑞路过,看到当街有那么多人求字,不禁驻足细看,但见徐树铮虽然近寒冬而仅御夹袍,但气宇轩昂,铮铮有神；观其字，竟然苍劲有力，笔笔到位，果然有神。

段祺瑞是民国初期文化修养最高的军阀，且喜爱收藏古董，名人字画。段祺瑞懂字懂画，见其人其字果然不凡，虽然围众甚多，直到他走到身边，徐树铮竟然不为所动，依然笔下龙蛇，挥毫自如。段祺瑞认为其有才，故以礼相待，请到舍下，共述国之大计，竟然不谋而合，俩人相见恨晚，得以知己。自此，段、徐结为同盟，段为徐主，徐为段用。1905 年，段祺瑞又出资送徐树铮去日本士官学校深造。五年学成后归国，那年徐树铮 31 岁，正值风华正茂，展示才华时节。徐树铮为报段祺瑞知遇之恩，忠心耿耿，殚思竭虑，全心全意为段服务。以他的聪明才智、博学才华、学成识就、观察分析，使段逢难必克、逢战必胜，成为段祺瑞的智囊、灵魂，被誉为北洋军中的“小诸葛”。段祺瑞对他言听计从，宠信备至，无所不依，在段祺瑞当国时期，段政府的大政方针，直到“阴谋诡计”概由徐出。历史证明，段用徐如车有辕，徐投段如鱼入水。也正因为段之信任重用，徐之有才有谋有魄力，才导致一人之下，嚣张跋扈、无所顾忌、无所不为，最终被杀。

2

徐树铮有才，史上有记载。

1911 年 10 月 10 日，武昌起义、辛亥革命爆发，形势错综复杂，风云多变。此时，以段祺瑞为首的北洋 42 名前线指挥官突然发出通电，吁请满清皇帝退位，实行共和政体。他们是满清王朝垂死挣扎的最后本钱，前线精锐军队的反水，使清帝不得不发表退位诏，数千年的封建帝制宣告结束。而那篇清帝的退位诏书，就是徐树铮代草拟的。那绝非一般文人政客能拿得下来的。

徐树铮国学底子深厚，下过苦功夫。平时讲起话来之乎者也，引经据典，信手拈来，朗朗上口，提笔引文，立马可待。这和当时的许多北洋军阀截然不同，最典型的像直系军阀曹锟，人称“曹三傻子”，他自己言之“扁担倒了也认不得是个一字”。徐树铮留下诗词 200 多首，有的写得相当不错，确有水平。他在收复外蒙古后在库伦曾写下一首《念奴娇·笳》浩然正气，一气呵成，堪称佳作：

砉然长啸，带边气，孤奏荒茫无拍。坐起徘徊，声过处，愁数南冠晨夕。夜月吹寒，疏风破晓，断梦休重觅，雄鸡摇动，此时天下将白。

遥想中夜哀歌，唾壶敲缺，剩怨填胸臆。空外流音，才睡浓，胡遽呜呜惊逼。南妇瑟琶，阳陶觱篥，万感真横集。琱戈推枕，问君今日何日？

1923 年 9 月，搞过清王朝复辟 12 天的辫帅张勋病故。张勋和徐树铮关系很复杂，一方面两人私交甚好，张勋长期驻扎徐州，对徐树铮家人多有照顾；另一方面，徐树铮也鼓励过张勋起兵进京，及张勋带 5000 辫子军进京复辟清廷后，徐树铮又给段祺瑞出谋划策，仗义天下，力助段祺瑞把张勋打败，险些要了张勋的命。现在张辫帅死了，恩怨已了，徐树铮念及旧情，感受万千，为张勋写下一幅挽联："仗匹夫节，挽九庙灵，其志堪哀，其愚不可及也；有六尺孤，无一抔土，斯人已死，斯事谁复为之？"既有对老友辞世的伤感，又有对其复辟清廷的批评，其情也深，其意也明，被公认为民初名联。

1925 年孙中山先生去世，5 月举行安葬时，徐树铮正率团出访欧洲，即用电报发回挽联，上下联如下：

百年之政，孰若民先，曷居乎一言而兴，一言而丧。

十稔以还，使无公在，正不知几个称帝，几人成王。

据查孙先生安葬会上，举国哀悼，全民悲之，名人大家挽联如雪，名联名词层出不穷，让人耳目一新，振聋发聩。但一致评价，徐之挽词："横揽一世，远不可及。"

据闻，徐树铮无论行军打仗，还是出差办事，甚至去欧洲考察，所携最多的是书籍。清国史馆总纂王晋卿对徐树铮的评价："其论文导源班、马，而以唐宋八家为正宗，以近代方、姚为入门之的。诗嗜少陵，词嗜白石、梦窗。"此言出自王老之口不易，评价甚高，确也中肯。莫怪徐树铮清高，看不起他那些北洋同僚。

徐树铮还是下围棋的高手，据传民国军政界段祺瑞是围棋专业五六段的水平，在北洋军阀中是独树一帜的，在政务、军务之余，徐树铮经常和段祺瑞“手谈”，有时通宵达旦。由此可见徐树铮的棋艺。

徐树铮还酷爱昆曲，其水平也达到了专业演员的水平，而且他还能自辑曲谱，是其他名角做不到的。他曾经与俞振飞，项馨吾等昆曲大家同台演出，叫好声不绝于耳。擅长花脸，尤其爱唱关公戏中的《单刀会》，声如洪钟，步如山移，非名角不能。张謇先生曾有赠诗：“将军高唱‘大江东’，势与梅郎角两雄。”一个票友，能让张先生这样的大家说出与梅先生有一争雄，可见其功底。在北京时，曾上台演京戏扮过铜锤花脸唱过霸王戏，徽班的老先生都一致挑大拇指，皆言：当挂头牌！

1925 年 5 月，他以中华民国政府专使的身份访英，应邀去英国皇家学院演讲，演讲稿是徐树铮自己动笔一字一句写的，别人写不了，因为他演讲的题目是《中国古今音乐沿革》。据说演讲一开始，题目一打出，令整个皇家学院礼堂无论台上台下，文人武官、先生女士皆大跌眼镜，因为英国政界军界都万万没有想到，中国的职业军人的素质竟然如此之高。

徐树铮拜为上将军，确有武力、武功。兵不血刃，直袭库伦，收复外蒙古，彰显其带兵将军的智慧和能力。

1911 年，外蒙古宣告独立，这是俄罗斯在背后策划支持的，后边还有日本人积极活动，拉拢各方势力，垂涎外蒙，妄图成立一个在日本国控制下的“大蒙古国”。当时的中国可谓内忧外患，国力空虚，经济落后，一旦让日本得手，中国裂土分国几成定局。在这种情况下，徐树铮被任命为西北筹边使，西北边防军总司令，率军平叛安疆。但当时，国力不强、兵力不足、经费不足、军械不足、装备不行，库伦在今天的乌兰巴托，远在万里之外，后勤补给、兵员输送等等都成问题。当时军政两界都认为外蒙问题是个烫手的山芋，特别有外国势力插手，此仗难打，绝无胜算。而徐树铮则从统兵出征那时起，便大造声势，大张旗鼓，模仿诸葛孔明的“增灶之计”迷惑敌人，然后，率军突袭库伦。徐树铮擒贼先擒王，出其不意，把伪独立政府的内阁成员和总理一班人扣住，然后安定人心，快速布防，控制局面，结果兵未血刃，平定了一场国之大祸，使俄国和日本人的阴谋未能得逞。

1911 年 11 月 17 日，外蒙正式上书中华民国总统，宣布取消独立，取消自治，取消中俄蒙一切条约，回归中华民国。徐树铮为中国做了一件大事，历史不能忘记。徐树铮前后仅仅用了 20 多天时间，还把被沙俄侵占 7 年之久的唐努乌梁海一并收回，堪称为一件奇迹，功不可没。在北洋军队和段祺瑞系统中确定了他不可动摇的地位。

当然，徐树铮也有出丑的纪录。

1925 年 6 月，他以中华民国政府专使的身份出访欧洲，所到国都给予他极高的荣誉，各国的军政要人纷纷会见。在法国，除了考察参观外，法国总统专门接见。为表达谢意，徐树铮在巴黎最豪华的餐厅举行答谢宴会，法国几乎所有要员都出席。宴会的规格之高，花费之大，各种菜肴之精美史无前例。餐厅总经理亲自把关，亲自督察；使团、使馆的人也精心准备，坏就坏在徐树铮一身戎装，笔杆条直，精神抖擞，他甩开稿子，现场致词，结果犯了法国餐厅之大忌。他仍按照中国的习惯客气，说草备酒水一杯，菜蔬也马马虎虎，简陋之极，请各位女士们先生们赏脸浅酌，随便尝尝。据说人家餐厅不干了，说什么也不干，因为这一餐皆法国党政头面人物，徐树铮这么一说，有损于他们餐厅的声誉，赔礼赔钱都不行，最后，不得不在巴黎的报纸上刊登声明，以纠正口误，解释东西方文化的不同，闹得徐树铮灰头土脸的。

3

徐树铮是了解袁世凯的，他初投袁世凯，陈千言万语，可以断定其对袁世凯是做过一番认真的调查研究的，才决定以身相投。而他在万言书中的陈述也的确得到了袁世凯的赏识。后来当徐树铮留学日本，徐夫人夏宣带着三个幼子同在日本，生活窘迫，度日艰难，袁世凯还惦记他，给他寄去了 20 两银子，帮了他大忙。

1915 年 9 月，徐树铮回到老家萧县醴泉村，重新安葬了二十几年前去世的祖母和 9 年前去世的父亲。回到北京后，徐树铮去拜见袁世凯，袁世凯专门见他，因刚刚回老家办完丧事，袁世凯就好言安抚他。感激之余，徐树铮当场给袁世凯双膝跪地磕了一个头。袁世凯十分高兴，急忙把他扶起来。出了袁世凯的官邸后，徐树铮说了一句意味深长的话："我这一头磕下去，实为谢恩，但袁大总统一定以为我徐树铮是赞同他搞帝制了！"徐树铮了解袁世凯，他把袁世凯的心事看透了。

1915 年，袁世凯称帝，徐树铮给袁世凯写了一道 4000 字的《上袁大元帅书》，此书有言：

天下初定，誓血未干，而遽觎非常，变更国体，民信不孚。干戈四起，大局之危，可翘足而待。唯有速下罪己之令，去奸谀之徒，收已去之人心，复共和之旧制，国势可定，若再迟疑瞻望，多延时日，是直授人以柄，自召天下之兵，非策之得也！

现在要看徐树铮的这封信，对于袁世凯称帝可以说句句是投枪，并且毫不留情，直言叫袁速下罪己之令。从这封信中看，徐树铮大义凛然，秉凌正气，这样冒死进谏，言人之所不敢言。我认为徐树铮一是看出全国的大局、政治形势的走势；二是也看出袁氏帝国来日无几。敢用这么直率坦荡的语言直谏袁世凯，没有清醒的政治头脑，没有豁出去的胆量，无论如何是办不到的。在当年反对袁世凯称帝中，徐树铮敢立潮头。其胆量、魄力和政治远见，绝非一般人所及。后世人的评价是，袁世凯称帝果然未出徐树铮《上袁大元帅书》中所言，全国反袁称帝风起云涌，袁世凯只做了 83 天皇帝便被迫取消帝制，不久忧愤而死。这自然是全国人民反对的结果，而徐树铮的这封信，也着实让袁世凯喘不上气来。

徐树铮厉害，很多人都怕他。

段祺瑞任陆军总长时，曾提名徐树铮作次长，他拿着陆军任职的名单找到袁世凯，袁世凯看到名单上有徐树铮时就说，很多人都说这个徐树铮不好处事，我看给他换个职位吧。袁世凯阅人甚多，久历官场，多经大事，看人有一定的水准，他就曾说过："又铮（徐树铮字又铮）其人，亦有小才，如循正轨，可期远到。但傲岸自是，开罪于人特多。"袁世凯的耳朵里没少听见说徐树铮的事，因为徐"开罪人特多"，但其"傲岸自是"恐怕是袁世凯对徐树铮的定论之一。没想到一向对袁世凯毕恭毕敬，唯袁马首是瞻的段祺瑞却硬邦邦地把袁顶回去。他说："你是一国之主，想撤谁就撤谁，我一个陆军总长，连提名个次长都不行，你要撤，干脆连我这个总长一块撤了！"说完抬头便走。据说气得袁世凯浑身乱颤，他没想到段祺瑞为了一个徐树铮，竟然敢当面如此顶撞他，敢冲着他的脸摔乌纱帽，气的他把茶杯狠狠地摔在地上。除了段祺瑞，没人愿和徐树铮共事，也没人敢和徐树铮共事。

袁世凯死后，黎元洪继任大总统。段祺瑞做国务院总理，总揽大权。他任命徐树铮为国务院秘书长，黎元洪马上反对，反对的理由也很充分，态度异常坚决。黎元洪说，我这个大总统可以不当，绝不与徐树铮共事，请告段总理，我不同意徐树铮当秘书长的原因，是我怕他！把刚刚当上大总统的人都吓得差点自我下台，遑论其他人乎？可见徐树铮的办事为人，多么锋芒毕露、自恃无恐、肆无忌惮、四面树敌。

当时只有一个人愿意和他共事，此人乃孙中山先生，1922 年 1 月，徐树铮曾经前往桂林拜会孙中山，和孙中山商谈孙、段、张（作霖）三方联合，共同对付直系一事。会谈后，孙中山对徐树铮非常赏识，他曾写信给蒋介石说："徐君此来，慰我多年渴望。"孙中山诚心诚意的挽留徐树铮，希望徐能留在自己身边，作自己的参谋长。

说徐树铮有才的人不少，愿意和徐树铮共事的人寥寥，很多人都避之不及，唯有孙中山想揽在身边，愿与徐树铮共图大事。徐树铮的为人做事，用一句当时在国务院流行的话，恐怕能画出他的一个侧影。即"徐树铮说的，段祺瑞都听；段祺瑞说的，徐树铮可听可不听"。为了皖系的利益，为了给段祺瑞开路，徐树铮不惜顶着罪名杀人，这也埋下了他被杀的原因。

1918 年 6 月 14 日，徐树铮枪杀了陆建章，7 年以后，他因陆建章案被人在河北廊坊车站枪杀，时年才 37 岁。从此皖系败落，段祺瑞失意下台，只得跑到天津做寓公去了。

陆建章何许人也，徐树铮为何要杀陆建章？

陆建章早年就投靠袁世凯，是袁世凯北洋集团的“元老”，对袁世凯忠心耿耿，是袁世凯手下的一名心狠手辣的帮凶。官做到警卫军统兼任北京军政治法处处长。这位袁世凯手下的执法首席，可谓杀人不眨眼，在京城有恶名曰：屠夫，杀人如麻。袁世凯封他为中华民国的陆军上将。陆建章自恃有袁世凯撑腰，又是直系军阀的核心人物，其地位几乎等同于徐树铮在皖系军阀中的地位，也是说一不二的主。陆建章杀人还有个“损招”，把那些达官贵人、遗老遗少、带兵的军官、过去的盟友，先下帖子请吃饭，酒足饭饱后，端茶送客，待人离去，突然在背后开黑枪，因此陆建章在北京的口碑极差。他请人出席酒会的帖子，被称为“阎王帖子”，不怕陆长官怒，就怕陆长官请，请君下阎王殿。

徐树铮和陆建章个人并无私怨，恰恰相反，陆之公子陆承武曾经和徐树铮在日本士官学校是同窗，而其两家的夫人又都是好友。但陆建章挡住了皖系发展的道路，挡住了段祺瑞发展壮大的道路，徐树铮岂能因私废“公”？他要搬掉这块拦路石。徐树铮认为，历次的直皖集团之间的明争暗斗，都有陆建章的影子。杀掉陆建章势在必行。

1918 年 6 月 14 日，刚从上海回来到天津不久，正踌躇满志的陆建章收到徐树铮请客吃饭的帖子。去与不去，陆上将也费了些思量。他考虑到直系皖系两大政治军事集团现在还不到撕破脸的时候，他和徐私下无仇，他儿子和徐私交不错，又是同学；加之宴请的地方不是在皖系的势力范围之内，而是在奉军驻天津的司令部，量他徐树铮也不敢下毒手。何况陆建章认为老子是北洋元老，和你徐树铮的主子段祺瑞是一块在小站练兵的，老子在小站扛大枪的时候，你小徐子还趴在你娘怀里吃奶呢，你敢奈我何？陆建章太小看徐树铮了，他可能从来没有认真全面的研究过这个对手。所以他大摇大摆地出席徐树铮的宴会，摆出一副北洋老前辈的“派”。吃完饭两人到后花园散步聊公事、私事、军事、国事，主要听陆上将讲，讲着讲着，陆建章突然感到一直走在自己身边的徐树铮好像落在后面了，他刚想回过头来问，跟在他们后面的一个卫兵拔枪近距离抵射，两枪毙命。他的死和他生前暗算别人如出一辙。这就是当时震惊朝野、震惊北洋、震惊军界的枪杀陆建章事件。

徐树铮早已有缜密的计划，立即上报北京，上报国务院、总统府，言陆建章勾谋土匪图谋不轨，已被正法。

据史料所载，当段祺瑞接到徐树铮的报告时，也被震惊了，也被吓着了，徐树铮的这一动作太狠、太毒、太猛烈了，没有任何理由就枪杀一名北洋元老、陆军上将、直系军阀的核心人物。但段祺瑞再想想也觉得陆建章该杀，不杀此人，终是皖系心腹大患。段祺瑞深知徐树铮的用心，于是公布是自己下令，令徐树铮办陆建章的，这样杀陆建章就是政府行为。他又逼没有实权的直系集团大总统冯国璋盖上大印，一切做得合情合理、符合规定。况且陆建章有陆阎王之称，杀人无数，遍布冤案，怨家仇人甚多。陆建章被杀一案迅速平定，徐树铮办事老练，其果敢狠毒连段祺瑞也不得不佩服。

但徐树铮没有料想到，陆建章之侄冯玉祥也厉害。1925 年，冯玉祥已经成为直系军阀集团的集团军司令，经过“北京事变”逼曹锟大总统下台，他实际上掌握着北京临时政府的大权，而作为国务院总理的段祺瑞却空有其名，手无实权。此时刚刚从欧洲考察完回国的徐树铮，急于联络四方实力人物，尤其是位居南方五省联军总司令的孙传芳，妄图推翻冯玉祥的国民临时政府，让段祺瑞重掌实权，让段祺瑞当大总统。

冯玉祥岂能容他？冯对徐树铮的所作所为看得一清二楚，他先是局外人，后是当事人。冯认为，北洋政府之所以不稳定，概因徐树铮在其中捣鬼；发生的几次直、皖、奉系之间的战争，徐树铮都是主谋之一，致使国家战乱、人民涂炭、民不聊生；徐树铮长于活动、拉帮结派；善于搞阴谋诡计，挑拨离间；工于心计，仗势揽权欺人；功于推波助澜，兴风起浪。同时，徐树铮身上又有一种北洋军阀没有的政治家的风度,做事雷厉风行,我行我素,绝不瞻前顾后。段祺瑞身边若无此人,则段会任人摆布;徐若回到段身边,则政治格局必有大变。用冯玉祥的亲信鹿钟麟的话说:“小徐一走,从此多事!”大有“庆父不死,鲁难不已”的味道。冯玉祥遂下杀徐树铮的决心。这时候,他想起7年前徐树铮枪杀陆建章的仇还没报,新仇旧恨,非杀徐树铮不可!于是,他命令鹿钟麟在廊坊车站动手,而鹿钟麟在电话中听到冯玉祥的这个命令,竟然吓得电话听筒从手中掉到地上。左右权衡,鹿钟麟命令驻守在廊坊的部下张之江执行。车到廊坊,徐树铮一点准备都没有,被张之江的部队押下火车就地枪决。这便是震惊朝野“廊坊杀徐案件”。

斗转星移,干支飞渡。徐树铮被杀已近90年,从他被杀廊坊车站起,就誉毁参半,直至今日。然而,不管怎么样,徐树铮毕竟是我们萧县出的一位大人物。徐树铮出生的村之所以叫醴泉村,是因为有条河从村边流过,河宽水深,据说当初在河中撒网,网网不空,一尺多长的鳜鱼随时可见。有位风水先生曾看过留下一句话,说此村出当朝高官,水丰官高,官去水枯。1926年,徐树铮的棺木运回醴泉村安葬,第二年淮北大旱,醴泉河的水几近枯干,以后虽然恢复了不少,但却终不如前,渐渐地成了一条小渠。

风水先生说的话,能当真吗?

眼　毒

1

春秋时代的范蠡眼毒。称眼毒，是言其眼中有水，能把人看透、看漏、看得入骨三分，使人原形毕露；能透过现象看到本质，让人觉其目力可怖，竟能看清人的生前身后事，故言之曰："毒。"究其汉字中的毒字，皆贬义，只与眼相配，形容眼，才有了褒意。

勾践，中国人都不陌生的历史人物，"卧薪尝胆"更几乎是老幼皆知。勾践完成复国复仇称霸大业靠的是范蠡、文种两位旧臣。他们与勾践风雨 20 余年，吃苦 20 余年，深谋 20 余年，卧薪尝胆 20 余年。终于苦尽甘来，灭吴称霸，"号令中国"，范蠡也官拜上将军。

正是烈火烹油、鲜花盛开之际，可以坐享天下、权拥中国的时候，没想到范蠡却对文种说，勾践此人"长颈鸟喙，可与共患难，不可与共乐，子何不去?"范蠡的传世名言出于他的眼毒，"蜚鸟尽，良弓藏；狡兔死，走狗烹。"范蠡真不是凡人，一点都未被胜利冲昏头脑。自己改名换姓，带着西施和钱财"浮海出齐"，"居无几何，致产数十万。"眼那么毒，做生意应对自如。没几年，竟然"致赀累巨万，天下称陶朱公"。以至两千多年后，称买卖成功的商贾大家都尊之为"陶朱公"。而在同一个战壕中的战友文种就无此福，因为眼不毒，看不透，舍不下，忘不了，丢不开，结果死于眼不毒。那位曾经和他艰辛与共，而文种也为他赴汤蹈火，出生入死的勾践，也为后世留下一段名言，也是文种的送死符。"子教寡人伐吴七术，寡用其三而败吴，其四在子，子为我从先王试之。"被赐剑自刎。

越王勾践灭的吴国国王夫差被勾践用阴谋诡计搞垮之后，国破家亡，临自杀前真乃追悔莫及。夫差用衣服遮住脸，千言万语化为一句话，跟范蠡一样："吾无面以见子胥也!"夫差真的羞见、怕见、无面目见伍子胥。伍子胥眼毒，把越王勾践玩的阴谋诡计看得一清二楚，但吴王夫差眼拙，被越国的阴招数蒙蔽得昏头晕脑，忘乎所以。他成了范蠡、文种玩弄的小丑剧中的傀儡，是夫差成全了勾践，葬送了自己，也葬送了吴国。所以伍子胥被迫自杀时曾愤而言之，我自杀以后，把我的双眼挖出来挂在吴国都的东门上，我将眼看着越国军队入城!

伍子胥眼毒，但他遇上了不睁眼的吴王夫差，奈何？眼毒也怕碰上有眼无珠的，更怕碰上不睁眼的。范增是也。范增老谋深算，像范蠡一样眼毒，一眼能看见池底，但他偏偏遇见了楚霸王。范增面对面地告诫项羽，刘邦不可小视，"此其志不在小，吾令人望其气，皆为龙虎，成五彩，此天子气也。急击勿失。"范增借他人之口，说出他眼中的刘邦，认为刘邦将来要与项王争天下，不灭此人，天下不宁。苍天有情，把刘邦送上门来，范增以为此乃天赠良机，不动兵马不用厮杀，斩刘邦于宴上，则天下归项再无波澜。但"范增数目项王，举所佩玉玦以示之者三，项王默然不应。"鸿门宴虽然惊心动魄，杀机四起，但有惊无险，煮熟的鸭子又飞了。所以当张良说刘邦已回到军中，留下他处理后事，送上白玉璧一双，我估计这双玉璧好生了得，肯定是从秦始皇宝库中精选出来的，项王"受璧，置之坐上"。真让后人哀其不幸，怒其不睁，跟夫差一样不睁眼。张良代表刘邦送给范增的玉斗时，范增"拔剑撞而破之"，然后说了一句足以验证楚汉四年战争之果的良言："哎！竖子不足与谋，夺项王天下者，必沛公也，吾属今为之虏矣!"

项羽的悲剧，该睁眼时不睁眼。直到霸王自刎乌江时也未睁开眼，言之兵败，仍仰天长叹："此天之亡我，非战之罪也!"至死未找到兵败战死之罪在谁？

2

眼毒，看人，能把人看透。看事，能看到本质。

当年夏侯婴把从楚归汉、得不到重用，又犯了死罪的韩信从刀口上救下来推荐给刘邦；刘邦并未当回事，估计妨着夏侯婴力荐的面子就给他一个后勤管粮饷的小官做。《史记》上写得明白："上未之奇也。"刘邦不毒，不识大才，。但萧何像范蠡一样眼毒，识得与楚霸王争天下，非有韩信不可。这才有古之传颂的"萧何月下追韩信"，而刘邦得知后竟然大骂，他骂萧何，老子帐下逃跑的将军也不少，你将军不追，追什么韩信？刘邦在韩信问题上不仅不毒，可以说是"睁眼瞎"，当初要失韩信，楚汉之争的历史可能要另写。萧何可谓眼毒也，他的一段话掷地有声："诸将易得耳，至如信者，国士无双。"你刘邦要和项王"争天下，非信无所与计事者"。把韩信的去留提升到江山得失的高度。萧何，这就是萧何。

刘邦毕竟是刘邦，刘邦之所以得天下，是因为他识人用人，不仅关键时能睁眼，而且能不拘一格用人才，头脑冷静，有大智慧。他有一段贯穿历史的名言。"公知其一，未知其二。夫运筹策帷帐之中，决胜于千里之外，吾不如子房；镇国家，抚百姓，给馈饷，不绝粮道，吾不如萧何。连百万之军，战必胜，攻必取，吾不如韩信。此三者，皆人杰也，吾能用之，此吾所以取天下也。项羽有一范增而不能用，此其所以为我擒也。"刘邦人之杰，英之雄也，眼毒着呢。

所以当报韩信要造反时，满朝的文武大臣都表现激烈，义愤填膺，要求刘邦立刻下命令平叛擒拿韩信，"左右争欲击之"。刘邦眼中的韩信是汉之三杰之一，且是军事上的唯一天才，他手下的将军统帅没有一个是韩信的对手，即使是他统率亲征，在战场上也是必败于韩信。刘邦冷静，他之所以冷静是因为眼毒，别看众将嗷嗷叫，左右争欲击之。但刘邦思考后决定绝不能在战场上和韩信兵戎相见，玩明的。刘邦是以己长击信之短，玩阴的，用阴谋将韩信拿下。韩信死在阴谋诡计上，因为那个时代，那个世界上，还没有生出能在战场上打败韩信的人。

刘邦的眼毒还体现在能看见身后50年的事，我翻阅历史，虽然贬斥刘邦之人历朝历代皆不少，其身后骂名滚滚如浊浪排空，但确实未见一人看人看事能像刘邦一样准，像刘邦一样透，像刘邦一样眼毒，像刘邦一样视身后之事竟如眼前再现。

当年刘邦一方面消灭异姓王，一方面又大封同姓王，他把他二哥刘仲的儿子刘濞封为吴王。当刘濞前来谢恩时，刘邦怎么看自己这位亲侄子怎么不放心、不顺眼，凭他的阅人处事经验告诉他，这位侄子靠不住，恐怕以后要闹事，但皇帝的封王圣旨已通告天下，焉能朝令夕改？于是刘邦就用手“因抚其背”，既像谆谆教导，又像严肃告诫说：“汉后五十年东南有乱者，岂若邪？然天下同姓为一家也，慎无反！”把20多岁的刘濞吓得差点背过气去，能把他50年后的造反50年前就指出来，焉能不让人吓昏吓晕吓死过去？刘邦眼真毒。实践证明，汉景帝时“东南果然有乱者”，吴国国王刘濞率“七国叛乱”。

言刘邦眼毒绝非孤证。

刘邦已在弥留之际，奄奄一息焉，吕后问他：“陛下百岁后，萧相国既死，令谁代之？”刘邦说：“曹参可。”吕后再问曹参以后呢？刘邦虽将死，但头脑异常清楚，答曰：“王陵可。然陵少戆，陈平可以助之。陈平智有余，然难以独任。周勃重厚少文，然安刘氏者必勃也，可令为太尉。”吕后还问那再以后呢？刘邦说：“此后亦非而所知也。”

刘邦真厉害，从他咽气以后，汉王朝几乎一步步都是沿着他的预言走过来的，他临死说的这几位要管理国家和安定国家的人，也几乎一点不走样地按刘邦的设计办的，直到灭诸吕复刘汉，“安刘氏者必勃也”。细分析，从曹参、王陵、陈平、周勃，刘邦看人真乃入骨入髓，一点不走眼，一点不走样。眼毒，天下无双，历史中无人能出其右。

3

也真有眼毒的。

战国时期，赵国出了一位甚有作为的君王，叫赵武灵王，以改革图强而名，以胡服骑射而穿透历史，在中国几乎老幼皆知。

当时赵国国土毗邻秦国，秦国正在崛起，赵国在武灵王手中也正日益强大。两强相遇终有一搏，赵武灵王对时局看的很清楚，于是带领胡服的将士、骑兵部队往西北发展，开拓疆土，增强国家的实力，想从云中、九原即现在的大同、内蒙一带直捣秦国，实现赵国的宏图大业。

赵武灵王穿上使者的衣服大胆出使秦国，亲自到秦国走一趟，亲身感受秦国，考察秦国的地理环境和风土人情，这在春秋战国770多年历史中绝无仅有。赵武灵王真英雄。

入秦见到秦国国王秦昭王，秦昭王并不知道大殿前立着的赵国使臣就是赵国国君武灵王雍。但秦昭王也够眼毒，看武灵王觉得此人"其状甚伟，非人臣之度"，马上派人去追，但赵武灵王已出了秦国的关口。虽然只是历史上的一个小插曲，但也说明秦昭王也非贫庸之辈，确有眼力。

无独有偶。根据《世说新语·容止》的记载，曹操统一北方后，政治地位提高，北匈奴派使送来了大批礼物并要求面见曹操。曹操认为自己的长相有损国家形象，就叫外貌很合国家口味的部下崔琰穿上他的衣服，假扮成"山寨"版的曹操履行外交程序，而曹操自己则拿着刀扮成护卫。之后，曹操派人向匈奴使者打听他对"自己"的第一印象如何？匈奴使者回答说："威望看起来很有威严，确实不错，但是站在坐榻旁边的那个捉刀的人，才是真正的英雄啊。"那位匈奴的使者眼睛也够毒的。观人看气、看神、看质、看本，《世纪新语》没记载那位使者的身世，可惜。

曹操是真英雄，但100多年的京剧中都是穿红袍勾白脸，奸臣也。曹操刚一出仕，河南南阳的许劭见到曹操后，给曹操下的人生结论实在精彩，实在准确："子治世之能臣，乱世之奸雄也。"毒不毒？真毒！

曹孟德何许人也？眼睛岂能不毒？眼中岂能容沙子？曹操煮酒与刘备纵论天下时，把刘备所举的所谓英雄一一作了评价，令人心服口服,把东汉末年能称得上“英雄”的人物,看得如此“透视”,曹孟德真了不得。说遍天下,曹操以手指刘备,后自指,曰:“今天下英雄,惟使君与曹耳!”曹孟德道破天机,使刘备大吃一惊,“手中所执匙筋,不觉落于地下。”刘备至此方明,自己玩得那套韬光养晦,示人无大志的把戏,早被曹操看得一清二楚,曹孟德眼真毒。

眼毒,并不意味着看什么人什么事都能看透,诸葛孔明也有看走眼的时候,老戏《失、空、斩》马连良扮演诸葛亮,把孔明演活了,演神了,也演成人了,几处让人不得不垂泪。孔明错用马谡,失街亭招致大败,自贬三级,被贬去丞相一职任右将军。马谡自幼饱读兵书,熟谙战法,两军阵前也确实出过许多好主意,所以孔明才把系三军之根本的坚守街亭的重任交给马谡。诸葛亮欣赏马谡,赏识马谡,偏爱马谡,用马谡临死前的话说:“丞相视某如子,某以丞相为父。”是感情因素蒙蔽了诸葛亮的眼睛。在这一点上他自愧不如刘备。斩了马谡后,诸葛亮大哭,他想起刘备在白帝城临危时曾经叮嘱过他,说:“马谡言过其实,不可大用!”刘备看马谡比诸葛亮眼毒。从而也验证了无论多么眼毒的人也有走眼、打眼、迷眼、不睁眼的时候。

东汉末年的司徒王允眼也够毒的。当时董卓专权,有吕布为将,无所顾忌。而在当朝任司徒的王允想除掉董卓,权归皇帝。用他的话说,他观察董卓和吕布,“二人皆好色之徒,今欲用‘连环计’除掉董卓。”这才把貂蝉先许嫁吕布,后又献给董卓,使董卓和吕布反目,令吕布杀掉董卓。事态的发展果然如王允所料,董卓死于王允的“连环计”。

眼毒很多是练出来的。司马迁先生在《史记·高祖本纪》中说吕公,也就是刘邦的岳父,会看人,俗称相术,眼毒,他相信自己的眼力,竟然把亲女儿押在自己眼力上了。那时刘邦“好酒及色”,基本不务正业,未有分文,连萧何这位刘邦老乡都说刘邦此人“多大言,少成事”。但吕公某愿把女儿嫁给他,连吕公的老婆都怒斥吕公,你常常想让闺女出人头地,嫁人一定要嫁给一个贵人,咱们沛县的县令登门求亲,要娶闺女你都不答应。现在怎么能糊涂地把闺女嫁给刘邦这种近乎无赖的懒汉子呢？吕公的老婆言之有理。但吕公就是认定刘邦必然大贵。他说："臣少好相人，相人多矣。"他的眼力是从相人多矣中磨炼出来的，看多了，就有眼力了，眼光就毒了，就敢把亲闺女赌上了。因为吕公相人无数，但没有一个像刘邦的，不知司马迁所述是否属实。

《说苑》中就讲述过一个小故事，且把它看成历练眼毒的启示。吴王要去伐楚国，告其左右文臣武将，"敢有谏者死！"这种非头撞南墙不回头的君王，被狂妄烧得已难分东南西北。你国王下的这种死命令，没有人愿意拿命开玩笑。不是所有人都眼拙，看不见即将发生的吴楚大战的后果下场，但谁也不愿意拿自己的脑袋去祭旗。这时候，有一王宫中的年轻侍从，每天怀揣着弹丸拿着弹弓在王宫后园树林中转悠，露水都打沾了他的衣衫，他也在所不惜，天天如此，一连三天。三天都让吴王看见了，吴王有些大惑不解，小伙子用弹弓向树上比划着讲了练眼的要领。

他讲了螳螂捕蝉的故事。

"园中有树，其上有蝉，蝉高居悲鸣、饮露，不知螳螂在其后也；螳螂委身曲附，欲取蝉，而不知黄雀在其傍也；黄雀延颈，欲啄螳螂，而不知弹丸在其下也。此三者皆务欲得其前利，而不顾其后之有患也！"

原来这才是练眼力的招数，真毒。

功 夫

上

中国人讲究功夫。冬练三九,夏练三伏,滴水穿石,运斤成风。

闹义和团那阵子,凡是在京城大街小巷晃着身子乍着膀子横着走的大都是功夫在身的义和团。义和团的功夫也怕人,神乎其乎,朝廷不信,特派内阁大学士兼兵部尚书刚毅去实际调查,果然把刚毅一行镇得五体投地。他们把大师傅、二师傅、三师傅都请进宫去,给老佛爷、皇上表演义和团功夫。3 位大师喝上符,仰天高呼:一请唐僧诸葛亮,二请沙僧孙悟空,三请哪吒三太子……把裸露的肚皮用气功顶得如同坚硬的龟背,然后找八名身强力大的清兵刀砍斧剁,肚皮上不过只留下一条条浅浅的白痕;又用长矛利槊猛刺,亦不过留下点点白印,真乃刀枪不入。八名大汉把他们浑身上下用大绳缚紧,铁锁枷牢,只听得一声震耳欲聋的大吼,绳断枷开,把八名军汉甩得皆跌坐在四周。此亦不算,最让老佛爷、皇上开眼的是“洋枪不入”。拿乌铳数支对准 3 位大师的肚皮,相隔不过十数步,一声令下,枪声轰鸣,再看 3 位大师,虽然眉脸被熏得真如窦尔敦,肚皮被射成黑锅底,但竟然须发未损,依然站在原地,只是三师傅功夫稍欠火候,被射得微微向后退了两步。老佛爷、皇上大喜,有此义和团功夫,何惧洋人?何惧与洋人开战?

真功夫也有。民国初年北京有位号称燕子李三的大侠。有一次镖师王五在前门楼子前的“顺一德”饭庄请客。盛夏,难免有蝇虫相扰,店小二用拂拍轰了几次都逐而不去,惹得李三大侠窜火。把手中的筷子倒拿过来,用筷子头三两下,把飞在菜桌上的苍蝇一一夹住,掷于地下，直把店小二惊得五魂出窍。

镖师王五一瞧，言此处酷暑，难得清静，不如换个地方既清爽又凉快。何处？一指，前门楼子上。老北京人称前门楼子九丈九，高上天，站在楼脊上整个京城一览无余，连皇上出恭，都能瞧见出哪道门，迈哪道坎，掀哪层帘。找托盘两个，把满桌的酒、菜、汤、水，只手托起，上楼下楼，两脚如飞爬上窜下，如履平地，两位大侠到前门楼子上的空场处放下托盘，再瞧满杯酒不溢一滴，满碗汤不洒一下，满盘菜不出盘一丁点。功夫也。据说，李三大侠盗走大骡子大马，门窗竟然不动。

也不新鲜，少林寺的和尚练武练得把演练堂中青石铺就的地竟然跺塌跺陷跺成半尺多深的“足窝”。

天桥的把式也不是光说不练，要练就要练真功夫。闯天桥的绝不可貌相。看人家其貌不扬，土里土气，进圈入行，行礼见面，更无一言，持一青砖，用手指在上轻轻一划，竟然写出两个大字，功夫。接招人也不弱，言其未见砖上有文有字，说着接过青砖用手拭之，但见砖尘四扬，再见，青砖如旧，一字不留，只是青砖薄了几分。又拿一枣木硬板，取一棺材大钉，以掌击之，三掌下去，寸五大钉入木不见。接招者手托枣木板，以手拔大钉，三口气未完，棺材钉直直拔出。取一大缸，缸中满沙，沙细如面，练者双手插入，一憋气，一运气，一抬气，竟然把细沙搬出缸沿三寸有余，沙竟不散。接招者当众立一老竹竿，高足有8尺，练运足气，持单刀，旱地拔葱，直跃丈余，力劈华山，把那杆老竹从头劈到底。

这些都是武功，武功靠功夫养着，文功亦然也。我们现在皆不能理解，我们的前辈是怎么读书的？是怎么下功夫的？钱穆乃中国国学大师，被梁漱溟称为中国的“最后一个大儒”。在燕京大学任教时，燕京大学校长司徒雷登赏识他的才华把燕京大学中的“M”楼改为“穆楼”。钱穆先生和胡适先生当时有“北胡南钱”之称。就是这位钱穆先生曾把他写好的《国史大纲》放在案头说：“我把书都写好放在这儿，将来一定有用。”这部书被当时的国民政府教育部指定为全国大学用书。几十年后,历史学家许倬云这样告诉学生:“这一部书中埋藏着数百篇博士论文题目。”钱穆先生读书下的功夫,端得了不得,竟然会暗诵《史记》,据《读史质疑》作者王重旭统计,《史记》全书用字518284个字。张恨水,自谕恨水不成冰,小说大家,鸳鸯蝴蝶派的创始人,连鲁迅大先生亦无可奈何他,也承认他的小说功夫。张恨水写故事能写得让人哭笑怒恨不能自已,如迷如痴如在梦中,其读书功夫堪称真功夫,竟然能背诵《三字经》《左传》《论语》《孟子》《大学》《中庸》《诗经》《书经》《易经》《礼记》《千家诗》《古文观止》,张恨水先生的功夫岂能让人不服?仅《古文观止》全书37.2万多字。敢下此断语,今日之读书人,包括那些大师、国师、博导,岂有一人能如张恨水先生乎?恐未必能背诵其中任何一部经典也!史学大师曹宗仁先生奉行“书读百遍,其义自现”,《儒林外史》读过100多遍,《红楼梦》读过70多遍,茅盾先生当年曾经背诵《红楼梦》,胡风先生当年在狱中,完全凭记忆批注《红楼梦》,鲁迅先生也曾暗诵过《纲鉴》。好生了得!仰望这些老先生,看老先生们读书下的功夫,真如观山望海也!《汉书》有70多万字,苏轼先生曾经三次抄写,一笔一画一丝不苟。直到晚年,还能对《汉书》倒背如流,那是下过真功夫硬功夫的。

杨雄,史称继孔孟之后的一代大儒,有“西路孔子”之称,他和司马相如齐名,称为“杨马”,据说杨雄写《太玄》时,用秃的毛笔堆成了一个高百尺的大冢,像帝王起的陵丘,洗砚的池水都被洗成墨色,下了多大功夫!

清乾隆时期的权臣大贪官和绅捞钱有功夫,但他读书也下过真功夫,这也是他深得乾隆宠信的原因之一。有一次乾隆在读《庄子》,读到一页因注释字太小,看不清楚,就让和绅掌灯来,和绅问皇上读的是哪一页?然后他竟然立即把那一页书背诵下来,又把注释一字不错地背了一遍。

和绅精通五种文字,满、蒙、汉、梵、藏,而乾隆又笃信佛教,因此两个人常常用梵文或藏文交谈佛经佛教问题,而站在旁边的刘墉只懂三种文字,不懂梵文,因此干着急没有办法插嘴。而和绅用梵文和藏语讲起原版的《金刚经》《涅槃经》《妙法莲花经》如数家珍，因此每当乾隆皇帝读经念佛时身边只有和绅。和绅得宠是靠功夫赢来的。

陈寅恪先生的学问可称为“大”，四大国学大师排行位季，前有梁启超、王国维，借季羡林先生的话说，他自己算不上什么国学大师，能称上国学大师的陈寅恪先生算一个。别的学问不究，单说陈先生精通数国外语，陈先生的精通，即几乎等同于汉语，留下的资料中少有记载陈先生是如何“三更灯火五更鸡”地下功夫，但有陈先生13岁便去日本求学，学后又去德国、瑞士、法国等过学习研究比较学、比较语言学。1917年至1921年去美国哈佛大学作研究语言学工作，1925年又去德国柏林大学研究院。陈老先生堪称学富五车，才高八斗。可惜这么大的国家之才屈死于1969年。晚年悲不可言，他留下的64本笔记本，季羡林先生作过统计，内容不说，用的是蒙文、藏文、西夏文、满文、朝鲜文、梵文、印地文、希伯莱文等，陈寅恪先生曾在大学开过一门功课，“佛经翻译问题”，季羡林先生曾有言：能选修陈先生这门功课的人就了不得！

陈寅恪的功夫让季羡林先生佩服成这般真让人心敬无尘！

陈寅恪先生从国外回来后由梁启超先生推荐去清华大学任导师。时任清华校长的曹云祥问梁启超，陈寅恪是博士吗？答非也；又问硕士吗？答曰亦非也。那个时候博士、硕士真学士也。也稀贵得很。陈寅恪既非博又非硕，真让后辈博硕士们及博硕导师们汗颜心喘。曹校长又问：有何闻名大作？梁默而不答。曹校长直言：职称无，大作少闻，恐难为清华导师。梁启超先生亦直言：吾任清华导师如何？曹云祥校长颜之甚跃，当然，请之不到，聘之难来。梁启超先生云：吾亦非博非硕，和陈寅恪先生不同的是我之著作有几百万字，言之著作等身恐亦不为过，然吾之那些著作实不如陈寅恪先生的几百字的价值！

梁启超言之凿凿，语之切切，信之旦旦！

结果清华聘陈寅恪为导师，曹校长把陈寅恪请到办公室想当面一试，正巧当时清华大学新生入校，学校决定对所有新生统统加试中文作文题,无论学什么专业的,理、文、工、医等等凡清华开的学科统统加试一道作文题,曹校长正为“一双鞋千人穿”犯愁,看见陈寅恪在此,心中想此非一道天赐考题?曹校长就对陈寅恪说,请先生为此出一题目,要求有三:一是普用,全清华新生都作此题;二是题中不离清华两字;三是题目不宜过长,五字为宜。请陈先生回去细想,三天后交题,请封好,毋泄题。陈寅恪先生看见室内旁边正有一书桌,上有文房四宝,随即入座提笔,一挥而就,写好后盖在桌上言:题已出好,因室内有他人,故纸背向上放在桌上。从领题、坐下,到写好、盖好,前后一共不足三分钟。曹校长送完客后急翻纸看,五个墨迹闪闪的大字:梦游清华园。陈先生真了不起!曹云祥校长并未完全放心,但陈寅恪先生登台讲课后,住在北京城中的教授都坐黄包车纷纷前来听课,以至于校务处来请示要换大教室,因为教授几乎把教室坐满了,学生没地方听课了,陈先生的课被清华学子誉为“为教授开的课”。自陈寅恪先生之前没有,自陈寅恪先生之后亦未听说。陈先生晚年受迫害,眼睛瞎了,什么也看不见了,他做研究完全靠念材料,他就是凭着自己年轻时下的功夫,凭着记忆,告诉助手去图书馆借哪本书,哪本书中的资料可能有用。陈先生下过超人的硬功夫。北大著名教授吴宓先生曾经说过,当今全国最有学问的当属两个人,一位是钱钟书,一位是陈寅恪。陈先生读书下真功夫全国有名。

曹雪芹先生可谓大家,毛泽东曾说过中国对世界的三大贡献之一就是《红楼梦》,曹雪芹先生“批阅十载,增删五次”,可谓呕心沥血,功夫下大了,功夫下到了。

梁实秋先生的学问也了得,他是中国第一位翻译《莎士比亚全集》的人,梁实秋先生整整翻译了30年,可谓穷毕生精力,功夫下到家了。他精通英文,让人思非能思的是梁实秋先生竟然背过别人编的中英大辞典,又自己动手编中英文词典,那得有多深的功夫?下多大的功夫?有学生问他怎样才能把英文学好?梁实秋回答翻破我编的三本字典再说话,指出了功夫如何下?怎样下功夫?草婴先生也是花了20多年的时间才把《托尔斯泰全集》译完。

背书见真功夫，硬功夫，讨不得半点巧。连毛泽东也曾十分叹慨地说，语言这东西，非下硬功夫不可。

据说钱钟书先生在上大学时候，在图书馆中和同学说话，曾指着眼前书架子上的书说，这架子上的书我全都会背。有的同学不信，有的同学较真，真的走到书架子前随意抽出一本，随便翻开一页，问第245页第4行是什么？钱钟书先生立即背出来，可见其花的功夫有多么深。

民国初年有位大学者，又称“怪学者”，其名辜鸿铭。辜先生相貌奇特，“不修边幅，着枣红袍与天青褂上之油腻，尤可鉴人”。虽是民国，脑后拖一小辫子。他曾给“辫帅”张勋送过一副对联：“荷尽已无擎雨盖，菊残犹有傲霜枝。”前联中的“擎雨盖”是指满清王朝的官帽，“傲霜枝”则是指他的辫子。辜先生在清华大学上课，摘去瓜皮小帽，露出拖在后头的小辫子，学生看他的怪模样不禁大笑。辜先生并不笑，镇静，淡定，待同学们笑过以后，他才微微带笑，辜先生云：汝等因何而笑？又为何笑而难止？汝等耻笑吾脑后有一小辫子。告诉你们，我脑后的小辫子，我拿剪刀“咔嚓”一刀便去矣，难去的是诸位在座人心中的辫子，以吾脑后的小辫子提醒诸位心中尚有小辫子，示警。学生们顿时严肃，再不笑一声。

辜先生名气大，当时流传一句话，到北京的洋人可以不去故宫，但不能不拜访辜鸿铭。辜先生自我标榜：生在南洋，学在西洋，婚在东洋，仕在北洋，中国历史上堪称为“四洋”的，唯此辜鸿铭。辜先生也真厉害。曾任过日本首相的伊藤博文问辜鸿铭先生，辜先生留学欧美，精通西学，难道不知道孔子之教，能行于数千年前，而不能行于当今之世吗？辜先生立即朗声回答：孔子之道，好比数学之加减乘除法，三三得九即三三得九，虽数千年而不变，绝不会三三得八。日本若无孔子之教，焉能有今日？不过今天的数学倒是有所改良了，比如我国借款于贵国，本来是三三得九，不料只得到三三得七；到了还款的时候，却是三三得十一，你以为如何？伊藤博文大窘。这便是辜先生的人品。

辜先生一生获得过13个博士，精通9国语言，所获13个博士皆非一般意义上的博士，跨文学、史学、理学、神学四大学科。当年在德国纪念俾斯麦诞辰100周年的时候，辜鸿铭先生上台用德文即席发表演讲，博得一片喝彩。他的英文更好生了得，孙中山先生当时说，中国有三个半人懂英文。经我查证，辜鸿铭先生是其中一个，北大有位著名的教授叫林语堂，林先生评价辜鸿铭先生“英文文字超越出众，200年来，未见其右”。

辜鸿铭先生学习功夫下大了。他在学国文时，竟然把四书五经倒背如流；当他学英文时，他的先生说，给你布置一个作业，你先把《失乐园》背下来，辜鸿铭愣是把那6500行无韵的诗背下来。老师又给他开了一长列歌德和卡莱卡的作品书单，让他精读，他竟然又熟读至暗诵。

在辜鸿铭先生之后，还有一位怪先生，大学问家，此人乃潘光旦先生是也。潘光旦先生是梁启超的学生，是费孝通的先生。做学问也以肯下功夫，下大功夫闻名，后人说潘光旦先生能把《英汉综合大辞典》背诵下来，不但能说出其中每个词的意思，还能说出词源和有关典故。著有14卷642万字的文集，可谓著作等身。偶遇两学生在谈女人，现在谓之“黄段子”，两学生大窘，潘光旦先生却豁然对两个学生说，看过我翻译的英国性心理学家、作家亨利·哈维洛克·埃利斯的《性心理学》吗？两学生惭愧地说，没看过。潘先生朗声斥之，那有何资格在大学校园谈论女人谈论性？潘光旦先生靠功夫练就的学问。

民国教育家古直曾在庐山东林寺设帐收徒，杜宣等人前去听课，古直问他带了什么书，杜说只带了一本《辞源》，古直勃然大怒：“怎么我的学生用《辞源》？”杜说：“我不认识的字，不查《辞源》查什么？”古直缓和下来说：“做学问，不能靠二手货，不懂的字，要查《说文》，查《尔雅》，查《水经》”，“要查这个字的第一次出现的地方，这样才可靠。《辞源》这一类书，是二手货，不可靠的。我们做学问要有穷根究底的精神才行。”做学问就要讲究做功夫，下真功夫。

章太炎的学生回忆章先生时说章先生讲课不拿一本书，一张纸，一口气讲三个多小时，中间不下课，不休息，可谓滔滔不绝，旁征博引，信手拈来，谈古论今，讲了四个上午，就把一部中国文学史讲完了。学生们听得如醉如痴，久旱得雨。

章太炎先生读书下的是真功夫，也是笨功夫。不但《说文》、《尔雅》背诵全文，而且对《汉书》中的颜师古注也都如数家珍，章太炎先生的读书功夫也好生了得！

功夫，那来不到一丝一毫的虚假，那才是功夫。1996年，中国著名的青铜器专家李先登先生去台湾考察，受到台北故宫和前台北博物院院长秦孝仪先生的接待。席间，秦孝仪先生让人拿出来一把刻有铭文的青铜宝剑请李先登先生上眼，这就叫“考功夫”！有没有功夫？有没有真功夫？李先登先生看完后说：“宝剑是真的，铭文是假的。”那真功夫是鉴千剑而识一器。不能不让人佩服。

冰冻三尺，非一日之寒。功夫全靠工夫练。我读到过蒋介石教蒋经国读书下功夫的一封家书，令人感慨甚深。

经儿知之：

我明日又甬上起程，要到福建去了。你在上海须要勤奋读书。你的字还没有什么进步，每日早起，须要学草字一百个，楷书五十个，既要学像，又要学快。闻你所读过的《孟子》，多已忘记了，为什么这样子不当心呢？《孟子》须熟理重读，《论语》亦要请王先生讲解一遍，你再自习，总要以彻底明白书中的意义为止。你于中文如能懂得一部四书的意义，又能熟读一册《左孟庄骚菁华》，则以后作文就能自在了。每篇总要读三百遍，那就不会忘记了。余如英文最为重要，必须将每日教过的生字，在自习时，默得烂熟，一星期之后，再将上星期所学的生字，熟理一遍，总要使其一字不忘为止。算学亦要留心，切不可厌倦懒学，遇有疑难问题，务求彻底了解。须知目今学问，以中文、英文、算学三者为最要，你只要能够精通这三者，亦自易渐渐长进了。你上半年没有脱课，是最好的好处，我很喜欢，以后还要这样才好。

如果从现在到毕业，不脱一课，则你的学问品行，自然而然会好了。学生最要紧的就是上课时候，不顾闲野，教员所说的话，句句听得明明白白，则功课自然容易精专，学业亦自然容易进步了。寄我奖状附还，望你检收。

父示

中

品诗有句名言，功夫在诗外，又何止诗？

酒后茶余，曲尽月升，聊起功夫在其外来。

说鉴宝之火，真假难辨。但鉴宝作为古董行中的功夫早就代代有神功。传的也神，“看半张”，“摸一把”，“掂一下”，“瞅一眼”，“跺一脚”，“闻闻味”，“照照影”，那真见功夫，想听这些功夫篇，进琉璃厂，沏壶香茶，听闲下来的老板伙计们能说得你瞠目结舌，干瞪双眼，方知乾坤之大，四海之深，四九城内，处处有功夫。

琉璃厂拐口后街有块“大料”，据说天下有两块，一块在皇城内，紫禁城内西跨院库房内，明神宗朱翊钧时进的贡品，另一块就在躺在那座大四合院西厢房的正门厅内。那块大料好生了得，据说和神宗那块是姐妹板，都是皇家御品，李自成破京城抢皇宫时，流失了一块，那块就在这儿。千古绝迹，世上绝无仅有。金丝楠木的大料，长有二丈二，宽头三尺八，窄头二尺九，厚八寸八，神仙似的，头一眼就让人肃然起敬。看看都觉得添福添寿。你才懂那四个字的境界，大开眼界。

现在这块大料，行内人称大器要出售，价值在亿元以上，第一道就是是真是假？一位收藏家真想要，看过几次拿捏不准，请过几位专家掌眼不敢下断语。后来这位收藏家行内称好家，请来一位“爷”，瘦小、干瘪、两目无神、两腮无肉、两耳无廓，像位有残疾的人。进屋什么都不看，先讨一木椅静坐，不言不语，不走不动，呆得主人都烦了，一再示意端茶送客。这时候，这位爷才站起来，缓缓走近大器，和其他专家不同,他一不看二不敲三不摸四不抠,而是从鼻孔里掏出两个大鼻塞来。这时候才让人注意到,这位爷的鼻子大,出奇的大。然后顺着大器从头闻到尾,又从尾闻到头,一连闻了三遍,什么话没留下,扭头走了。

回去之后对他的雇主说,是好东西,但不是老东西,更不是明朝的老东西,我断定它不是金丝楠木,它应该是青钢桐木。

靠闻。不仅仅是闻木头,甚至闻玉器,有位皇城根下的“阔主”得了一对玉钩,说是西汉宫里的“玩艺”是从墓里盗出来的。请来鉴赏专家掌掌眼,没有一定的说法,也是请来一位神了巴及的爷来掌眼,人家也是不看,把双玉钩放在鼻子底下闻,闻过来闻过去,当场敢下断语,绝不是西汉的玩艺,绝不是从墓里盗出来的,是块做了假的新玉。何以见得?味不对。古玉久了有岁月味,年头有气味,从墓中盗出来的古玉有泥土味,有腥味,造假造不出来。得!

朋友对我说,功夫也!犹如瞎老太太挑姑爷,全靠摸一样,捏捏你的十指关节,手指,皮肤,指甲就能判断你家里是干什么的?你是干什么的?受过多少罪?享过多大福?这就是功夫,功夫一靠天才,二靠觉悟,练出来的。

说“半张”我真见过。一张画只展开半张便知是真是伪。2009年的一天,我正拜访一位大师,说话之间来了一位客人,看上去也是熟客,是有人托他请大师掌掌眼,鉴定一下是不是大师的亲笔画,我在旁边正好开开眼,谁知道那画刚刚展开不足一半,那位大师断然喝道:假画,劣质的假画,再看会脏了眼,卷上,卷上。后来方知,社会上流传着他的假画有250万张。那得多少人?下多大功夫?

在游水乡台儿庄时,看见一个50多岁的艺人玩“三仙归洞”的把戏,三个小碗三颗毛茸茸的茸球,就在众目睽睽之下,他把3个球放进3个碗中,让你猜,结果却和你亲眼看到的截然不同。他表演了两次,让我开始怀疑我的眼睛看错了出了毛病,否则,手再快也不如眼快。且无猫腻可言,一张小桌,除了3个小碗3个茸球,一无所有,表演者赤臂无遮拦。屡试屡有,让人心服口服,我问他何以如此熟练,答曰:练了二十余年矣。噢!

说起“玩艺”,魔术,很多都是道具的巧妙玄奥。但我见过一位玩扑克的,还不是什么大师,他谦虚地自称也就是业余玩玩。

4张扑克,皆挑出来的是4个黑桃A,孤零零地放在桌上,桌就是餐桌,桌上既无餐布也无任何装饰,裸板。“玩主”把四张扑克先是面向上,然后当着我们的面翻作面向下。我们几个朋友自信不是容易让人蒙骗的,智商肯定是没有问题,眼神也绝未老眼昏花。但见那主在我们的面前,把四张裸放在桌面上的扑克快速急促地变换位置,虽然让人感到眼花缭乱,但其每一个细小的动作都在我们的目光监视之下,正应了那句老话,眼里岂能容沙子?动作停下来。他让我们四个人每人捺住一张牌,然后翻开,奇迹出现了,我们皆傻了,那四张黑桃A没有了,消失了,变换了,竟然变成了四张红桃A。然后又从新重复开始的一套动作,再翻开竟然是四张梅花A,然后是四张方片A。我们不怀疑真理,不怀疑事实,不怀疑眼见,不怀疑真实,但却解释不了现实。“那主”很有成就感地微笑,说小功夫,小功夫……

据说打麻将也是功夫活。北大林语堂先生打麻将是不看上家打什么牌,不看下家吃什么牌,甚至不看对家要和什么牌,只看桌上打出的牌。正所谓你打你的,我打我的,大路朝天各走半边。说有一次,坐在他对面的也是一位名教授,很不服气,认为林先生在玩深沉,玩高雅,便挤兑林语堂先生,让先生睁大眼看着自己的牌,言之:我不认为你能偷看见我的牌。林语堂先生说:看人家的牌总是不道德的,也是不公平的,既然先生坦率直白,我不妨看一下,然后从左至右,13张牌一一报出,如一一看见,准确无误。众先生皆大惊,方知功夫之外有功夫!

梁启超先生麻将牌打得也有功夫。他有一句名言:只有读书时能忘了打牌,只有打牌时能忘了读书。

梁先生打麻将的功夫是在其外。梁先生当时是报纸的主笔,报纸等着社论明天见报,梁先生这儿麻将正打得如火如荼,风起云涌。报社编辑提醒多次皆闻如未闻,依然“碰和”如故。梁先生有功夫,最后让编辑坐在他旁边,他一边打牌,一边口述,牌推倒和了,社论也写成了。明天见报后竟然反响甚好,此时梁先生刚下牌桌正准备入睡。用我们那代人的时代术语叫“革命生产两不误”。非有功夫之人不可。

张恨水张先生也好生了得,他的小说是在报纸副刊上连载,一天不能缺。但张先生打牌亦有瘾,报社的编辑催急了,等米下锅,报纸不能开天窗,张先生就左手摸牌,出牌,碰牌,打牌,右手提笔写文章,那文章写得真是行如流水,笔走龙蛇。等到编辑把报纸的小样拿回来给张先生看时,张先生还依然威风凛凛地坐在牌桌上。张恨水有才,有功夫。

潘光旦潘先生的麻将打得也好。西南联大在昆明时,几位清华的教授晚上打麻将,突然停电,四位教授都刚刚上瘾,遂提议继续打,摸黑打,借着窗外的月光打。只是和了牌以后再划着火柴照一照,作一验证,据说直打到黎明时分电又来了,一夜摸黑打,无人打错牌。也真得要功夫。

电影《建国大业》中有一组镜头,说蒋介石查访长江防线,在国民党江防总指挥部中发现指挥官们正在打麻将,司令手臭输得一塌糊涂,要押上房子押上地。蒋介石替他坐上,连和几把,说了几句震撼江防司令的话:“打牌你不如我,打仗我不如你,长江防线拜托啦!”以至于这位江防指挥官置家、个人于不顾,战死在长江防线。此无史可查,有史可查的是蒋介石那时根本就不打麻将牌了,也顾不上打麻将牌了,他忙得恨不能身劈八瓣,且即便蒋介石早年打麻将也不是高手,也从未上瘾,不过是应应景,玩一玩罢了。那个时期倒是毛泽东在陕北有时候还玩两圈。毛泽东称打麻将为搬砖运动,搬砖垒墙,完全为了休息脑子。据说毛泽东曾说过中国对世界有三大贡献,中药、麻将、红楼梦,但未见过凿实的文字记载。毛泽东打牌也是手在牌上心在牌外,说古道今,但毛泽东打牌说政治、说文化、说军事、说故事、但不误和牌。据说毛泽东一般小和,“芝麻和”的不和,要和就和一把大的,一条龙,清一色。那也是功夫,犹如钓鱼,宁肯白蹲一上午,也绝不钓一桶“小麦穗”“小白条”。

棋牌相通，我也爱下几下中国象棋，说功夫不是说人家象棋大师学棋下棋的功夫，就犹如看书法，说起王羲之涮笔涮黑了几池水一样。功夫在棋外，那也是要见功夫的。看下象棋的，也得有点站功、蹲功，不怕烟熏、尘土、屁臭，有的一蹲几个小时不挪窝，那苦那罪一般人忍受不下来。相声段子里说有个人买粮食回来扛着半袋面碰见一个棋摊，被吸引住，舍不得走，愣是扛着半袋面看了一盘棋。说是相声，也是源于生活。在街边巷口看棋确实需要功夫。

我说的功夫是下盲棋的，倒背着棋盘，不看一眼，和你下棋，把你杀得“片甲不留”，“杀得”敌人不投降，就叫他“灭亡”。盲棋和一个人下，五个人下，十个人下就让人由衷地敬佩了，有位看上去十分年轻的棋手叫蒋川的，竟然不看棋盘，盲棋大战22位棋手，脑子里得有22盘棋，而且是动态的棋，功夫软了都不行，蒋川真了不得，竟然是16胜6和。功夫好生了得！

听一位前辈说，过去大当铺里都养着一位功夫先生，圈内人称“掌眼”。不服不行。“掌眼”平时什么活不干，油瓶倒了都不伸手扶。但当铺好吃好喝高薪养着他。外行人看来，“掌眼”滋润，整天皮椅上一靠，紫砂壶一端，水烟袋一点，悠哉乐哉。关键时刻见功夫。有位穿着阔气的少爷捧着一大花瓷瓶来当，说是祖上传下来的，乾隆时期宫里的御器，前台不敢定价，请出“掌眼”来，这位面如干枣的先生看了看，掂了掂，舔了舔，对那位少爷说，您是端了走呢？还是当众摔了当块糖请了客呢？原来那所谓的乾隆御器是糖胶做的，意在讹当铺，这糖胶做的东西遇热则化，则走形，夏天三伏天一过，人家就来赎来，东西没有了，那就得照单赔。“掌眼”有功夫。

文革中有位中科院的数学家曾有过一段精彩的表演，真的很见功夫，当然也真的是位天才。那位先生左手执笔用英文书写《红灯记》中的台词，用右手执笔用法文书写《沙家浜》中的戏词，嘴里用中文朗读毛泽东的《为人民服务》，左右开弓，笔走龙蛇，行如流水，没错一个字，朗读毛泽东的著作更不能错一个字。看得人目瞪口呆，这等功夫，不是凡人能练出来的。

我在晋西北农村人家过红白喜事时，看见过吹“响器”的，吹唢呐的那位，把两把唢呐插到鼻孔里，吹起“逛新城”来真有味，左边鼻孔里“吹”出的声是低沉的老汉，右边鼻孔中“吹”出来的调是高八度的女高音，是老汉女儿的调门，一男一女，一高一低，一起一伏，真有味道，真有意思，也真有功夫。虽然是“野路子”，但确实见功夫。

我见过一位钉马掌的师傅，那也端得好功夫。不论多烈多暴的牲口，那位师傅钉掌既不要上架，也不要捆绳，只是在马颈上顺毛捋捋，然后把马的前蹄一弯放在自己踩着小板凳的大腿上，先是把残缺的铁掌拔出来，又把脚掌用利刀削齐，最后再钉新掌。前后四蹄钉完了，马一点脾气都没有，有时还要用头用脖子上的鬃毛蹭蹭钉掌人，马亦通人情。一问方知，竟然给马钉了二十年掌了。

有位玩蛐蛐的朋友，眼光有功夫。蛐蛐一掀盖，只一眼能看出是今年的虫还是去年的虫，体重多少克，据说准确到大小绝对值不会超过0.01克，百试不爽，功夫也！

听父亲说，爷爷的算盘打得有名。那个时代，我们家开一间酒坊，远近的乡亲们来卖高粱豌豆时，爷爷两手打两把算盘，两把算盘打得如同“大珠小珠落玉盘”，从未错过一笔账。父亲说，爷爷学算盘那是下过苦功夫的，三尺多长的算盘从头打到尾，要珠珠相碰，响成一串，先生就坐在旁边吸着水烟喝着茶，错了用戒尺打手板，还得从头再算，从头打不到尾不开饭，那功夫是硬练出来的。

我插队时的房东大爷剃头也见功夫，他是自己给自己剃，倒盆热水洗洗头，对着片破镜片自己给自己刮，虽然难免刮破，留下几道血红的刀痕，但毕竟刮得光亮照人，一点不比现在的光头明星差，现在的光头明星剃一个头，2000元是起价。老大爷对我说自打娶过你大娘就不讲究了，可以剃光头了，让人家剃个头需要半斗玉菱子，实在舍不得，干脆自己给自己剃。自己给自己剃了多少年？四十多年吧！吓得我一吐舌头，真有功夫了！

胡同口有位修锁配钥匙的，说起来有点狂，言天下没有他打不开的锁。一分钟之内打不开算栽。正巧在家中找到一把密码锁,密码早已忘记,锁不小,拳头大,估计密码不易破,找到胡同口,带有挑衅地问是否属于一分钟的范畴?答曰:当然!众目睽睽之下,三四个人看着表,瞬间不知他如何一弄,锁便开了,神奇。有位常在此的先生说,此师傅的长项是开保险柜,银行的保险柜也是手到即开。那位修锁的师傅忙说,讹传,讹传,再说就把我送公安局了,众皆大笑。民间有能人,真有人。

外国人中下真功夫,真下功夫的也大有人在。

2008 年我 10 月去梵蒂冈参观圣彼得大教堂,一直仰着头观看那苍穹顶上米开朗基罗的大作,出来以后方觉得脖子不太正常,像落枕似的,平视看人都有些别扭。后来方知米开朗基罗当年在教堂内搭架子画画,数年如一日,因为是仰着脸向上看,向屋顶上画,因此当画完走出圣彼得大教堂时,他已经不能像正常人一样看世界了,而是半仰着脸,翻着白眼看人,被人称为“昂首怪”,米开朗基罗大师作画真是全身心投入,是真下功夫。

法国那位大师雅克·贝汉为拍摄《飞鸟的迁徙》,历时四年,走遍全球 50 多个国家、地区,掠过太平洋、大西洋、喜马拉雅山、撒哈拉大沙漠,经历了说不尽的苦困和危险,十数次命悬一线。用北京人的话说那可是件吃苦玩命的活。

美国有位女学者,戴安·弗西,在非洲原始森林中单独和非洲大猩猩单独相处 18 年,零距离接触大猩猩,成为大猩猩团队中的一员,和大猩猩建立了深厚的感情,摸清了非洲大猩猩的生活规律,也吃尽了苦,冒进了险,用我们现代人的看法是简直是难以想象,不可思议,而戴安·弗西却无怨无悔,那功夫下得无与伦比。她把整个身心都献给了保护非洲大猩猩的事业,直至生命,直到 1985 年年底,她被人残酷地杀害在非洲丛林中,头被劈成两半。戴安·弗西为黑猩猩而死,或重如泰山,或轻如鸿毛,她的死,既没有那么重,也没有那么轻,当如非洲原始森林中伴随着银背大猩猩的青钢树、桜楠木死而不朽。

皇家也有见真功夫的,身怀绝技的。颐和园是慈禧皇太后为庆贺她60大寿修建的。每年我都要去逛逛,我认为颐和园是北京皇家公园中最美的。有时候,望着昆明湖就想起老辈人说的慈禧老佛爷祝寿时的趣事,也就想起大太监李莲英的功夫来。

老佛爷过60大寿乃国之大事,修这个庆寿的院子就花了海军军费600万两银子,其实这600万两仅仅是挪用的一处大银子,前后拨款集资已过千万两。足见其排场。于是朝廷上下,京城内外,有头有脸的皇亲国戚,封疆大吏,纷纷进颐和园给老佛爷献寿礼,像袁世凯送的贺礼足足价值40万两白银。但李莲英竟然没贺一礼,送一物。祝寿那天,在昆明湖畔的大寿棚中,老佛爷放生,600笼鸽子开笼齐放,600只鸽哨一块鸣响,谁也没想到,那600只带哨的鸽子放飞而不走,围着寿殿盘旋飞了整整6圈,李莲英把慈禧哄得高兴。但这并不出奇,大臣们看见李莲英说鸽子为老佛爷祝寿舍不得离开您时暗暗撇嘴,都知道是这位大太监着人事先驯练好的,何足为奇?李莲英又把老佛爷请到昆明湖边,但见湖水中放着10只竹笼,每只竹笼中有60条鲜红的大红鲤鱼。每条不大不小,整好6斤。在鼓乐声中,慈禧一声令下,放生,竹笼一起打开,600条大红鲤鱼争先恐后向湖里游去,那场面也激动人心。所有参加贺寿大典的人包括慈禧都以为放生结束,要往回走,李莲英说,老佛爷虽然放生自由归海,但众鱼还要来感恩给老佛爷祝寿,岂能一去不回头呢?要说鸽子放生再飞回来,大家信,慈禧也信;要说大红鲤鱼放游再游回来,大家都不信,慈禧也不信。谁都没想到,刚才已经游得无影无踪的600条大红鲤鱼,犹如听见集结号的侍卫,竟然从四面八方,争先恐后地又游回来,纷纷浮在慈禧脚下,形成一片鲜红色的水中彩云,更让人想不到的是,当慈禧高兴地拍掌扬手时,600条大红鲤鱼竟然一齐立起身来,头浮出水面,向慈禧张开嘴来,真好像在贺寿,在三呼万岁,一下子就把老佛爷的60大寿推向了高峰,李莲英独中魁首。

事后,李莲英把那驯鱼师傅召来,一说为了保密,让后人再无仿造,杀人灭口,从此驯鱼这功夫再无人会练;一说是赏了一大笔银子,从此那位身怀绝技的师傅杳无音信,这项功夫也就从此"搁了"。以后世界上只听说有驯虎驯狮驯象驯狗驯鹰驯其他动物，再没听说驯鲤鱼的，更没听说一次能在水中驯600条大红鲤鱼的。那功夫绝得可惜。

下

中国人讲究三十六行，行行出状元，状元是靠功夫熬的，行行出状元行行出功夫。其实不在三十六行的，也得靠功夫，也得练功夫，一分功夫一分活。

大明王朝从开国皇帝朱元璋开始建章立制，定下惩罚朝廷大臣的办法叫“廷杖”，推出午门不是斩首，是用大木棍子打屁股，打不死你，打残你，打不残你打“败”你，朱元璋定的“廷杖”是给他们朱家的皇帝树皇威，杀臣下威风的。一顿“廷杖”就让官员从此无颜无威，从此官威俱丧。至明武宗皇帝公元1505年以前，“廷杖”时朝官是不褪裤子的，甚至可以穿棉裹毡，但到了朱厚照时期，大太监刘瑾把握朝政，改了朱元璋定的规矩，“廷杖”要当廷示杖，要扒下裤子褪出屁股“裸杖”。据说刘瑾训练“廷杖”的打法极下功夫，考功夫极严，要求一杖下去击皮肉要极响极亮。功夫在于，刘瑾做一“皮人”，皮中放入一块青砖，隔皮练杖。刘瑾要重杖的，打杖的打手看上去平平常常地打，似乎并未使劲，打完以后，外面的皮几乎纹丝未动，但皮下的青砖竟然被打得纷碎。如果刘瑾要轻打，打人们就会在皮人外面铺一张薄纸，打人抡圆了木棍拼命打，看上去非把人打死不可，但打完以后看，皮人上面的纸不许打破，那可全靠手上的功夫，打手们也真苦练，叫一刻不停，一丝不苟，练成以后，全看刘瑾示意，只要监刑的太监领到刘瑾的意思后，需要轻打做给人看的，他就把脚站成外八字，打人们就抡圆了打，但皮肉无伤；如果刘瑾要把朝中大臣打伤打残打死，监刑的太监的脚就会站成内八字，行刑的打手就会动真功夫，看上去不轻不重，例行公事，但廷杖之后，此人非残即亡。

真功夫也！

京城过去的钱庄，年终验钱入库。为防假银元入库，往往是当院摆一口大缸，缸内注满清水，院内只摆两把椅子，一左一右，左边坐着验真假的高人，右边坐着钱庄的掌门人。伙计把银元端来，这时验银的高人是背对大缸，椅边有一桌几，几上摆着清茶。钱庄称其为先生，先生慢慢喝着香茶，庄主示意开始，伙计们便一块一块将银元轻轻抛进水缸，先生完全靠听声，听银元入水之声来判断银元的真假，据说万无一失。真功夫！

欧阳修讲过一个“唯手熟尔”的故事，其实是在讲功夫。

陈康肃公尧咨善射，当世无双 ，公亦以此自矜。尝射于家圃，有卖油翁释担而立，睨之，久而不去。见其发矢十中八九，但微颔之。

康肃问曰：“汝亦知射乎？吾射不亦精乎？”翁曰：“无他，但手熟尔。”康肃忿然曰：“尔安敢轻吾射！”翁曰：“以我酌油知之。”乃取一葫芦置于地，以钱覆其口，徐以杓酌油沥之，自钱孔入而钱不湿。因曰：“我亦无他，唯手熟尔。”康肃笑而遣之。

卖油翁练的就是真功夫，他的倒油技巧可能练了几十年，练了几十万次，终于是靠硬功夫才练成油“自钱孔入而钱不湿”，没有几十年的硬功夫焉能如此？

庄子讲过一件“悬事”，运斤成风，那才是真功夫，不知那位匠石是怎么练出来的，是道道地地地“玩命”，稍有闪失，一斧毙命，劈出人命。而那位郢人更是功夫在身，心沉如水，在运斤成风，劈到眼前之际，愣能“立不失容”，没有一身的硬功夫和心理上的真功夫，绝对吓得七魂出窍了，绝对吓得瘫软在地了。

庄子送葬，过惠子墓，顾谓从者曰：郢人垩慢其鼻端，若蝇翼，使匠石斫之。匠石运斤成风，听而斫之，尽垩而鼻不伤，郢人立不失容。宋元君闻之，召匠石曰：“尝试为寡人为之。”匠石曰：“臣则尝能斫之。虽然臣之质死久矣。”自夫子之死也，吾无以为质矣！吾无与言之矣。

《战国策》上讲述过连横大家苏秦如何挂六国相印，连横抗秦。讲苏秦是怎样练得的真功夫？是如何下得硬功夫的？头悬梁，锥刺股，传至今日乃不失经典。

苏秦先出去闯荡，游说诸国。结果头撞南墙，灰头土脸，落荒而回。“负书担橐，形容枯槁，面目黧黑，状有愧色。”对苏秦刺激最大的莫过于归家，原以为回到家中体会家中温暖，把失败的阴影抛到家外，至少听听家人亲属的安慰劝解，但恰恰相反，世态炎凉，家中历历可见，无不刺痛苏秦之心。及苏秦“归至家，妻不下纴，嫂不为炊，父母不与言”。真比冰冷还寒心。于是苏秦这才“乃夜发书，陈箧数十，得太公《阴符》之谋，伏而诵之，简练以为揣摩。读书欲睡，引锥自刺其股，血流至足。”苏秦是真受刺激了，读书困乏了，竟然自己拿锥子扎自己，扎得够深够狠，以至于血从大腿直流到脚上。发奋读书，刻苦用功，下苦功夫，下笨功夫，下真功夫。从苏秦之路可以看出，功夫练就是要吃得大苦，受得大罪的。当然，当苏秦成功时，功夫兑现“红利”时，《战国策》上说，当此之时，天下之大，万民之众，王侯之威，谋臣之权，皆欲决苏秦之策。当苏秦路过洛阳他家时，前后真乃判若两人，天地两重天。父母闻之，清宫除道，张乐设饮，郊迎三十里。妻侧目而视，倾耳而听；嫂蛇行匍匐，四拜自跪而谢。苏秦曰：“嫂何前倨而后卑也？”嫂曰：“以季子之位尊而多金。”

苏秦他嫂子是个直人，说的亦心里话。苏秦功夫没有白下。

《汉书》中记载“头悬梁”下苦功夫的故事。功夫绝非天生的。“孙敬字文宝，好学，晨夕不休，及至眠睡疲寝，以绳系头，悬屋梁”，孙敬先生让人生敬，也让人生畏，对自己绝不留情，绝不心软，功夫下到这个分上，非成功何能阻之？

越王勾践的功夫下得也苦也累也狠也毒，中国历史上“卧薪尝胆”已然亘古不灭。“有志者事竟成，破釜沉舟，百二秦关终属楚；苦心人天不负，卧薪尝胆，三千越甲可吞吴。”

十年磨一剑，铁杵磨成针。

列子在《汤问》中讲过纪昌学射的故事，那才叫学习，学功夫，学本事。那才叫功到自然成。有几分耕耘就有几分收获。

甘蝇，古之善射者，彀弓而兽伏鸟下。弟子名飞卫，学射于甘蝇，而巧过其师。纪昌者，又学射于飞卫。飞卫曰：“尔先学不瞬，而后可言射矣。”

纪昌归，偃卧其妻之机下，以目承牵挺。二年之后，虽锥末倒眦，而不瞬也。以告飞卫。飞卫曰：“未也，必学视而后可。视小如大，视微如著，而后告我。”昌以氂悬虱于牖，南面而望之。旬日之间，浸大也；三年之后，如车轮焉。以睹余物，皆丘山也。乃以燕角之弧、朔蓬之竿射之，贯虱之心，而悬不绝。以告飞卫。飞卫高蹈拊膺曰：“汝得之矣！”

真乃“得之”不易！

梨园中有句说“功夫”的话，台上一声笑，台下十年功。其实台上清口一声咳嗽也得苦练数年功，处处是功夫，抬手迈步是功夫，张口扬眉也是功夫。

京剧“群英会”中谭富英扮鲁肃，周瑜在中军大帐唤鲁肃到账，中军走到台口，呼曰：鲁大夫进账！锣鼓点敲到好处，谭富英并不出台，先在幕后脆亮亮地咳嗽一声，一声贯全场，声如裂帛，黄钟大吕，台下未见其人，只听其声，仅仅是一声咳嗽声，便暴起一片掌声。功夫！谭老板的功夫！

梅兰芳先生8岁进班学戏，他的第一位老师姓朱，教了他一阵后对他说，“祖师爷”没有赏你这碗饭吃。把他辞了，认为他先天不足，学不出戏来，趁年轻改行他业。但梅兰芳不那么认为，他认为勤能补拙，功夫下到了，再看天分。他又拜吴先生作老师继续学戏，苦下功夫，一招一式，一词一腔，果然功夫未负有心人，到20岁梅先生便开始大红起来。有一次，在后台，看是他的第一位老师，朱先生极为不好意思，还要给梅兰芳道歉，梅兰芳赶忙拦住，说我该谢您，您当初的话反而激励了我，鞭策了我，督促了我，让我比别人下的苦多，下了更深的功夫，才能让我成才。

梅先生的功夫下得也大。十冬腊月，在洋灰地上泼水成冰，梅兰芳在脚下栓上木制的“三寸金莲”模仿女人走路，在冰上一圈一圈地转，一步一步地体味。一个男人，一直到60多岁，还要登台扮演少女，演得那么逼真，那么惟妙惟肖，40 多年不下舞台，非有一身过硬的功夫不行！

据说尚小云练功夫时师傅管得严，要求高，曾用铁棍把他的肚子捅破，因此留下了一个伤疤。尚老板在教育自己的徒弟时，就撩开衣服让徒弟们看。老话棍棒出孝子，严师出高徒，说到底是功夫出高徒。严师调教徒弟靠的就是传教真功夫、苦功夫，要求下笨功夫、死功夫。

盖叫天也厉害，他练的是武生更吃功夫，先是从桌子上跳上跳下，然后是桌子上加桌子，讲究旱地拔葱，飞身而跃。练成以后，桌子上又加椅子，椅子上再叠椅子。盖先生练得苦，每次练下来不仅全身上下如同水中捞出来一般，而且桌子、椅子上下周围犹如雨浇淋过。

有一次，盖叫天一个失手，从高高的半空跌落下来，把腿摔折了，住院接骨后，100 天打开石膏后才发现，竟然把骨头接错了，这样盖叫天就再也不能上舞台了。盖叫天说，断了我舞台的路就是要了我的命。医院说，如此，那只有重接，如何重接？断骨再接！据说盖叫天二话没说，把腿放在椅背上，一掌击下去，刚接上的断腿又被他打得骨折。盖叫天的软功、硬功没人不服。

“狗仔队”也有身怀绝技者。

我一直不懂“狗仔队”为何叫这个名？2011 年我去香港，见一位香港朋友，他在香港名气不小，名气更大的是他又和某女明星恋爱，闹的也是“满城风雨”。酒后，他曾愤愤地说：“其恶概出于狗仔队”，瞧他那一脸愤愤然，又一脸无可奈何，他言之“狗仔队”无处不在，无所不能。你的一举一动都在他的相机之中。说着又不自觉地警惕地四下张望，很职业地在搜寻着可能埋伏在附近的“狗仔队”。确有些像惊弓之鸟，有些像在白区工作的地下工作者。他说，不怕“武工队”，不怕“夜袭队”，甚至不怕“宪兵队”，就是害怕“狗仔队”。“狗仔队”这么厉害？

我那朋友虽然深受其害，但他还真说不清“狗仔队”的来龙去脉。我只听明白一二，大致是一些不太入流的庸俗摄影自由人，专拍一些明星名人的“隐私”和不愿让人看见的生活片段，然后拿去卖钱。既然这样，怎么能比“宪兵队”厉害？他绝对认为我就一个“正经八路”，怎么能说清香港的事呢？

反正看上去，我那位朋友说起“狗仔队”依然耿耿于怀，依然十分厌恶，依然谈虎色变，也依然有几分敬佩那些哥们的敬业打拼精神。

后来认识了一位职业的、纯粹的、地道的“狗仔队”，听那哥们聊，方知当“狗仔队”绝非易数，真得有一身功夫，练就一身百折不挠，百战不厌，不怕千难万险，不怕千辛万苦，不怕白眼老拳，不怕身残志坚，真得有“武工队”，“夜袭队”的拼搏精神，真得有熬得住进日本宪兵队的精神，真得有“一不怕苦，二不怕死”的革命精神。

他说有一次他偷拍某名人，遭暴力，竟被打掉四颗门牙，踹断一根肋骨，被扒得只剩一条内裤被扔到公园的仙人掌中。就是那样，他依然追踪不已，抓拍不已，简直是置生死与不顾。那位“狗仔队”应有因有，绝不缺钱，五颜六色的票子有的是，他说他玩的就是心跳，玩的就是过瘾，玩的就是执着，玩的就是宁死不屈，他真把“狗仔队”当成一种神圣的事业去追求。

后来我才知道狗仔队出自意大利文 Paparazzi，源自意大利摄影师里诺·巴瑞拉里，首次出现于 1958 年，正是翻译名为“追踪摄影队”。1960 年，意大利电影大师费里尼的电影《甜蜜生活》中，男主角马斯杜安尼就是个专门拍摄名人隐私的八卦记者。《甜蜜生活》票房飘红，“Paparazzi”一词家喻户晓，从此“Paparazzi”成为跟踪偷拍采访手法的代名词，香港人翻译为“狗仔队”。原来我一直以为“狗仔队”是一个队，真像“武工队”“夜袭队”“特务队”“宪兵队”一样，追根溯源不一样。但在中国内地，一般“队”后面都加一个“员”字，称一个人为“狗仔队员”更便于让人接受。

里诺·巴瑞拉里是意大利乃至世界上在世的最著名狗仔摄影师，他的朋友和同事都管他叫做“狗仔队国王”。他拍摄过伊丽莎白·泰勒、索菲亚·罗兰、戴安娜王妃、马垄·白兰度、甲壳虫、史泰龙、麦当娜、迈克尔·杰克逊、安吉丽娜·朱莉、埃尔顿·约翰、马拉多纳、马特达蒙等无数的明星，也拍摄过很多政客和皇室贵族。在拍摄生涯中他共进过170多次医院，断过11根肋骨，被砸坏的相机将近一百台。但是这位“狗仔队国王”依旧乐此不疲。我认为这就是功夫，真正的功夫，从事“狗仔队”的行业是一行吃功夫、要功夫、没工夫干不了的行业。就功夫来说，也真了不起！

“狗仔队”的功夫，真功夫！

不是只有名人才靠功夫培养出来，农村的有些活也得有功夫，光靠一个汗珠子掉在地上摔成八瓣卖力气也干不了，那也得要功夫，要的也是真功夫。

我在晋西北农村插队时，有三大农活不是一般人能干得了的。

第一件农活就是摇耧。当年晋西北农村种棉花、谷子、高粱全凭耧种。耧有二齿的，也有三齿的，把种子放进耧箱里，耧由人或牲口拉着在整理好的地里走，耧齿一般深入地下一寸多深，随着耧的移动，种子就顺着齿孔种到地下。这活可是个要功夫的活。那时候庄稼地一望无边长的垄有一两里地长，耧要走齐，一要拉耧的有“眼神”，主要是摇耗的把式用“眼神”量，用感觉测，走出的耧道直得竟然像木匠们用墨斗打出来的墨线一样直，功夫不到家的人摇耧种出的庄稼曲曲弯弯像雨后爬到地面上的蚯蚓。老把式摇耧又稳又轻又准，两手架着耧，始终提着一股劲，所以架耧、摇耧的大把式从不说架耧、摇耧，他们自谓提耧。种出来的庄稼一根直线不说，均匀，出土以后苗与苗之间似乎都是事先量好的，绝无一阵粗，一阵细，一阵挤成疙瘩，一阵又稀稀拉拉。那就靠的是功夫。提耧的老把式“上耧”一般没几十年的功夫不敢去提。

第二种农活就是扬场。

我去晋西北农村插队时，场上已经都用风车，但风车吹过以后，风口下粮食中还有一片皮，如果再过一道风车吹，就有可能把粮食连皮一块吹跑，这时候就要用大扫帚把风车口下的粮堆上的有皮有壳的轻轻扫下来，由老把式用木锨扬场，让自然风把那些皮壳吹走。这活可是要技术的，是靠功夫练出来的，一般敢往前站的农民大都有二十多年“农龄”，手上的老茧跟犀牛皮似的。那木锨宽一尺二，长一尺八，呈簸箕状的，木把要比铁锹把略粗略长，那扬场的把式好生了得，顺着风头，抖手一扬，多半木锨的粮食凌空扬起，讲究撒到空中的粮食粒粒散开，颗颗见风，看着在空中飘逸，但落到地上，就那眼前脚下一小片，夹在粮食颗粒中的皮壳都被风吹到一边，扬锨的动作和木锨在半空中又放又收又起又合的动作浑然一体，美自天成。没工夫想到不敢想，别说扬了。

第三件农活是种菜籽。

生产队地里有一片菜地，是全村人的菜篮子。那个时期，菜也不卖，自产自销，自己种自己分。在大田里种菜就是一件功夫活，其中最吃功夫的就是撒菜籽。小白菜的菜籽如同芝麻，种菜的老把式左手端一簸箕，右手抓一把菜籽，讲究一扬手，菜籽出手，如同渔夫撒网，菜籽要撒得开，撒得匀；撒得远的不飘，近的不沉。菜苗刚刚一破土，大把式撒籽种的菜那才是“草色遥看近却无”，过几天再瞧，“叶叶芽芽总关情”，像绣花绣得一般漂亮，那才叫功夫。

我在晋西北农村十年，农活中讲究功夫的还有给棉花掐尖，给南瓜挂花，给红薯翻秧，给西瓜压枝，给高粱定苗。前年我回到插队的农村，问起功夫活，村民都说，这年头种地谁还讲究功夫？能种上地不白茬放在那就不错，但凡有点能耐的都即离土又离乡了，那些农家功夫都废了，废了……

我这个当了十年农民的人郁闷了很久……

“寻根”

到济南时正赶上秋雨潇潇，淅淅沥沥的秋雨已然下了一天一夜，这在北方也实在难得。晶莹清澈的雨珠把个济南城冲洗得干干净净，一片瓦、一块砖、一棵树、一丛草都显得格外鲜亮精神，不紧不慢的蒙蒙细雨中，时时透出一丝寒意。一场秋雨一场寒，老人们都这样说，秋风秋雨一起，耳畔就能听见冬天的脚步声了。

我是顺路到济南“寻根”来的。

我出生在济南黄台全福庄，母亲生前曾多次说过，那地方好，福地，名副其实。抬眼张望，东西南北不是叫旮旯、梁子、槽头坡，就是叫孙家村、马家店，就生你那地方吉祥瑞气，什么福都不缺，全福！母亲舒心畅快地笑的时候慈祥好看，一脸的喜气。后来我才知道，我奶奶过世的早，父亲是由老爷爷带大的，又是长子长孙。父亲成家以后，老爷爷就盼着生个重孙子，但前面生的都是女孩，听父亲说，母亲生我大姐时，老爷爷把四面八方的亲朋好友都请来，摆了九桌酒席，一桌一桌地敬。父亲说老人家规矩大，每桌都要连敬九杯，酒倒得必须杯杯要溢出盅来。

后来才知道老爷爷曾专门花钱请一位瞎子算过卦，卦签说，九九为转。瞎子昂着头交代说，满月酒要九桌成龙，要一桌九敬，要杯满为溢，牵男引弟，下回必然是重孙子。老爷爷深信此签，酒敬得毕恭毕敬，宁肯喝醉了，也不能喝欠了。临走还给母亲留下了“辛苦钱”。谁知道那瞎子算的是瞎卦，二姐出生时，老爷爷来家就喝了三杯满月酒也没大操大办，只看了一眼襁褓中的二姐就匆匆走了。等三姐出生时老爷爷根本就没来，只是托人捎来一斤红糖，把母亲气得哭了好几夜。我三姐打小身体就弱,多病,林黛玉似的。有时候母亲生气了就说,先天不足,奶水不够,还不是叫你老爷爷气的,重男轻女!母亲生气的时候,也挺怕人的,一脸的凝重。

后来我们家就搬到了全福庄,母亲生下我以后顿时喜气洋洋、信心百倍。父亲说,你母亲生下你以后,连脾气都变了,变大了,变娇气了,说话都像老太太呵斥使唤丫头了。老爷爷听说以后,连夜坐火车从徐州赶到济南,乐得真是无可无不可,快90岁的老人了。喝满月酒时,家人故意给他倒的白开水,老爷爷一喝连声说倒酒!倒好酒!母亲直到八十多岁时,说起那段英雄史还乐得挑动着双眉,两眼炯炯发光。

全福庄真够“庄”的,我上的小学全称叫“济南市黄台全福庄小学,”其实,就是在荒地里盖起一排土房子,周围都是庄稼地。小清河从全福庄后面流过,有一大片沼泽地,用现在的话说叫湿地,别说大雁天鹅,传说凤凰都落过,所以有个很好听的名字叫“凤凰滩”。老师就对我们说,别去那些地方,有狼、有熊、有豹子、有毒蛇。也真不是吓唬我们,我就看见父亲工厂的警卫打死的狼,还摸过狼的尾巴,好几天以后还觉得手上扎刺似的,野狼有一股霸气。

全福庄那一带最让人肃然起敬的就是父亲所在的工厂了,围着高围墙,大门口一左一右还有两个穿黄军装持枪的解放军站岗放哨,现在想起来也纳闷,一个酒精厂,又不是国防部的兵工厂,还站什么岗?可能当时刚解放,敌情特情都还很严重吧,反正工厂门口有两个持枪的门神把守着,煞是威风,一般老百姓走过都是带着几分敬畏,朝里边偷眼看看就快步走开。

我就出生在这个厂子里,这就是要寻找的我出生的地方。一个典型的日本人住的日式小院。

酒精厂是济南解放后父亲和军队代表一起从国民党手里接过来的。但这个厂是日本侵华时期建的,厂的四周周角各修了一个高高的碉堡,厂里专为日本厂长修了一个平房小院,住房是木拉门,榻榻米,屋外有条不宽的走廊。从我记事起院里就住着三户人家,一户是厂长,我不知道他叫什么名字,只称呼他肖伯伯;一户是我的家,当时我父亲是总工程师;一户是原来留下来没被遣返的日本专家,叫木村什么什么郎,因为他戴着一副宽边眼镜,我们小孩都叫他"眼镜狼"或"日本狼",他能听懂中国话,知道我们叫他"日本狼",有时候故意冲我们咧开嘴龇出牙。其实这个日本人不咧嘴龇牙时也有一股凶杀气,我们都挺怕他。虽然他在院里碰见我们总是笑,但我们都觉得他是假笑。

父亲他们刚刚进驻酒精厂时,这个山东省最大的号称"总厂"的企业,已经近一年没生产一滴工业酒精了,重要设备全让国民党军队逼着工人扔进了工厂后面的小清河里,好几百工人都饿着肚子张着口等着共产党救命。父亲他们商量必须下河把机器设备捞出来,才能恢复生产。当时正赶上数九寒天下大雪,五十多年前济南冬天房檐上的冰凌子冻得都有胳膊粗,一尺多长,十字镐抡圆了刨在小清河结的厚冰上,一刨一个白窝窝。军代表就是肖厂长,他带着解放军和进场工作组来到河边准备破冰捞机器,工人们知道了,也都蜂拥而来。父亲多次讲过这段经历,他说,那情那景,经历过的人,一辈子也难忘。工人和解放军脱得一丝不挂争着往凿开冰的河里钻,工人不让解放军下,解放军不让干部下。那天真是滴水成冰,那水真是锥心刺骨啊!从冰河上来的人都冻得身上发青,上下牙磕碰得像打机关枪似的,一句话都说不出来。肖厂长也脱光了要下去,但工人们就是死活不让,看着他一身的伤疤,一位老工人掉着泪说,不能让解放军首长再为咱们受这苦啦!父亲说,是热血汉子的都在岸上站不住了,他也悄悄地脱了棉衣准备下去,肖厂长看见一把拉住他,说谁下你也不能下,你是大知识分子,厂里的总工程师,咱们的金疙瘩,冻出个三长两短恢复生产靠谁?

父亲个头大,一米八几的身段,那时又正年轻,三两个人拦不住他。肖厂长急眼了,大喝一声围过来几个军人,肖厂长下了个死命令,谁要让老崔下去了,就关他的禁闭撤他的职。肖厂长比父亲大近十岁,又一身伤,却"扑通"一声跳进了冰窟窿。父亲说,我一屁股坐在冰上，两眼热泪再也止不住了……几十年以后，沧海都要变成桑田了，小清河早就污染成一条臭水沟了。父亲说起这段往事胸脯依然一起一伏的，两眼深邃凝望远方，仿佛要看破那云那天……父亲由衷地说，那时候共产党和老百姓的关系真是鱼水情啊！

1970 年在父亲下放的江西分宜五七干校里，望着军代表无法无天、嚣张跋扈的样子，父亲又讲起这段老话，我那时正在晋西北农村插队，来到五七干校探望烧茶锅的老父亲。听父亲又说起这段我都快背下的往事，再想想眼前的事，气不打一处来，也给父亲讲了一个共产党和老百姓关系的“新说”，想借此幽默一下，让父亲一直阴沉着的脸松弛松弛。我说，我们县一位“县太爷”到我们村来检查“农业学大寨”，他在全村贫下中农大会上说，共产党和贫下中农的关系就像鱼儿离不开水，但没想到这位“县太爷”说话急了就有些结巴，结果说成共产党和贫下中农的关系就像鱼儿离、离、离不开……开水。父亲听得很认真，笑得却很凄惨。

雨时紧时松，这功夫又下紧了，敲打着车窗玻璃乒乓作响，全福庄正在修立交桥，到处拆迁得像解放军当年刚攻进济南城，残墙断壁，碎砖烂瓦，满目疮然。当年赫然威武的酒精厂大门怎么就找不到了。汽车在烂泥污水中转来转去，难道这里就是全福庄？济南素有“四面荷花三面柳，一城山色半城湖”之称，小时候在我眼里除了父亲的酒精厂威风凛凛大将军似的，到处都是庄稼地，荒草湖泊湿地还有那条又宽又清的小清河。那时候的小清河一网撒下去，都是活蹦乱跳的鱼啊、虾啊的，河沿边上一个个泥窟窿被水 草遮掩着，不仔细找是很难发现的，但爬到树上折根柳条往洞里一插，不一会儿就能从洞里爬出一只大螃蟹。有时候也能把我们吓一跳，因为顺着柳树枝会爬出一条鳞光闪闪的大水蛇。每到盛夏，运西瓜的船在小清河里结成队，像串起来的珍珠项链，很多船为借风行快船都升起高高的帆，我们小孩光着屁股在河边玩水，叔叔大爷的叫得甜甜的，一颗颗西瓜就顺水漂来，船头艄公的号子唱得那叫悦耳脆亮，此起彼落，让我们这些半大的孩子赤条条地半露在水里，都听傻了听呆了。

十几年后我在北京第一次看电影《上甘岭》，郭兰英水灵灵的嗓子唱“一条大河波浪宽”，我就以为是唱我们全福庄的小清河。可现在小清河又在哪儿？领我来的新华社山东分社副社长王进业说，那是画，那是歌，那是我还没出生时的小清河，现在你可千万别去寻旧觅古了，那河污染得成一条污水沟了。我只得说罢。

但洒下过父亲血汗，消磨过父亲的岁月的酒精厂，真的销声匿迹了，用现在的话说是“蒸发”了？看着那建设了一半的高大的立交桥，一辆辆装满水泥石子的载重大搅拌车隆隆地肆无忌惮地开过来，泥飞水溅，如入无人之境，我想起北京一家报纸前两年在头版大字刊出一条消息：“北京拆得让你找不到北”，济南别无二致。

父亲的毛笔字写得不错，听母亲说很有功夫，说父亲的字至少临过十年帖。父亲说他的毛笔大字还真用着地方啦。参加解放军以后，因为父亲是正牌北京大学毕业的学生，在当时的解放军部队中就是大知识分子，宝贝疙瘩似的。上前线怕枪弹碰着，就在后边干些写写誊誊的工作。叫父亲在部队露一小手显示知识分子能耐的，是给俘虏登记。济南战役胜利以后，父亲没有进城，而是在城外一个村里给俘虏登记。几十年后，父亲一说起这事还很兴奋。他说那些俘虏可海了去了，一眼望不到头，黄乎乎的，铺天盖地。到底是军人，那么多人却鸦雀无声，都低头弯腰地排成队，等着登记造册。父亲曾经得意地说，我也好几个勤务兵伺候着，一个负责研墨，一个负责叫人，一个负责给我打开水、去食堂领猪肉大包子。俘虏太多了，连吃饭喝水都歇不下来，一手托着大包子啃，一手还得在纸上写。撒泡尿都得快去快回。这么说吧，抽根烟也得勤务兵帮着划火点着。手腕子写得都提不起笔来，就用热手巾揉揉，坐在桌子后面抬头一看，前面一片黑亮亮的眼睛眼巴巴地看着你，没办法，只好晚上挂一盏马灯，挑灯夜战。父亲当时享受师级首长的待遇，每天供应两包美国骆驼牌香烟，后来师首长还特地送来了美国咖啡，说那东西谁也不会喝，谁也喝不了，特地派通讯员送给知识分子“享用”，算是高规格的慰问。因为那个时候部队都着急补充新兵，俘虏登记是第一关。父亲苦笑着说，我在北京上大学也是穷学生一个，只喝得起一个大仔儿一碗的豆汁。

父亲晚年一次很偶然的机会讲起他登记俘虏时做过的一件“好事”。有一个俘虏登记时说他是勤务班长，坐在父亲旁边的政审处干部大喝一声，持枪的解放军立即冲上来，枪口直顶着那个国民党俘虏的前胸后背。原来这家伙又脏又破的军装里面露出了将校黄呢子制服的衣角，政审干部由此判断他是个大官，想蒙混过关。那时候清理出一个大官是要立功受表扬的。政审干部越严厉，那个俘虏越哆嗦，吓得脸都变了颜色，站都快站不住了，政审干部厉声道，不老实就拿麻绳捆上押走。父亲站起来说，会抽烟吗？那俘虏连连点头，父亲看着他被烟熏得焦黄的手指说，抽了十几年烟了吧？俘虏又点了点头。父亲又问是抽烟卷还是自己卷烟？俘虏看这位解放军不凶不横才不再颤抖了，说抽不起烟卷，抽旱烟。父亲让他卷一根烟。俘虏虽然手还在发颤，但掏出烟荷包摸出烟纸极熟练地卷了一枝自制卷烟。父亲又把他的军装翻开，里面确实是件国民党将校呢的新军装，但撩开这件黄呢子军装外，没想到里面还套着一件黄呢子军装。父亲笑了，对政审干部说，他不是个大军官，原因有二：一是从没见过国民党穿将校呢的师长军长抽手卷的旱烟；二是从没见过当了俘虏的师长军长穿两件黄呢子将军服，他们脱还来不及呢。细审才弄清楚，这家伙一句谎话也没说，就是个后勤班长，投降前看见扔在汽车上的黄呢子军装觉得可惜就都穿在身上，没想到差点惹上大祸。父亲得意地说，我比那个专门搞政审的干部还会政审。问他是回家还是当解放军，那俘虏看着政审干部言不由衷地说当解放军！那位政审干部才消了气坐下来。父亲却停下笔问，你当解放军为什么穿两件呢子军装呢？那俘虏光哆嗦着嘴唇不敢说话。父亲说你是沛县人，我是萧县人，丰沛萧砀是老乡哩！俘虏兵一下子热泪滚滚，才说出心里话，原来他家有老父，体弱多病，每到冬天就像过阎王爷的大堂一样，他想把两件黄呢子制服带回去，让老父亲冬天穿上御寒抗风，暖暖和和好过冬。父亲挺受感动，二话没说，在去向一栏中写上了回家，并且给那个俘虏兵写了一个条子，告诉他把黄呢子军装脱下来，拿在手里，如果有人要问，就把他这个条子给他们看。我想起父亲那得意的笑来了，难怪他几十年不忘，那可是修德修行的好事啊！

全福庄小学土，但小学一年级就开毛笔大字课，要求还特别正规，横平竖直左撇右捺。那时候老师从来不留家庭作业，只是每天描写一页大字。父亲对我说，写大字要凝神静气，正襟危坐。

我长大以后，从未见父亲写过毛笔字，家里也从未备过文房四宝，文化大革命母亲在“五七”干校时才对我说父亲“折笔为誓”的事情。

在济南时，父亲有个好朋友姓夏，他比父亲大，我叫他夏伯伯，他让我改口叫他夏大爷。他特别喜欢我，母亲说他没有孩子，见到别人的孩子就亲得不得了。父亲说夏伯伯是大教授，极有学问，我对他印象深源于两点：一是他是个瘸子，二是他每次来我们家都提着一包鲜荷叶包的卤菜，不是猪头肉酱肘子就是德州扒鸡。他那根拐棍特别神，又细又不直，像元人画的枯荷败柳，拐棍头是一个磨得锃亮的黄铜帽，不知为什么，我一直怀疑那是金子做的。曾天真地问过夏伯伯，他乐了，说那还不赶快抠下来换肉吃？他知道我馋荤腥。他来比天神来我都高兴。因为他手里的荷叶蒲包。

那一年，就是让父亲刻骨铭心的那一年，夏教授拿着一份稿找我父亲，让父亲替他写成大字报。父亲就替他抄写下来，夏伯伯夹着一大叠大字报走了。我记得清楚，那是他唯一一次没有带荷叶蒲包来，他一脸抱歉，低下头对我说，下次补上，一定补上。我至今也不知道夏伯伯名叫什么，在哪儿教书，但他终未“漏网”，被打成右派。据说当时在批斗他时一遍遍逼问他，谁给他抄的大字报，但夏伯伯从始至终一句话：是我花钱雇卖字的人写的。父亲对母亲说，老夏那人真有骨头。

从那以后，夏伯伯再也没来过我们家。

父亲母亲把手表都卖了。卖了八十多块钱，翻箱倒柜凑齐了一百块钱，特地为夏伯伯买了一条宁夏滩羊皮的皮裤。父亲说，老夏那条残腿怕是受不了劳改的磨难。父亲和母亲一块儿把钱和皮裤给夏伯伯送去,回来时带回一个硕大的荷叶蒲包。打开一看,让人眼里发光,那是卤水菜中的“精品”。我们孩子只感到牙根里冒馋水。父亲沉重地说,夏伯伯说话算话,这是他送给你们的,吃吧!我们像听到冲锋号声的战士,哪里还管什么夏伯伯冬叔叔的,吃得眉飞色舞,兴致勃勃,直吃得连荷叶上的肉渣都舔得干干净净,手上嘴上都明晃晃地沾满油。父亲一口也没吃,也没喝酒,只是呆呆地望着窗外……

1982年当父亲听说错划的右派都得到平反时,第一个想到的就是夏伯伯,他说,不知道你夏伯伯熬过来没有?他那个性,他那条残腿,真是一别生死两茫茫……父亲长长地叹了一口气,双手拄着拐杖久久不肯坐下……

当我们在拆迁的废墟中转来转去,几近绝望,准备离开那曾经让我魂牵梦绕的全福庄时,王进业突然发现在蒙蒙细雨中一间破旧的似乎拆了一半的旧房子前,竟竖着一块白底黑字的大牌子,上面分明写着:山东省济南市黄台酒精总厂经销处。我们摇下车窗仔细看,分毫不差。真是踏破铁鞋无觅处,得来全不费功夫。王进业又犹豫了,说那不会是收废品收破烂的捡回这么一块木牌子吧。我心里也一凉,那经销处也太破烂了,房头上还搭着一领灰旧破烂的苇子席,像违章搭起的临建。司机师傅操着一口浓重的山东话说,猜不着,一问就明白。果然,冒着雨小跑回来的他兴奋地说,骑着驴找驴,这就是山东济南酒精总厂的厂址,我们现在就在厂里。竖牌子的地方就是酒精厂的经销科,原来是座二层楼,现在拆得只剩下半截了,酒精厂变立交桥了。我赶忙下了车,仰头问天,但见满天的飞雨,难道这里就是生我养我的地方?酒精厂在我童年的心中该是庄严威武的战士,不,是将军;该是高贵雍容的妇人,不,该是公主。用山东济南的方言说,现在却像拉地排子车的脚力。这也是一种残酷。

在经销处附近一位热心老乡的带领下,我们走到了一个拆得只剩下半边院的地方,那位热心人站在当院大喊一声,像唱京剧的黑头在台口上一声脆亮亮的叫板,看来他和这个院里住户很熟悉。叫来的两位老爷子都白发苍苍,其中一位脸似银盘胡须如虬,怎么看怎么像“海明威”。因为下雨,我们都坐在了屋檐下,两位老爷子一位姓席,用他的话说姓好记,谁也忘不了,炕席的席;另一位老爷子,寿眉长得长长的,银白雪亮。两位老人略带吃惊地看着我,席老爷子以为我是负责拆迁的老板,话不太好听,浓重的胶东口音,开门见山地问我市政府文件带来了吗?旁边那位坐马扎的姓吴的老爷子帮衬着说,是啊,没有市政府的拆迁文件,想撵走我们,除非共产党变国民党。这种说法我第一次听说,看老人家的年龄,他有资格说这话。

那位像唱黑头的老乡把我们的来意说明以后,两位老人家略带歉意,随后又来了几位像老舍《骆驼祥子》中大杂院里吃炸酱面的人,看热闹似的挤了一屋檐。

我问:“怎么不见那高入云端的地瓜干山?”那时酒精厂造酒精最主要的原料就是地瓜干,北京人叫它白薯干,那地瓜干堆得高高的,像古埃及人在沙漠边建的金字塔,高耸入云。工人们肩扛着一麻袋烘干的地瓜干,一步一晃,一步一摇地踏着二尺宽的“天桥”走向那地瓜干垒起的大山山顶。老爷子为我知道20世纪50年代酒精厂的情景感到吃惊。我问那四座高高的碉堡呢?他们惊讶得像看见了恐龙!席老爷子颤颤巍巍地说,你连厂四周日本人修的碉堡都知道?我说那碉堡分四层,爬上最高一层,从前面的枪眼里能看见小清河曲曲弯弯的像山东大秧歌耍的绸子飘带一样从天边的祥云里飘下来;往后看,能看见小岗山上的孤零零的和尚庙。那时候听大人们说小岗山上有狼,一只老狼饿红眼了,就钻到庙里趴在柴堆后面藏着。晚上老和尚化斋回来后把门插上准备睡觉,老狼扑上来把老和尚咬死了,可它再也出不去门了,最后也饿死。

看来席老爷子也爬过当年的碉堡,一连问了我好几个细节问题,他连碉堡里有几个锈迹斑斑的铁皮柜都知道。我看老爷子不再问了,像当年进酒精厂站岗的解放军检验你的出入证一样,你确实有身份谈论酒精厂了,我说出我在碉堡中的一段遇险着实让席老爷子吓了一跳。

我在全福庄上小学一年级时，正是七岁八岁狗讨厌的时候，那时候下午还常常不上课，我们就像没上笼头的马驹子由着性子折腾。肖厂长有两个儿子，老二叫肖胜利，和我一个班，那才叫初生牛犊不怕虎，他爬过几十米高的烟囱，钻过当年日本人挖的防空洞，上过为厂里铁路运输专用线修的铁路指挥岗，偷着按过起落红绿灯的键盘，偷过工人放在车间里的蛐蛐罐。上天入地，他认为有滋有味的地方都要闯一闯、玩一玩。那次我们上西北角的那个大碉堡，酒精厂四角把着的四个石头水泥砌的碉堡并不是一样大，西北角的那个碉堡最大，可能是地势最重要，酒精厂的叔叔大爷们戏称其为一母带三崽。我们爬上那个母碉堡玩得很尽兴，但它的一层用一把大将军锁着，不知存放着什么。越不知道什么，越想揭开这个秘密。我和肖胜利想方设法把二层的一块通道盖板给翻撬开了，不知怎么回事，我们俩莫名其妙地一块掉到了一层，一层竟是一个存放白石灰粉的灰窑，要是那石灰再放高半尺，就把我们活埋了。我们在石灰粉里又抓又叫又喊，嗓子眼里让石灰呛得像着了火，两只眼让石灰迷得泪流满面，那滋味比旱鸭子掉到水井里还难受。最后挣扎着总算爬上来了。狼狈逃出母碉堡以后，没敢回家，在厂后边的池塘里脱光光地洗了个澡，把衣服在树干上摔打了好几遍弄干净才穿上。若干天以后，坐在教室里无聊还能从耳朵眼里抠出石灰粉来。我和肖胜利击掌为誓，今后再也不爬鬼子炮楼啦。以后我们一家搬到北京，渐渐的和肖胜利也断了联系。六十年代初，有一天父亲回家说，今天济南酒精总厂来了几个“老人”到部里联系工作，办完公事又讲了很多旧事，说到肖厂长的二儿子淘气爬厂四角上的鬼子碉堡，不知想淘弄什么东西，结果摔下来把盆骨摔坏了，听说伤得不轻。这孩子，老肖老两口疼得金豆子似的……我猛然想起和肖胜利击掌为誓的事来，也学着父母长叹一声道，没有八路军的本事，你爬什么鬼子炮楼呢。父母不明其中的夹由，转过头，吃惊地望着我……

老人们似乎这才明白了我是谁。席老爷子半信半疑地问我，你是？我说，您认识厂里的崔工吗？他站起身来说，那哪能不认识？崔工是我们厂的工程师,还给我们工人上过夜校,我那点文化就是上夜校时学的。我说我就是崔工的儿子。老人们目光都盯着我看,大家都有些激动。一位老人家给我们沏来一壶茶。

我问起我们住的小院来,老人家说了一句话:“这不就是吗?”让我真不敢相信是真的,巧也不能巧成这般巧啊。原来我们坐的屋檐,正是当年我们家和肖厂长家住的住房的共同的屋檐。东边是肖厂长家,西边是我们家,拆去的半个小院是“日本狼”住的房子。我不顾秋雨湿衣,站在院里细细端详,已然很难寻觅旧时小院的风采,让人有些伤感。我想起一段“日本狼”的故事。一说起“日本狼”,老人们还有人记得,席老爷子就说,日本眼镜是专家,一开始我们都恨他,想方设法地想伤害他,后来才知道他是真心诚意帮助咱们搞生产,人也很和善,不像杀过中国人的日本鬼子,工人们就宽容了他。但是他不能说话,一说话露出“你的”“大大的好”,让大家就想揍他。

有一回“日本狼”回来,是被架回来的,头上缠着绷带,眼镜也打碎了,一瘸一拐。听父亲说,“日本狼”和厂里的技术员下乡工作,一切都很顺利,老乡也很热情,“日本狼”一高兴,就说了几句生硬的日本式中国话,这下可坏事了,当地老乡弄明白戴眼镜的人是个“日本鬼子”时,都眼里冒火咬牙切齿地扑上来,恨不能生吞活吃了他。原来那地方在日本占领时期,曾经是游击区,日本人曾经在村里烧杀淫掠,无恶不作。有人被日本人抓了当劳工,一直到现在魂不归村、尸骨不见。厂里的技术人员紧拦慢拦也跟着挨了不少冤枉打,最后还是当地干部出面才解了围。“日本狼”被打得不轻,前来看望的人把个小院挤得水泄不通。母亲回来还掉过泪,说日本友人是好人,他不是军人是工程师,日本人当年把他调来是建这座工厂的,他是自愿留下来帮助我们的。一位老乡恨极了,一锄头把他的两根肋骨打断了。

我慢慢地走进我曾经住过9年的小屋,还是那道日本式的拉门,破烂的门框上钉着几块三合板,屋里的地还是细条木板地,细柚木地板虽饱经风霜却依然风采不减,那一条条纹路还看得清清楚楚。我仿佛看见父亲坐在办公桌的后面,那张两头沉的办公桌就在屋子进门右手处，一张古香古色的圈椅，扶手被磨得锃亮。父亲母亲的大床在里屋，我们睡过很长一段时期的“地铺”，就是学日本人睡榻榻米，在地板上睡。我看见房子真的老得不行了，到处都是岁月留痕，烟熏火烤得屋顶都变色变形了，木地板坏的地方都是用一块木板钉在上面，真像是补了个大补丁。墙上已经被改造得面目全非了，这家为什么这么穷呢？除了一些叠得很高的被子褥子，几个摞在一起的木箱外，可以说是家徒四壁。这家人会拉胡琴，因为墙上挂着一把二胡，上面一点尘土都没有。高台上，放满了杂物，有一个半导体收音机立着，天线竖得老高。我明白了，这家人的“好东西”可能都搬走了，在这儿就等谈价钱拆迁了。我问了一下这儿的老人家，他们都是工人，退休多年了，一个月的生活费都在一千多元，确实不富裕。

老人们说，你来得真及时，再晚来十天半个月，这儿就可是一片平地了，想看都看不见了。我们一一握手，老人们不顾天上下雨地下泥泞，一直把我送出半截院，把我送到车上。

不知为什么，车都开出很远了，我还回头望着，其实什么也看不见了。

那天晚上和新华社山东分社的王进业等几位同志吃晚饭，我依然兴奋得不行，不知不觉又把话题扯回到 50 年前的黄台全福庄，扯回到解放军刚刚接管的济南酒精厂……那天晚上，雨一直没停，秋雨下得心里挺畅爽，渐渐地感到有些醉意了，也不知道是那些旧情老事醉的人，还是多年没喝过的老家酒“趵突泉”醉的人？

跋

当你轻轻合上这本书，相信你会有穿越时间隧道的历史见证感，因为你看见了那么多历史朝代，访问了那么多历史人物；也相信你会顺着年轮的曲折记载，猝然升起一波波感情波澜，怀旧情怀，喜怒哀乐皆在其中……

书，不仅仅是印有文字纸张的集叠，它更是大千世界的精选，是人的精神世界的透明晶体，是人类文明的高纯度积淀，是迈向未知世界的阶梯。我记起一位英国著名的战地记者拍摄的一幅照片，纳粹的飞机轰炸刚刚结束，炸弹的硝烟还没有完全散去，几位英国绅士脚踩着碎砖瓦砾，正全神贯注地站在残存的图书柜前查阅资料。那是什么精神？一个不读书的民族不是一个有希望有朝气有作为的民族。

我看过一份统计资料，中国人读书已远远落后于以色列、德国、法国、美国、日本……

很多人都心甘情愿地坐在电视机前，一看一个夜晚，直到困得睁不开眼也不愿意去看看书；很多人吃饭、喝酒、抽烟、逛街，心甘情愿地花几百几千甚至上万元，但却不情愿去花钱买一本几十块钱的书。每年去国外旅游的国人已达数百万人次，海外采购令全世界侧目，不知道购书回国的又有多少人……

还是要读书。什么也替代不了书籍。

开卷有益，读书有用。

记得胡耀邦曾经要求年轻人“日读万字”。积土成丘，积水成河，厚积薄发。这是提高整个民族文明程度的根本。

窗外一轮明月天如水。轻轻抚摸着即将付梓的这部书稿,我想起贾平凹在读过我的散文时说过的话:什么是好文章?放下还想拿起来再读的,就是好文章。

送给你好文章。

衷心感谢江西人民出版社,感谢此书的责任编辑王一木博士。坦率地说,这本书的篇篇页页都有他们的辛勤劳动,当你合上此书时,也不能忘了他们。

衷心感谢关心、支持、帮助和爱护这本书的所有朋友们。

是为跋。

图书在版编目(CIP)数据

飘雪有韵　远行无声 / 崔济哲著. —南昌 : 江西人民出版社,
2013.6(2016.7 重印)
ISBN 978-7-210-05976-9

Ⅰ.①雪…　Ⅱ.①崔…　Ⅲ.①散文集-中国-当代
Ⅳ. ①I267

中国版本图书馆CIP 数据核字(2013)第 129558 号

飘雪有韵　远行无声

崔济哲　著

出版:江西人民出版社

责任编辑:王一木

发行:各地新华书店

地址:江西省南昌市三经路 47 号附 1 号

邮编:330006

编辑部电话:0791-88612505

发行部电话:0791-86898801

网址:www.jxpph.com

E-mail:942867919@qq.com

2013 年 6 月第 1 版　2016 年 7 月第 2 次印刷

开本:787 毫米×1092 毫米　1/16

印张:25

字数:320 千字

ISBN 978-7-210-05976-9

定价:58.00 元

承印厂:深圳市精彩印联合印务有限公司

赣版权登字—01—2013—198